Fantasmario
MEXICANO

Fantasmario
MEXICANO

Marcia Trejo Silva

EDITORIAL
TRILLAS

México, Argentina, España,
Colombia, Puerto Rico, Venezuela ®

Catalogación en la fuente

Trejo Silva, Marcia
  Fantasmario mexicano. -- México : Trillas, 2009.
  233 p. ; 23 cm.
  ISBN 978-607-17-0069-8
  Bibliografía: p. 229-233

  1. Folklore - Diccionarios. 2. Fantasmas.
3. Alucinaciones e ilusiones. I. t.

  D- 398.25'T836f   LC- GR580'T7.3

México, D. F.,
Tel. 56 88 42 33, FAX 56 04 13 64

División Comercial
Calzada de la Viga 1132,
C.P. 09439, México, D. F.,
Tel. 56 33 09 95
FAX 56 33 08 70

www.trillas.com.mx

Miembro de la Cámara Nacional de
la Industria Editorial.
Reg. núm. 158

Primera edición, enero 2009
ISBN 978-607-17-0069-8

Impreso en México
Printed in Mexico

Introducción

Productos de la más profunda inventiva humana, las apariciones y fantasmas son las últimas criaturas posibles de lo imposible.

En efecto, allende las discusiones filosóficas, metafísicas o aun científicas, los espectros se cuelan al mundo material por la simple necesidad de la humanidad de no sentirse sola, de no renunciar a la especulación edificante de que existen otros mundos y otros seres, de no soportar la terrible certeza de que la fatalidad de la muerte siempre es el olvido.

No vamos a hundirnos en las sombras del tiempo ni a exponer las últimas teorías de la invisibilidad o los mundos paralelos o la física cuántica aplicada al traslado de materia. Es inútil: cuanto mejor conocemos la naturaleza del universo inmediato, mayor es el panorama de especulación que se genera.

Esta negativa humana a desaparecer, a volver al polvo, da origen a las creencias obsesivas en una especie de supervivencia energética, capaz de incidir en el destino de los vivos e, incluso, trazar la recompensa eterna.

Y es esta obsesión la que reduce el trascendental papel ideológico social que las apariciones aportan, pues detrás de los ayes lastimeros, los vaporosos atuendos, la fisonomía impactante, descansa una función ancestral: recordarnos a través del espanto la condición básica de nuestro género.

En las páginas siguientes, amable lector, hallará descripciones y relatos unidos a las cualidades y los defectos de los humanos. No habrá sorpresas que ocurran fuera de esta condición. A pesar de la fantasía hilarante, en casos extremos, la lectura es única. Detrás de la fachada está el esqueleto arquetípico de la inteligencia humana. Origen, realidad y destino se ocultan entre los atributos y las complicaciones de las almas en pena, los animales espantosos, los entes retorcidos y las anónimas cosas pavorosas inidentificables.

La tendencia es obvia. Los hombres enseñan en el ejemplo. Los héroes son inmortales por un ejemplo de conducta, de actitud o de terrible locura. Los villanos, a su vez, ejemplifican las formas terminadas de la maldad, la malignidad o la amenaza latente de una zona prohibida de la inteligencia. Y de cara al conflicto se eleva el motivo, el estímulo a ser y a hacer que matiza la reacción sentimental, multiplicando los grises en vez de los puros blanco y negro.

En el ámbito doméstico, la directriz es similar. La herencia familiar pende de las grandes hazañas de los antepasados vivos y muertos.

Por ende, las apariciones, emergentes de esta condición humana sintetizan lecciones elementales de "comportamiento". Pecados y virtudes desfilan sobre el recuento detallado de los cientos de testimonios compilados en este volumen.

No faltará el escepticismo de alguien, y menos la afirmación categórica de la inutilidad de las apariciones, en especial en estos días despiadados de tecnología e información frías. No obstante, la aseveración no debe ser tajante. Todavía en este preciso instante, en algún lugar cubierto de sombras un ser humano recurre a la luz para encarar sus peores terrores, sin importar la computadora, la interactividad mecánica o la velocidad de una operación polifactorial.

Eludiendo la etiqueta de lo "sobrenatural", diré que las apariciones vertidas en las páginas que siguen reflejan mucho de lo que somos como pueblo, nación e individuos. A diferencia de la Inglaterra monárquica e imperial, coto exclusivo de apariciones famosas, México reúne mejores condiciones de intimidad didáctica.

Aquí, las matronas y los hombres sencillos recuperan la memoria de los muertos y estructuran fuertes moralejas, donde el bien y el mal luchan a brazo limpio en la gestación de la psique venidera.

Cerca del fuego familiar, en el lazo del parentesco, la vivencia del "otro mundo" dota a los escuchas de una peculiar revisión al vínculo individuo-sociedad-universo; el todo que ha superado el choque de culturas, el revisionismo oportunista de la historia y las fábulas de la globalización.

Hoy, La Llorona insiste en exhibir el delirante sufrimiento del triple rechazo por ser mujer, por ser amante y por ser madre, cimentando la temática prohibida de la igualdad de los sexos y la violencia intrafamiliar. Empero, las ciencias sociales locales son renuentes a tocar estos temas "poco académicos", "poco serios"; lo nuestro, dicen, es "la lucha de clases" y "el nacionalismo democrático" y apariciones en ese estilo.

La falta de respeto de la academia a las creencias que no caen en la rigurosidad de los cubículos ha ido desaprovechando el inmenso patrimonio cultural que descansa detrás de los esperpentos nocturnos, y en forma dolosa contribuye a la desaparición de narraciones orales que arrojan interpretaciones interesantes del mundo.

Es triste, para no aceptar que vergonzoso, que en un país dominado por la fantasía y la imaginación no exista un acervo documental sólido de nuestras apariciones, que no sea el integrado por el libro de recuerdos y anécdotas, los escasos estudios indigenistas, la bibliografía "clásica" apadrinada por la elite cultural en turno, las revelaciones amarillistas de los periódicos, las dramatizaciones ramplonas de la televisión y el cine o los excesos onírico-psicológicos de radioescuchas que cuentan a público abierto, dentro de programas especializados, las aventuras de la mano pachona o el señor desconocido que los saludó una mañana de domingo.

Por si fuera poca la dificultad de preservar este material, los excelentes documentos que alguna vez vieron la imprenta no están disponibles porque fueron ediciones pequeñas o de autor o las editoriales desaparecieron o no tuvieron el interés de reeditarlos.

En consecuencia, me di a la tarea de compilar cuanto pude mediante el recurso de la búsqueda en espacios a mi alcance y pescando de viva voz las perlas de ciertas experiencias. Me remetí a la época prehispánica y continué al presente tratando de respetar la evolución de ciertas apariciones que con otro nombre referían un aspecto antiguo.

Seguí un patrón de seriedad, en lo que cabe, afinando la selección de la muestra, las fuentes de información y la cobertura territorial. Las entradas del documento fueron pensadas a manera de facilitar la lectura y la localización de un fantasma en específico.

En suma, pongo ante la opinión pública extractos de varios libros agotados o incunables, procurando mover al interés de la consulta o la mágica resurrección "comercial".

He respetado el lirismo de las leyendas y consejas, aunque el tono y el estilo de los discursos obligaran a una "modernización" del lenguaje.

Estoy segura de que el FANTASMARIO MEXICANO es una obra abierta, que necesita adecuaciones, agregados e incluso la generación de otros volúmenes. Sin embargo, esto será realizable si se cumple el objetivo general del proyecto: la discusión, retroalimentación y aceptación de los lectores en el esfuerzo colectivo de no permitir la destrucción de nuestras apariciones sin darles el reconocimiento de haber sido juez y parte en la construcción de la nación, el lugar donde yacen enterrados nuestros antecesores y donde estaremos enterrados nosotros. Sólo eso.

Abuela del Agua. *Véase* Acitli.

Abuelitas. *Véase* Madres del Tlecuil.

Achoque (Echékurita, Echékurhita). En la Sierra Purépecha, en el estado de Michoacán, existe una amplia fauna dentro de la que se incluyen extrañas criaturas. Entre ellas ocupa un lugar particular el Achoque. Lo que llama la atención de este animal no es precisamente su aspecto, ya que es bastante corriente: se parece a un lagartijo y su piel está llena de puntos negros y blancos. Su hábitat tampoco es extraño, ya que suele vivir en los muros y pilares de las casas de la zona. Quienes lo conocen dicen que es inofensivo porque no muerde ni hace daño a la gente. Sin embargo, son sus hábitos alimentarios los que llaman la atención ya que es adicto a la leche humana. Si existe una mujer en el hogar que esté amamantando a su criatura, el Echékurita espera pacientemente a que la madre se duerma. Cuanto esto ha sucedido, sale con sigilo de su escondite y se dirige hacia ella, echando furtivas miradas a su alrededor para comprobar que nadie lo observa. Se acerca a la mujer, se acomoda cómodamente en su pecho y se dedica con entusiasmo sin igual a beber la leche de sus senos. En vista que la cantidad de leche que ingiere es tan pequeña y sus movimientos tan delicados, la señora difícilmente se percata del hecho y el Achoque puede seguir, durante toda la lactancia, disfrutando de su manjar preferido.

Obviamente, esta actividad alimentaria del Echékurita no es vista con buenos ojos por los lugareños y, consecuentemente, procuran matarlos. Sin embargo, darle muerte a unos de estos animalitos no es tan sencillo, ya que los golpes no acaban con él; es más, puede uno cortarlo en pedazos e irse tranquilamente pensando que ya acabó con el intruso, pero más tarda la persona en retirarse del lugar que los trozos en volverse a juntar y el Echékurita huye rápidamente. Empero, existe una forma efectiva de acabar de una vez por todas con el confianzudo intruso y consiste en quemarlo; por supuesto, primero hay que atraparlo, lo cual no es nada fácil ya que su agilidad y rapidez no lo permiten.

Acihuatl. Antigua habitante de las tierras nahuas cuyo aspecto la hace sumamente recordable, ya que su cuerpo era mitad pez y mitad mujer. Acihuatl junto con Acapachtli (la tortuga) y Atlicipactli (la ballena) eran algunos de los servidores del dios Tezcatlipoca. De sus actividades sabemos poco; empero, estar a las órdenes de Tezcatlipoca implicaba variadas labores que a nuestros ojos, sin duda, podrían calificarse de sobrenaturales y su realización, obviamente, requería poderes y facultades más allá de lo humano.

Acitli (Abuela del Agua, Gallina Zambullidora, Liebre de agua). Durante el mes de julio las aguas del centro del Imperio azteca se ven pobladas por una enorme variedad de aves. Dentro de esta diversidad ocupa un sitio destacado el Acitli también llamada Liebre de Agua. Su pequeña cabeza negra se complementa con un pico agudo y largo, entre dos ojos que refulgen como brasas; el cuerpo es un tanto grueso y alargado; el pecho es blanco y contrasta con el negro de la espalda; las alas, de la misma coloración del vientre, no resultan especialmente aptas para el vuelo; los codillos y las patas son negros y se ubican cerca de la cola, de forma similar a la de los patos. La Gallina Zambullidora gusta posarse en el centro de los lagos y lagunas a donde se aproximan los pescadores con sus canoas y redes para darle caza. De pronto, cuando los hombres se encuentran a la distancia precisa para arrojarle sus flechas, algo inexplicable y sorprendente comienza a suceder. El Acitli eriza todas las plumas de su cuerpo, sus ojos adquieren una mirada malvada y de su garganta salen unos chillidos que no son otra cosa que un llamado al viento quien, de inmediato, responde lanzándose contra las aguas y haciendo que éstas se transformen en olas feroces y destructoras entre las que se desaparece el Acitli ante los atónitos ojos de sus perseguidores.

Acóatl. *Véase* Serpiente del Agua.

Acóyotl (Coyote acuático). Pese a su tranquilo aspecto, las aguas del Altiplano Central pueden ser realmente peligrosas ya que en ellas habitan criaturas que no tienen el más mínimo reparo en quitarle la vida a los hombres. Desgraciadamente, más de un pescador puede dar fe de ello y señalar al Acóyotl como el causante más común de esos fallecimientos.

El Acóyotl posee una cabeza similar a la de las gallinas; su pico es redondeado, agudo, negro y con bordes amarillos; el pecho es blanco y pardas la cola, las alas y el lomo; las patas son anchas, cortas y ubicadas hacia la cola; el cuerpo es robusto y largo. Al igual que el Acitli, guarda estrecha relación con el viento, quien lo protege y responde a sus graznidos levantando terribles oleajes que hacen naufragar las embarcaciones de aquellos que osen intentar cazarlo.

Aculmaitl. *Véase* Tlotli.

Ah-Beob. *Véase* Los de los Caminos.

Ah-Canulob. No es extraño en la zona maya ver que, de pronto, sale un turista corriendo despavorido entre los árboles viejos que pueblan el lugar. Nervioso refiere, al primero que ve, que alguien lo sigue, certeza que se demuestra en las constantes miradas que echa a su espalda. Una vez calmado, empieza a platicar que escuchó pisadas que lo seguían y al detenerse los pasos también lo hacían, que apresuró su marcha y oyó extraños ruidos, maleza que era movida a un lado, ramas que se quebraban y, en este punto, presa del pánico emprendió la huida. Su escucha, algún maya comprensivo, por lo general, esbozará una gran sonrisa, le palmeará la espalda y susurrará "Ah-Canulob" de manera tranquilizadora. Si el turista pide mayores explicaciones sabrá cosas asombrosas, inexplicables...

Los mayas en su añeja sabiduría cuentan que los Ah-Canulob son los espíritus encargados de la protección de aquellos que se aventuran en los montes durante la noche. Estos "guardaespaldas" acompañan a los humanos en el camino: se dice que los varones son cuidados por dos de ellos y las mujeres y los niños por tres.

De su aspecto poco se sabe. Los habitantes del lugar están conscientes de que los Ah-Canulob son sensibles y les gusta que se les reconozca el eficiente cumplimiento de su deber. Por lo anterior, los lugareños agradecen su ayuda haciéndoles ofrendas consistentes en alimentos y una buena dosis de zacá, bebida refrescante que les agrada particularmente.

Hay una anécdota muy conocida respecto de estos seres. Hace tiempo, un caminante iba por el monte de regreso a su hogar cuando, sin que hubiera razón para ello, su rifle se disparó. El hombre, sorprendido, oyó caer un cuerpo. La prudencia le aconsejó alejarse rápidamente. Al día siguiente, curioso y preocupado, inspeccionó el lugar y su sorpresa fue mayúscula al toparse con el cadáver de un tigre, que había muerto por herida de bala. Al instante, el cazador supo, sin que le cupiera la más mínima duda, que los Ah-Canulob lo habían salvado de una muerte inminente.

Ah-Hoyaob. *Véanse* Chaacoob y Yumtzilob.

Ah-Kakazbalob. Algunos de los espíritus mayas de quienes se tiene la menor información; lo único que sabemos es que son de carácter maléfico. Sus actividades las ignoramos pero, sin duda, deben ser bastante aterradoras para que los pobladores de la zona prefieran guardar un inescrutable silencio al respecto.

Ah Kumix Uinicob. *Véase* Ángeles menores.

Ah Patnar Uinicob. *Véase* Ángeles obreros.

Ah Tabai. Espíritus malignos que habitan en las ceibas añosas que caracterizan el territorio maya. Se dice que son el equivalente masculino de la Xtabay, lo cual nos permite suponer cierta similitud en sus móviles y procedimientos de cacería. Partiendo de lo dicho, los Ah Tabai deben caracterizarse por una gran galanura, la cual utilizan para atraer a sus incautas víctimas y conducirlas a un trágico destino: la locura o la muerte.

Ah-Thoxon-Caan-Chac. *Véase* Repartidor Celeste de Lluvias.

Ah Xuce (U Yum Cap). Los lacandones saben perfectamente que comparten su hábitat no sólo con los animales, sino también con numerosos espíritus y que todos deben guardar armonía y equilibrio para preservar sus vidas.

Una de las entidades que viven cerca de los lacandones es el Ah Xuce, el espíritu del arco iris, con el cual los lugareños procuran mantener buenas relaciones no porque sea especialmente malo, sino porque al igual que otras presencias sobrenaturales suele ser un tanto sensible ante la descortesía humana.

Ahalcaná. *Véase* Ahalganá.

Ahalganá (Ahalcaná, Ahalganal, El que hace la aguadija, Hacedor de ictericia). Ahalganá era uno de los Señores de Xibalbá, es decir, del inframundo maya. Auxiliado por su compañero Ahalpuh se encargaba de generar a los hombres dolorosas hinchazones. Por mecanismos que nos resultan absolutamente desconocidos hacía brotar repugnante pus de sus piernas y, haciendo gala de eficiencia, les teñía de amarillo el rostro.

Ahalmez (El que hacía la basura, Hacedor de traición). Entre los más terribles residentes del infierno maya está el Señor Ahalmez, también conocido como "El que hacía la basura". Junto con su compañero Ahaltocob se encargaba de punzar a los hombres. Asimismo, ocupaban parte de su tiempo en imaginar una infinita variedad de desgracias y males que habrían de hacer acontecer a los infortunados que se cruzaran en su camino. Nada había que les causara más regocijo y diversión que ocasionar la muerte a aquellos que iban camino a su casa, de tal forma que cuando recibieran ayuda ya fuera irremediablemente tarde.

Ahalpuh (El que labra las materias, Hacedor de abscesos). Uno de los 12 Señores del infierno maya era Ahalpuh, también conocido como El que labra las materias. Normalmente trabajaba en equipo con Ahalganá y ambos unidos eran sin lugar a duda los mejores para cumplir sus tareas, las cuales consistían, por cierto, en ocasionar a las personas dolorosas y terribles inflamaciones que, para hacer más complicado el cuadro, iban acompañadas de supuraciones tumefactas en las piernas y chuganal, es decir, la cara del infortunado adquiría tonalidades amarillentas.

Ahaltocob (Ahaltogob, El que causaba miseria, Hacedor del infortunio). En la zona maya el solo pronunciar el nombre Ahaltocob llenaba a los hombres de terror, y no era para menos, porque su presencia auguraba que algo terrible les acontecería. Este Señor de Xibalbá trabajaba en colaboración con Ahalmez. Sus tareas abarcaban básicamente dos rubros: por un lado, se dedicaban con entusiasmo e infinito placer a punzar a las personas y, por el otro, eran los encargados de ocasionar gran parte de los infortunios, males y desgracias que aquejaban a los pobladores de la zona.

A la fecha no existe una explicación certera del porqué de sus actividades. Probablemente obedecieran a una especie de equilibrio ecológico en el que los humanos eran concebidos al mismo nivel que cualquier especie animal. Por su parte, los psicólogos (haciendo una aproximación analítica con todos los bemoles que implica una explicación a tanto tiempo de distancia y sin conocer una biografía medianamente completa de los sujetos) aventuran diversos padecimientos entre los que se incluyen psicosis, sadismo y trastornos de la personalidad. Empero, independientemente de todo aquello que puedan decir las hipótesis, lo más seguro es que lo hicieran por el único y verdadero placer de molestar al prójimo.

Ahogado, El. En el río cercano a Montemorelos (Nuevo León), se cuenta que algunos días aparece entre las aguas una corona de flores moradas. Los bañistas al verla suelen alejarse del lugar y, en ocasiones, hasta emitir una plegaria. A ojos extraños esto puede sonar un tanto extravagante; sin embargo, los lugareños tienen profundos motivos para hacerlo ya que saben que es un aviso de un alma buena.

Hace años, un joven y sus amigos fueron a nadar al río sin saber que las aguas eran profundas y en su interior se albergaban fuertes corrientes y numerosas raíces de sabino. En fin, los muchachos nadaban alegremente cuando el infortunio aterrizó entre ellos. De golpe, el joven desapareció y los muchachos asustados comenzaron a buscarlo. Se zambulleron una y otra vez, dieron grandes voces, pero fue inútil. Al día siguiente apareció el cadáver y todos pudieron ver que se había ahogado al atorársele una pierna en las nudosas raíces del fondo del río.

El dolor hizo presa de la familia y de todos aquellos que lo conocían, ya que era un excelente muchacho que sabía ganarse el cariño de quienes lo rodeaban. Los padres colocaron una corona morada en el lugar, que no duró mucho. A partir de ese momento, numerosos bañistas vieron la corona, aunque sabían que era imposible que permaneciera ahí y sobre todo que las flores estuvieran frescas, casi como acabadas de cortar. El caso es que todo aquel que la mira, ya sea por respeto o por miedo, prefiere alejarse del sitio. Algunos están absolutamente convencidos de que el alma del difunto aún pena por el lugar y que avisa a la gente del peligro para que la desgracia no vuelva a suceder.

Ahogados (Pahuas). Los totonacas de la Sierra guardan un especial respeto a los ríos y arroyos del lugar ya que saben que en sus aguas habitan los Pahuas.

Cuando comienza la temporada de lluvias hay que andarse con cuidado ya que Juanito (el dueño del mar), quien comanda las nubes y los truenos, anda a la búsqueda de esclavos. Si algún desafortunado tiene la mala ocurrencia de ponerse a observar el correr del agua, Juanito, furioso, se lo lleva, lo ahoga y se convierte en dueño de su alma.

Por supuesto, el Dueño del Mar, siendo un espíritu práctico no desperdicia las almas con que cuenta. Así, las obliga a rascar y cavar el lecho por donde va a correr el río crecido por las lluvias.

Además, los ahogados cuentan con una importante función de reclutamiento la cual, por supuesto, no es voluntaria. Acechan en las orillas del río, cuando alguien se acerca lo hacen resbalar, una vez dentro del agua, lo aprisionan en un abrazo mortal y se lo llevan a Juanito. A partir de ese momento, el destino del alma está trazado. Cuando se escucha un enorme ruido de rocas y troncos de árboles que chocan entre sí, los totonacas se alejan del lugar porque saben que son los Pahuas quienes ocasionan el estruendo.

Anteriormente, los cadáveres de los ahogados no eran sepultados en el camposanto, sino en el lugar donde aparecían, es decir, al borde del agua. Aquellos que habían tenido este trágico fin no podían ser honrados por su familia del mismo modo que lo harían con otros difuntos. A los Pahuas, los deudos se limitan a lanzarles flores al río y colocar un morral que contiene fruta, pollo, un cirio y un sombrero. Tales restricciones en las ofrendas responden también a que los Pahuas causan "espanto" o acarrean "vientos" que traen enfermedad y muerte y, ciertamente, sería un gran riesgo para los vivos invitarlos a los altares de su casa el Día de Muertos. Empero, con el paso de los años esta costumbre se ha ido perdiendo y los cuerpos se entierran en el cementerio. Es tal vez por eso que los ríos en crecida salen de su cauce e inundan los caminos y campos, porque Juanito ya no tiene quién cave los lechos de las corrientes.

Ahorcado, El. Espantajo que por habérsele quitado la vida, se descuelga de las ramas de los árboles para asustar a los incautos que pasen por el sitio. Su rutina básica de susto consiste en balancearse ante los mirones en una obsesiva repetición de su fallecimiento. No resultan del todo claras las razones que mueven al Ahorcado a hacer su aparición. Algunos argumentan que su alma, al no poder encontrar descanso, sigue penando con la intención de que alguna persona caritativa eleve oraciones que le permitan encontrar su camino al más allá. Otros, menos compasivos, sugieren que lo hace porque encuentra terriblemente divertido ver las caras de terror que produce su presencia.

Ahorcado de San Joaquín, El. Si viajas hacia Querétaro y a la altura del tramo a San Joaquín alguien te pide aventón, te recomiendo pensarlo dos veces, no vaya a ser que acabes haciéndole un favor a un fantasma.

Son varios los automovilistas que cuentan que, al pasar por el lugar antes mencionado, ven un hombre recargado en un árbol que les pide que lo lleven. Su aspecto es normal, como el de cualquier habitante de la región y lleva un sombrero en la cabeza. Los conductores lo invitan a subir al carro y no tardan en empezar a platicar con él, sin embargo, no importa cuánto se esfuercen en entablar la charla, el silencio es su única respuesta. Un tanto desconcertados, inquieren por su destino y él les indica mediante señas "hacia delante". Al llegar a San Joaquín, el mudo acompañante pide, otra vez con gestos, que lo bajen. El viajero sigue su camino inquieto por el encuentro.

Quienes han pasado por esta experiencia y preguntan a los lugareños, se enteran que a quien le dieron aventón es el espíritu de un hombre que se ahorcó hace años en un árbol, precisamente en el que se recarga a la orilla del camino.

Ahuahqueh. Estos seres desempeñan la labor de guiar a los temporales hacia las sementeras para que las rieguen. Cuando se encuentran enfrascados en este importante trabajo habitan en las nubes, desde donde vigilan los lugares a los que se dirigirán. En la época de secas, se mudan a las cuevas.

Por supuesto, los Ahuahqueh no escogen cualquier caverna al azar para instalarse: buscan una cómoda y acorde con sus necesidades. Por ello, han hecho su hogar en una gruta que se halla en el pueblo de San Andrés, poblado que se encuentra en la parte sur de Tepoztlán (estado de Morelos). Los pueblerinos saben cuál es el lugar preferido de estos entes. Por ello, año con año (antes de que principien las lluvias) se reúnen varias personas y llevan cazuelas con delicioso mole verde y olorosos tamales como ofrenda.

Desde luego, no sería correcto que entraran todos en tropel a llevar los alimentos, ya que se consideraría una descortesía imperdonable. Así que se escoge un representante, preferentemente que sea buen orador, el cual entrará a la casa de los Ahuahqueh a entregar la comida. Una vez dentro, haciendo gala de respeto y convencimiento, les implorará para que manden fuertes temporales, para que la lluvia no falte, para que las milpas no mueran de sed, para que no les falte el sustento. Si las súplicas fueron convincentes y los manjares del agrado de los Ahuahqueh, los moradores de San Andrés pueden estar seguros de que ese año será favorable para ellos.

Ahuitzotl (Ahuizote). En el interior de los manantiales profundos vive una de las más terribles criaturas que han visto estas tierras: el Ahuitzotl. De su aspecto, según refieren numerosos testigos, podemos decir que es parecido a un perro de tamaño pequeño. Su pelo es negro, liso y brillante y posee un par de orejas puntiagudas. Las extremidades son similares a las de los monos y tiene una cola larga la cual, a diferencia de cualquier otra especie existente en el planeta, en lugar de terminar en punta posee en el extremo una especie de mano humana. A pesar de que su apariencia puede resultar inofensiva y hasta inocente, no hay que dejarse engañar porque su ferocidad y fuerza son increíbles.

El Ahuitzotl es un cazador nato y experto. Una de sus tácticas favoritas es agazaparse entre los matorrales que rodean los manantiales; con paciencia infinita espera a que alguna persona se acerque y, entonces, con una velocidad impresionante se lanza contra él, lo agarra con su cola (que para estos menesteres resulta sumamente útil) y se lo lleva a lo profundo de las aguas. Para evitar que su presa reciba cualquier tipo de ayuda arma un alboroto tremendo en las aguas, hace espuma, levanta olas y organiza tal barullo que cuando el testigo se repone de la sorpresa ya es demasiado tarde.

Unos cuantos días después aparece flotando un cuerpo sin vida al que le han sido cuidadosamente extraídos ojos, uñas y dientes. Lo más raro del caso es que el cadáver no mostraba otros signos esperados de agresión como llagas, órganos faltantes o rasguños, simplemente, su cuerpo aparece marcado por algunos cardenales. Cuando ello sucedía, nadie, absolutamente nadie, osaba sacarlo del agua ya que esa tarea correspondía de manera exclusiva a cierta clase de ministros los cuales lo honraban de manera especial ya que era sabido que aquel hombre habría de ir al Tlalocan. Otra de las estrategias utilizadas por el Ahuizote consistía en juntar gran número de ranas y peces, los hacía brincar y jugar en la superficie del manantial mientras él, escondido, esperaba a su futura víctima. Obviamente, nunca faltaba alguien que, movido por el deseo de atrapar lo que sin duda sería una buena comida, echara sus redes para capturarlos. En ese instante, el ataque del Ahuitzotl y su mortífera cola acababa en un santiamén con la vida del desgraciado.

Cuando, de plano, hacía ya mucho tiempo que no conseguía víctimas, el Ahuitzotl emergía de las aguas y se ponía a llorar como lo haría un niño. El desconsuelo del llanto era tal que nunca faltaba alguien que, de inmediato, acudía a prestar ayuda al supuesto bebé para encontrar la muerte. Otra estratagema consistía en posarse cómodamente en los bordes de la laguna y a cualquier persona que pasaba le enseñaba espejos y la invitaba, con su mejor cara de inocencia, a jugar con él dentro del agua. Obviamente, quien aceptaba terminaba sus días en el fondo del manantial.

Decían en los pueblos que si alguien se topaba con el Ahuizote y no sentía miedo al verlo ni resultaba atacado, era signo inequívoco de que habría de fallecer pronto.

Aire (Aires, Ik, Iká, Ikoob, Kakaziklob, Lakin-ik, Mal aire, Malos vientos, Ntahi, Uni, Vientos, Viento luminoso, Vientos malignos, Wendes, Xaman-ik, Zas-ik). El concepto de Aire hace referencia, por un lado, a una serie de entidades sobrenaturales capaces de ocasionar enfermedades y, por el otro, a la acción de una potencia inmaterial que afecta a las personas. Por supuesto, ambas nociones no resultan excluyentes; antes bien, son aspectos de un mismo fenómeno. Las poblaciones nahuas consideran que los Aires son entes que poseen pensamiento, voluntad y vida propios; en este sentido se parecen a los seres humanos. Los Aires o Wendes están hechos de una materia etérea, sutil que, por supuesto, no es perceptible a los ojos humanos, salvo a los de los brujos. Los Wendes se dividen en benéficos o maléficos; los primeros son de color blanco y los segundos, negros. Asimismo poseen sexo, de tal modo que existen Aires masculinos y femeninos. Los Wendes no son inmunes al paso del tiempo, por ello, los hay jóvenes y ancianos; lo que nunca queda claro es si estas entidades mueren algún día o si son eternas.

Los habitantes más viejos del pueblo de Atla (náhuatl) dicen que su origen se remonta a aproximadamente 2000 años atrás. Cuando Jesucristo fue encarcelado y condenado a la crucifixión todos aquellos que lo trataron mal, que lo hicieron objeto de persecución u osaron ponerle una mano encima, fueron maldecidos por Jesús y condenados a habitar en las cavernas, barrancas y hoyancos. En venganza, los Wendes malévolos se dedican, desde entonces, a causar todo tipo de daños al género humano.

Sin embargo, no todos los Aires obran de esta manera; por el contrario, muchos son benignos y se recurre a ellos para obtener algún beneficio. Para lo anterior es necesario acudir a su hogar llevándoles algún regalo.

En cuanto a la residencia de los Aires, ésta se encuentra ubicada en terrenos agrestes, cuevas y, frecuentemente, en cruces de caminos, pero sea cual fuere su hogar, éste se considera milagroso y, por tanto, acercarse a él requiere una actitud reverente.

Los Aires viven en grupos. Hay lugares donde residen sólo los Wendes buenos (cuale yeyécatl, ístac yeyécatl) y algunos que pertenecen de manera exclusiva a los Aires malos. No obstante, es posible encontrar viviendas mixtas, las cuales suelen ser cuevas extremadamente grandes o con bifurcaciones que hacen posible una convivencia más o menos pacífica entre ellos.

Por lo general los Aires femeninos tienen un carácter benéfico, mientras que los masculinos suelen estar asociados al mal. Ambos son considerados Dueños de las cañas y su influencia es determinante en el ciclo agrícola.

Los Aires malos suelen causar graves daños y entre éstos el más peligroso es la "pérdida del alma", que se da cuando el Wende sorprende a una persona, la golpea hasta dejarla inconsciente y se lleva su alma para encarcelarla en su cueva. Aunque esta situación es grave, afortunadamente existe solución: acudir a un brujo. El curandero, según como vea al paciente después de una cuidadosa auscultación, sugerirá hacerle una limpia con un gallo negro. Una vez finalizada la limpia, el gallo es amarrado y encerrado en un huacal y se ofrendará al Aire malo a cambio del alma del enfermo. El Wende tomará el gallo y dejará en libertad al alma aprisionada.

Sin embargo, el procedimiento anterior no siempre es efectivo y entonces deberá recurrirse a estrategias más complejas y peligrosas. El brujo, a través de ofrendas y ruegos, solicitará la ayuda del Señor Xochitépetl, el Aire bueno de mayor jerarquía en estas circunstancias. El Xochipetzintli, haciendo gala de bravura, toma su espada y se dirige con presteza a la cueva donde vive el Aire malo ladrón. El enfrentamiento entre ambos es intenso, pero generalmente resulta vencedor Xochitépetl, quien libera al espíritu prisionero y permite que regrese al cuerpo al que pertenece, que sana enseguida.

En cuanto a las ofrendas que se acostumbra dar a los Aires se incluyen comida, papel de china, monedas, refino, cigarros y flores, entre otros. Las velas son utilizadas por los Wendes para alumbrarse; el papel de china les aporta el material necesario para confeccionar sus prendas; el refino y las flores alegran sus reuniones; la comida los alimenta y los cigarros amenizan la charla.

A cambio de los regalos, los Aires van al mar a traer agua para derramarla, en forma de lluvia, sobre las milpas de aquellos que no se olvidan de servirlos con respeto.

Los nahuas y popolucas del Istmo de Veracruz saben que cuando alguien empieza a padecer escalofríos, visiones, dolores musculares, flojedad del vientre, cansancio, pesadez y vómitos lo más seguro es que esa persona haya sido víctima del Mal Aire. Para verificar el diagnóstico basta poner la mano derecha en la frente del afectado y si éste empieza a presentar alucinaciones, la confirmación está dada. Por fortuna, la cura es sencilla: deberá sahumarse con copal al enfermo mientras se reza con mucha fe La Magnífica siete veces al derecho y siete veces al revés.

Los totonacas, por su parte, conceptúan el Aire como una potencia inmaterial de carácter impuro o nefasto. Su peligrosidad reside en la capacidad que posee para romper el frágil equilibrio vital de los hombres. El Aire puede residir en los objetos sagrados, en algunos animales, en los muertos o en los brujos. Por tanto, si el individuo ha entrado en contacto con él, es imperioso que se libere para evitar enfermedades. El procedimiento más común consiste en una limpia o barrido con animales o plantas.

Los Vientos o Uni son compañeros inseparables de los Truenos; de hecho, hay quienes afirman que son sus fieles servidores. Los Uni se acercan a los veneros y por algún misterioso proceso, hacen subir la espuma, se la llevan y la transforman en nubes. Por lo anterior, los campesinos deben hacerles ofrendas ya que, de lo contrario, los Vientos harán tremendo berrinche y desquitarán su furia arrasando los sembradíos, trayendo enfermedades y llevándose el alma de la gente.

En cuanto al origen de los vientos, los totonacas aseguran que a quienes son asesinados se los lleva el Diablo y los transforma en Aires nefastos. La familia del infortunado, por ello, no podrá ponerle altar el Día de Muertos dentro de la casa, ya que ello significaría invitar al Diablo al hogar. De tal suerte, su ofrenda deberá colocarse durante cuatro años en el exterior, hasta que el alma concluya sus trabajos y deja la vida errabunda para encontrar el descanso final.

Los otomíes de la Sierra Madre coinciden, en términos generales, con las creencias de otros grupos étnicos. Para ellos el Aire malo o S'ontahi emana de los muertos y se ubica en los cementerios como una malévola atmósfera que, durante las noches, se desplaza por los poblados y no duda en entrar en las casas. Se dice que su presencia en los hogares obedece a que tiene hambre y busca compañía para mitigar su soledad. Los Aires malos pueden ser considerados la encarnación de aquellas personas cuya conducta era reprobable o que tuvieron la desgracia de morir asesinadas. Tal parece que la muerte no afecta su comportamiento, de modo que se dedican a vagar constituyendo una amenaza constante para sus antiguos vecinos.

Una particularidad que distingue a los Aires otomíes de otros es la inclinación a castigar a aquellos que, de una u otra forma, infringen las normas. Así, los borrachos contraerán extrañas enfermedades, los adúlteros se verán acosados por desgracias, los asesinos no encontrarán paz, etcétera.

Por su parte, los chatinos de Oaxaca consideran que el Mal Aire es una malévola entidad, dotada de voluntad y con la facultad de adoptar aspecto humano cuando mejor convenga a sus fines. Si asume apariencia antropomorfa es, generalmente, para tener relaciones sexuales con algún lugareño.

El Mal Aire disfruta ocasionando daño a quien se tope en su camino pero, sin duda, sus víctimas preferidas son los niños en quienes su sola presencia ocasiona nerviosismo, insomnio, pesadillas y llanto ininterrumpido. Empero, los pequeños no son los únicos afectados por esta entidad ya que es común que aquellos que llevan a cabo un gran

esfuerzo físico o sufren algún cambio brusco de temperatura padezcan lo que se llama abertura de vientre facilitando el acceso del Mal Aire al interior de su cuerpo a través del ombligo, lo que causa inflamaciones, debilidad, desgano y dolor en todas las partes del cuerpo. El remedio para este padecimiento consiste en formar un ramo con romero, ruda, chile y alcanfor, quemarlo e inhalar el humo. El Mal Aire no soporta los olores intensos y generalmente sale raudo del cuerpo del enfermo a realizar sus actividades lejos de ahí.

Para proteger a los infantes de su nefasta influencia los chatinos recomiendan colocar en las muñecas del pequeño unos hilos con "ojos de agua" (bolitas moradas) y varitas en forma de cruz en el estómago, espalda y pecho. En el caso de los adultos es adecuado utilizar, mientras se trabaja, un ceñidor fuertemente atado alrededor del vientre para evitar que éste se abra y el Mal Aire pueda penetrar.

En la zona maya los Vientos Malignos se consideran sumamente peligrosos ya que deambulan por dondequiera en busca de incautas víctimas. Alfonso Villa Rojas en *Los Elegidos de Dios* afirma:

> Por lo que se refiere a sus atributos y propiedades, existen versiones diversas y ambiguas. Sin embargo, puede decirse que la idea más común que se tiene de los "vientos" es la de ofrecer apariencia humana en tamaño diminuto hechos de puro aire. Algunos suponen que estos seres se mueven y actúan por su propia voluntad, en tanto otros creen que son llevados por el viento. Otra creencia es la de que son simples ráfagas de aire dotadas de mentalidad propia. También se dice que algunos animales llevan tras sí "vientos" de su misma figura, los cuales pueden causar daño cuando se cruzan o se encuentran con los seres humanos. (...) En general, los "vientos" se encuentran en todas partes, ya sea moviéndose o agazapándose en los rincones; el número es mayor en los montes, en las cuevas y en los cenotes. Es posible que exista la creencia conocida en Chan Kom, de que el mar da origen a los "vientos malignos"...

Los Vientos malvados gozan al dañar a los humanos y suelen estar siempre sonrientemente atentos a cualquier oportunidad que se les presente para introducirse en el cuerpo de alguna persona y causarle daño. Por ello, los viajeros que atraviesan los montes acostumbran llevar amuletos que los protejan de estos acechantes enemigos que, con infinita paciencia, aguardan los momentos de mayor cansancio para hacer sus fechorías.

Los niños, en función de su limitada resistencia física, son los más susceptibles a los ataques de los

Aires. Las madres, siempre atentas, los protegen con pulseras o collares hechos de materiales especiales. Los objetos más utilizados son trozos de cuerno de venado, huesecillos llamados ppuctzuc, caracolitos, patas de conejo, la jiga o huesecito que se obtiene de algunos pescados, cruces de tankasché, camalonga u otras maderas. Un material especialmente efectivo para estos menesteres son las semillas de oxol, ya que tienen la facultad de aprisionar dentro de sí a los Vientos. De hecho, tales semillas, con el paso del tiempo, pierden su color y se llenan de fisuras, signo irrefutable de que han capturado en su interior numerosos Vientos. En cuanto al *modus operandi* de los Vientos, una vez instalados dentro del organismo humano las versiones difieren. Para algunos el Viento se localiza exactamente en el lugar del dolor. Otros los suponen como insectos que recorren el cuerpo ocasionándoles malestares. Algunos más explican que el Viento se acurruca en algún sitio asumiendo la forma de un animal como una lagartija o un ratón. Empero, cualquiera que sea la versión más veraz, los procedimientos para su expulsión no varían en forma significativa y son limpias, realización de ofrendas, punciones, baños especiales y los más diversos bebedizos.

Los Vientos con que mayor precaución debe tenerse son los llamados Xaman-ik (Viento del Norte) y Chikin-ik (Viento del Poniente), ya que producen resfriados y altísimas fiebres a los niños que, de no tratarse a tiempo, pueden llevarlos a la tumba. También entre los Vientos de mayor peligro está el Kan-mucuy o Kan-lekay, que ocasiona la ictericia. Para contrarrestar sus efectos, quienes saben de ello recomiendan poner ceniza en forma de cruz frente a la entrada de la casa ya que, por razones no muy claras, ahuyenta a estos temibles entes.

Los mixes de Coatlán consideran a los Vientos como los mensajeros de la Tierra y creen que sólo pueden establecer comunicación con el llamado Espíritu del Mundo. Los Vientos no se limitan exclusivamente a su función de heraldos ya que, en numerosas ocasiones, cuando la Tierra recibe alguna ofensa de humanos desconsiderados, tienen la tarea de causarles enfermedades.

Akabdzunnun. *Véase* Colibrí nocturno.

Aksanjan. *Véase* Dueño del Monte.

Alakoob. Parece ser una constante en numerosos países el hecho de que los brujos cuenten, para la óptima realización de su trabajo, con algún tipo de ayudante del reino animal. Y México no es la excepción.

En la región maya, los brujos o especialistas en magia suelen contar con algún animal doméstico que los auxilia en su labor. Por supuesto, tales criaturas aunque su aspecto sea común y corriente, poseen características que los hacen diferentes. Quizá sea el diario contacto con lo sobrenatural, una extraordinaria capacidad de aprendizaje o facultades anormales que los convierten en invaluables servidores de los brujos.

Alma (Itónal, Tyi'i, Ariwá, Iwigá, Li-katsin, Li-stákna, Zaki). Los pueblos nahuas consideran que el Alma o Itónal es el elemento fundamental de la vida ya que sin ella la existencia sólo puede mantenerse por un corto tiempo. El Itónal está hecho de una sustancia sutil e invisible que tiene la facultad de abandonar el cuerpo durante el sueño. Cuando la persona duerme, el alma vaga libremente por el espacio; sin embargo, si el individuo tiene enemigos, su tránsito no será apacible ya que sufrirá terribles pesadillas, se peleará con sus adversarios o tendrá serios disgustos.

Otro momento en que el alma abandona el cuerpo es cuando la persona pierde el conocimiento. El desmayado no se percata de que su Itónal se dirige al otro mundo. Ahí, como todavía "no ha cumplido su tiempo", es enviada de regreso a la Tierra y el individuo despierta.

Para los chatinos de Oaxaca, todo ser humano tiene un núcleo vital propio, una especie de sustancia etérea llamada Tyi'i que se localiza dentro del corazón dotándolo de energía. Durante el sueño el Tyi'i emprende un viaje durante el cual va recogiendo por doquier diversas imágenes que habrán de conformar el material onírico. A diferencia de otras almas, el Tyi'i es inmune a los ataques y trampas de los Vientos malignos. Empero, existe dentro de las personas un factor que efectivamente puede ser dañado por tales entes malvados y se le denomina Cati Cui'i o Siete Vientos. Estos vientecillos se alojan normalmente en el vientre y su naturaleza es ambigua, ya que para algunos dos tienen un carácter benigno y cinco son de naturaleza malévola. Pero independientemente de su temperamento, pueden ser acosados por entes adversos que les ocasionarán las más diversas enfermedades.

Por su parte, los rarámuris de Rejogochi utilizan indistintamente dos palabras para denominar el Alma: Ariwá e Iwigá. Ambos términos significan "aliento", ya que para los rarámuris el acto mismo de respirar es un indicador claro e indiscutible de que el individuo posee alma, lo cual no significa que todo aquello que tenga alma respire ni que respirar sea necesario para preservar la vida.

Dentro del pensamiento rarámuri existen dos opiniones contrarias respecto del número de almas que tiene una persona. Hay quien afirma que los seres humanos poseen una sola Iwigá de aspecto exactamente igual al de su poseedor y en cuyo cuerpo vive. De tal modo que cuando la gente duerme o se emborracha, una parte del Ariwá sale mientras el resto se queda encargado de cuidar el cuerpo.

La idea de que los individuos poseen varias almas está más difundida. Tales almas están distribuidas a lo largo y ancho del organismo gozando de cierta autonomía, y las hay grandes y pequeñas. Cronológicamente, todas las Ariwás de una persona son de la misma edad y su diferencia de tamaño obedece al grado de madurez. Las almas grandes de un adulto tienen el aspecto de éste y actúan como él, mientras que las chicas de la misma persona son como chiquillos. Por supuesto, las almas grandes, en vista de que son más inteligentes, asumen el deber de cuidar del bienestar de las pequeñas orientándolas sobre la mejor manera de comportarse.

La energía y vitalidad de un ser humano son el reflejo fiel del estado de sus Iwigá y cuando se dice que las almas son fuertes se están refiriendo a una fortaleza de tipo emocional y mental. Consecuentemente, si alguien está triste es porque sus almas se sienten deprimidas, situación que lo hace especialmente vulnerable a los ataques de seres malvados. Cuando las Iwigá no consiguen superar tal estado de desesperanza, la persona corre un terrible riesgo, ya que sus almas pueden preferir abandonarlo e irse en busca de Dios o de sus seres queridos fallecidos.

La capacidad y el tamaño de las pequeñas almas, a lo largo de la vida, aumenta levemente; mientras que las facultades de las grandes se incrementan de manera significativa.

El sueño es un fenómeno en el que las Ariwá ocupan un lugar clave, ya que el alma más grande despierta (mientras que las otras permanecen dormidas) y sale del cuerpo. De este modo, todo lo que realice será experimentado como actividad onírica. Una vez de regreso, esta alma puede elegir seguir despierta o no.

Cuando los rarámuris beben tesgüino es común que una o más almas salgan rápidamente del organismo ya que aborrecen su olor, de tal suerte que ante su ausencia el individuo se intoxica, y los comportamientos impropios que tenga obedecen a que las pequeñas almas son las que se encargan de la persona.

Ahora bien, el hecho de que las almas grandes salgan no implica de ninguna manera irresponsabilidad, por el contrario, desde fuera se dedican a cuidar al borracho manteniendo estrecha comunicación con las Iwigá que permanecen en el interior.

Una hermosa creencia rarámuri asegura que cuando llega la muerte, las Iwigá emprenden un peregrinaje a todos los sitios por los que pasaron a lo largo de su vida, siguiendo las huellas de viajes anteriores y dándoles un último adiós a la gente que amaron. El fin básico de esta travesía es permitir que los muertos recuperen sus huellas para presentarlas a Dios cuando estén en su presencia. La expedición dura de tres a cuatro días, al término de los cuales los deudos preparan ofrendas de alimentos para que las almas de los muertos sigan su camino al cielo.

Los chamulas están firmemente convencidos de que todos tenemos tres almas o espíritus. Una de ellas habita en la punta de la lengua y guarda una cercana relación con la vela del destino que está encendida en el cielo para esa persona. Las otras dos (una mayor y otra menor) son compartidas por el espíritu animal del individuo. El animal joven o menor se halla viviendo en un corral en la Montaña Tzontevitz y está bajo la estrecha vigilancia de San Jerónimo. El animal mayor o más antiguo reside en un corral ubicado en el cielo y donde es cuidado por el Sol. Cualquier cosa que suceda a estas almas repercutirá, inevitablemente, en el hombre con quien estén unidas.

Las enfermedades más comunes que afectan a los chamulas tienen su origen en la pérdida parcial del alma, la cual puede ser ocasionada por la venta de ella al dios subterráneo o porque el espíritu animal fue atacado por otro o, de plano, escapó del corral. Afortunadamente, tal situación pueden solucionarse: basta acudir al chamán quien, a través de ritos especiales y rezos, conseguirá traerla de regreso sana y salva.

Los totonacas de la Sierra distinguen dos almas: Li-katsin y Li-stákna. La primera equivale al principio de conocimiento, la inteligencia y, por ende, se asienta en la cabeza. Por su parte, Li-stákna es un alma múltiple que se ubica en todos aquellos lugares del cuerpo donde se perciba el pulso; según algunos informantes, son 12 Li-stákna en la mujer y 13 en el varón.

El enfermo fallece cuando los diversos Li-stákna lo abandonan y cuando el ubicado en la garganta desaparece, la muerte es inevitable. Asimismo, el Li-katsin también se retira, aunque hay divergencia de opiniones sobre el momento exacto en que lo hace: unos creen que huye antes que los Li-stákna y otros aseguran que lo hace después.

Cuando los Li-stákna han salido del cuerpo no se marchan de inmediato; por el contrario, durante cierto periodo permanecen en el hogar y los deudos se encargan de su alimentación. Por supuesto, por muy queridos que sean estos huéspedes la estancia no debe prolongarse indefinidamente. Así que los familiares proceden a la expulsión, es decir, de forma cariñosa y comedida les ofrecen una última comida cerca del camposanto pidiéndoles amablemente que se retiren.

Los otomíes consideran que la fuerza viva de los seres humanos se llama Zaki y aunque no constituye propiamente una personalidad acabada es su esencia vital. Tal energía difiere significativamente de un individuo a otro; así, los chamanes y hombres de prestigio gozan de un Zaki mucho más fuerte que el del resto de los mortales. Además, existe estrecha relación entre Zaki y enfermedad; de hecho, cuando una persona está enferma o desganada se debe, sin duda, a que su Zaki ha sido afectado de alguna manera. Por ello, muchas ceremonias de sanación lo que buscan principalmente es restituir el Zaki al enfermo.

Alma-animal. *Véase* Lab.

Almas de los cuarteles. Los antiguos cuarteles de la heroica ciudad de Veracruz se ubicaban a lo largo de la calle Puerta Merced (hoy Melchor Ocampo), flanqueados por el lado este por el Bastión de San Fernando y al oeste por el Bastión de Santa Bárbara (hoy avenida Francisco I. Madero).

En las postrimerías del siglo XIX y los albores del siglo XX estos cuarteles fueron mudos e impotentes testigos de las atrocidades cometidas contra innumerables inocentes cuyo delito mayor consistió en elevar airadas voces contra el entonces dictador Porfirio Díaz. En sus habitaciones y pasillos la tortura era un huésped perpetuo. Sus muros presenciaron la terrible matanza perpetrada el 25 de junio de 1879 por el general y gobernador Luis Mier y Terán, suceso que aún llena de vergüenza a los veracruzanos.

Sin embargo, la muerte no fue suficiente para silenciar sus voces y el olvido no pudo ocultar los oprobiosos hechos. A partir de ese día y cada vez que se cumple un año más de la siniestra fecha, suceden cosas extrañas. Esa noche, las calles donde estuvieron los hoy desaparecidos cuarteles se llenan de sombras que, aún llenas de dolor y rabia, emiten alaridos y quejidos que erizan la piel. Las imprecaciones, los insultos y la furia des-

garran el silencio nocturno. Las voces de ultratumba, en un afán de no ser olvidadas, repiten una y otra vez: ¡Asesinos! ¡Asesinos! ¡Asesinos!

Almas de los muertos. La muerte, por lo menos en México, no es definitiva. El alma pasa simplemente de una forma de existir a otra, de un lugar a otro, de una vida a otra. En cuanto a su destino, las opiniones difieren, pero en todas existe la certeza de cierta permanencia.

Los viejos de Atla, quienes verdaderamente saben de estas cosas, afirman que es el comportamiento que seguimos a lo largo de nuestra existencia lo que determina el sino del alma. Así, los espíritus buenos van al cielo y los pecadores al infierno, donde sufrirán el castigo de las llamas.

Empero, independientemente del lugar al que hayan sido destinadas, su estancia ahí no es definitiva. Las almas bondadosas, al cabo de un tiempo no especificado, tienen la oportunidad de introducirse en el vientre de alguna mujer para nacer de nuevo. Los espíritus malvados, por supuesto, no correrán la misma suerte: renacerán como animales y al morir éstos su alma lo hará también.

El Valle del Mezquital, por su parte, también cuenta con su particular punto de vista sobre el asunto. Los otomíes saben que no están solos, que aquellos que ya han fallecido se encuentran cerca y velan por ellos. Por eso es muy importante que los que se nos han adelantado no caigan en el olvido, ya que de ser así se encargarán de recordarnos su presencia espantándonos, apareciéndose en los cementerios o simplemente murmurándonos en el oído. Las almas de los muertos son de armas tomar; de hecho, si no están de acuerdo con la forma en que cumplimos su última voluntad, protestarán enérgicamente agitándose en su féretro o, de plano, golpeándolo con sus puños.

Los chatinos de Oaxaca son más explícitos cuando hablan del otro mundo. Cuando muere una persona, su Tyi'i (alma) se separa del cuerpo y se transforma en Lyuma, es decir, en alma de difunto, una parte de la cual permanece en el cementerio y el resto se dirige al país de los muertos. Aunque la Lyuma sabe perfectamente que debe seguir su camino, es común que se resista a abandonar a aquellos que ama, situación que no resultaría extremadamente grave si su presencia no causara serios trastornos a los vivos.

Las viudas suelen ser las más afectadas por las almas que se niegan a irse, padecen hinchazón y frío. Dicen que el frío se debe a que el muerto "no la suelta", ya que necesita calor y le parece de lo más natural tomarlo de ella. Para solucionar lo anterior, es menester llevar a cabo una serie de prácticas rituales como permanecer acostada en un petate nuevo o bañarse de forma especial.

Pese a su dolor, llega el momento en que el alma no puede retardar más su partida y su familia lo ayuda proporcionándole todo aquello que requerirá para su larga travesía. Obviamente, preparar la partida de un alma no es igual que otra cualquiera. Así que los deudos cuelgan un tenate en las ramas de un árbol, y la pequeña red contiene pollo con mole, nueve frijoles, nueve chiles y un bule con agua. Asimismo, se incluyen trozos chicos de cobija, ropa del difunto y una porción de sus instrumentos de trabajo, con el fin de que los use en su próxima vida. Un elemento importantísimo que no puede faltar en el equipaje son dos pedazos de bambú con los extremos cerrados. En uno de ellos se pone una abeja brava que defenderá al alma de sus adversarios y le mostrará el camino correcto; el otro bambú lleva en su interior un camarón o un cangrejito que le ayudará a encontrar agua.

Lyuma emprende su recorrido debidamente pertrechada. Primero encaminará sus pasos hacia el Cerro de la Virgen, cruzará el Río Grande, atravesará cerros y hondonadas y cruzará el Río Nueve. Cabe decir que tal río es la continuación del Río Grande en el inframundo. Ahí, el alma tiene que estar atenta ya que de pronto, como salidos de la nada aparecerán nueve enemigos dispuestos a robársela. Sin embargo, ella está preparada para esta situación. Toma uno de los bambúes y libera a la abeja, la cual, por algún procedimiento se transforma en un temible enjambre que la defenderá. Una vez superado trance, continúa su travesía hasta llegar al Cerro de la Neblina, donde se ubica una cueva que lo llevará directamente y sin escalas a un pueblo que resulta ser una copia idéntica del suyo.

Mientras tanto, aquí en la tierra de los vivos, los parientes esperan con ansia la llegada del Día de Muertos para ofrecer a sus difuntos comida y velas que les servirán en el inframundo. No está de más decir lo importante que es esta ofrenda para garantizar la felicidad y comodidad de aquellos que ya no están con nosotros, además de que hay almas susceptibles que, si no se sienten debidamente cuidadas, no dudarán en causar daño a los olvidadizos.

Los chamulas, por su parte, saben sin temor a equivocarse que el submundo o infierno es el lugar adonde van los muertos. Cuando la oscuridad se apodera de la Tierra, en el infierno es de día ya

que, si la Tierra es redonda, es lógico que el Sol no pueda iluminar simultáneamente el mundo de los vivos y el de los muertos.

Contrariamente a lo que podría pensarse, el infierno no es muy diferente del mundo de los vivos, salvo unas cuantas particularidades. En el submundo los alimentos tal como los conocemos no existen; por tanto, los Muertos se ven forzados a ingerir moscas o, en el mejor de los casos, comida carbonizada. Otra de las diferencias es que los Muertos no pueden tener relaciones sexuales; a cambio de ello, el sufrimiento ha sido erradicado, salvo en los casos en que el condenado sea homicida o suicida, porque entonces están condenados a ser quemados día a día por el astro rey.

En el estado de Quintana Roo, los mayas creen que las almas de los muertos no se alejan inmediatamente del hogar, sino que se quedan ahí llevando la vida que acostumbraban. Por supuesto, ello no puede durar para siempre. Al tercer día de la defunción, las almas se extrañan de ver gente rezando en su casa, se acercan curiosas y se llevan tremenda sorpresa al enterarse de que oran por ellas. El percatarse de que ya están muertos les causa profundo dolor y congoja; desesperados, van a su tumba a comprobar el hecho y ya convencidos, lloran incontrolablemente, a veces durante toda la noche, su propia muerte. Amanece y saben que deben partir hacia el sitio que ahora les corresponde.

Si la persona destacó en vida por su mala conducta es muy probable que vaya al infierno (metnal), el cual se encuentra ubicado a gran profundidad en la Tierra. Lo terrible del infierno no es sólo la dureza de los castigos, sino el hecho de que sean eternos. Sin embargo, son pocos los que efectivamente van a dar al metnal, lo que no significa que lo vayan a pasar especialmente bien. Aquellos que tuvieron amoríos con su cuñada o suegra se convierten en kakal-moson-ik, esto es, el viento que pasa sobre el fuego de la milpa. Pero la pena no se limita al dolor de las llamas: después de algún tiempo se transforman en venados que, una y otra vez, serán heridos y muertos por los cazadores. Entre las infracciones que se consideran especialmente graves está golpear a la familia. Los que lo hicieron pueden tener por seguro que, tras su muerte, serán aplastados entre las ramas de los árboles que el viento a su paso hace entrechocar. Se dice que por ello se escucha un chirrido cuando sopla el aire: es el llanto de las almas que penan.

Las almas de las otras personas que hayan cometido faltas, pero no graves, se alojarán en el Purgatorio. En cuanto a la localización geográfica de este sitio los datos son poco exactos. Algunos consideran que se encuentra hacia el oriente. Otros lo ubican muy cerca del infierno. Pero la mayoría coincide en que el Purgatorio y "Jerusalén" son un mismo lugar y que se halla hacia el sur, cerquita de los límites del fin del mundo.

En el Purgatorio las penitencias no son excesivamente atroces y tienen, ante todo, el loable objetivo de purificar el alma para que, cuando se acerque a Dios, el alma vaya pura y limpiecita.

Los más afortunados, que son escasos, van a la Gloria donde la belleza, el bien y la paz son cosa de todos los días. Ahí tienen el supremo honor de encontrarse con Dios, la Virgen María, los Santos y algunas almas de pureza sin igual. Tampoco queda muy claro dónde está la Gloria: se dice que se halla al oriente o en el centro del firmamento. Cada año, las almas tienen permiso de regresar a sus casas para ver a sus seres queridos y recordar, con un dejo de nostalgia, lo que es vivir aquí en la Tierra.

En el estado de Guerrero, así como en muchos otros sitios de la República, existe la creencia de que las almas de aquellos que ya se han ido, retornan los días 1 y 2 de noviembre. Por ello, sus familiares suelen prepararles un altar en el que se colocan cigarros, licores, flores, velas, sal, agua, imágenes religiosas y fotografías, así como los más variados guisos que gustaban a los difuntos. Las almas aceptan gustosas esta ofrenda y se alimentan de los olores que emanan los platillos. Una vez terminado el festín, retornan al más allá alumbradas por la luz de los cirios y las veladoras que la familia puso en la ofrenda; en caso de que la familia haya omitido la colocación de velas, las ánimas no tendrán otro remedio que iluminar su camino con las falanges ardiendo.

Almas de los perros. La lealtad de los perros es proverbial. Su amistad no sólo nos alegra y acompaña a lo largo de la vida, sino que es tan fuerte que trasciende la muerte. Los lacandones de Chiapas saben que esto es cierto; de hecho, no dudan en afirmar que el alma de sus perros ayudará a la suya a cruzar el río después de la muerte. Por ello tienen especial cuidado y un trato cariñoso hacia sus compañeros caninos para que, una vez llegado el momento, los auxilien en este trance.

Almas en pena. La muerte no siempre es garantía del descanso eterno. Existen espíritus que no consiguen la paz ya sea por ignorar que están muertos, por tener alguna manda pendiente, promesas no cumplidas, mensajes que no pudieron dar, deu-

das impagadas, estar aferrados a sus afectos o por necesitar misas y oraciones para obtener reposo. Por ello, es común que se hagan presentes o se comuniquen con personas especialmente sensibles para que, con su ayuda, finiquiten sus asuntos pendientes y sigan su camino hacia el más allá.

Aluxes (Alux, Arux, Aluxob, Arush, H-box-K' Atob, H-Lox, H'Loxkatob, Kat, Las fuertes Imágenes de barro). Entre los habitantes más célebres y renombrados de la zona maya están los Aluxes. Son criaturas pequeñas y traviesas: parecen niños que oscilan entre los tres y cuatro años y suelen andar desnudos llevando sólo un gran sombrero en la cabeza. Algunos testigos dicen que en vez de sombrero portan una corona y ostentan pobladas barbas, aunque no falta quien contradiga la versión anterior y afirme que su aspecto es el de un adulto, pero chiquito.

Su agilidad es impresionante: son capaces de correr tanto hacia adelante como hacia atrás y dar unos brincos que uno jamás asociaría a una criatura de este tamaño.

Son curiosos por naturaleza y no pueden evitar la tentación de meterse a las casas por las noches para realizar cuanta diablura se les ocurra. Si hay algo que les encanta es zarandear las hamacas para despertar a quien se deje. Por supuesto, cuando la persona despierta sobresaltada es inútil que busque al responsable ya que no lo encontrará. De igual forma, los Aluxes encuentran enorme diversión en molestar a los perros: los persiguen, les tiran de la cola, les arrojan piedras hasta que los canes, hartos de sus travesuras, prefieren alejarse del lugar.

Los Aluxes tienen la capacidad de causar enfermedades. Les basta con pasar ligeramente la mano por la cara de los durmientes para que, casi de inmediato, el individuo se vea aquejado por fiebres altísimas y vómitos incontrolables. No obstante, estos duendecillos de los montes pueden llegar a ser amigos de los hombres e incluso prestarles protección y ayuda, eso sí, siempre que se corresponda a sus servicios con su comida favorita. ¿Cómo saber cuál es su alimento preferido? Simple: el que comúnmente desaparezca de la cocina sin explicación alguna.

Pocos guardianes de milpas hay tan eficientes como los Aluxob. A quienes atrapan robando les acomodan terrible golpiza y luego toman los frutos hurtados y los vuelven a pegar a las matas. No pregunte cómo porque no tengo la menor idea de la manera en que lo consiguen. Además, son capaces de lograr que el agua nunca falte en los sembradíos que custodian, para lo cual (haciendo gala de astucia que, por cierto, no les falta) capturan a uno de los Chaacoob (seres que riegan la tierra) y lo obligan a rociar las plantas a cambio de su libertad. Asimismo, tienen la facultad de alejar a los malos vientos y las plagas que pueden dañar las cosechas. Sin embargo, si el labriego los trata mal ellos no dudarán en corresponder de igual manera: se robarán las semillas que se esparcen durante el día y bailarán con alegría sin igual sobre las plantas que apenas empiezan a brotar, de tal modo que la milpa no logrará dar más que escasos beneficios.

Se dice que estas criaturitas no son otra cosa que las estatuillas de barro, que pueden encontrarse en los antiguos templos y tumbas, y que han cobrado vida. Tiempo atrás, eran precisamente los hombres los que los revivían. Para ello era necesario quemar copal durante nueve días y sus noches sin que el sueño los venciera en ningún momento. Si se llevaba a cabo el proceso de manera exitosa, uno podía estar seguro de que el Alux recompensaría su acción protegiendo los sembradíos. Empero, actualmente sucede todo lo contrario. Existe una marcada tendencia de destruir tales figurillas para evitar sus molestas actividades.

Hoy, entre los habitantes del estado de Quintana Roo se dice que, a veces, cuando algún campesino anda por el monte puede oír los disparos de la escopeta del Arux y, si presta atención, también escuchará los ladridos de su perro y sabrá que el duendecillo anda de cacería. Se cuenta que los animales que persigue son de "puro viento".

No falta el incrédulo que diga que los Arushes ya desaparecieron desde hace tiempo, cuando les cayó un rayo mientras se bañaban. Sin embargo, sabemos que eso no es cierto y que, si tenemos suerte, quizá un día podamos toparnos con un Alux.

Aluxob. *Véase* Aluxes.

Alza Piedra (Chhuytunich). Los hábitos de los animales pueden ser de lo más variados y uno que llama particularmente la atención es el del Alza Piedra. Este insecto es parecido a las chicharras, con la salvedad de que carece de alas; posee cuatro patas y dos largas antenas que usa como tentáculos para levantar piedritas, con lo cual se entretiene. El Chhuytunich, cuando no está dedicado a sus actividades de halterofilia, se ocupa de alimentarse de frutales. Los yucatecos lo consideran inofensivo.

Amos. *Véase* Dueños.

Amos de la tierra. Entidades chamulas que, junto con los diablos y las culebras, habitan las cuevas

subterráneas. Poseen el poder de la transfiguración serpentina, es decir, son capaces de asumir el aspecto de víboras. Sus actividades, así como el resto de sus poderes, permanecen en el misterio aunque es bien conocida su estrecha relación con la humedad, la profundidad y lo oscuro.

Ana y Tecampa. En Tololoapan (estado de Guerrero) hay dos piedras unidas que al ser golpeadas producen un sonido similar al de una campana. Algunas personas explican el fenómeno de manera física, es decir, afirman que la colocación de las rocas permite que funcionen como una especie de diapasón que al ser golpeado emite los particulares sonidos. Sin embargo, los lugareños saben que tal explicación no es cierta, que los sonidos producidos son en realidad los cantos de amor de Ana y Tecampa.

Cuenta la leyenda que hace muchos, muchísimos ayeres, existió un príncipe azteca que con objeto de engalanar su próxima coronación buscaba una prisionera que habría de ser sacrificada ese importante día. Así, buscando y buscando a la más hermosa de las muchachas llegó a estos territorios y, sin gran dificultad, sojuzgó a los pobladores, para lo cual se valió de una táctica simple pero efectiva: les cortó el suministro de agua. Obviamente, los pobladores estaban desesperados y el príncipe que, pese a sus acciones, no era especialmente cruel aceptó que la princesa del lugar fuera la única que llevara el agua necesaria para sus súbditos. Con lo que no contó el príncipe era que se enamoraría perdidamente de la joven y ella le correspondería. El tiempo transcurría y el amor crecía entre la pareja. Los consejeros del príncipe, no precisamente contentos con la situación, le recordaron el objetivo de su estadía y Tecampa tuvo que enfrentarse en una fiera pelea con el padre de su amada.

El enfrentamiento fue terrible, ya que a la juventud de Tecampa se oponía la experiencia del padre de la princesa. De pronto, el rey tomó ventaja y se dispuso a matar a Tecampa. La princesa, presa de una angustia terrible, se interpuso entre los combatientes y protegió el cuerpo de su amado con el suyo. El rey no daba crédito a lo que veía y su corazón se desgarró ante la traición de su hija. El dolor dio paso a la rabia y con voz de trueno maldijo a ambos y los condenó a convertirse en piedra…

La maldición se cumplió y Tecampa y Ana quedaron transformados en roca. Sin embargo, su triste destino no pudo acabar con el enorme amor que los había unido en vida. Y hoy, si nos acercamos a las formaciones pétreas y las golpeamos suavemente podremos escuchar cómo los amantes siguen diciéndose dulces palabras de amor.

Los lugareños juran que cada 24 de junio, un minuto antes de las doce, las rocas se apartan y en el espacio que se produce se pueden ver riquezas y tesoros que maravillarían a cualquiera. Aunque más de uno ha intentado obtener la fortuna, sus esfuerzos han sido inútiles ya que las piedras se separan por apenas unos segundos y existe el terrible riesgo de quedar atrapado entre ellas. El caso es que el tesoro sigue ahí, perteneciendo para siempre a Tecampa y Ana.

Anciana del ferrocarril, La. Si alguna vez viajas en el tren que corre de Culiacán a Hermosillo, no te extrañes si aparece junto a ti una anciana harapienta y de blancos cabellos que sostiene una vela. Es probable que la mujer se siente a tu lado y para llamarte la atención toque tu brazo con una mano helada que sentirás más fría que el hielo mismo. Empezará a conversar contigo; su voz cascada es amable, pero quizá te parezca que viene de muy lejos. Si te distraes un instante, ella desaparece. No importa que la busques, que revises el pasillo o que preguntes por ella, porque nadie sabrá darte razón. Y te darás cuenta de que has hablado con un fantasma.

Los ferroviarios viejos saben que la anciana no es más que el espíritu de una mujer que vendía pan y que, hace más de 20 años encontró la muerte bajo las ruedas de un tren. Lo que no pueden explicar con claridad es por qué sigue apareciendo, probablemente no sepa que está muerta o quizá desee mitigar su soledad conversando con alguien.

Angarilla voladora. *Véase* Xiquiripat.

Ángeles. En los poblados mayas persiste la certeza de que cuando muere un niño se convierte en ángel, ya que su corta vida no alcanzó para que pudiera cometer pecados o dejara de ser un alma pura. El angelito se dirigirá a un lugar especial de la Gloria donde, a partir de ese momento, vivirá feliz en compañía de otros ángeles y bajo el amoroso cuidado materno de la Virgen María.

En su viaje a la Gloria, es necesario que el nuevo angelito lleve (como muestra de su pureza) una corona roja de papel en la cabeza y un ramito del mismo material para obsequiarla a su nueva madre. A diferencia de otros velorios, los de los niños no están acompañados de llanto ya que los parientes procuran disimularlo porque saben, por mucho que les duela, que el pequeño tendrá un bello destino. Además, la música está siempre presente: un grupo de tres o cuatro músicos llenan el lugar con sones y otras alegres melodías que buscan cooperar a la felicidad que, sin duda, sienten los ángeles del cielo por la llegada de un nuevo amigo.

Los tzeltales tienen un concepto radicalmente distinto de los ángeles. Ellos no conceden gran importancia a los ángeles más relevantes como San Gabriel; es más, tampoco están convencidos de la existencia de los ángeles de la guarda. En cambio, afirman que en las cuevas de las montañas habita un Ángel que tiene la tarea de proteger la naturaleza. Esta función ecológica es determinante para el equilibrio de la vida y el Ángel, aunque esencialmente no tiene un carácter punitivo, puede llegar a castigar (si la ocasión lo amerita) a quien atente contra la flora y fauna de la región. De igual modo, el Ángel posee estrecha relación con el rayo y las nubes, y es probable que guarde una significativa influencia sobre ellos.

Ángeles menores (Ah Kumix Uinicob). Los mayas chortíes creen que los cuatro rumbos del universo son custodiados por entes que se encargan de la producción de fenómenos meteorológicos. Los Ah Kumix Uinicob, durante la época de secas, son los encargados de colocarse en los puntos cardinales para sustituir a sus asociados los Ah Patnar Uinicob, quienes producen la lluvia. No es muy clara su función, pero indiscutiblemente debe estar vinculada con las condiciones climáticas de esta época.

Ángeles obreros (Ah Patnar Uinicob, Dueños de los hombres de las jarras). Los Ah Patnar Uinicob guardan estrecha relación con los Chicchanes; ambos constituyen un bien coordinado equipo que se encarga de la producción de la lluvia en la zona maya chortí. Cada Ángel obrero ocupa uno de los cuatro rumbos del mundo y el más importante de ellos se coloca en el norte.

La creación de lluvia sigue un particular proceso. En la tierra, los Chicchanes se dirigen a las grandes extensiones de agua y se encargan de batirla con gran intensidad (en vista de que existen pocos testigos presenciales del procedimiento, no sabemos con exactitud cómo agitan el líquido). El agua, en vista del movimiento a que se ve sometida, se eleva y forma las nubes. Ahí, entran los Ángeles obreros a hacer su parte: toman sus enormes hachas de piedra y con terrible fuerza, golpean las nubes para que la lluvia se precipite a la sedienta tierra. Un efecto secundario de los tremendos golpes lo constituyen los rayos, que aparecen al ser atravesadas las formaciones nubosas.

Los Dueños de los hombres de las jarras sólo permanecen algunos meses desempeñando este arduo trabajo; el resto del tiempo se retiran para dejar su puesto a los Ah Kumix Uinicob.

Ánima. Concepto similar al del alma; sin embargo, los otomíes que habitan el Valle del Mezquital consideran que ésta, al morir la persona, dirige sus pasos al Sol o a la Luna. A diferencia de otros pueblos, los otomíes creen que el destino del Ánima no se condiciona por nuestras acciones en vida, sino que depende de la forma en que fallecemos. Así, por ejemplo, las mujeres muertas en parto van directamente a la Luna, mientras que aquellos que han perecido a causa de un accidente se encaminan al astro rey.

Ánima de Aureliano Ávila. Los felipeños cuentan que en las noches de luna llena suelen verse a lo lejos pequeñas llamas que emergen del suelo. Algunos se persignan y prefieren alejarse rápidamente del lugar porque saben bien que Aureliano Ávila anda por ahí.

Aureliano fue, en tiempos de la Revolución, un general aguerrido cuya crueldad hizo historia y hoy, años después de su muerte, sigue deambulando por aquellos parajes saqueando, robando mujeres y arrasando todo a su paso. Si encuentra algún arriero en su camino le compra su mercancía a bajo costo, por supuesto, el infeliz no tiene opción de regateo, ya que la mirada de Aureliano Ávila apaga instantáneamente cualquier intento de reclamo. Acto seguido, el general ordena a sus soldados que destruyan lo comprado y con voz cavernosa dice al arriero: ¡No te me vuelvas a poner delante porque te mato! El arriero emprende la graciosa huida y dando gracias al cielo por haber salvado el pellejo. Sin embargo, Aureliano siempre vuelve a encontrar a todos y cumple su promesa.

En el lugar del asesinato hace enterrar una olla llena de dinero. Es costumbre que uno de sus soldados descienda con la cazuela para vigilarla, con lo que no cuenta es que lo hará eternamente ya que, sin contemplación alguna, el general le dispara cinco veces con su fusil. Dicen que ya ha matado a 29 soldados y que el número cien en morir será él mismo.

Los que conocen estos hechos cuando ven lumbre saliendo de la tierra y tienen las agallas suficientes, se acercan al sitio en busca del "entierro", pero sólo encuentran un gato montés o una serpiente. La llama ha desaparecido y, con ella, la esperanza de hacerse ricos.

Ánima de don Francisco de Sentmanat. El estado de Tabasco es una tierra pródiga no sólo en riquezas naturales, sino también en leyendas y una de las más conocidas narra el terrible destino de don Francisco de Sentmanat.

Cubano de nacimiento, don Francisco llegó a playas tabasqueñas como miembro de la expedición comandada por los federalistas. Ambicioso y con pocos escrúpulos, fue cobrando importancia en la vida política e incluso logró convertirse en gobernador y comandante militar. Empero, poco le duró el gusto de tales cargos ya que el general don Pedro de Ampudia, recién llegado de una fallida misión en Yucatán, tomó por asalto la ciudad de Villahermosa en 1843 e hizo huir a don Francisco y sus leales.

Obviamente, don Francisco no se quedó con las manos cruzadas, enroló a una serie de mercenarios y regresó a recuperar lo que consideraba suyo. Empero, las cosas no salieron como esperaba y se vio forzado a escapar. Su huida no se prolongó demasiado. Fue capturado, llevado a Jalapa y ejecutado rápidamente en la plaza. Su cadáver se transportó a San Juan Bautista donde lo decapitaron, su cabeza fue frita en aceite y después colocada en una jaula que se puso, como macabra advertencia a los traidores, en el lado sureste de la vieja Casa de Gobierno de Villahermosa.

Y cuentan que aún hoy, casi 150 años después de lo acaecido, el ánima de don Francisco de Sentmanat sigue apareciéndose en forma de búho. Las tranquilas noches ven roto su silencio por lamentos y gritos que erizan la piel, ayes desgarradores que siguen llorando su triste destino.

Ánima de Rafaela. El tiempo no perdona, las cosas cambian e incluso hasta los fantasmas desaparecen, tal como lo hizo el ánima de Rafaela… Pero vayamos hacia atrás, al principio de la historia.

Hace años, tantos que se ha olvidado cuándo sucedió, vivía en la costa oaxaqueña un hombre llamado Miguel, conocido por todos los vecinos por sus fechorías.

Pues bien, el tal Miguel llegó a radicar al pueblo de Pochutla donde se enamoró perdidamente de Rafaela. El único inconveniente es que el padre de la muchacha tenía un genio de los mil diablos y al enterarse del tipo de pretendiente que tenía su hija adorada puso el grito en el cielo. Ante la oposición paterna, Rafaela se fugó con Miguel. El padre furioso e impotente, elevó la vista al cielo y gritó: ¡Maldita seas, Rafaela! ¡Me has desobedecido! ¡Yo te maldigo y colgada de un árbol pagarás la burla que me has hecho! ¡Maldita y mil veces maldita!

Dicen que las maldiciones paternas siempre se cumplen y esta no fue la excepción. A los pocos días, unas leñadoras quedaron mudas de espanto al toparse con el cadáver de Rafaela pendiendo de las añosas ramas de un árbol.

El dolor de Miguel no conoció límites. Vagaba como enloquecido por las calles de Pochutla y, al sonar las ocho de la noche en la campana de la iglesia, el horror se hacía presente. Aparecía ante el infeliz un esqueleto y con sus huesudas manos conducía a Miguel al pie de un árbol cercano y lo obligaba a rezar. Una vez enunciadas las plegarias, con una voz que parecía venir de muy lejos, la calavera decía: –Miguel, cuando tus oraciones logren salvarme del Purgatorio has de morir al pie de este árbol.

Y tal parece que el fervor con que rezaba Miguel surtió efecto. Después de años, una mañana, bajo el mencionado árbol apareció el cuerpo sin vida del infortunado… El ánima de Rafaela, por fin, había encontrado la paz.

Ánima de Sayula. Ficción macabra en forma de verso que narra las fechorías sexuales de un difunto muy singular que, a cambio de plata, intenta satisfacer sus desviaciones. Las estrofas son populares y con el transcurso de los años han devenido en una muestra divertidamente representativa de la irreverencia mortuoria de nuestro pueblo.

Ánima del Convento del Pueblito. La ciudad de Querétaro es famosa por su arquitectura y también por sus fantasmas. Allá por 1843, el Convento del Pueblito contaba entre sus moradores, aparte de los frailes, con el ánima del padre Ramírez.

Los sacerdotes esperaban temerosos la llegada de la noche porque con ella venía el espanto. Ruidos, voces, ayes y llantos turbaban la calma monacal. Más de un fraile casi sufría un soponcio al ver, de pronto, aparecer ante sí la fantasmal figura del sacerdote muerto.

Las apariciones y los extraños sonidos se prolongaron por meses. Los curas temerosos y desesperados oficiaron numerosas misas por el descanso del alma del padre Ramírez. Tarde a tarde los rosarios llenaban la atmósfera. Pero todo era inútil: el alma seguía penando en el lugar. Los frailes acudieron a fray Idelfonso Arreguy, conocido por su bondad y virtud. El sacerdote, haciendo gala del valor que le otorgaba su paz espiritual, platicó con el fantasma y le otorgó el perdón a sus pecados. A partir de esa noche, la calma regresó a las monásticas paredes, mas el recuerdo del ánima del Convento del Pueblito aún sigue vivo.

Ánima del Puente de Silva. El Puente de Silva, en Celaya, a primera vista no parece ser excepcional. Sin embargo, genera cierto temor a los lugareños porque aseguran que ahí se aparece el fantasma de Salvador Hernández.

Los que conocen la historia, al pasar por el lugar cierran los vidrios de su automóvil y fijando la vista al frente aceleran para alejarse lo más pronto posible del sitio, no vaya a ser que el ánima de Salvador les dé un buen susto. Esta alma tiene la costumbre de pedir "aventón" a los que pasan por allí y, en ocasiones, sin esperar que lo inviten a subir, se materializa dentro del vehículo. Obviamente, la sorpresa y el miedo son tremendos, pero a Dios gracias no duran mucho porque, al poco tiempo, se desvanece en el aire.

Animales compañeros. Los chamulas saben que no vienen al mundo solos, ya que, en el momento de nacer el Dios Sol les otorga un espíritu animal que compartirá su destino físico y espiritual.

Estos animales compañeros, a pesar de su íntima vinculación con los humanos, no viven cerca de ellos. Su morada se encuentra localizada en dos corrales especiales: uno se ubica en el cielo y el otro en una montaña sagrada, donde son cuidados amorosamente por San Jerónimo.

Tal parece que las clases sociales no sólo marcan diferencias en las formas de vida, sino también en la naturaleza de estos compañeros. Así, los ricos cuentan con jaguares y coyotes, mientras que los más humildes con ardillas o zarigüeyas. Por supuesto, tal distinción se justifica plenamente por el hecho de que los chamanes, así como los que ostentan cargos importantes, necesitan que sus contrapartes animales sean fuertes para, de este modo, ayudarlos a desempeñar de mejor manera sus tareas dentro de la sociedad.

Animales marinos del Cerro Rabón. En la zona de la Chinantla (Oaxaca) se ubica el Cerro Rabón. En su cima existen cuatro grandes lagunas y seis pequeñas en cuyas aguas, por extraño que suene, existen animales de mar como tiburones, ballenas y mantarrayas. Hasta la fecha, los lugareños no han encontrado una explicación satisfactoria a este hecho. Además, no ha faltado el incrédulo que haciendo gala de curiosidad se acerque a ver estos portentos, sin embargo, es común que se lleve un chasco ya que solamente los brujos cuentan con el privilegio de acercarse a este lugar sobrenatural.

Animales que cambian de forma. Los mayas de Quintana Roo afirman que el mes de septiembre no es bueno para cazar. Quien, haciendo caso omiso a esta advertencia, sale al monte con la esperanza de conseguir una presa acabará perdiendo su tiempo. Y es que durante este mes, por extrañas razones, los animales adquieren el don de cambiar de forma. De este modo, las tortugas se visten con el plumaje de los loros, el zopilote toma prestada la coraza del armadillo, el ratón muda en murciélago y los venados se vuelven serpientes. Afortunadamente, dicen los cazadores, esto no dura mucho ya que para octubre todo vuelve a la normalidad y los animales recuperan su aspecto verdadero.

Animales y objetos que hablan. Gracias a Roldán Peniche (*Bestiario mexicano*) conocemos el deplorable destino padecido por los hombres de palo, de acuerdo con los textos del *Popol Vuh*. Ya sabemos cómo sus perros, sus piedras de moler y sus aves de corral tomaron venganza de antiguas afrentas de estos remotos pobladores de los mitos quichés. He aquí, según la versión de Recinos, las voces conminatorias de los animales y cosas contra los hombres de madera:

Mucho mal nos hacíais, nos comíais, y nosotros ahora os morderemos, les dijeron sus perros y aves de corral.
Y las piedras de mole; –Éramos atormentadas por vosotros, cada día, de noche, al amanecer, todo el tiempo hacían holi, holi, huqui, huqui nuestras caras, a causa de vosotros.
Éste era el tributo que pagábamos. Pero ahora que habéis dejado de ser hombres probaréis nuestras fuerzas. Moleremos y reduciremos a polvo vuestras carnes, les dijeron sus piedras de moler.

En la página 115 de *El libro de los libros del Chilam Balam* (versión de Barrera Vázquez) se anuncia que navajas y piedras bajarán del cielo a la tierra. En otra página de este sentencioso libro leemos: "Entonces morderán a sus amos los Pek, perros, pues no está lejano el día en que sobre ellos se vuelvan, sobre el que desprecia a su padre."
La mitología mexicana registra el incidente de Moquihuix, rey de Tlatelolco, a quien los animales y las cosas pronostican su ruina. El monarca cocina en una olla sobre el fuego chichicuilotes con chile y tomates. Su perro le notifica de pronto que los pájaros han salido volando de la olla y que aquello es funesto presagio para el reino. Irritado ante esta declaración, el rey sacrifica al imprudente can. Un guajolote que ronda en el patio advierte esa ejecución injustificada y señala a Moquihuix que ello agravará la situación. El soberano da muerte

también al guajolote. Cuando comienza a desplumarlo, una máscara que cuelga de la pared le reprocha (con abruptas palabras) su conducta. Furioso, acaba haciendo añicos la máscara contra el suelo. Inútil decir que el pronóstico de su ruina se cumplió puntualmente.
Hay una versión menos cruel de esta fábula (citada por el padre Garibay en la página 391 del primer tomo de su *Historia de la mitología náhuatl*) en la que Moquihuix (que es un viejito irascible y soberbio) se contenta con apalear a los animales en vez de matarlos.
Existe un famoso episodio de una piedra parlante en el tiempo de Moctezuma. El emperador manda transportar esa gigantesca piedra al templo de Huitzilopochtli, pero la roca se torna inamovible en la mitad del camino. Nada pueden los miles de hombres contra esa formidable gravedad y se conforman con escuchar, maravillados, la cavernosa voz que emana de la piedra.
La anchurosa mitología de los huicholes hace alusión a feroces enseres domésticos que devoraron a los hombres al comienzo del diluvio. Nakawé, la Madre de los dioses, participa a Watákame que ha venido a salvarlo de la inundación. En la página 248 de su obra *Dioses y demonios*, Fernando Benítez recoge ese precioso mito (Nakawé hace saber a Watákame de las terribles ocurrencias en la Tierra): "El metate, las ollas, las cazuelas, los comales, el molcajete, se han convertido en animales salvajes. Son ellos los que están devorando a tus compañeros."

Ánimas. Almas de los muertos que regresan a sus hogares, durante la fiesta de Todos los Santos y Día de Muertos, para departir con la familia y degustar los manjares que tanto disfrutaron en vida.
La mayoría de las ánimas se limitan a actividades sociales sin interferir en la vida de sus parientes. Empero, existen almas con características especiales que gozan de la facultad de echarles una manita a sus seres queridos para resolver sus dificultades.
Al acabar la festividad regresan cargados de regalos (si la familia cumplió con la obligación de ponerles su ofrenda) al mundo del Más Allá donde esperan con entusiasmo la próxima reunión.

Ánimas de la Independencia. Los habitantes de San Miguel de Allende, bellísima ciudad del estado de Guanajuato, tal parece que están acostumbrados a la presencia de entidades del otro mundo. Y cómo no habrían de estarlo si es cosa corriente ver, en las calles y las iglesias, los fantasmas de numerosos hombres que encontraron la muerte en el paredón durante la época de la Independencia. Los más sensibles, al mirarlos, se santiguan y elevan una plegaria porque saben que esas almas penan por haber fallecido sin confesión.

Ánimas de la Laguna de Pompasú. Durante la dominación española, los piratas eran sinónimo de muerte y destrucción. Fue tal el daño que ocasionaron en las costas tabasqueñas que los naturales prefirieron abandonar sus hogares y migrar tierra adentro en busca de seguridad.

Los ahualulcos tomaron sus pertenencias y acompañados de sus familias se alejaron del mar que tanto amaban para establecerse en la Laguna de Pompasú. Temiendo que la distancia no fuera suficiente decidieron hundir la campana de la iglesia en las aguas de la laguna, no fuera a ser que su sonido sirviera de guía a los filibusteros y encontraran su refugio.

Han pasado los siglos y todavía hoy, en cierta época del año, si uno aguza el oído puede escuchar, como venido de muy lejos, el tañido de la campana. Y dicen, los que todavía guardan en su memoria el recuerdo de aquellos tiempos terribles, que son las víctimas de aquellos corsarios los que hacen sonar la campana para recordar a los vivos que sus almas aún no han encontrado el descanso eterno.

Si algún día pasas por ahí y escuchas el metálico sonido, eleva una oración por el reposo de aquellos que encontraron la muerte a manos de los piratas.

Ánimas de la Laguna de Yuriria. Esta laguna se encuentra en el cráter de uno de los volcanes llamados *Las Siete Luminarias*.

También se le conoce como el Lago de Sangre, nombre que deriva del hecho de teñirse de rojo cuando se acerca alguna calamidad. Tal cambio de color es causado por las almas de los esclavos sacrificados en sus aguas que, en afán de prevenir a sus lejanos descendientes, pintan el agua para avisar el desastre por venir.

Ánimas de Montemorelos. El municipio de Montemorelos, en el estado de Nuevo León, cuenta entre sus insignes pobladores a una gallina que suele aparecer con sus pollitos armando gran alboroto y después se esfuma tras los magueyes.

Quien la ve se considera afortunado porque sabe que la aparición indica el lugar donde se encuentra enterrado un tesoro. Aunque han sido muchos quienes lo han buscado, hasta la fecha los intentos han sido vanos porque los espíritus que custodian el "entierro" sólo permitirán sacarlo a la persona indicada. No queda claro el criterio que indica a los espíritus cuidadores quién será el suertudo, por ello los pobladores no pierden la esperanza y aguardan entusiastas la gallinácea manifestación.

Ánimas solas. Difuntos que no tuvieron descendencia y, por tanto, no hay nadie que rece y se ocupe de ellos.

No obstante, no falta la gente piadosa que, consciente de la soledad de estas ánimas, en sus ofrendas ponen alimentos y cirios para que alumbren su camino. Hay quienes, respetuosos de las viejas costumbres, erigen fuera de los hogares o en la orilla de los caminos una cruz ornamentada con estrellas de palma y frescas flores bajo la cual colocan comida destinada a estas solitarias almas.

Ansia de morir. *Véase* Dzulúm.

Antepasados. Los tzeltales guardan especial reverencia a los Antepasados, ya que estos espíritus tienen la loable función de ayudar al hombre a vigilar la tierra, así como traer lluvias para la siembra.

Los Antepasados acostumbran vestir trajes de estilo antiguo, con camisa rebordada y elegante sombrero. Suelen colocarse en lo alto de un montículo que se eleva frente a la entrada de la cueva Cabeza de Palma. Desde ahí, con ojo avizor, observan el pueblo a la espera de cualquiera que intente traer el mal. Por supuesto, los Antepasados no cumplen su trabajo de manera aislada, ya que cuentan con la entusiasta colaboración de los curanderos, quienes consideran un honor y deber prestar su ayuda.

La capacidad para distinguir la naturaleza del alma humana lleva a los Antepasados a acercarse al lugar donde ha nacido un pequeño; si llegan a notar en el recién nacido una marcada inclinación hacia la maldad, se llevan su espíritu antes de que el niño crezca y tenga la oportunidad de afectar a su comunidad.

Aparecida de la Catedral, La. Por las noches, cuando la ciudad de Durango ya está dormida y suenan las doce campanadas de la Catedral sucede algo extraño. Como salida de la nada aparece una joven mujer ataviada de blanco que, con un aspecto entre esperanzado y triste, permanece mucho rato ahí. Después, inclina la cabeza, exhala un hondo suspiro que proviene de lo más profundo de su alma y atraviesa la ciudad perdiéndose en sus confines. Noche tras noche, la rutina es la misma.

Inquiriendo a los duranguenses, uno puede enterarse de la amarga historia. Años atrás, vivía ahí la familia Romero del Real y Camargo, conocida por su rancio abolengo y gran riqueza. Pues bien, el matrimonio tenía tres hermosas y virtuosas hijas: Cecilia, Mercedes y Patricia.

La pequeña Patricia conoció a Jorge Humberto Andrade y el amor nació instantáneamente entre ambos. Los días pasaban y los jóvenes no tenían ojos más que el uno para el otro. Pero como la felicidad no es eterna, llegó el día en que Jorge Humberto, que era capitán en el Ejército Conservador, tuvo que ir a Querétaro obedeciendo órdenes superiores. La separación fue muy dolorosa.

Las cartas de Humberto eran lo único que alegraba a Patricia. Corrieron los meses y, de pronto, la correspondencia se interrumpió. La enamorada no cabía en sí de preocupación, lloraba y rezaba pidiendo que su amado estuviera sano y salvo.

Cierto día, la joven vio acercarse un soldado a la puerta de su casa. El corazón le dio un vuelco y sus pies la llevaron volando hacia la entrada. Ahí, el forastero le entregó una misiva, un pisacorbatas y una flor y, con los ojos anegados de lágrimas, le dijo que Jorge Humberto había muerto en el cumplimiento de su deber. Patricia sintió que el piso se abría a sus pies y que el alma se le partía en pedazos. A pesar de los amorosos cuidados de sus padres y hermanas, la muchacha no reaccionaba. La tristeza había anidado para siempre en ella y la consumió poco a poco. Una mañana gris, Patricia ya no abrió los ojos…

A partir del día de su fallecimiento, dicen que todas las noches se puede ver a la enamorada vestida de blanco esperando en la Catedral a aquel que nunca volverá.

Aparecidos del Callejón del Excomulgado.

Allá por 1867, en la ciudad de Querétaro, se abrió el Callejón del Excomulgado, hoy conocido como Callejón Santa Clara.

En aquellos ayeres el lugar era residencia de gente de no muy buen ver y prostitutas y maleantes se paseaban como si el lugar fuera suyo. Sin embargo, esta gente que no se asustaba de cualquier cosa, al llegar la noche no podía evitar un escalofrío de miedo ya que ahí había apariciones extrañas.

A eso de la medianoche podía verse una monja parada junto a la fuente. Quien tuvo la oportunidad de mirar su rostro afirmaba que era el espíritu de la mismísima abadesa sor Elvira de Figueroa, quien había muerto tiempo atrás.

También, referían los transeúntes, que bajo la difusa luz de un farol se divisaba la silueta de un fraile asomado a un balcón. A veces, decían que la fantasmal figura del sacerdote se hincaba a rezar bajo la arcada y permanecía en actitud

reverente hasta las diez de la noche. Una vez terminadas sus oraciones, se levantaba, atravesaba la calle flotando y entraba en la antigua Capilla del Rosario.

El tiempo transcurrió, la fisonomía del sitio cambió y los fantasmas dicen que desaparecieron. Pero no falta quien, aún hoy, afirme haberlos visto en la oscuridad nocturna.

Aparición del Baratillo (El carruaje maldito, El usurero del Baratillo).

Don Manuel Leal en *Leyendas de Guanajuato* (pág. 70) narra que de una casa que se halla cerca de la Plaza del Baratillo, al terminar la última campanada de las doce de la noche, se escucha un ruido semejante al que produjera una tabla que choca fuertemente con la superficie del agua tranquila, simultáneamente se abre una puerta de par en par y con estrépito sale un carruaje tirado por dos caballos negros.

El carro está envuelto en llamas y los caballos arrojan lumbre por los ojos y espuma de fuego por las fauces. A esto hay que agregar el chisporroteo que sacan los corceles con sus pezuñas al golpear el pavimento de piedra.

Pero lo más extraño no es la aparición que se presenta a la vista, como el personaje que ocupa el interior del carruaje. Con toda seguridad es lo que vulgarmente se dice "un alma en pena", porque más que un cuerpo humano es un esqueleto medio envuelto en una nube vaporosa y que se yergue hacia delante para fustigar mejor a los caballos con su látigo, cuyos chasquidos resuenan en el silencio de la noche igual que si fueran detonaciones producidas por disparos de arma de fuego.

Noche a noche, al sonar la última campanada en el reloj de la parroquia, marcando las doce, los vecinos azorados contemplan a distancia este macabro suceso.

Todo esto tiene una explicación: cuéntase que vivió en Guanajuato, a principios del siglo XIX, un caballero a carta cabal llamado Melchor Campuzano, hombre de trabajo que pronto logró reunir una considerable fortuna.

Con la idea de acrecentar su capital, don Melchor aceptó formar sociedad con un español inmensamente rico.

El socio enfermó y murió, dejando encargado de sus negocios a don Melchor con la recomendación, ya casi en agonía, de que su dinero fuera distribuido entre la gente humilde.

Así lo hizo cabalmente el señor Campuzano.

Pero como la maledicencia está presente en todo caso, no faltó quien dijera que don Melchor disponía del dinero del rico socio, aumentando así su caudal personal.

Don Melchor sintió profundo disgusto al enterarse de la calumnia y juró cerrar en adelante las puertas de su mansión a las reiteradas peticiones de los pobres que diariamente acudían a saciar su hambre o bien a recibir ropa o medicinas, según el caso.

En estas condiciones fallece don Melchor y, sea que las personas tenían razón al propalar la idea de que el aparente hombre caritativo se había quedado con la mayor parte del tesoro de su socio, o bien que los procedimientos para enriquecerse habían costado muchas lágrimas a quienes despojó de lo suyo, lo cierto es que su alma, al decir de las personas, se condenó y el castigo divino consistió en que siguiera viviendo en esa forma, con espanto y pavor de quien presenciara tan macabro espectáculo.

Aparición maya, Una. Los habitantes de Cancún refieren que cuando caminan en las noches por el tramo de Aguazul a San Lorenzo se ve, de repente, una lucecita que se acerca. Ya cuando se encuentra a corta distancia, uno puede percibir que se trata de un varón que lleva un foquito en las manos. El hombre viste calzón de manta y anda sin camisa. Se aproxima a uno y en maya comienza a entablar conversación. Después, se despide y uno lo ve irse tranquilamente. De pronto, desaparece ante los ojos de los sorprendidos testigos.

Los lugareños no saben quién fue ese hombre ni por qué se pasea con una luz. De lo que sí están seguros es que vaga por ahí desde hace mucho, mucho tiempo.

Apariciones de la Cuesta de la Cruz. El 21 de marzo de 1811, el pueblo de Acatita de Baján fue testigo de la detención de algunos de los más importantes caudillos de la Independencia. Los prisioneros fueron trasladados a Parras, Mapimí y La Cadena, donde los separaron en dos grupos. El primero, conformado por don Miguel Hidalgo, Jiménez, Juan Aldama e Ignacio Allende se condujo a Chihuahua, donde serían juzgados por insurrección. El segundo, llevado a Durango, lo formaban los sacerdotes: Ignacio Hidalgo y Muñoz, Mariano Balleza, fray Ignacio Jiménez, fray Carlos Medina, fray Bernardo Conde, fray Gregorio de la Concepción y fray Pedro Bustamante. Empero, juzgar por insurrección a los religiosos no era un asunto sencillo. El proceso era complicado, sobre todo porque don Francisco Gabriel de Olivares y Benito, quien en ese tiempo fungía como obispo de Durango, se negaba a privarlos de su investidura sacerdotal.'Lo anterior hacía imposible

que las autoridades peninsulares pudieran fusilarlos ya que sería un pecado imperdonable dispararles a los religiosos. Continuaron los trámites, la presión aumentaba y, por fin, más de un año después se ordenó la ejecución de los detenidos.

El 17 de julio de 1812, en la fría madrugada, los insurrectos fueron fusilados. El lugar del crimen fue la cima de la cuesta desde la cual pueden observarse la ciudad de Durango y el rancho de San Juan de Dios.

En aquel entonces el sitio antes mencionado era atravesado frecuentemente por los viajeros, arrieros, carreteros y diligencias que se dirigían hacia el Camino Real.

Primero uno, después otro y más tarde muchos más, aseguraban que ahí junto a la cruz podían verse sombras que desaparecían en un abrir y cerrar de ojos. Se escuchaban lamentos, voces y quejidos que traslucían una terrible agonía. Aparecían los religiosos asesinados rogando, a quien se topaba con ellos, que rezaran para que sus almas fueran perdonadas y pudieran alcanzar el descanso eterno.

No queda claro de qué forma ni cuándo empezó la gente a poner pequeñas piedras al pie de la cruz. Quienes lo hacían afirmaban que como allí habían fallecido curas, si uno colocaba un pedrusco ganaba automáticamente una indulgencia. Otros más, como penitencia ofrecían llevar rocas al lugar. Poco a poco y mano a mano, el montón de piedras fue creciendo convirtiéndose en una muestra de fe de los duranguenses y un recordatorio constante de la tragedia acaecida.

Apariciones de la Posada de San Francisco. Una de las más famosas posadas de San Miguel de Allende (Guanajuato) era la de San Francisco. Su renombre obedecía no sólo a su conocida hospitalidad, sino también a que contaba entre sus huéspedes asiduos a varios fantasmas.

Los clientes atraídos por ambas ofertas no quedaban defraudados. Por la noche se dirigían a la parte trasera donde antes hubo un convento y, ante sus asombrados ojos, veían desfilar a las monjas a lo largo de los pasillos entonando sus oraciones. Y en punto de la medianoche, un grito desgarrador rompía el silencio y estrujaba el corazón de quien lo escuchara: era la voz de una pobre religiosa que murió entre las monásticas paredes y que nunca pudo alcanzar felicidad alguna por carecer de vocación.

Apariciones del hospital de la calle Hidalgo. En la ciudad de Celaya existía, hasta hace algunos años, un hospital ubicado en la calle Hidalgo que alcanzó fama no sólo por los importantes servicios que prestó a sus habitantes, sino también por las historias de espantos que sobre él se tejían. Médicos, enfermeras y religiosas fueron testigos de numerosas apariciones sobrenaturales. Más de una vez se vio aparecer un joven con muletas que se dirigía al baño, entraba, se escuchaba el sonido del agua al correr y después nada. No faltaba el médico que al darse cuenta de que no salía, se asomaba y llevábase tremenda sorpresa al percatarse de que el sanitario se encontraba vacío.

En otras ocasiones se oían ruidos de pisadas en la azotea, más de una vez alguna monja subía para investigar y grande era su sorpresa al ver una mujer vestida de blanco que corría desesperada. La monja, por supuesto, trataba de detenerla en vano. La fantasmal figura se dirigía velozmente a la orilla y saltaba. La religiosa, blanca como el papel, se asomaba a la calle esperando ver el terrible espectáculo y sus ojos asombrados sólo veían el paso normal de los viandantes.

Era cosa de todos los días observar cómo los objetos cambiaban de lugar sin que mano alguna los moviera, desaparecían con frecuencia los materiales del hospital, se escuchaban ruidos de cadenas arrastrándose y en el jardín podían verse chiquillos jugar y llorar.

Dicen que estas apariciones se deben a que en la época de las batallas de Celaya, así como durante la inundación de 1912, las víctimas fueron atendidas ahí y los difuntos se almacenaban para darles posterior sepultura. Las paredes del hospital fueron mudos testigos de innumerables tragedias y muertes que, de alguna manera, pese al correr del tiempo, impregnaron el lugar y siguieron manifestándose.

Apariciones en el Bajo de los Pájaros. El Bajo de los Pájaros es un grupo de islotes frente al puerto de Veracruz, muy cerca de la Isla de los Sacrificios. En las noches de tormenta, cuando los relámpagos iluminan el cielo oscuro y la lluvia parece una cortina que impide la vista, cuatro espectros emergen de las aguas. Se pasean sobre las olas como si se tratara de una dura superficie. Repentinamente, aparece una bandada de zopilotes que vuelan en círculos sobre el lugar. Obedeciendo alguna señal desconocida, las negras aves se lanzan en picada sobre las sombras. El ataque se recrudece, hasta que las ánimas se ven obligadas a sumergirse de nuevo en las olas, donde esperan la próxima lluvia torrencial para salir a la superficie y repetir la ancestral rutina.

Apariciones en el Callejón de la Condesa. Entre las leyendas más famosas de la ciudad de Guanajuato se encuentra la que hace alusión al Callejón de la Condesa. A mediados del siglo XVIII llegó a la ciudad don Diego, un español de no malos bigotes pero de terribles mañas. De inmediato, se estableció en la Villa de Salamanca, provincia de la entonces Intendencia de Guanajuato. Ahí abrió un negocio discreto de semillas; sin embargo, don Diego era demasiado ambicioso para conformarse con muy pocas ganancias. De tal modo que estableció relaciones con las autoridades de la zona. En 1767 se hizo un importante descubrimiento de oro y plata y don Diego, ni tardo ni perezoso, se dedicó a la minería.

Como ya estaba en edad de merecer decidió buscar esposa. Conoció a la condesa doña María Ignacia Obregón de la Barrera y, al saber que era una rica heredera, decidió que era la mujer ideal, la cortejó y se casó con ella.

Al poco tiempo las dificultades empezaron. Don Diego era un don Juan empedernido que además no se caracterizaba por su discreción. La condesa se enteró de los amoríos de su esposo. La vergüenza y su profunda religiosidad la llevaron a dedicarse, de tiempo completo, a obras pías.

Cuando salía a cumplir sus deberes religiosos, la condesa vestía riguroso luto y cubría su faz con un espeso velo negro. Utilizaba la puerta de la servidumbre que daba a la Calle de los Depósitos para no ser vista y ahorrarse la humillación de las murmuraciones que dejaba a su paso.

Un buen día, don Diego falleció. La condesa lo enterró y, al transcurrir algunos meses, ella también murió. A partir de ese día, los vecinos empezaron a referir que a una hora determinada, se oía abrirse la puerta de la casa de la condesa y, en silencio, salía una mujer con negros vestidos que caminaba por las calles, llegaba a la Iglesia y desaparecía. Otros, juran que la han visto sentada frente al quiosco de la plaza que está del lado de la Posada de Santa Fe.

Hay quien jura que el ánima de la condesa camina por el callejón, como si fuera una sombra y su voz entona oraciones. Si se pretende seguirla ella desaparece en un muro.

Apariciones en el Callejón del Diablo. En la colonia Insurgentes Mixcoac de la Ciudad de México se encuentra el famoso Callejón del Diablo. Cuenta con dos entradas, una por la avenida Río Mixcoac y la otra por la Calle de la Campana. En la zona se localizan numerosos negocios, colegios y oficinas, razón por la cual durante las noches poca gente camina por el lugar.

Quien pasa por ahí asegura que escucha voces susurrantes que le hablan al oído y tiene la sensación de que alguien lo sigue. Continúa su avance y siente que unas manos invisibles le tocan la espalda. Generalmente, a estas alturas el transeúnte pone pies en polvorosa.

Los vecinos del lugar aseguran que el causante de estos extraños fenómenos es el fantasma de un hombre que años atrás murió asesinado en ese sitio. Otros dicen que es el mismo Diablo en persona quien se aparece para aterrorizar a los noctámbulos.

Apariciones en el Cerro de la Bufa. En el Cerro de la Bufa (Guanajuato), exactamente el día de la fiesta del pueblo, cuentan que aparece una bellísima mujer ataviada de la manera más hermosa posible. Por la noche, cuando los campesinos regresan a su casa después de la celebración, la guapa mujer se acerca a uno de ellos y le pide que la lleven a la iglesia en sus brazos. El elegido, sorprendido por la petición, acepta gustoso. La carga suavemente y empieza a caminar en la dirección indicada.

El hombre avanza emocionado con su preciada carga. Súbitamente, empiezan a escucharse ruidos cuya procedencia no puede ser otra más que el infierno; los rugidos de las fieras se oyen cada vez más cercanos, los murmullos alcanzan grandes proporciones y voces como de ultratumba lo llaman. La mujer le suplica que por favor no preste atención a lo que llega a sus oídos. Empero, el miedo es mayor y el varón mira preocupado a su alrededor. De pronto, la sensual dama sufre una terrible transformación: lo que antes era un ser humano casi angelical se torna en una terrible serpiente que escapa apresurada entre los matorrales, emitiendo gritos de injuria a aquel que no tuvo el valor suficiente para cumplir su misión y liberarla a ella y a su pueblo de la maldición que los condena.

Se dice que si algún hombre es capaz de sobreponerse al terror y cumplir la petición de ella, por fin el hechizo podrá romperse y la libertad regresará a aquellos que por misteriosas razones fueron embrujados.

Apariciones en el Cerro del Fraile. A corta distancia de la ciudad de Culiacán se encuentra el legendario Cerro del Fraile. Su fama deriva del hecho de que en él existe una caverna que guarda enormes riquezas. El origen del tesoro se remonta años atrás...

Al pie del cerro pasaba el Camino Real que llevaba a los pueblos de Cósala, Amaculí y Nuestra

Señora. En esa época el lugar era el sitio preferido de una banda de forajidos que se encargaban de asaltar y matar a los desventurados que tenían la mala fortuna de caer en sus manos.

Los asaltantes se enteraron de que por ahí habría de pasar una recua cargada con oro perteneciente a la Iglesia católica. El sólo imaginar las monedas que fácilmente podrían obtener les hacía agua la boca. Así, esperaron pacientemente la aparición del cargamento y como tromba cayeron sobre él. Los arrieros que custodiaban el envío valientemente se enfrentaron a ellos, pero, pagaron cara su osadía. Sin embargo, un fraile que iba con ellos pudo escapar con las mulas y las escondió en una cueva del cerro. Los ladrones, furiosos por perder lo que ya consideraban suyo, emprendieron la búsqueda, pero, todo fue inútil: parecía que al fraile y los animales se los había tragado la tierra. Pasaron los años y nada volvió a saberse del oro. No obstante, no faltaron los ambiciosos que infatigablemente lo buscaban y cabe decir que varios de ellos tuvieron éxito en encontrar el lugar mas no en obtener las riquezas. Decíase que uno podía entrar en la caverna y si se internaba en sus entrañas se topaba con los sacos repletos de monedas. Cuando uno estaba llenando sus bolsillos del áureo metal e imaginando lo que podría hacer con él, de pronto una voz cavernosa y profunda decía: "Todo o nada." El antes valiente sentía el miedo trepar por su espina dorsal, las palabras se le atoraban en la garganta y sus piernas, obedeciendo a la voz de la supervivencia, lo sacaban del lugar a la velocidad del rayo. Una vez fuera daba gracias a Dios por haber sobrevivido al encuentro con el fraile fantasma y quedaba convencido de que no habría riqueza que lo obligara a enfrentarse de nuevo a la horrorosa aparición. Y tal parece que el fraile sigue cumpliendo eficientemente con su misión de vigilante, ya que el tesoro continúa ahí y es probable que permanezca en el lugar hasta el fin de los tiempos.

Apariciones en el Hotel de México. "En algún tiempo se podía subir al Hotel, entre andamios, apuntalamientos y varillas oxidadas, a una discoteque en lo alto del edificio, donde las lobas desplazadas de Insurgentes por los travestis, negociaban su precio y servicio con los jóvenes afiebrados. A veces estos encuentros se daban encima de las alfombras mohosas del Hotel, entre los restos de un costal de cemento y las cortinas agujeradas, con jadeos acelerados y el ruido del chicle sin sabor en las muelas de la puta. Y fueron precisamente las putas las que primero hablaron a la prensa de aquella extraña mascota de una camarera fantasma del Hotel que salía de los rincones corriendo en cuatro patas y embestía a los apresurados clientes. De pronto las jóvenes sudorosas sentían una piel sin pelo que les golpeaba un costado. Alteradas, volteaban y veían a aquel animal al que le chorreaba leche de los pechos. Se especuló mucho: ratas sin pelo prófugas de algún laboratorio, perros callejeros mutantes o ninjas. Quién sabe, el asunto es que estas historias desalentaron la prostitución, y con ella, el único negocio jugoso del Hotel de México" (Fabrizio Mejía Madrid, *Pequeños actos de desobediencia civil*, págs. 113-114).

Apariciones en el Liceo Católico. El hoy desaparecido Liceo Católico de la ciudad de Querétaro constituía uno de los centros educativos más prestigiados de la zona. Sus egresados eran sinónimo de preparación y disciplina. Sus paredes albergaban tanto a pupilos como a los religiosos encargados de su formación académica.

Empero, no era sólo su calidad lo que estaba en boca de todos. Se decía por ahí que, durante las noches, podía escucharse el piano que se encontraba en la sala rectoral. Si uno se asomaba al lugar no veía a nadie, pero si superando el miedo se prestaba un poco más de atención podían observarse las teclas moviéndose como si fuesen oprimidas por manos invisibles.

Si se caminaba a solas por sus pasillos, de pronto uno sentía que no estaba solo. Percibíanse pisadas de pies descalzos que lo seguían. Si uno se detenía los pasos lo hacían también; si continuaba la marcha el fantasmal acompañante también proseguía.

Las apariciones y los extraños ruidos continuaron por mucho tiempo y no fue sino hasta que la construcción se dedicó a otros menesteres cuando desaparecieron para siempre.

Apariciones en el Popocatépetl y el Iztaccíhuatl. Charlando con integrantes del equipo de socorro alpino asentado en el Popo y el Izta, vinieron a colación algunas experiencias espectrales. Sostienen que al rayar el sol, en los parajes lejanos de los volcanes se ve a una mujer completamente desnuda que avanza en dirección al testigo y en un tris se evapora, asustando el temple de más de uno. Otra aparición ocurre en la lista de visitantes del último albergue, antes de las nieves eternas, en la que aparece la firma de un hombre que nadie recuerda pero que se supone que está en las montañas. Al no aparecer la rúbrica del regreso, los socorristas preparan el auxilio

hasta que un "veterano" les informa que es el "alpinista misterioso" y que no hay nadie en la zona. Otra situación que no carece de un halo fantasmagórico es el espectáculo terrible que se observa en la temporada de deshielo en las grietas de los volcanes, que ostentan los restos congelados de los infelices mortales que han sucumbido a las miles de trampas de la nieve. Su rescate es imposible por las condiciones de riesgo y, por ende, es ese sudario transparente la última prueba de una existencia truncada.

Apariciones en el Puente de Santa Ana. Saliendo de la ciudad de Guanajuato al tomar la carretera hacia Silao se encuentra el Puente de Santa Ana. Más de un automovilista al pasar por el lugar, a medianoche, se ha llevado un buen susto. Al ir por el camino, repentinamente se ve aparecer, viniendo en sentido contrario, un par de brillantes luces. Suponiendo que se trata de un tráiler, el conductor sale rápidamente del camino para evitar la colisión. Empero, conforme se acerca, uno puede percatarse de que sólo es una luz que desaparece repentinamente. Si uno se baja del coche y busca, no encontrará absolutamente nada.

Otras veces, al transitar por esta zona puede divisarse la silueta de una mujer que pide aventón. Es común que algún acomedido se ofrezca a llevarla para evitarle el riesgo de andar sola por ahí a esas horas. La mujer sube a la parte trasera del auto. Cuando el conductor le pregunta adónde va, se lleva menuda sorpresa al percatarse de que su misteriosa acompañante se ha esfumado.

Apariciones en la calle de Aquiles Serdán. En la segunda calle de San Diego, hoy Aquiles Serdán (San Luis Potosí), ubicada en el lado sur, entre 20 de Noviembre y Nezahualcóyotl, se ubica una vieja casona que perteneció a un agiotista y que se ha hecho famosa por los sucesos sobrenaturales que en ella acaecen.

Hace años vivía ahí don Casimiro, un hombre que se dedicaba a prestar dinero a quien lo necesitara, y no precisamente por su bondad, sino por los ingentes réditos que obtenía a cambio. Don Casimiro Esquivel vivía con su esposa doña María y una vieja sirvienta ya que había perdido a su descendencia a una edad muy temprana.

Pues bien, don Casimiro realizaba su trabajo con maniática precisión y una ambición que hubiera deseado el mismo diablo, lo cual repercutió, con el paso del tiempo, en la creación de una inmensa fortuna. No había algo que don Casimiro disfrutara más que sacar al patio unos costales llenos de monedas de oro y plata y vaciar su contenido en el piso para que el sol lo acariciara con sus tibios rayos. Con una sonrisa de oreja a oreja contemplaba arrobado sus riquezas, con dedos delicados frotaba amoroso el metal y suspiraba. Después, recogía sus caudales, volvía a meterlos en el saco y los escondía en una cava de la que sólo él sabía la ubicación.

Y como bien dice el dicho: "el amor y el dinero no se pueden ocultar", empezaron a correr murmuraciones sobre don Casimiro y su tesoro. Acuciado por la curiosidad, un aprendiz de alfarero se acercó a la casa, trepó sus muros y atisbó entre el follaje. El chamaco casi se cae de la impresión ante el espectáculo. Corrió como alma que lleva el diablo a avisarle a su patrón pero, de la emoción, apenas podía articular palabra. Después de un coscorrón y un buen trago de licor se le destrabó la lengua y contó lo que había visto. El alfarero "comprensivamente" lo mandó a su casa a descansar. El muchacho, sin poder guardar el secreto, rápidamente narró a su padre lo sucedido.

La inquietud no dejaba dormir al alfarero y al padre: la ambición se había apoderado de sus almas y no tardaron en unirse y fraguar el atraco.

El 23 de diciembre de 1876 fue el día elegido. Un grupo de hombres armados se introdujo a la casona. La sirvienta fue la primera en verlos. Para evitar que con sus gritos alertara al resto de los habitantes de la casa los asaltantes rápida y eficazmente la encerraron en un cuarto que atrancaron con una sólida barra de madera.

Empezaron a recorrer el resto de las habitaciones... Doña María casi sufre un soponcio al verse rodeada por los bandidos quienes, con precisión y lujo de violencia, la sometieron mientras la insultaban con un léxico florido que hubiera hecho sonrojarse a un carretonero.

Don Casimiro, extrañado por los sonidos que llegaban a sus oídos, dejó las cuentas que en ese momento realizaba y salió al pasillo. Como avalancha cayeron sobre él los delincuentes, lo amarraron y procedieron a llevarse todos los objetos de valor que encontraron a su paso. Decepcionados y bastante molestos por lo que ellos consideraban un botín más bien frugal, regresaron adonde se encontraba don Casimiro y decidieron obtener, a punta de golpes, la localización de su tesoro. Con lo que no contaron es que don Casimiro era tan ambicioso como necio. En nada valieron amenazas, intentos de convencimiento ni las heridas causadas por un machete. De su boca sólo había

un testarudo silencio. Uno de los hombres, impulsado por la desesperación, golpeó con una barra metálica aguzada la cabeza de don Casimiro. El prestamista murió sin emitir un quejido. El resto de la banda, fuera de sí ya que ahora no había manera de encontrar el dinero, se enzarzó en una terrible discusión.

La policía, que para ese momento ya había sido informada del ilícito, acudió al lugar rauda como el viento y en un santiamén detuvo a los asaltantes. Tras un juicio breve pero acalorado, el juez de primera instancia los condenó a muerte. El castigo fue cumplido de forma expedita.

Las murmuraciones recorrían de punta a punta San Luis Potosí. Las buenas conciencias estaban conmocionadas por los hechos y éstos se habrían olvidado de no ser porque extrañas cosas empezaron a suceder en la casona..

Al filo de la medianoche, el silencio era roto por un chirrido agudo y penetrante proveniente de los goznes del portón. Poco a poco, la enorme puerta de madera se abría. Si para esos momentos los noctámbulos no habían salido corriendo por el miedo, podían ver algo aún más espeluznante. Salida de quién sabe dónde, aparecía una sombra horrible de cuya cabeza pendía una barra y a cuyas espaldas colgaba un saco. Caminaba sin prisa y se introducía en la oscuridad de la casa. Acto seguido, cinco sombras cabizbajas iniciaban un macabro desfile. Avanzaban de forma lenta, unidas por una cuerda y con las manos atadas a la espalda. Se dirigían al lugar, y una vez cruzado el umbral desaparecían. Después, nada. De pronto, la atmósfera estallaba en mil pedazos. Una llamarada que parecía provenir del mismo infierno iluminaba el patio. Insultos, gritos, quejidos lastimeros y ruidos salían del lugar, sin que los gruesos muros pudieran contenerlos. Al poco tiempo, en el mismo orden en que habían entrado, el grupo de sombras abandonaban el lugar para perderse en la negrura.

Han pasado los años, pero aún hoy puede observarse la terrorífica procesión que parece repetirse obsesivamente en un afán de encontrar el perdón que no les ha sido concedido.

Apariciones en la calle de las Ánimas. La Ciudad de México en el siglo XVII era muy diferente de lo que ahora conocemos, aunque algunos barrios como Tacubaya existían desde entonces y aún antes. En Tacubaya había una calle que salía de una esquina cerca de la Alameda y conducía a la avenida Jalisco, en un punto localizado entre las calles de Huitzilán y Manuel Dublán, y recibía el nombre De las Ánimas. Lo que parecía una calle cualquiera adquirió notoriedad por los extraños fenómenos que, noche a noche, se presentaban ahí. Cuando la noche había cubierto con su manto a la ciudad y los habitantes se hallaban recogidos en sus hogares, los perros empezaban a aullar de forma ininterrumpida y llena de desesperación. Los vecinos, curiosos, se asomaban tras los postigos de sus ventanas o entreabrían apenas sus puertas. Bajando por Molino de Valdez el horror se acercaba... Una procesión de figuras fantasmales y esqueletos con jirones de carne colgando de sus huesos avanzaba parsimoniosamente por la calle. Se escuchaban terribles alaridos que ponían los pelos de punta. Los quejidos taladraban los oídos. El viento, quizá temeroso del espectáculo, aullaba de manera espectral. Las cadenas, aún atadas a los pies de las nubosas formas, chirriaban a su paso acompañando su lento caminar.

El desfile fantasmal continuaba por largo rato y luego simplemente desaparecía. Los vecinos aterrorizados especulaban sobre la siniestra aparición hasta que alguien dijo que las almas en pena que aparecían eran las de los judíos que habían vivido en Tacubaya y particularmente en el Molino de Valdez.

La gente decidió pedir ayuda a los frailes de Santo Domingo quienes, armándose de valor y todos los instrumentos litúrgicos necesarios, acudieron al sitio. Rezaron, realizaron una serie de rituales y exorcismos. Una y otra vez, los sacerdotes intentaron acabar con la presencia de las ánimas en pena. Al cabo de un tiempo, quizá debido a la efectividad de los ritos católicos o quizá porque las apariciones ya habían dado su mensaje, dejaron de presentarse en el lugar.

Apariciones en la Capilla de El Salto. Los taxistas de Almoloya (Hidalgo) tienen especial cuidado cuando pasan por las curvas de El Salto y no sólo por los profundos voladeros que franquean la carretera sino porque saben que ahí suceden extrañas cosas.

Más de un taxista ha referido que al transitar por el lugar, de repente aparecen ante sus ojos, invadiendo un carril de la cinta asfáltica, un grupo de personas que bailan alegremente al son de música norteña. Las risas, las voces y las notas llenan el ambiente de festividad. Y de pronto, todo se esfuma en el aire y el silencio retorna. La sorpresa ha ocasionado que más de uno pierda el control del vehículo y acabe en el fondo del acantilado. Lo curioso es que la aparición sólo se hace visible a los trabajadores del volante, a nadie más.

La razón de que esto suceda así se debe a una tragedia acaecida hace ya muchos años. Por el cerro que está frente a la capilla solía venir Juanito, un pastorcillo que cuidaba su rebaño y que había establecido amistad con Teófilo, el hijo del hacendado. Cierto día, Teófilo invitó a Juanito a montar en su caballo. Los jóvenes iban alegremente por el camino cuando, de pronto, apareció una serpiente. El caballo aterrorizado reparó y los dos niños fueron a dar violentamente al suelo.

El caballo cayó sobre Teófilo, quien encontró una muerte instantánea. Juanito quedó malherido en el lugar. Pasó algún tiempo y apareció un grupo de trabajadores que de inmediato prestaron su ayuda. Varios de ellos se dirigieron a dar aviso al padre de Teófilo, otros subieron en un taxi al agonizante Juanito y lo llevaron al hospital más cercano donde los médicos hicieron todo lo posible por salvarle la vida.

El padre del pequeño llegó al lugar y el grave estado de su hijo lo llenó de angustia, por lo que cayó de rodillas ante el Señor y le pidió por la vida de su hijo. El milagro se cumplió y Juanito empezó a restablecerse. En agradecimiento, don Juan mandó erigir una capilla. Los trabajos empezaron de inmediato.

El padre de Teófilo no daba crédito a que su hijo hubiera fallecido. El dolor, la impotencia y la rabia hicieron presa de él. La amargura sustituyó sus ansias de vivir y sólo el rencor y el deseo de desquite lo mantenían vivo. Encerrado entre las paredes de su hacienda tramaba la forma de hacerles pagar a todos su tragedia.

Pasaron los meses y la capilla por fin estuvo terminada. La ocasión ameritaba una celebración especial, por lo que se invitó a un obispo de Tulancingo para que la inaugurara. La fiesta estuvo plena de alegría. Llegó la noche y con ella el horror. El hacendado, con mirada furibunda, subió a su camión y con las luces apagadas enfiló al sitio. Una vez ahí, pisó a fondo el acelerador y atropelló a quien se le puso enfrente. Los muertos y heridos fueron numerosos. Lo que debió haber sido un día de felicidad se transformó en una de las peores calamidades que se recuerdan.

Hace ya muchos años que el padre de Teófilo descansa bajo tierra. Sin embargo, ni la muerte ni el tiempo han podido detener su venganza.

Apariciones en la Casa de la Condenada. Años ha vivía en Jalisco una hermosa dama cuya vida era la comidilla constante de sus vecinos. De costumbres libertinas, afecta a la lectura de libros prohibidos y una crítica constante de la religión católica, la mujer causaba el espanto de las buenas conciencias.

Cierto día, la señora enfermó de gravedad y sabiendo que su muerte estaba cerca, llamó a su única amiga y le prohibió expresamente que sacerdote alguno entrara en su hogar a darle los últimos sacramentos. En su agonía, no dejó ni por un momento de renegar de la fe cristiana y a grandes voces llamaba al Demonio. Y la Muerte llegó para cumplir su atávica misión.

El velorio fue desolador: los únicos presentes eran la amiga, dos sirvientas y el cadáver. Una suave brisa comenzó a soplar y apagó los cirios dejando la Casa de la Condenada en la más cerrada oscuridad. Un humo pestilente llenó las habitaciones. Una vez que las presentes se recuperaron un poco del susto, acudieron a la recámara y grande fue su sorpresa al percatarse de que el cadáver se había esfumado.

A partir de ese día cosas terroríficas empezaron a suceder en la casa abandonada. De los cuartos se veían salir llamas, las puertas se azotaban sin que mano alguna las tocara, extraños ruidos rompían el silencio de la noche y, de vez en cuando, la silueta de una mujer amortajada recorría la propiedad arrastrando cadenas a su paso. La aparición, aunque ya ha pasado mucho tiempo, sigue manifestándose ante los ojos atónitos de los vecinos.

Apariciones en la Casa de la Zacatecana.

En la ciudad de Querétaro existe una hermosa casa ubicada en el número 6 de la calle de La Flor Alta, que pese a su belleza permanece la mayor parte del tiempo deshabitada. Han sido numerosos los inquilinos que han llegado a vivir en ella; empero, más tardan en desempacar sus cosas que en salir corriendo del lugar horrorizados por lo que han visto.

Gritos, extraños sonidos, quejidos y apariciones alejan hasta al más valiente. Pero esto no siempre fue así...

Allá por 1850 vivía en esta residencia un acomodado matrimonio. Él, apuesto, alto y distinguido hacía pareja perfecta con la bellísima doña Isabel, "La Zacatecana", como también llamaban a la señora, era bien conocida por su caridad: solía hacerse acompañar de su cochero para visitar cárceles y hospitales llevando no sólo ayuda monetaria, sino también el amor que no había podido depositar en sus hijos por carecer de ellos.

Quizá la falta de descendencia o que era coscolino por naturaleza llevó al marido de La Zacatecana a conseguirse una joven amante. Con lo que

no contó el infiel fue que doña Isabel se enterara. La mujer guardó silencio, fingió la ternura de todos los días y contrató un matón para acabar con la vida de su marido. Haciendo gala de sangre fría y para no dejar cabos sueltos una vez realizado el "trabajito", dio muerte al asesino y enterró ambos cadáveres en el sótano de su casa. Obviamente, nadie supo del hecho y la servidumbre, si es que sospechaba algo, decidió cerrar la boca.

Pasaron los meses y los vecinos extrañados por la ausencia del esposo de doña Isabel empezaron a murmurar. La explicación de que se encontraba arreglando negocios en Zacatecas dejó de parecerles creíble.

Una mañana, la sociedad queretana se sacudió al enterarse de que el cadáver de doña Isabel había aparecido apuñalado cerca de su residencia.

Las malas lenguas se dieron vuelo y la investigación policial sólo arrojó como resultado que se había tratado de un intento fallido de robo que había culminado con la muerte de la mujer.

A partir de ese día, sucesos extraños empezaron a darse en la casa y hasta la fecha continúan.

Apariciones en la Casa de Los Carcamanes.

El estado de Guanajuato es pródigo en fantasmas, y, entre los más famosos se encuentran los que se manifiestan en la célebre Casa de los Carcamanes.

En las noches oscuras, cuando la luna tímida se niega a derramar sus rayos sobre la ciudad, en el citado lugar aparecen tres entes fantasmales. Dos de ellos corresponden a varones y el otro a una joven. Desgarradores lamentos salen de sus etéreas bocas y el llanto emerge de sus invisibles gargantas haciendo patente el sufrimiento eterno al que están condenados.

Se dice que estas almas andan en pena debido a que cuando eran personas de carne y hueso fueron los protagonistas de un terrible crimen pasional. La dama era cortejada por dos hermanos que se disputaban su amor. La asediada que, a decir verdad se sentía atraída por ambos mancebos, decidió darles alas a los dos. Pues bien, los hermanos al enterarse se enzarzaron en terrible lucha que desembocó en la muerte de uno de ellos. El sobreviviente, horrorizado por el fratricidio, fue en pos de la que lo había ocasionado y la mató. Una vez perpetrado el asesinato, lleno de pena y remordimiento se suicidó. Han pasado ya muchos lustros desde el fatídico hecho; no obstante, los culpables aún siguen pagando su castigo.

Apariciones en la Catedral de Querétaro.

En gustos se rompen géneros y tal parece que esto

también se aplica a los fantasmas. Los hay que prefieren casas viejas y mohosas para establecer su residencia; otros gustan más de los parajes oscuros o las antiguas construcciones; están los que se acomodan gustosamente en las calles y otros más exigentes que prefieren la tranquilidad de las iglesias.

Y unos cuantos de este último tipo han establecido su vivienda en el Templo de San Francisco, que fue la Catedral de la Diócesis de Querétaro. Por supuesto, tener fantasmas de inquilinos no es cosa fácil, sobre todo si los huéspedes no son tan discretos y no dudan en hacer manifiesta su presencia. Por ello, no es de extrañar que más de un monaguillo de esta iglesia casi se desmaye cuando tras escuchar voces se dirige, según él, a pedirles a los feligreses que abandonen el lugar porque es hora de cerrar, y no encuentra a nadie. También es un tanto frecuente ver a un sacerdote atravesar el atrio y si uno lo sigue con la esperanza de hablar con él, menuda será la sorpresa al verlo atravesar la pared. En otras ocasiones, se escucha un estrépito tremendo, el capellán corre a ver qué sucedió y lo único que encuentra es todo tirado en el suelo. En fin, son sólo cosas de fantasmas.

Apariciones en la colonia Escandón.

Contaban los viejos residentes de la colonia Escandón, en la Ciudad de México, que en las orillas del río de la Piedad, hoy entubado y nombrado pomposamente viaducto Miguel Alemán, ciertas noches se oían los lamentos de La Llorona, que aterrorizaban a la variopinta fauna de indeseables que poblaban las riberas.

De igual manera, en la esquina de Agrarismo y lateral de viaducto durante años existió un viejo árbol enorme de pirúl donde, según las consejas, se aparecía un hombre con maletas que a señales trataba de conseguir un taxi o el aventón de un automovilista benevolente, para, calles adelante, desaparecer en el interior del coche sin dejar rastro, ni siquiera del equipaje.

Apariciones en la escuela "Alberto M. Alvarado".

La escuela "Alberto M. Alvarado" se encuentra ubicada en lo que fue el antiguo Hospital de San Cosme y San Damián, también conocido como Hospital de Pobres, en Durango. El nosocomio, desde su fundación en 1611, prestó servicios a la gente más humilde y necesitada. Por sus instalaciones desfilaron innumerables médicos, enfermeras y religiosas que dedicaron sus vidas a esta filantrópica misión.

Con el correr de los años, el hospital devino en escuela. El personal de mantenimiento así como algunos miembros del profesorado juran haber visto sombras deslizarse por los pasillos. Los que no han salido corriendo se han percatado de que estas apariciones llevan vestiduras religiosas y caminan deslizándose casi como si flotaran. Si para este momento el miedo no los ha vencido y tienen la curiosidad suficiente para seguir a las figuras fantasmales en su recorrido, podrán apreciar que se esfuman en el aire al llegar a una depresión en la que se supone que antaño estuvo la entrada al subterráneo.

Apariciones en la Laguna de Tequesquitengo.

La Laguna de Tequesquitengo, en el estado de Morelos, es un concurrido sitio de diversión. Sus aguas son surcadas por lanchas, esquiadores y bañistas que disfrutan del agradable clima.

Empero, lo que de día es bullicio y entretenimiento, de noche se torna en algo misterioso. Numerosos testigos refieren haber visto en la oscuridad a una pareja de enamorados que caminan cariñosamente abrazados y que, al llegar a un viejo árbol, simplemente se esfuman. Asimismo, se dice que por las noches puede escucharse el tañido de una campana y se ven emerger los espectros que, tiempo ha, pertenecieron a los habitantes de un pueblo que fue inundado por la ambición de un cacique y que actualmente se encuentra en el fondo de las aguas.

Pero el fenómeno que más impacta a quienes lo viven es que de pronto se escucha el silbido de lanzas y flechas que atraviesan veloces el aire; gritos, quejidos, voces imperiosas, el sonido de la agonía y el fragor de una feroz batalla. Lo más sorprendente es que uno puede estar escuchando todo eso sin que nada se mueva alrededor, sin que la fuente del estrépito se haga presente. Al poco rato, sin razón aparente, el silencio retorna y queda la sensación de que se ha vivido un sueño.

Apariciones en la Refinería 18 de marzo.

Esta refinería se localizaba dentro de la zona metropolitana de la Ciudad de México, en el área de Azcapotzalco. Aunque actualmente ya no está en funcionamiento, el recuerdo de lo que en ella sucedía aún pervive en la memoria de quienes lo vivieron.

Cuentan que la refinería se construyó sobre camposantos y quizá sea por ello que en el lugar acontecían sucesos sobrenaturales.

Cuando funcionaba, los trabajadores más viejos no podían evitar rememorar un accidente acaecido hace años en el que murieron dos hombres al limpiar el tanque número 130 que contenía hidrocarburos. A partir de esa fecha, la gente empezó a sentir un temor reverencial a los enormes contenedores, miedo que se acrecentaba durante las noches cuando se realizaba la medición del combustible. Dicen los encargados de la tarea que sentían presencias a su alrededor, escuchaban extraños ruidos y botellas que se estrellaban contra el pavimento rompiéndose en mil pedazos. El fenómeno cobraba especial magnitud entre las seis de la tarde y las cinco de la mañana.

Igualmente, varios obreros podían jurar sobre la *Biblia* sin temor a condenarse que les jalaban las bancas y que se oían quejidos y gritos de una mujer que pedía auxilio desesperadamente. Empero, cuando acudían al sitio a prestar ayuda o ver lo que sucedía, no encontraban a nadie.

Pese a que han pasado años desde que fue cerrada la instalación, los vigilantes siguen presenciando cosas que carecen de explicación racional.

Apariciones en legendarias ciudades.

El Mayab es una tierra misteriosa, mítica, en la que lo sobrenatural no existe porque es parte inherente de la vida cotidiana. En sus legendarias ciudades el tiempo parece quedar estático. En las noches, cuando la luna brilla en todo su esplendor, los gorjeos y cantos de las aves no permiten la llegada del silencio. Poco a poco, las vetustas ciudades empiezan a despertar. La música endulza la atmósfera, una tonada vieja pero indefiniblemente hermosa. De los templos y construcciones surgen apuestos guerreros cuya piel morena se cubre de mantos de finísima plumería. Las mujeres aumentan su belleza, si acaso eso es posible, con vestidos artísticamente ornamentados y calzan sus delicados pies con sandalias.

Mientras dura la noche, estas hermosas apariciones pueblan y dan vida al lugar; sus voces dulces de suave cadencia hablan el idioma de sus antepasados y sus rostros miran el horizonte esperando el tiempo en que el esplendor de la antigua raza retorne a recuperar lo que es y siempre ha sido suyo…

Apariciones en Los Dínamos.

El Parque Nacional "Los Dínamos" es frecuentado por los habitantes de la Ciudad de México que desean disfrutar de la naturaleza que la urbanización les ha arrebatado y pasar un día agradable. Lo que muchos de estos visitantes ignoran es que al pie de "Las Ventanas" hay una caverna embrujada en la que, según los entendidos, está escondido un tesoro. Acicateados por la ambición, muchos han sido los aventureros que emprendieron la búsqueda. Sin embargo, la riqueza ansiada no ha podido llegar a sus manos porque se encuentra ferozmente custodiada por vigilantes de ultratumba. Cuando pa-

rece que por fin algún valiente está a punto de ingresar en la cueva, las almas de los bandidos dueños del botín hacen su aparición. Fantasmales siluetas, horribles rostros crispados por la rabia y el dolor, amenazas furibundas alejan de ahí hasta al más aguerrido. Es por ello que el tesoro sigue ahí y quizá lo haga hasta la eternidad o hasta el día en que esas doloridas almas sean perdonadas y consigan el descanso eterno.

Apariciones en San Juan de Ulúa.

El castillo y fuerte de San Juan de Ulúa fue construido, a instancias de los virreyes, con objeto de proteger la ciudad de Veracruz contra los ataques de los filibusteros que, periódicamente, intentaban saquearla. Tanto en la época de la dominación española como en el periodo posterior a la Independencia, San Juan de Ulúa fue utilizado también como cárcel y las condiciones en ella eran tan terribles que pocos lograban salir de ahí. Entre sus paredes se cometieron atrocidades que de alguna forma quedaron impregnadas en el lugar.

Se cuenta que por las noches, en el pasillo que conduce a las mazmorras, aparece un espectro que llena de espanto a quien lo ve. Sus ropas son rayadas como el uniforme que antaño usaron los reclusos. En el tobillo izquierdo lleva un grillete unido a una cadena que arrastra una pesada esfera de hierro. Su paso es lento y va acompañado del chirriar de la cadena y el rozar de la bola metálica contra el suelo de piedra. El sonido hiela la sangre de quien lo oye y al ser repetido por el eco se transforma en algo pavoroso. El fantasma se dirige hacia una de las paredes interiores del fuerte mientras con voz ultraterrena vocifera: "¡Malditos! ¡Asesinos! ¡Mil veces malditos!" Después, se esfuma en la atmósfera nocturna para, en la noche siguiente, volver a clamar desde el más allá por la justicia que le fue negada.

Apariciones en Villa Tres Cruces.

Por el año 1946 La Villa (en el estado de Sonora) vivió una terrible situación que, sin duda, influyó para que recibiera el nombre que ahora ostenta.

Se dice que tres asaltantes atacaron una joyería de la ciudad de Navojoa. El botín fue enorme. Los bandidos escaparon y buscando salvar la vida emprendieron camino rumbo al municipio de Etchojoa. Un crimen de tal magnitud no podía quedar impune. La "cordada" comenzó la persecución. El silencio de la noche quedaba destrozado por el golpear de los cascos de los caballos contra la dura tierra. Al amanecer, los guardianes del orden dieron alcance a los bandoleros y, sin esperar un momento, los colgaron de unos mezquites.

La gente de La Villa, no acostumbrada a este tipo de actos violentos, se conmovió por los difuntos. Cuidadosamente los bajaron de las ramas de los árboles, les dieron un entierro cristiano y decidieron que su pueblo habría de llamarse Villa Tres Cruces en recuerdo de la terrible muerte de esos hombres.

Desde ese día, cosas raras empezaron a acontecer. En las noches en las que la luna apenas mostraba su faz, ruidos de cadenas daban fin al tranquilo sueño de los pobladores. Un llanto quedito, monótono y doloroso llegaba a sus oídos y estrujaba sus corazones. Obviamente, los habitantes cerraban ventanas y atrancaban puertas porque sabían que las almas andaban penando. Si alguno, haciendo ostentación de audacia, se acercaba al lugar donde antaño encontraron la muerte los ladrones, podía ver sus fantasmales siluetas lamentando la pérdida del botín que sólo por unos instantes fue suyo y que habría de condenarlos para siempre.

Aquel que hace temblar las montañas. *Véase* Cabracán.

Aquel que se enoja. *Véase* Dueños del Agua.

Aquella que viene de lejos (Laqawatsas). Misterioso ser, algunos dicen que con aspecto serpentino, que baja del cielo usando como escalera un cono volcánico. Acompañada de nahuales y petatillos sembraba el terror en la sierra totonaca. Su sola aparición llenaba de temor a las madres que, horrorizadas y corriendo a toda velocidad, tomaban de la mano a sus pequeños, los metían a las casas y se encerraban a piedra y lodo. El miedo era justificado ya que la vieja Laqawatsas inevitablemente traía consigo una estela de muerte ya que niño que encontraba a su paso le sorbía los sesos.

Árboles. En México hay fundamentalmente árboles de dos clases. Por un lado, los buenos, y por el otro, los dañinos. Dentro de la primera categoría se encuentra la ceiba, de la cual nos dice Antonio Mediz Bolio en *La tierra del faisán y del venado*:

Es un árbol bueno, santo, amoroso y da la sombra de la felicidad. Los animales se acercan a él y el viento bueno hace su casa en su copa. Y por eso, los hombres buenos, cuando se mueren, van a sentarse debajo de la Ceiba grande que está arriba del cielo alto. Allí tienen siempre buen tiempo y alegría, y lo mismo es para ellos un año que otro. Los hombres antiguos sembraban este árbol en medio de las plazas de los pueblos, mostrando de esta forma que él era el centro de la vida y del mundo. Él estaba en medio de todas las casas y las protegía, y daba tranquilidad.

Los nahuas consideraban que existen cuatro lugares adonde van los difuntos y uno de ellos era Chichihuacuauhco. Ahí, las almas de los pequeños que han fallecido son alimentadas por las gotas de leche que manan de un enorme árbol.

Los mayas, por su parte, consideran que el árbol malvado por excelencia es el Chechém. Este árbol guarda dentro de sí una enorme tristeza que se complementa con una maldad que no conoce límite y, si a ello le aunamos que posee el poder de castigar, entonces nos topamos con un ser verdaderamente peligroso. Si alguien, por incredulidad o ignorancia, se cobija bajo su sombra perderá la razón para siempre y su cuerpo se cubrirá de purulentas y dolorosas llagas. Si llega a dormirse, jamás despertará.

Por fortuna, no cualquier persona es llamada por la sombra del Chechém; de lo contrario, los índices de mortalidad y locura alcanzarían cifras terribles. No se conocen las razones por las cuales su yumil (espíritu y dueño) atrae a determinados individuos en particular. El caso es que lo hace. Este árbol vive para dar veneno y muerte. Pese a que sólo afecta a los seres humanos, los animales prefieren mantenerse a prudente distancia de él y las aves, por ningún concepto, harán nidos en sus ramas.

Arco Iris. Una de las entidades de la que menos información se tiene. Los chinantecos (Oaxaca) lo conciben como una culebra marina sin dar mayores datos sobre las funciones que realiza ni sus hábitos.

Por su parte, los pames de San Luis Potosí consideran al Arco Iris como un espíritu del agua cuya tarea consiste en recoger el agua de las nubes para verterla en pozos o manantiales. Obviamente, dada su importancia capital para la vida pame procuran tener buenas relaciones con él y evitar su furia ya que, de lo contrario, el líquido vital escasearía trayendo como consecuencia el hambre y la muerte.

Los otomíes difieren de los pames en cuanto al concepto de la naturaleza del Arco Iris, ya que para ellos no es más que un personaje nefasto que suele dar órdenes a los Aires que, finalmente, acaban trayendo desgracia o complicaciones a su vida.

Ardilla. *Véase* Tcamóko.

Ariwá. *Véase* Alma.

Armado, El. "Allá a principios del siglo XVI los habitantes de la Capital de la Nueva España, veían salir a este hombre misterioso del rumbo del Callejón de Illescas, que hoy es Calle de Pedro

Asencio. Callado, mustio, si acaso saludando con un 'Vaya usted con Dios' o 'Santas tardes tenga su merced', o 'Dios Guarde a su Persona', se perdía entre las sombras del callejón de Los Gallos, cruzaba los pantanosos llanos y llegaba a Corpus Christi. De allí siempre con paso lento, se llegaba hasta las puertas del Convento de San Francisco y penetrando con resolución se iba a postrar de hinojos ante el altar y capilla del Señor de Burgos. Grandes y prolongados gemidos escapaban de su pecho, gruesos goterones de llanto resbalaban por entre la rejilla de hierro de su celada y en un tintinear de espadas y armadura, se inclinaba hasta besar el suelo siete veces.

Allí permanecía orando, gimiendo y pidiendo perdón sin que nadie osara acercarse para enterarse qué clase de culpas solicitaba expiar. Después, se levantaba y continuaba su camino hasta hallar otra iglesia en donde penetraba para repetir sus lloros y sus oraciones... Se decía que era un penitente que arrepentido de sus graves culpas, andaba de la Capilla del Señor de Burgos hasta cuantos altares le era permitido el tiempo, hasta llegada la medianoche en que se le veía alejarse recorriendo los callejones de Arsinas, de los Betlhemistas, de La Celada, de los Sepulcros, de Santo Domingo y de los Monasterios, para perderse como ya se dijo, por el rumbo del callejón de Illescas.

Sin duda alguna se trataba de un caballero, a juzgar por la ropa que vestía, negra toda de seda y astracán, de asfodelo y paños, cubierto este atuendo con la pesada armadura que portaba, su espada en la que todos reconocieron como hoja de hidalgo caballero y un puñal de izquierda o misericordia, pues en un duelo a estoque jamás se remata al rival cuando ya agoniza, sino que se le remata con este puñal misericordioso que llega a cortar la vida de una vez.

Así, año tras año y noche tras noche, se veía cruzar callejones y plazuelas, entrar al templo y sollozar a los pies del Señor de Burgos, a este caballero misterioso a quien llegó a conocer como 'El Armado'.

Servíale una vieja mujer enteca y fría, que sólo salía para comprar lo indispensable para el alimento diario y para escuchar misa en la Iglesia de la Concepción, pero jamás se interrogó a esta sirvienta ni se supo el nombre ni la alcurnia de su amo 'El Armado'. Las gentes decían que se trataba de un conocido caballero que malo había sido en su juventud y que había violado damas y engañado esposos, que había maltratado indios y engañado a encomenderos y en fin, que llevó una vida crapulosa de la cual estaba arrepentido y purgaba sus culpas pidiendo perdón en capillas y conventos.

Al fin, un día, cuando la vieja enteca y fría salió a comprar hogaza de pan y vino, descubrió que su amo pendía colgado de uno de los balcones de la casa, casa magnífica, de piedra y cantera, con grandes balcones enrejados.

Corrió la vieja de un lado a otro llamando a la Justicia y a poco se presentaban alguaciles y corchetes.

Se descolgó el cuerpo de 'El Armado' y se vio a través de la celada un rostro enjuto, lloroso y triste todavía.

En la empuñadura de su espada de caballero estaba enlazada sólo una palabra, 'paz', y dos estrellas. En el interior de su casa, que era todo lujo y brillantez, se hallaron grandes y pesadas talegas llenas de oro y plata, cofres con joyas y objetos de arte y cuanto puede tener para ostentación y lujo un gran señor, cuyo nombre escapó a la acuciosa investigación de oidores y alguaciles.

Y cuentan que años después y aún a principios de siglo, algunas gentes que pasaban a deshoras de la noche podían ver a 'El Armado', colgado de los hierros de aquella casona ya ruinosa y quienes con valor se acercaban, escuchaban sus gemidos y veían que por entre la rejilla de la celada, resbalaban lágrimas de pena" (*Leyendas mexicanas de antes y después de la Conquista*, págs. 75-77).

ARUSH. *Véase* Aluxes.

ARUX. Forma como en el estado de Quintana Roo se conocen los aluxes. *Véase* Aluxes.

ASESINADOS. Los totonacas de la Sierra consideran que el destino del espíritu no sólo está vinculado con la forma de vida que haya llevado, sino también con el tipo de muerte. Así, aquellos cuyos días han terminado a causa de un asesinato no encontrarán de inmediato el descanso; por el contrario, su destino será laborioso y hasta temido. Se dice que a estas ánimas se las lleva el Diablo y las convierte en Vientos Nefastos o Animales. Por ello, a diferencia de las otras almas no pueden ser recibidas en casa el Día de Muertos y la familia la pondrá su altar en las afueras de la casa. Afortunadamente, esta situación sólo se prolonga a lo largo de cuatro años, tras los cuales el espíritu termina su trabajo y deja de andar errante por el mundo.

ATEMOC (CUATEMOC, OTOMITL, TZONTÉMOC). El diluvio provocado por la diosa Chalchiuhicueye alcanzó tales proporciones que los cielos se cayeron. Obviamente, los restantes dioses al ver la magnitud del desastre decidieron crear cuatro hombres que habrían de auxiliarlos, junto con los árboles, a levantar los cielos. Uno de ellos fue Atemoc, cuyo nombre significa "Agua que deja". Cabe decir que la labor fue un verdadero éxito ya que hoy la bóveda celeste sigue tal cual la dejaron.

Atolondrado (Cuahutepochtle, Embromador de los Bosques). En el Estado de México, en medio de la nevada sierra, habita el nunca bien ponderado Cuahutepochtle. Su aspecto es curioso: de pequeña altura, unos 60 cm aproximadamente, que puede disminuir incluso hasta casi el tamaño de una bacteria. El Atolondrado, como también se le conoce, es un bromista irredento. Su buen humor es proverbial y más de un mexiquense puede atestiguarlo. Acostumbra vestir con un enorme sombrero que adorna con plumas, cuanto más coloridas mejor, y calza unas vistosas botas rojas. Su cuerpo es similar al de los gallos y se sabe que anda cerca porque despide un olor a humedad que llena las fosas nasales.

El Embromador de los Bosques es también Señor de los árboles y la flora en general, a los que cuida amorosamente. Es él quien transporta las semillas hasta el lugar propicio para que germinen y puede ordenar a los animales cualquier cosa. Por lo regular, es una entidad benévola; empero, hacerlo enojar puede traer severas consecuencias que sería recomendable evitar a toda costa. El responsable será espantado y, si es suficientemente inteligente, procurará en el futuro no molestar al Atolondrado.

Atotolín (Gallina de Agua). En la Meseta Central el mes de julio era la temporada en que un sinnúmero de aves llegaba al lugar. Entre ellas destacaba el Atotolín, el cual es considerado el soberano de todas las aves. Y haciendo honor a su nombre, cuando aparece lo hace en el centro de la laguna, razón por la cual dicen que es el corazón del agua.

Este pájaro poseía una gran cabeza negra; su pico era largo, redondo y amarillo; blancos el pecho y la espalda; de patas, cola y alas más bien cortas; los pies, del ancho de un palmo, se localizan muy pegados al cuerpo, grueso y prolongado.

Su rareza, magnificencia así como su capacidad para aportar señales a los hombres de lo que habrá de acontecerles en el futuro, lo hacen una presa inestimable. Empero, cazarlo no es una empresa que se tome a la ligera. Los pescadores deberán acecharlo durante tres días y, llegado el

cuarto, se disponen a atraparlo como quien se alista para la muerte, porque de no hacerlo antes del ocaso saben que quienes fallecerán ese día serán ellos. Mientras tanto, la Gallina del Agua los observa y espera pacientemente la llegada del destino. Si el plazo se cumple sin que los hombres hayan podido cumplir su intención, el Atotolín empezará a emitir fuertes graznidos. El viento, respondiendo a este llamado, se hará presente. Con fuerza azotará las aguas, que se levantarán en mortíferos oleajes. Los pájaros, obedeciendo quizá al instinto o a una coreografía ya conocida, se reunirán en grupos y graznarán al unísono mientras agitan violentamente las alas. Los peces, nerviosos ante el desacostumbrado fenómeno, emergerán a la superficie. Los cazadores saben que ha llegado su hora y aunque intenten huir será inútil: todo su cuerpo se entumirá, serán arrastrados irremisiblemente junto con su embarcación al fondo del agua.

Hay ocasiones, raras es cierto, en que los cazadores tienen a la fortuna de su lado y consiguen atrapar al Atotolín. De inmediato, lo sostienen con fuerza por el pico y, estando aún vivo, le abren el vientre con un dardo de tres puntas llamado minacachalli. Toman delicadamente la molleja entre sus manos y con un corte certero la abren para observar su contenido. En caso de que hallen plumas o alguna piedra preciosa, su alegría será enorme porque saben que obtendrán riqueza y ventura en la pesca y la caza, con el pequeño detalle de que sus nietos serán muy pobres. Si lo que encontraban era un trozo de carbón, el temor se apoderaba de sus corazones ya que sabían que aquel que había derribado al Atotolín estaría ya muy poco tiempo entre ellos.

Atrapa-Caballo (Chuc-Tzimin). Este pajarillo es uno de los mensajeros más eficaces. Su alto sentido del deber así como la prolijidad con que cumple las encomiendas que se le hacen lo han convertido en el emisario preferido de los Chacs (seres que riegan la tierra). Cuando la estación de lluvias está por llegar a las tierras de Quintana Roo, el Chuc-Tzimin recorre la zona dando fuertes silbidos que son el llamado a los caballos de los Chacs que, al estar fuera de servicio, andan libres por los montes.

Ave-pez. *Véase* Totomichin.

Ayudantes diabólicos. Una de las razones por la cual la zona de los Tuxtlas, en Veracruz, goza de tanta fama es porque en ella habitan numerosos brujos, entre los que se encuentran, sin duda alguna, los más poderosos del país.

Convertirse en brujo no es nada sencillo pero, definitivamente, tiene sus ventajas. Uno de los beneficios que resultan de hacer pacto con el Diablo es la obtención de Ayudantes Diabólicos. Estos auxiliares son una especie de animalitos que resultan de gran valor ya que son sumamente útiles en las labores agrícolas.

Generalmente se utilizan dos procedimientos para obtener a estos auxiliares. El primero de ellos consiste en conseguir una gallina negra, matarla y enterrarla en un cruce de caminos. El brujo esperará pacientemente a que llegue la medianoche y en ese momento escarbará la tierra y ahí, frente a sus ojos, aparecerán los ayudantes.

El segundo método requiere el huevo de una gallina negra el cual, por supuesto, se coloca bajo tierra en una encrucijada. A la medianoche siguiente, el brujo debe acudir al sitio elegido, excavar y colocar a estos "animalitos" dentro de una botella.

En cuanto a la forma en que cumplen con las labores agrícolas es muy sencilla: basta abrir la mencionada botella y automáticamente ellos se dirigirán a la milpa y se encargarán de mantenerla en buen estado.

Babis-bos. *Véase* Rabis-bob.

Bacabes. Antonio Mediz Bolio en *La tierra del faisán y del venado* apunta: "El techo de la Tierra es azul, para que en él descansen los ojos que se elevan a lo alto.

Cuatro gigantes, uno a cada viento, sostienen el cielo con sus grandes brazos. Estos son los Bacabes que se oyen nombrar.

Uno está pintado de color blanco y es el del Norte, que tiene por servidor al viento fuerte que anima a los guerreros en las batallas y transporta las cosas por arriba. Su signo es una lanza.

Otro es de color rojo, y es el del Oriente, que manda al viento perfumado que da la vida y trae las grandes lluvias buenas y hace florecer las semillas en el vientre de la tierra y enciende el amor en los enamorados. Su signo es el girasol.

Otro es el del Sur, que es amarillo como el color del bien y tiene consigo al viento que mandan los dioses para suavizar las fuerzas del mundo y levantar la oración en el espíritu y en la boca del hombre. Su signo es el pebetero de humo tranquilo y oloroso.

El cuarto, Bacab, es malo y negro y gobierna al viento afilado del Poniente, que trae la noche y la enfermedad. Su signo es la lechuza.

Los cuatro Bacabes disputan entre sí por el gobierno de los días que sobran en cada cuatro años. Y según el que manda, así los días son malos y de muerte y de sequía, o son buenos y de vida y abundancia" (págs. 32-33).

Báculo de hueso. *Véase* Chamiabac.

Báculo de cráneo. *Véase* Chamiaholom.

Baja Carne. *Véase* Yalám Bequet.

Balam (Balames, Balamob, Balam-cahob, Balamoob, Canán-Cahob, Hbalamob, Padre Balam, Yum Balam). Los Balames son espíritus mayas protectores de los poblados, las milpas y los hombres. Los habitantes de esos lares aseguran que son cuatro para cada lugar y se colocan en cada uno de los puntos cardinales para realizar sus labores de protección.

Generalmente trabajan por las noches y es extraño verlos en el día; sin embargo, si alguna persona tiene la desgracia de toparse con alguno, irremediablemente enfermará de "espanto".

Quienes los han visto aseguran que son ancianos de blancas barbas larguísimas y su cara es tan horrible que es imposible resistir una mirada suya. Acostumbran usar sombreros de ala ancha de un material similar a la palma, calzan sandalias de piel o de alguna fibra vegetal y visten túnicas que flotan al soplo del viento. Les agrada particularmente el tabaco; de hecho, las estrellas fugaces que cruzan el firmamento no son más que las colillas de los cigarros que tiran estos entes.

Su estatura es una cuestión que no queda muy clara; algunos cuentan que son muy pequeños,

41

mientras otros perjuran que son altísimos. Probablemente se trata de una facultad que les permite alterar su altura de acuerdo con sus necesidades. Los Balamoob son espíritus que toman las cosas con particular seriedad y se caracterizan por ser duales, es decir, al igual que ayudan y protegen a la gente son capaces de castigar a aquellos que consideran que han cometido alguna falta o que se han olvidado de hacer las ofrendas correspondientes. Los Balames se dividen en dos categorías según las funciones que desempeñan. Así, los que se encargan de prestar protección a los pueblos son llamados Balam-cahob (Balames de los pueblos) o Canán-caboh (Guardianes de los pueblos), y los que se encargan de cuidar las milpas reciben el nombre de Balam-col.

Los Balam-cahob acostumbran descansar durante el día y por las noches se encuentran sumamente activos y alertas para contrarrestar todo tipo de accidentes como tempestades, ciclones y enfermedades que causarían daño a los pobladores. De igual modo, son los encargados de que los lugareños no se conviertan en víctimas de los animales salvajes. Pero su ocupación principal es enfrentarse y luchar contra todo tipo de malos espíritus y sus nefastas actividades. Cuando un lugar se encuentra lleno de ramas que han sido destrozadas de forma violenta, en el que los árboles exhiben sus raíces al aire porque han sido arrancados de cuajo y hay enormes rocas dispersas hasta donde uno alcanza a mirar, podemos estar seguros de que ahí tuvo lugar una batalla entre algún Balam y una entidad negativa.

Cabe añadir que tales enfrentamientos no siempre resultan sencillos. De hecho, hay ocasiones que en estas escaramuzas la victoria parece inclinarse hacia las fuerzas malévolas. En ese caso, el Balam en problemas da fuertes y agudos chiflidos que se escuchan a muchos kilómetros a la redonda y constituyen un llamado de auxilio para sus compañeros. Si las cosas se ponen aún más difíciles, el Balam recurre a su máxima arma: los Piliz-Dzoncab. Estos son proyectiles que se construyen de pedernal u obsidiana, materiales ampliamente conocidos por su fuerza y filo. El Balam los arroja de una forma muy particular, esto es, los impulsa apoyándolos entre los dedos índice de ambas manos y su bien conocida puntería los convierte en instrumentos letales. Los Piliz-Dzoncab se encuentran frecuentemente en las zonas arqueológicas y resultan de valor inestimable para los hechiceros, que los utilizan para la realización de sangrías. Por su parte, el Balam-col se encarga del cuida-

do de las milpas. Según afirman los mayas, hay cuatro de estos guardianes distribuidos en las esquinas y se dedican, mediante ruidos, a evitar que la cosecha sea devorada por animales dañinos. En el caso en que el problema sean los amigos de lo ajeno, prefieren utilizar medios más directos y efectivos para alejarlos, como arrojarles piedras o, de plano si no entienden, darles una golpiza que difícilmente olvidarán.

Desde luego que los Balames no prestan sus valiosos servicios así como así: es necesario que el campesino les exprese constantemente su gratitud y devoción regalándoles jícaras de zacá (bebida refrescante hecha a base de maíz) y, además, debe hacerles una serie de ofrendas al terminar la cosecha. En caso de que el beneficiado olvide corresponder a las bondades recibidas, los Balames lo tomarán muy a pecho y se alejarán para siempre del sembradío o, peor aún, pueden decidir ejercer algún tipo de represalia (bien merecida, por supuesto) inmediata y proporcional al tamaño de la ofensa recibida.

Los Balamob prestan un invaluable servicio en lo que a personas extraviadas se refiere. Generalmente indican con silbidos a los que llevan a cabo la búsqueda el sitio preciso para hallar al perdido. El pequeño detalle es que, aunque haya una verdadera buena intención de estas entidades, si es un pequeño el que auxilian, quedará atarantado por la presencia del Balam y el resto de su vida tendrá un carácter excéntrico.

Cuando un niño desaparece sin dejar rastro, se dice que se lo llevó un Balam. No podemos afirmar si esto es cierto y, en caso de serlo, el tipo de fin que motive este secuestro.

Balam-Acab. *Véase* Hombres de Maíz.

Balam-Cahob. *Véanse* Balam y Guardianes de los Pueblos.

Balam-Col. *Véase* Guardianes de la Milpa.

Balam K'oh Che'. Para los mayas encontrarse con los grandes felinos característicos de la zona era casi siempre sinónimo de muerte. Y esto no sólo por la ferocidad harto conocida de estos animales, sino porque muchas veces eran brujos que asumían este aspecto para dedicarse a su entretenimiento preferido: matar gente.

Balames. *Véase* Balam.

Balamob. *Véase* Balam.

Balam-Quitzé. *Véase* Hombres de Maíz.

Balizloob. Pequeños animales de color negro con pezuñas rematadas por filosas uñas y colmillos salientes perfectamente diseñados para desgarrar la carne. Los Balizloob son criaturas que suelen vivir en grupos, por lo general en profundas y oscuras cavernas. Sus preferencias alimentarias incluyen la carne humana, les resulta deliciosa. Para obtenerla se reúnen varios de ellos, se acercan con sigilo a la casa elegida o a la persona que piensan disfrutar en su cena. A una señal preestablecida, emprenden loca carrera hacia sus víctimas. Se arrojan contra ella y con una velocidad sorprendente empiezan a morderla, le arrancan pedazos con sus fauces y, en caso de que por algún motivo no puedan comérsela por entero en el lugar, se llevan los pedazos restantes a cuestas o sostenidos por sus colmillos.

Los yucatecos que habitan las rancherías cercanas a las guaridas de los Balizloob no escatiman precauciones, ya que de lo contrario es posible que no amanezcan.

Bandolera, La. Fantasma femenino semejante a La Llorona o cualquier otra mujer en pena, vestida de blanco y con un tocado de gasa o un llano velo. En ocasiones, cruza su pecho un rebozo o unas carrilleras.

Su elemento distintivo son las patas de gallo que se observan en lugar de sus pies. Usualmente espanta a los hombres de mal proceder y a los jóvenes aventurados que la siguen por el descampado. El fantasma se esfuma en el borde de un abismo, en lo tupido de los magueyes o en la plenitud de la ortiga.

Los efectos que desencadena en el que la ve es el "espanto", jaquecas y escalofríos. No faltan los que la responsabilizan de la muerte de algunos desgraciados.

Barbas, El. *Véase* Jergas, El.

Ba'Wichí Piréame. *Véase* Gente del Agua.

Beata del Callejón, La. Desde sus albores la Ciudad de México ha sido el sitio predilecto de numerosos fantasmas. Quizá sea su arquitectura, su clima o que los entes sobrenaturales disfrutan especialmente vivir en un país *sui generis* como el nuestro. El caso es que, cualquiera que sea la razón, las ánimas pululan por nuestras avenidas y casas.

A principios del siglo XX, uno de los entes que aterrorizó de singular manera a los habitantes del centro de la ciudad fue la Beata que, noche a noche, recorría el callejón ubicado en lo que fue la primera calle de Joaquín Herrera.

En ese callejón había una casa abandonada que perteneció a la finada doña Lucía Riquelme. Después de la muerte de doña Lucía, contaban los vecinos que se escuchaban gemidos provenientes del solitario lugar. Pero lo más impresionante era el espectáculo de luces que suscitaba noche a noche. De pronto, por las rendijas de las ventanas se veían brillar pequeñas lucecitas que bailoteaban por el sitio. La azotea se iluminaba cual árbol navideño y los balcones se alumbraban como si estuviesen plagados de luciérnagas saltarinas. Los vecinos sorprendidos ante el fenómeno empezaron a especular que si la casa estaba embrujada, que si un alma andaba penando, que si las condiciones físicas del lugar producían ese tipo de manifestaciones, etc. En fin, el caso es que los rumores crecían a pasos agigantados.

Sin embargo, todavía faltaba lo mejor. Al pasar algún tiempo, el fantasma de doña Lucía empezó a hacer su aparición. Al perderse la luz del sol, emergía de la construcción. Parsimoniosamente avanzaba por la calle acompañada del tintineo de su rosario. Su andar era tan suave que más que caminar parecía que flotaba. Los pliegues de su vestido así como su manto parecían no sentir el movimiento de su andar. A ratos, de su garganta salían suspiros y quejidos que ponían la piel de gallina. Después de andar por un rato, regresaba a lo que fue su hogar. El portón, como empujado por invisibles manos, se abría lentamente y, entonces, cual si fuera una coreografía largamente ensayada, las lucecitas salían a su encuentro. Brillos de color ámbar, azules, rosáceos y verdosos se arremolinaban a su alrededor. Se posaban en su cabello, acariciaban sus manos y danzaban formando círculos alrededor de su cuerpo. Al terminar lo que parecía un saludo, se deslizaban hacia el suelo y, cual perritos falderos, avanzaban detrás de ella hasta perderse tras la puerta. Han pasado ya muchos años de esto; sin embargo, no falta quien asegure que aún hoy día en ocasiones puede contemplarse el ánima de la Beata del Callejón y sus brillosos acompañantes.

Bechh-Ha. *Véase* Codorniz Marina.

Bob. *Véase* Boob.

Bohwaletik. Espíritus tzeltales especialmente malignos que vagan por las noches en las colinas boscosas. Su aspecto es similar al de los ladinos, es decir, su vestimenta es parecida a la de los habitantes de las zonas urbanas. Empero, no es ni su aspecto ni su costumbre de recorrer los campos en la oscuridad lo que despierta el temor de los lugareños, sino su particular actividad. Los Bohwaletik suelen cortar la cabeza a aquellos que encuentran en su camino. Lo que a primera vista parece un acto insensato, para ellos no lo es ya que estos cadáveres sirven como una especie de ofrenda sanguinaria a los grandes proyectos de construcción.

Bokolhaoch. *Véase* Revuelve casas.

Bokol H'otoch. *Véase* Revuelve casas.
Bokol-H-otoch. *Véase* Revuelve casas.
Bokol Och. *Véase* Revuelve casas.
Bokol-Otoch. *Véase* Revuelve casas.
Bolas de lumbre. Ver aparecer bolas de fuego durante la noche, atravesando los campos o el firmamento, es un fenómeno común a todos los estados de la República Mexicana.

Las explicaciones al respecto son variadas, pero en el fondo quizá todas ellas tengan algo de verdad. Para algunos, estas apariciones ígneas son espíritus que se separan del cuerpo de las personas para cumplir misteriosos objetivos. Otros, como la gente que habita en la Chinantla, creen que son "gente de lumbre" que vive en los pozos de Ojitlán y salen de ellos a las ocho de la noche. En otros poblados del área se dice que sólo aparecen en determinados meses del año. Asimismo, se afirma que son las cabalgaduras de los espíritus buenos o malos que los llevan a gran velocidad a cumplir con su trabajo.

Por su parte, los popolucas están convencidos de que tales bolas de lumbre no son más que el aspecto que asumen algunos nahuales al anochecer. Por supuesto, no falta quien sostenga que son brujos o brujas que cobran esa forma para recorrer enormes distancias en busca de víctimas a las que les chuparán la sangre.

Bolon-Caan-Chac. *Véase* Chaacoob.
Bolon Tuppel Kankabil. Ésta quizá sea una de las entidades de la que menos datos se tienen. Lo único que conocemos sobre ella es que se trata de una serpiente de terrible aspecto que ostenta nueve cabezas que se retuercen continuamente.
Boob (Bob). En lo más espeso de la selva, cerca ya de tierras guatemaltecas, habita el Boob. Este horrible ser suele salir por las noches a procurarse alimento, el cual consiste, por cierto, en carne humana. Por ello, todos los que vivían cerca de su hábitat construían sus casas con los materiales más sólidos y resistentes para protegerse de él. Las versiones que nos hablan de su apariencia varían significativamente, quizá porque pocos sobreviven a su encuentro. Algunos que han logrado verlo y vivir para contarlo lo describen como un ser enorme, peludo, con cuerpo similar al de un asno o caballo y cabeza de jaguar. Hay otra opinión, según la cual es como un toro enorme de hirsuta pelambre. Para otros, las descripciones anteriores son erróneas ya que aseguran que es semejante a un león africano, de color negro y con cola larga.

El Bob es una criatura solitaria, empero, su larga pervivencia hace suponer que sólo en la época de apareamiento busca a sus congéneres del sexo opuesto para perpetuar su maligna raza.

Los chicleros de la zona de Campeche aseguran que a su paso va dejando una terrible pestilencia que provoca incontenibles náuseas que, por lo general, desembocan en la muerte a las pocas horas de haberla respirado.

Bruja, La. Entidad maléfica otomí que se metamorfosea en gran ave al caer la noche. Suele colocarse en el techo de la casa de su víctima, la cual generalmente es un recién nacido que aún no ha recibido el bautizo. Desde ese estratégico sitio, va soltando un hilo largo que llega hasta el corazón del pequeño y, poco a poco, le va chupando la sangre. El chiquillo empieza a palidecer y perder peso a gran velocidad y, de no hacerse nada al respecto, en poco tiempo fallece. Un método eficaz para contrarrestar el ataque de La Bruja consiste en darle el sacramento del bautismo al bebé lo más pronto posible.

Bruja de la calle Ciénega, La. Una de las más famosas habitantes de la ciudad de Durango fue, sin duda, doña Petra. Su renombre respondía a su eficiencia como bruja. Tenía su casa cerca de la Acequia o Arroyo de San Vicente, en lo que actualmente es el puente de la colonia Azcapotzalco. Ahí atendía a una numerosa clientela y a cambio de sus valiosos servicios sólo recibía las monedas que le dejaban en una charola.

Doña Petra era una experta en la realización de limpias, tiraba atinadamente las cartas, recomendaba filtros para atraer el amor, daba amuletos para la buena suerte, sabía retirar enfermedades así como controlar celosos maridos.

Dicen que por las noches subía al tejado de su casa y desde allí hacía extrañas reverencias y ademanes hacia los cuatro puntos cardinales para llamar a los espíritus errantes que la ayudaban en su labor. Desafortunadamente, aquella que curaba los males en otros no pudo acabar con los suyos. Cierto día, enfermó y murió.

La noticia corrió como reguero de pólvora por toda la ciudad. Aquellos que en uno u otro momento habían recibido su ayuda y que le tenían especial afecto, acudieron en tropel a su casa a darle el último adiós. La noche era helada, como corresponde al mes de noviembre, y los asistentes se fueron retirando poco a poco.

Sólo un pequeño grupo permaneció en el velorio. Al sonar las doce de la noche en el reloj de la Catedral, entró en el lugar un enorme perro lanudo de color negro, se acercó afectuoso al ataúd y de un brinco subió al cuerpo de doña Petra. De un resoplido apagó los cirios. La oscuridad llenó el lugar. Obviamente, los asistentes se aterrorizaron y quienes no cayeron víctimas de un desmayo salieron corriendo despavoridos. Momentos después, alguien encendió de nuevo las velas y para sorpresa de todos el cadáver había desaparecido. El hecho impactó a las buenas conciencias duranguenses y fue el tema de conversación durante meses. Cuando parecía que los rumores por fin se acabarían, un extraño suceso los avivó nuevamente. Decían los vecinos del barrio que el fantasma de doña Petra se aparecía. No importaba si era de día o de noche, el ánima de la bruja recorría las calles curando a los enfermos y leyendo el porvenir a quien lo pidiera. Hoy, no falta quien asegure que la Bruja de la calle Ciénega sigue apareciendo y, si tienes suerte, quizá puedas ser el próximo que la vea.

Bruja de Mazatlán, La. Bellísima mujer que, por desconocidas razones, asesina a los hombres. Su *modus operandi* es sencillo, pero sumamente efectivo. Acostumbra caminar contoneando las caderas por la orilla de la playa. Por supuesto, no falta el varón que seducido por sus encantos la sigue intentando charlar con ella. La Bruja no contesta; sin embargo, su sonrisa invita a seguirla. Camina el infortunado don Juan tras ella hasta que se aleja lo suficiente. De pronto, ella se vuelve, fija sus bellos ojos sobre él y lo hipnotiza. El resto es pan comido. La bella joven se interna en el agua acompañada por su víctima, que se pierde en el abrazo mortal de las olas.

Bruja doña Paz, La. Una de las apariciones que asolan la zona del Tizonazo en el estado de Durango. Suele tomar forma de lechuza o de perro negro para hacerles la vida pesada a los indígenas de la región. Otras veces surca el aire emitiendo sonoras carcajadas o terribles imprecaciones para que no olviden que ellos fueron los responsables de su muerte.

El origen de esta historia se remonta a 1645. La entonces viva doña Paz era una bruja temible cuyo resentimiento hacia el mundo alcanzaba proporciones enormes. La razón de su odio era que los pobladores del Tizonazo ya no temían como antes su poder. Por ello decidió vengarse organizando una revuelta.

Se dirigió a los indígenas "cabezas" y haciendo uso de su elocuencia los instigó a levantarse contra los opresores. La rebelión cobró fuerza. Obviamente, los españoles así como los indios que no estaban del lado de la Bruja decidieron actuar

rápidamente para detenerla. Acudieron al gobernador de Durango, quien mandó tropas del Ejército a sojuzgar a los rebeldes. La pelea fue encarnizada y los sublevados decidieron aceptar la paz; sin embargo, se les exigió que entregaran a los dirigentes del movimiento.

La gente, en un principio, se negó a hacerlo. Pero un hombre llamado Pies de Liebre denunció a doña Paz. La mujer fue encarcelada y se decidió darle muerte. Se probó con el veneno pero los resultados fueron nulos. Por fin, alguien sugirió que se le ahorcara. Mientras la llevaban al cadalso, doña Paz gritaba enfurecida y prometía venganza. La sentencia se cumplió cabalmente. Sin embargo, con lo que los ejecutores nunca contaron es que el rencor de la Bruja superaría incluso las barreras de la muerte. Al poco tiempo regresaría a atormentar a aquellos que la habían derrotado así como a sus descendientes.

Brujas. Mujeres que establecen pacto con el Demonio para obtener una serie de poderes como generar enfermedades en sus enemigos, realizar hechizos o transformarse en animales. En cuanto a su aspecto es el de cualquier mujer normal. Visten a la usanza de la zona y siguen sus costumbres. Aunque prefieren vivir en zonas aisladas para gozar de mayor privacidad, no es raro que fijen su residencia en el centro de los poblados.

Las brujas tienen como alimento preferido la sangre humana, sobre todo la de los bebés, que les resulta mucho más sabrosa. Para obtenerla se transforman en algún ave como guajolote o zopilote. Se ubican en el techo de las casas y esperan a que la familia duerma. Cuando todo está en calma, sacan de su boca una especie de lengua larga y delgada, la van bajando lentamente hasta colocarla en el cuello del infante. Una vez hecho este procedimiento, inyectan en la víctima algún tipo de sustancia que produce adormecimiento y después, se dedican a chuparle la sangre. Al día siguiente, el pequeño se encuentra pálido, llora sin motivo y si uno se fija bien puede percibir una especie de moretón en la zona donde le fue extraída la sangre. En caso de que nadie se percate o preste demasiada atención a estos síntomas, la bruja regresará una y otra vez hasta que el niño no tenga más sangre que darle. Otra variante para obtener su alimento es pegar su maloliente boca a la de los bebés y succionarles la sangre, aunque este método es menos utilizado por los riesgos que implica para la bruja el ser descubierta.

Hay una serie de protecciones contra las brujas, por ejemplo, se pone detrás de la puerta del hogar una trenza de ajos. Hay quienes sugieren colocar una herradura o un crucifijo. También se recomiendan las cruces de romero o encender un cirio en el interior de la habitación de los niños.

La capacidad nahualística de las brujas, es decir, el poder convertirse en animales, hace más difícil prevenir sus ataques. Sin embargo, una forma de diferenciar a un animal normal de una bruja es prestar atención a sus ojos, ya que los de las brujas asumen una tonalidad rojiza.

Aunque vencer a una bruja puede implicar numerosos peligros, si se sigue una serie de fórmulas al pie de la letra es posible acabar con ellas. Cuando uno se percate de que la bruja está cerca, debe tomar su paliacate y empezar a hacerle nudos, por cada nudo debe rezar un Padre Nuestro, La Magnífica o alguna otra oración igualmente poderosa. Si uno consigue completar los siete nudos, la bruja cae, asume su forma humana y queda a merced de sus captores, que pueden elegir dejarla en libertad o bien darle una lección para que no siga cometiendo fechorías.

Otro método muy utilizado entre los mazahuas del Estado de México se basa en la costumbre de las brujas que, para hacer sus fechorías, se quitan las piernas colocándose en su lugar alas de petate; además, se extraen los ojos de las cuencas y los guardan bajo el fogón del hogar. Los cazadores esperan el momento en que la bruja ha abandonado su casa, entran sigilosamente, localizan sus piernas y ojos y, sin perder tiempo, los echan al fuego. Desde luego, es necesario huir rápidamente del lugar ya que si la bruja vuelve y se percata de la pérdida su venganza no conocerá límites.

Brujo de la Sierra de Guadalupe. Esta Sierra que abarca desde el Cerro de los Vientos hasta el Cerro del Chiquihuite, cuenta entre sus habitantes con un extraño personaje que desde hace siglos recorre el lugar montado en su caballo en pago a un sórdido pacto establecido con el mismísimo Diablo.

Quienes guardan memoria de ello refieren que en 1650 aproximadamente los pobladores de San Andrés de la Cañada, ofendidos y empavorecidos por las acciones de un brujo del lugar, decidieron quemarlo. Así, reunieron ramas y le prendieron fuego. El brujo, retorciéndose entre las llamas, alcanzó a maldecirlos con gritos desaforados. Pasó el tiempo, y como no pasaba nada, los habitantes olvidaron al brujo y su maldición. Llegó 1760 y una terrible inundación cobró innumerables vidas. Aquellos que por boca de sus antepasados conocían lo acaecido con el brujo, no dudaron en concluir que la inundación era aquella maldición emitida por el hechicero asesinado. Han pasado muchos lustros desde entonces; sin embargo, el brujo reaparece en ocasiones por el lugar, quizá para recordarles que su venganza todavía no ha concluido.

Brujo-Gato. *Véase* Uay Miz.

Brujo Marino (Uay há). Los ancianos de la ciudad de Ticul aseveran que junto al templo que se encuentra en el antiguo pueblo de Maní, hay un pozo desde el cual, al anochecer, surgen escalofriantes quejidos y lamentos. Quienes han podido oírlos juran que se trata del Uay há, también conocido como el Brujo Marino. Se dice que estas voces e invocaciones son realizadas por un conciliábulo de brujos que piden a los dioses para que nunca falte el agua en el lugar.

Brujo-Perro. *Véase* Uay Pek.

Brujo toro. *Véase* Uay Uacax.

Brujos. Una diferencia básica entre los brujos consiste en la forma en que obtienen sus poderes. Los hay que nacen con ellos y su destino está ineludiblemente predeterminado, y existen los que los adquieren mediante un pacto satánico. En cuanto a los primeros (característicos de la zona de la Chinantla), al nacer presentan una serie de signos distintivos que permiten saber a sus familiares el destino que los aguarda. Así, el recién nacido presenta una especie de "gorro negro" en la cabeza, que se supone que fue colocado por el mismo Diablo, quien olvidó quitárselo.

Asimismo, otros nacen con una especie de "corneta" en la boca y éstos, en un futuro, se convertirán en brujos chupadores de sangre. Por las noches se acercarán a sus víctimas sin que éstas se percaten del peligro que corren y les extraerán la sangre. El único indicador que los hace suponer que fueron visitados por un brujo de éstos es que la zona donde se hizo la extracción presentará moretones. Otro rasgo que permite descubrir la naturaleza brujeril del bebé es que nace con la mitad inferior del cuerpo igual a la de un animal, como una serpiente, un gallo, un jaguar o una mula. Se dice que esta parte animal se esfuma al poco rato. Empero, quienes la vieron saben que este animal será el nahual del niño.

De igual modo, el futuro brujo empieza a presentar comportamientos extraños de forma casi inmediata. Adquiere la costumbre de abandonar su casa por las noches, sin que nadie sepa adónde va o qué es lo que hace. Los vecinos refieren ver pequeñas esferas blanquecinas que brincan por las calles o fantasmales figuras infantiles que aparecen y desaparecen a placer.

También estos niños presentan un fenómeno que puede resultar muy impresionante a la vista. Al dar la medianoche cambian de sexo: los varones se vuelven mujercitas y viceversa. Sin embargo, esta alteración sexual de ninguna manera afecta su comportamiento, que será acorde con el sexo original con que hayan nacido.

Una facultad común a gran parte de los brujos es el poder de asumir formas distintas de la suya; así, podrán transformarse en animales, rayos, ventarrones o centellas. Esta facultad les aporta innumerables ventajas para el cumplimiento de sus ocultos objetivos.

Un sitio famoso por la gran cantidad de brujos existentes es la Ciudad de México. Según los informantes, en el Pedregal de San Ángel pululan horribles nahuales y brujos que acostumbran despedazar a los incautos despeñándolos o destrozándolos con sus propias manos.

Los brujos de por ahí gozan de gran renombre. De hecho, conforme uno se acerca a la periferia de la zona, el poder de los hechiceros es mayor. Su fama, ganada a pulso, obedece a su habilidad en la preparación de brebajes elaborados con las más diversas plantas. Ellos saben cuáles sirven para embriagar, para enamorar, para enfermar o, de plano, para matar. Son especialistas en el manejo de los hongos, así como en la adivinación del futuro. Aunque se dice que los adelantos en la ciencia médica han ido desplazando rápidamente a los especialistas en herbolaria y magia, esto no es del todo cierto y probablemente nunca lo sea, ya que las fronteras del mundo sobrenatural no conocen de límites.

Búho (Lechuza, Tecolote, Tecolotl, Yautequiua).

"Si alguna vez la oyes silbar tres veces tres, cuenta los días que pasan, y si llega el noveno y nada malo ha sucedido en tu casa, bendice a quien dispone de la muerte y del dolor, porque a ti venían y fueron separados de ti" (Antonio Mediz Bolio, *La tierra del faisán y del venado*, pág. 115). La lechuza representa mejor que ninguna otra criatura la señal de la muerte y la noche. Escucharla cerca de nosotros o nuestro hogar, es signo inequívoco de que algo terrible habrá de suceder, que la mala fortuna anidará en nuestra casa, la desgracia acosará a la familia, la enfermedad y la muerte cobrarán rápidamente alguna víctima, de que los esclavos huirán o que el hogar será asolado y terminará por convertirse en una ruina. Sus ojos, verdes como las luces de las tumbas, muestran una sabiduría antigua y profunda. Sus garras, afiladas como las de ninguna otra ave, le

permiten atrapar los espíritus en el aire y llevárselos a un lugar de donde nunca más regresan. Es amiga y compañera de todo aquel que practique hechicería y conocimientos oscuros y se encargue de dañar desde lejos. Evita tratar con cualquier criatura que tenga algo de bondad dentro de sí. En un intento vano de acabar con la luz para siempre y extender la oscuridad, tira las antorchas y derriba cuanta fuente de luz encuentre. Suele habitar en los agujeros de los árboles o de las paredes antiguas. Fray Bernardino de Sahagún nos dice: "Cuando alguno sobre su casa oía charrear a la lechuza, tomaba mal agüero, luego sospechaba que alguno de su casa había de morir o enfermar, en especial si dos o tres veces venía a charrear allí sobre su casa, tenía por averiguado que había de ser verdadera su sospecha; y si por ventura en aquella casa donde venía a charrear la lechuza estaba algún enfermo, luego le pronosticaban la muerte. Decían que aquel era el mensajero de Mictlantecutli, que iba y venía al infierno, por esto le llamaban Yautequiua, que quiere decir mensajero del dios del infierno y de la diosa del infierno que andaba a llamar a los que le mandaban; y si juntamente con el charrear le oían que escarbaba con las uñas, el que le oía, si era hombre luego le decía: 'Está quedo bellaco oji-hundido, que hiciste adulterio a tu padre'. Y si era mujer la que oía decíales: 'Vete de ahí puto; ¿has agujerado el cabello con que tengo de beber allá en el infierno? Antes de esto no puedo ir'. Decían que por esto le injuriaban de esta manera, para escaparse del mal agüero que pronosticaba y para no ser obligados a cumplir su llamamiento" (*Historia General de las Cosas de Nueva España*, pág. 273). Los mayas del estado de Quintana Roo aseguran que para que esa terrible amenaza se cumpla, es necesario que el tecolote haga sentir su presencia tres veces seguidas y siempre emitiendo sus nefastos graznidos. Por fortuna, hay una fórmula capaz de evitar que los presagios se conviertan en realidad; para ello es necesario atrapar viva al ave y arrancar tres plumas de las que se encuentran bajo las alas.

Algunos tecolotes famosos son los mencionados en el *Popol Vuh*, que se supone que eran emisarios de los Señores de Xibalbá, aunque cabe apuntar que eran un tanto especiales: Chabi-Tucur era veloz como una flecha; Holom-Tucur solamente tenía la cabeza y las alas; Caquix-Tucur tenía rojo el lomo y Huracán-Tucur poseía sólo una pierna. A estos pájaros se les envió a ejecutar a la hija deshonrada de Cuchumaquic, uno de los

Señores del Inframundo. Sin embargo, no fueron capaces de cumplir su misión y acabaron prestando ayuda a la doncella que habría de convertirse en madre de Hunahpú e Ixbalanqué.

Cuentan que en cierta ocasión las aves decidieron realizar un banquete. Llegaron de todos lados y la algarabía comenzó. El alimento llenaba sus buches y, tal como dictaba la costumbre, el balché empezó a circular profusamente. Después de pasado un rato, todos los asistentes estaban beodos y, como tales, se dedicaban a decir cuanto disparate se les ocurría. Cuando la fiesta estaba en su mejor momento, se acercó tímidamente un indio y los pájaros, amablemente, lo invitaron a beber con ellos. El nuevo invitado no se hizo rogar y de inmediato se sumó al jolgorio. Y como no era caso de decir no a la bebida gratuita, al poco rato estaba cayéndose de borracho y se dedicó a burlarse, con descortesía imperdonable, de todos los presentes y, particularmente, del tecolote. No satisfecho con las ofensas verbales, procedió a obligar a esta noble ave a bailar golpeándole las patas. Una vez concluido el festín, los comensales se retiraron a sus nidos a descansar. Sin embargo, el búho, profundamente indignado por la humillación recibida, sentenció: "De ahora en adelante, seré yo quien anuncie la muerte de todo indio." Y no está de más añadir que la advertencia se ha cumplido invariablemente.

Búho de fuego. *Véase* Caquix-Tucur.

Bulen-Caan-Chac. *Véase* Chaacoob.

Bulto, El. Fantasma multiforme que suele atacar a las personas que transitan por senderos despoblados a altas horas de la noche. Los testimonios comparten la confusión al describirlo. Unos hablan de una masa enorme que se les viene encima, otros de una inmensidad peluda y hay quienes dicen que es una oscuridad.

Los resultados de los encuentros son moretones, magulladuras, heridas y una impresionante sensación de cansancio que sólo va disminuyendo a través de limpias constantes.

Burujón de Culebras. La gente de los pueblos del centro del país refiere que había cierto tipo de serpientes que se reunían y formaban una especie de bulto redondo, con las colas hacia dentro y las cabezas hacia el exterior. Así unidas iban rodando de un sitio a otro, pero bastaba que se toparan con algún humano para que se separaran de inmediato y huyeran a toda velocidad en cualquier dirección. Esta particular mescolanza recibía el nombre de Burujón de Culebras.

Burro de oro de Tierra Blanca, El. Hubo por estos lares hace mucho tiempo un hombre llamado Pánfilo Gurrola. Se cuenta que en cierta ocasión, cuando aún era niño y vivía con sus humildes padres en la hacienda de Punta Levario, un grupo de indios atacó el lugar y se llevó a Pánfilo. Creció en el monte y se convirtió en un experto jinete, capaz de domar a cualquier semental con las puras manos. Tenía una sobresaliente habilidad para manejar el arco y la flecha, además de una puntería envidiable. Adoraba comer carne cruda y su fuerza era tal que podía dominar a un toro de lidia.

A finales del siglo XIX encabezó el levantamiento de los Tulises contra el gobierno, lo cual todavía le dejó tiempo para dedicarse a asaltar cuanta diligencia tenía la desfortuna de pasar por su camino. Llegó el momento en que Pánfilo, también conocido como el Burro, se cansó de esta agitada vida. Habló con el gobernador de Durango y le regaló una carreta repleta de barras de plata a cambio de que lo dejara en paz. Tan ventajoso trato obviamente tuvo una respuesta favorable. Y así fue como Pánfilo se instaló en Tierra Blanca.

Pasaron los años, se casó por lo menos 26 veces y engendró unos 130 hijos. Se convirtió en propietario de más de 300 casas, solares y vecindades. Su esplendidez era legendaria, se dice que cuando bautizaba a alguno de sus hijos compraba por lo menos, 500 litros de mezcal y los convidaba a quien se acercara. Ya en plena borrachera, arrojaba como bolo monedas de oro y plata.

Don Pánfilo disfrutaba especialmente el juego de barajas y fue en uno de ellos donde encontró la muerte a puñaladas. De su tesoro jamás volvió a saberse nada. Sin embargo, al paso del tiempo el ánima de don Pánfilo empezó a hacer su aparición. En cualquier lote baldío se sentaba y colocaba sobre una cobija verde montones y montones de oro y plata que custodiaba como si fueran cualquier cosa. Quienes lo veían decían que siempre vestía el más fino casimir azul o negro, con saco, chaleco y un sombrero de copa aplastada copa y ancha ala. Cubría sus hombros con una enorme capa y calzaba botines de fina piel. Bajo su blanquecino bigote podía adivinarse una pícara sonrisa que nacía de la contemplación de su riqueza. Observarlo y salir corriendo eran instantáneos.

Hoy, el fantasma del Burro de Tierra Blanca sigue manifestándose en la ciudad y hasta el presente no ha existido ningún valiente que tenga las suficientes agallas de pedirle aunque sea un poquito de su tesoro.

Caballeros de la Raya. *Véase* Vigilantes de la Raya.

Caballito del Diablo (Dzauayak). Este insecto volador, muy similar a la libélula, recorre las tierras del Mayab haciendo soñar a sus habitantes. Basta que se pose suavemente en el cuerpo de los durmientes para, con su solo contacto, hacerlos soñar. No se sabe si es por alguna sustancia que libera o porque en sus alas carga con todos los sueños posibles: el caso es que sucede.

Caballos Fantasmas. La oscuridad inunda las calles. Ha caído la noche en Almoloya (Hidalgo). Las tinieblas apenas son rasgadas por el tenue resplandor de la luz de las ventanas. Un retumbar de cascos hace estallar en mil pedazos el silencio. Es la Cabalgata Espectral que puntual a su cita recuerda a los lugareños la inmortalidad de la venganza. Corrían los tiempos de la Revolución. La "bola" llegó a Almoloya a reclutar simpatizantes para su causa. Rogaciano, deslumbrado por la presencia de los rebeldes, decidió unírsele sin dilación. Justina, su novia, no podía entender que su amado estuviera de acuerdo con los revolucionarios y dispuesto a irse con ellos. Desesperada, recurrió a los servicios de una bruja quien, en voz baja, le dio el remedio. Justina preparó un envoltorio con cabellos, una extraña pócima y el retrato de su enamorado. A partir de ese día Rogaciano olvidó sus ansias libertarias. Al despuntar el día corría a casa de Justina y se sentaba en el quicio de la puerta: su único pensamiento y deseo eran estar con ella.

La abuela del joven extrañada por su comportamiento, de inmediato dedujo que se hallaba "trabajado" y preparó la "contrayerba". El sortilegio fue efectivo. Rogaciano recuperó la razón y corrió a unirse a los combatientes.

La noticia llegó a los oídos de Justina. Como enloquecida la joven se paró frente a la gavilla y ordenó a Rogaciano que se quedara enarbolando amenazadoramente una imagen de Lucifer. El general que, por cierto, era de muy pocas pulgas tomó su máuser y, como a la Martina, nomás tres tiros le dio. Rogaciano bajó de su caballo para auxiliar a Justina. La tomó entre sus brazos. La joven, con su último aliento, sentenció: –Mi muerte está cerca. Te juro que te acordarás de mí. Nunca alcanzarás la paz. Tus hijos y los hijos de tus hijos y los que éstos tengan recordarán para siempre lo que me hiciste.

Justina murió. Rogaciano, sin mirar atrás, montó en su caballo y se marchó para siempre. Ha pasado ya mucho tiempo desde aquel sucedido. Sin embargo, el olvido no puede llegar porque cada noche, a las 11:15 el retumbar de los invisibles caballos recuerda que Justina aún no descansa en paz y su corazón sigue odiando al que se fue.

Cabecilla de Pescado. *Véase* Jefes del pescado.

Cabellos transformados en serpientes. Una creencia muy difundida en la zona de Palenque, en Chiapas, tiene que ver con el cabello de las mujeres. Se dice que cuando las jóvenes se bañan, sus largos cabellos flotan en el agua de los ríos y lagos hasta que son atrapados por las ramas, las raíces o el suave barro. Ahí, por algún extraño sortilegio, empiezan a cambiar. Su grosor aumenta una y otra vez. Su textura se hace rugosa y fría. Les nacen dos ojos y una lengua bífida asoma por su naciente boca... se han convertido en serpientes.

Cabeza. *Véase* Tlotli.

Cabeza Blanca (Tzoníztac). El Tzoníztac es una bestia hermosa muy parecida al ocelote. Su cuerpo es grande, grueso, con músculos marcados y de un negro tan intenso que parece relucir; posee una cola larga que mueve de forma sinuosa al caminar. Pero lo que llama particularmente la atención es su enorme cabeza, la cual cambia de color. Si quien lo ve y observa que la cabeza permanece blanca, puede estar tranquilo ya que ello significa que vivirá largo tiempo, aunque con la salvedad de que por mucho que trabaje jamás saldrá de la pobreza. En caso de que el testigo vea que el cráneo adquiere tonalidades amarillas, más le vale arreglar todos sus asuntos porque su muerte se halla muy cerca.

Cabeza de espejo (Quatézcatl). El mundo antiguo se hallaba repleto de seres y criaturas que, de uno u otro modo, permitían a los hombres conocer lo que el futuro les deparaba. Entre ellos ocupa un lugar privilegiado el Cabeza de Espejo. Esta ave era particularmente buscada por los guerreros ya que, como su nombre lo dice, tenía una especie de espejo en la coronilla a través del cual podía vislumbrarse el destino que tendrían en la batalla: el cautiverio o la victoria. Su aparición era considerada de mal agüero, ya que presagiaba que la guerra estaba cerca.

El Quatézcatl tiene el tamaño aproximado de una paloma común; su plumaje es azul, las patas amarillas y el pico pequeño y redondeado. Si hay algo que encuentra especialmente placentero es nadar y lo hace cada vez que puede. Verlo es un espectáculo maravilloso, ya que con singular maestría se zambulle y cruza las aguas a tal velocidad que parece una brasa que va resplandeciendo. La caída de Tenochtitlan fue presagiada por una serie de signos y circunstancias extrañas, una de las cuales hace referencia al Quatézcatl. Fray Bernardino de Sahagún, en su *Historia General de las Cosas de Nueva España*, dice: "El séptimo

agüero fue que los pescadores y cazadores del agua tomaron en sus redes un ave del tamaño y color de un águila, la cual tenía en medio de la cabeza un espejo. Ésta fue cosa nueva hasta entonces vista, y así lo tuvieron por milagro, y luego la llevaron a Moteccuzoma, que estaba en su palacio en una sala que llaman tlillancalmécac; esto era después del mediodía. Y Moteccuzoma miró el ave, y miró el espejo que tenía en la cabeza, el cual era redondo y muy pulido, y mirando en él vio las estrellas del cielo, los mastelejos que ellos llaman mamalhuaztli; y Moteccuzoma espantóse de esto y apartó la vista, haciendo semblante de espantado, y tornando a mirar el espejo que estaba en la cabeza del ave, vio en él gente de a caballo, que venían todos juntos, en gran tropel y todos armados; y viendo esto se espantó más, y luego envió a llamar a los adivinos y astrólogos y a los sabios en cosas de agüeros, y preguntóles: ¿Qué es esto que aquí me ha aparecido? ¿Qué quiere decir? Y estando así todos espantados desapareció el ave, y todos quedaron espantados, y no supieron decir nada" (págs. 454-455).

En otra versión del mismo hecho, Muñoz Camargo refiere: "El séptimo prodigio fue que los laguneros de la laguna mexicana, nautas y piratas o canoístas cazadores, cazaron un ave parda a manera de grulla la cual incontinente la llevaron a Motecuhzoma para que la viese, el cual estaba en los palacios de la sala negra habiendo ya declinado el sol hacia el poniente, que era de día claro, la cual ave era tan extraña y de tan gran admiración, que no se puede imaginar ni encarecer su gran extrañeza, la cual tenía en la cabeza una diadema redonda de la forma de un espejo redondo muy diáfano, claro y transparente, por la que se veía el cielo y los mastelejos y estrellas que los astrólogos llaman el signo de Géminis; y cuando esto vio Motecuhzoma le tuvo gran extrañeza y maravilla por gran agüero, prodigio, abusión y mala señal en ver por aquella diadema de aquel pájaro estrellas del cielo.

Y tornando segunda vez Motecuhzoma a ver y admirar por la diadema y cabeza del pájaro vio grande número de gentes, que venían marchando desparcidas y en escuadrones de mucha ordenanza, muy aderezados y a guisa de guerra, y batallando unos contra otros escaramuceando en figura de venados y otros animales, y entonces, como viese tantas visiones y tan disformes, mandó a llamar a sus agoreros y adivinos que eran tenidos por sabios. Habiendo venido a su presencia, les dijo la causa de su admiración. Habéis de saber mis queridos sabios amigos, cómo yo he visto grandes y extrañas cosas por una diadema de un pájaro que me han traído por cosa nueva y extraña que jamás otra como ella se ha visto ni cazado, y por la misma diadema que es transparente como un espejo, he visto una manera de gentes que vienen en ordenanza, y porque los veáis, vedle vosotros y veréis lo propio que yo he visto. Y queriendo responder a su señor de lo que les había parecido cosa inaudita, para idear sus juicios, adivinanzas o conjeturas o pronósticos, luego de improviso se desapareció el pájaro, y así no pudieron dar ningún juicio ni pronóstico cierto y verdadero."

Cabeza desnuda (Cabeza limpia, Cuapetláhuac, Quapetlanqui, Quapetláuac). Ave del tamaño de una grulla; su cabeza calva está sostenida por un cuello largo similar al de los guajolotes; su pico es redondo, grueso, largo y con una ligera curvatura; su cuerpo, incluidas las alas, tiene las más diversas tonalidades grisáceas; posee codillos negros; uñas coloradas y su cola es corta y negra. Ver al Cuapetláhuac era considerado un signo inequívoco de mala fortuna y cazarlo acarreaba los peores males. En las contadas ocasiones que ello sucedía, algún señor importante moría al poco tiempo, las tragedias se avecinaban en cascada o, de participar en la guerra, lo más seguro es que acabarían convertidos en cautivos o en alimento de las aves de rapiña.

Cabeza errante (Pol). Las noches en el Mayab, aunque pueden ser arrobadoras por su belleza, guardan dentro de sí el terror. Las calles de los pueblos son recorridas por más de una aparición con siniestras intenciones. Y entre ellas ocupa un sitio muy especial la Cabeza Errante, porque verla es tan horrible que si cualquiera se topa con ella lo más seguro es que fallezca de miedo. Del cuello le brotan borbotones de sangre que se esparce conforme va rodando y dando saltos; los cabellos, llenos de nudos y tierra, forman una maraña asquerosa; los ojos parecen salírsele de las órbitas y reflejan un odio infinito que congela el alma; su boca articula un grito sordo cuya ausencia de sonido lo hace aún más impactante.

Sin embargo, la Pol no fue siempre así. Hace ya mucho tiempo, vivía en un poblado tranquilo una mujer con su marido. Lo que él ignoraba es que estaba casado con una bruja la cual, por las noches, haciendo uso de ciertos hechizos y conjuros, separaba la cabeza de su cuerpo y, con este particular aspecto, salía en la oscuridad para lle-

var a cabo sus correrías, mientras que el resto del cuerpo reposaba tranquilamente en el hogar. Antes de que el sol saliera, regresaba presurosa a casa y cuerpo y cabeza se unían sin que quedara rastro alguno que pudiera indicar algo anormal. Cierta noche el marido que, ya para esas alturas sospechaba que algo extraño sucedía, comprobó a lo que se dedicaba su mujercita. De inmediato, corrió aterrorizado a pedir ayuda a un hechicero. El anciano le aconsejó que untara sal en el cuello de la mujer antes que retornara. El hombre así lo hizo. Al regresar la cabeza, ya no pudo reintegrarse a su cuerpo y, llena de amargura, clamó venganza a los cuatro vientos.

Y cuentan que la cabeza sigue rodando mientras siembra el espanto a su paso, y tal parece que seguirá haciéndolo por toda la eternidad.

Cabeza limpia. *Véase* Cabeza desnuda.

Cabra blanca (Tu ni ló). Uno de los naguales más poderosos de los brujos chinantecos, esta cabra aparece y desaparece sobre el techo de la vivienda de la persona a quien se quiere dañar. Su presencia va acompañada de extraños ruidos y voces de animales que no están ahí. El individuo, a partir de que la Cabra Blanca empieza su maligno trabajo, pierde el sueño y, cuando por fin logra dormir, sólo consigue tener atroces pesadillas. De no hacerse algo al respecto, el afectado enfermará de gravedad, se irá consumiendo a pasos agigantados y morirá irremediablemente.

Cabracán (Aquel que hace temblar las montañas, Cabrakán, Cabraján, Dos Piernas). Cuando la Tierra era joven, las cosas no eran como ahora, ya que por entonces habitaban en ella los más extraños personajes. Dioses, hombres y todo tipo de criaturas —maravillosas o aterradoras— convivían y entretejían sus existencias de manera natural.

En aquellos tiempos, el nombre de Cabracán era por todos conocido. Este gigante había adquirido celebridad debido a su capacidad de hacer temblar y estremecer los montes. La magnitud de su poder lo hizo perder la dimensión de las cosas y la soberbia anidó en su corazón. Las Tres Manifestaciones de Huracán, molestas por tal muestra de arrogancia, decidieron acabar con él. Los encargados de cumplir la sentencia serían Hunahpú e Ixbalanqué.

Los muchachos, de inmediato, pusieron manos a la obra y diseñaron una estrategia. Poniendo su mejor cara de inocencia se dirigieron a Aquel que hace temblar las montañas y le pidieron ayuda para derribar un montículo que no les permitía cazar pájaros. Cabrajján, movido por la vanidad, accedió al pedido de los jóvenes, pero no contó con que Hunahpú e Ixabalanqué le hicieran comer tizate que mermó considerablemente sus fuerzas. Así, cuando llegaron al sitio el gigante no pudo derribar el monte, se esforzó y se esforzó, pero, fue inútil. Los muchachos, ni tardos ni perezosos, aprovecharon la oportunidad para atarlo de pies y manos y, acto seguido, lo enterraron. Y éste fue el fin de Cabrajján, hijo segundo de Vucub Caquix y Chimalmat.

Cabrakán. *Véase* Cabracán.

Cabrajján. *Véase* Cabracán.

Cacarizo, El. "Junto a la belleza inhóspita que permanece en los extensos páramos de El Pinacate (Sonora), crece un horror inefable, difícil de concebir y armado a semejanza de la hueca conformación del territorio que le dio origen, que lo mantiene y lo hace indestructible, prácticamente inmortal. El pueblo lo presiente y lo designa con el nombre terreno y aproximado de El Cacarizo. Muchos de los que han percibido momentáneamente su horrorosa forma, aseguran que es etéreo y transparente, hecho de infinitos agujeros, hidrófago, y que puede a voluntad cambiar en un instante de tamaño. Un ejidatario de estos contornos que se internó en el árido suelo de El Pinacate, a punto de enloquecer por la falta de agua, lo advirtió con la luz y el calor de un reverberante mediodía, primero dijo que era una mancha semitransparente, de menor estatura a la de un hombre, saturada de agujeros que se contraían y se ensanchaban en una palpitación rítmica como si respirara; después, dijo que aquello había crecido en una exhalación alcanzando varias veces la medida humana, y de allí, hasta ser prácticamente inabarcable con la vista. A partir de ese momento creyó estar mirando a través de uno de los inmensos agujeros de la criatura y una extraña sensación de prisionero libre se apoderó de él hasta el momento de su rescate.

Hoy, asegura que esa especie de Cacarizo impalpable se encuentra en cualquier parte del desierto (José Terán Cruz, *Leyendas Mexicanas*, págs. 857 y 858).

Cachinipa. Los indios tobosos* saben que los malos espíritus siempre están cerca, en el rayo, las centellas, los remolinos de aire o simplemente por ahí, alertas para llevarse a tu hijo o padres enfermos. Por ello, se arrojaban a tierra rogando a los Cachinipa su clemencia y, a cambio de ella, entregaban la vida del más pequeño de sus vástagos como víctima expiatoria.

Cadejo. Uno de los más conocidos habitantes del estado de Chiapas. Su aspecto es el de un perro enorme, lleno de pelos, espantoso, con un par de ojos rojos como carbones ardientes y un hocico babeante.

El Cadejo aparece sólo cuando el sol se ha perdido tras el horizonte. Su presencia se anuncia porque a su paso los perros aúllan empavorecidos y los animales domésticos se refugian temerosos en sus corrales. Precedido por un fuerte olor a putrefacción se pasea por las calles de los pueblos, preferentemente las que se encuentran en los límites exteriores. Aquellos que tienen perras que recientemente han tenido crías, suelen guardarlas bien dentro de las casas, pues el Cadejo las huele desde lejos y, si tiene oportunidad, se come a los cachorros.

Otras de las víctimas favoritas del Cadejo son los borrachos. Si se topa con uno en su camino, lo persigue hasta darle alcance y le da una buena zarandeada.

Hay quien dice que el Cadejo en sí no es malo y que su origen es humano. Hace años, cuentan, vivió un joven que se dedicaba al trago y la vagancia, actividades que finalmente lo condujeron a la muerte. Sin embargo, el muchacho, al morir, decidió transformarse en el Cadejo para cuidar a los ebrios de cualquier peligro y que no tengan un triste destino como el suyo.

Cakix-Tucur. *Véase* Caquix-Tucur.

Calam. Especie de serpiente que mide un metro o más de largo. Su piel tiene manchas de color negro y amarillo, su cuerpo está adornado por unos anillos rosa y gris y su vientre adquiere un tono solferino. Su mordedura es muy peligrosa ya que el veneno que inyecta es muy tóxico.

La característica que la hace diferente del resto de las víboras es la capacidad de esfumarse a flor de tierra ante la presencia de cualquier peligro. Por más que uno lo busque, sería inútil ya que el Calam habrá desaparecido sin dejar el más mínimo rastro.

Calavera (Cráneo). Bien dicen que la noche es la hora preferida de los espantos, fantasmas y criaturas del otro mundo. Por ello, andar en las calles cuando la oscuridad ya ha caído se convierte en una actividad de alto riesgo porque uno puede toparse con la Calavera. De repente, se aparece ante ti, comienza a seguirte y no es raro que te lance feroces dentelladas a las piernas que, si eres muy suertudo, podrás esquivar. Castañetea

* Grupo étnico que se extendía de Coahuila a Zacatecas.

los dientes con una furia horrible produciendo un sonido que con sólo escucharlo eriza la piel, hiela la sangre y produce el impostergable deseo de poner pies en polvorosa. Por más rápido que corras, no importa, ella siempre va detrás de ti, casi a punto de atraparte. Si te paras, ella también detiene su marcha mientras te contempla con una mueca que, si tuviera piel, seguramente sería una sonrisa. Si ya en la desesperación intentas agarrarla, olvídalo: nunca podrás hacerlo, porque brincará de un lado a otro burlándose de ti, y así una y otra vez, hasta que la fatiga y el miedo te venzan y prefieras regresar velozmente a la seguridad de tu hogar que andar enfrentando cosas de ultratumba.

Camalotz (Camazotz, Murciélago de la Muerte). Y llegó el día en que los Hombres de Madera se olvidaron de quien les había dado vida y existencia, omitieron hacer las ofrendas y agradecer el invaluable don de la vida. Entonces, su destino quedó sellado: la muerte daría fin a tan tremenda arrogancia. Uno de los verdugos fue Camalotz. De su aspecto nada se puede decir ya que no quedó un solo testigo capaz de dar una descripción. Empero, su obra se mantiene imborrable en la memoria: cercenó con meticulosidad las cabezas de aquellos primeros hombres.

Campach-Ik. *Véase* Viento de la espalda.

Campana que toca sola. Hace años la iglesia de Jiquipilco ardió hasta sus cimientos. Por más esfuerzos que hicieron los pobladores para detener el fuego, fue inútil. Pasmados contemplaron cómo su amada parroquia desaparecía hasta quedar convertida en cenizas. Cuando las llamas ya se habían extinguido, la torre principal se derrumbó con gran estrépito y la campana quedó enterrada en medio de donde estaba el antiguo templo. Los vecinos intentaron recuperarla. Trajeron reatas, cadenas y animales para sacarla, pero cada vez que lo intentaban la campana se internaba a mayor profundidad. Después de numerosos esfuerzos decidieron dejarla ahí.

Dicen que el 25 de julio de cada año, día en que se celebra la fiesta de Santiago Apóstol, Santo Patrón del pueblo, a medianoche se oye repicar el bronce sin que mano alguna lo haya tocado. El fenómeno se repite cada año en la misma fecha.

Canán-Cahob. *Véase* Balam y Guardianes de los Pueblos.

Canan-Era. *Véase* Guardianes de la Milpa.

Canan-Gracia. *Véase* Guardianes de la Milpa.

Canan-Kaax. *Véase* Kuiloob-Kaaxoob.

Canan-Peten. *Véase* Kuiloob-Kaaxoob.

Canan-Holcah. *Véase* Guardianes de los Pueblos.

Canan-Montaña. *Véase* Kuiloob-Kaaxoob.

Canhel. *Véase* Serpiente dragón.

Canícula. Periodo del año en que las enfermedades redoblan su fuerza volviéndose no sólo más frecuentes, sino también más contagiosas. Los nahuas actuales la personifican como un dragón malvado que, cada año, es muerto por San Miguel.

Cantador, El. En uno de los barrios más conocidos de la ciudad de Guanajuato hay un hermoso jardín que recibe su nombre del extraño suceso que ahí se desarrolla. Cuentan los lugareños que se escucha una bella voz masculina que entona canciones populares, de esas bonitas que se oían hace años, y alegra con sus cantos a quien pasa por el lugar. La música resulta tan agradable que hasta los mismos pájaros parecen hacer coro al invisible Cantador.

Capataz del Demonio. *Véase* Pájaro Carpintero Mayor.

Capataz del Diablo. *Véase* Pájaro Carpintero Mayor.

Caquix-Tucur (Cakix-Tucur, Guacamayo-Búho, Búho de Fuego). Los Señores del infierno maya, para el cabal cumplimiento de sus labores, contaban con un eficaz servicio de mensajería compuesto por cuatro búhos. Entre ellos destacaba Caquix-Tucur, que se distinguía precisamente por el color rojizo de su lomo.

Carbunclo. José Terán Cruz en su libro *Leyendas mexicanas* habla de este espantajo y afirma que "es un ave de costumbres nocturnas e impredecibles; de vuelo rasante, recto y silencioso que, a diferencia de cualquier otro volátil sobre la tierra se desplaza emitiendo dos haces de mortecina luz que parten de sus ojos.

Los testimonios de quienes lo han visto coinciden en que sólo hace sus espantosas apariciones durante las noches de cerrada oscuridad. Aun cuando se le ubica con frecuencia en la desértica región del noroeste del estado, algunos habitantes de los valles centrales de Sonora pueden dar fe de su infame presencia.

Según las míticas tradiciones que rodean al Carbunclo, éste se manifiesta en parajes montosos, solitarios caminos o siguiendo las cuencas arenosas de anchos ríos. No se le reconocen los hábitos depredadores de las nocturnas aves de presa, pero el hálito de muerte que lo acompaña infunde un temor inolvidable en quien o quienes, por desgracia, han estado cerca de su horrenda aparición. En los apartados y poco transitados caminos vecinales, durante las oscuras noches de verano, al Carbunclo en más de una ocasión se le ha confundido con la movible luz que emite un camión en la distancia.

(...) Una antigua versión ópata asegura que el Carbunclo atrae con su luz cualquier animal de la floresta, para después, con celeridad, comerse los ojos de sus víctimas. Esa misma tradición afirma que el Carbunclo a pesar de su luminosa visión, es ciego. También se asevera que éste pierde su característico rasgo si está en cautiverio (hoy, no se sabe de ninguno conservado en este estado). Según la saga ópata que lo menciona, un ciego de nacimiento expuesto a la luz fugitiva del Carbunclo recobrará de inmediato la visión" (págs. 858 y 859).

Carnero del Manantial de Agua Blanca. Cerca del pueblo de Temoaya existe un hermoso manantial llamado Agua Blanca. En el fondo del agua es común apreciar unas esferas de variados y bellos colores que nadan ágilmente, a veces, salen a la superficie y flotan en ella convirtiéndose en un espectáculo maravilloso. Empero, si alguna persona atraída por el singular fenómeno intenta tomar entre sus manos alguna de estas esferas, el Carnero del manantial lo embestirá con singular fuerza, lo golpeará repetidamente y a fuerza de topetazos lo hundirá en el agua.

Carnero embrujado. *Véase* Uay-Tamán.

Carreta de la Muerte. Carromato oscuro que se manifiesta en las cercanías del hogar de un moribundo y que, según las creencias, es el vehículo asignado para transportarlo al Purgatorio. Se le asocia, necesariamente, con "El tamborcito de la muerte", que funciona de heraldo fúnebre para los familiares, quienes al escucharlo saben que el enfermo ya no tiene remedio.

Carreta de la Muerte de Nuevo Laredo (Tamaulipas). Nuevo Laredo. La calle Washington. Es la una de la mañana y los espectros andan sueltos. Cascos de caballo contra el asfalto. Chirriar de ruedas. Un latigazo retumba en el aire. A paso lento viene la Carreta de la Muerte. Un fraile fantasmal la conduce anunciando con su presencia que esta noche alguien morirá. La oscuridad se traga el negro carruaje tan negro como el caballo que lo jala. Y después nada...

Carreta fantasma de La Bohemia. Todavía hasta entrado el siglo XX en el municipio de Linares (Nuevo León) había un famoso centro de abasto denominado La Bohemia, ubicado en la esquina de las calles de Corregidora y Aquiles Serdán. Era un caserón de dos plantas donde los campe-

sinos de la región se abastecían de todo lo que necesitaban, ya fueran productos agrícolas, herramienta, armas, ropa o cualquier utensilio doméstico. El tráfico de mercancías era tan intenso que diariamente llegaban las carretas cargadas a reventar de mercancía. Empero, el crecimiento de Linares trajo consigo la competencia de otros mayoristas que, al cabo de un tiempo, dejaron fuera de servicio a La Bohemia.

Sin embargo, tal parece que La Bohemia se negaba a morir. Así, noche a noche podía escucharse una carreta tirada por una yunta que avanzaba lentamente desde la antigua tienda hasta perderse en la lejanía. Aún hoy, a casi 100 años de su cierre, los vecinos aseveran que siguen oyendo la Carreta Fantasma.

Carreta y el Hombre sin Cabeza, La. En el barrio de El Topo, localizado en el municipio de Linares (Nuevo León), al dar la medianoche un macabro fantasma hacía su aparición.

Escuchábase el avanzar de una carreta sobre el empedrado. Poco a poco, iba tomando forma y cuerpo un carretón que, carente de yunta que lo jalara, recorría las calles hasta la bajada de San Juan. Lo más escalofriante era el jinete, que chasqueando el látigo conducía el carromato, sin ver hacia dónde se dirigía porque no tenía ojos ni cabeza que pudieran indicarle el camino.

Carreta vieja, La. Ignacio de la Llave es una de las célebres poblaciones del estado de Veracruz y no precisamente por sus atractivos turísticos. Por las noches, cuando la oscuridad es tan densa que uno literalmente puede tocarla con las manos, un extraño sonido inunda la atmósfera. Acercándose lentamente se escuchan las ruedas de una vieja carreta que avanza sobre la terracería. Los pasos de un par de bueyes se acompañan por el chasquear de un látigo y los perros, que distinguen cuando el mal anda cerca, tiemblan de miedo y emiten feroces ladridos. El vehículo avanza lento, muy lento, y se aleja por las calles sin que por un momento los ojos puedan presenciar su espectral paso, para regresar alguna otra noche y seguir cumpliendo su misterioso cometido.

Carretero, El. Si alguna vez, recorriendo los caminos y veredas de Guanajuato, escuchas un quejido lastimero que dice "Amo, amo, no lo haga" y quien lo emite va montado en una carreta, no debes sorprenderte mucho ya que se trata de un triste fantasma que sigue llorando su pena: El Carretero.

La historia de su tragedia se remonta muchos años atrás, a principios del siglo XIX. En aquel entonces existía una floreciente hacienda llamada La Noria, cuyo dueño contaba con numerosas carretas que tenían como fin exclusivo transportar mercancías de la hacienda a los pueblos cercanos.

En La Noria vivía un joven bueno y apuesto, cuya gran dedicación al trabajo le valió que lo instruyeran un poco y le asignaran el puesto de carretero. Pues bien, nuestro apuesto muchacho se enamoró de una joven del lugar que, para su mala fortuna, había llamado también la atención del amo por ser de muy buen ver. La muchacha contó al joven su preocupación y éste, deseoso de protegerla, habló con la ama de la hacienda para solicitar su ayuda.

La señora de la casa, conmovida por el amor del muchacho, habló con su esposo quien, por supuesto, poniendo su mejor cara de inocencia restó importancia a las murmuraciones tildándolas de "chismes de criados". Sin embargo, la rabia bullía en su interior y empezó a maquinar un plan para deshacerse del entrometido.

Cierto día, el hacendado envió al joven a un viaje: lo que el infortunado ignoraba era que el amo había encargado a unos hombres que lo asesinaran. Y como fue pensado fue hecho. El amo, muy contento, fue a buscar a la muchacha a su jacal con la intención de abusar de ella. Cuando estaba esforzándose por lograr sus nefastas intenciones, de pronto apareció el joven asesinado y mató al violador.

Al poco tiempo empezó a aparecerse por el lugar el fantasma del infortunado muchacho quien lastimeramente decía: "Amo, amo, no lo haga." Por ello, cuando tengas la oportunidad de verlo y escucharlo, no huyas despavorido; mejor pronuncia una oración por el eterno descanso de su alma.

Carretonero de Analco. Carreta que, algunas noches, recorre el barrio de Analco (Durango). Aunque es invisible a los ojos, su paso resulta estremecedor. Se escuchan las ruedas chocando contra el asfalto a toda velocidad, los cascos del caballo retumban en una carrera desbocada y los alaridos de un hombre acompañan la macabra manifestación. Los que aún guardan memoria del hecho sangriento que le dio origen, aseguran que es el alma en pena de un sacerdote que faltó a su voto de castidad y, en el ansia de confesar su pecado, murió violentamente al ser arrastrado por el carretón.

Carro fantasma, El. En el estado de Chiapas, ya cerquita de la frontera, hay un cerro llamado Peña Bermeja. A sus faldas pasa una carretera de un solo carril hecha de terracería. El paisaje no es

nada fuera de lo común; se parece a otros tantos de la zona. Sin embargo, lo que lo hace diferente es lo que ahí sucede.

Numerosos testigos juran que al transitar por el lugar ven venir, en dirección contraria, un auto grande lleno de luces, parecido a los camiones de los "húngaros". Se orillan para cederle el paso y el carro ya no está ahí: se esfuma en el aire para reaparecer, tiempo más tarde, y repetir la obsesiva rutina.

Carroza de la Ciénaga, La. En el terreno que corresponde a la Escuela Secundaria Técnica Núm. 1 en la ciudad de La Paz (Baja California Sur), años atrás, se encontraba la Ciénaga de las Flores.

En el hermoso huerto solía aparecer una carreta antigua, de tipo cabriolet. De ella descendía una bella dama ayudada por su cochero. La mujer vestía en el más elegante estilo del siglo XIX. Se dirigía con paso lento y parsimonioso hacia el jardín, donde con sus delicadas manos recogía flores que armaba en un ramo. Después regresaba al coche, subía a él y, tan misteriosamente como había llegado, se esfumaba en el aire sin pronunciar una sola palabra.

Carroza del Cura, La. Hace tiempo, cuando la dominación española aún no tocaba su fin, unos indígenas acudieron al curato de San Juan Bautista de Analco (Durango). Tocaron a la puerta y nerviosos solicitaron la ayuda del sacerdote para dar la extremaunción a un moribundo. La tempestad azotaba el lugar y el cura, sin la menor intención de abandonar su cómodo lecho en una noche de tormenta como ésa, se negó a acudir al Tunal a visitar al agonizante. Uno de los indígenas, indignado por la actitud del sacerdote dijo: "Cuando el señor cura fallezca, irá todas las noches inútilmente a buscar al hombre al que hoy debió prestarle el sagrado auxilio."

Y la maldición se cumplió. Tras la muerte del sacerdote, que acaeció unos cuantos años más tarde, en la Villa de Analco empezó a suceder algo terrorífico. Noche a noche, una hora antes de que sonaran las 12 campanadas, una carroza atravesaba el pueblo a toda velocidad. Los negros corceles corrían como si fueran perseguidos por el mismo demonio. Sus cascos lanzaban chispas al chocar contra las piedras. El carruaje tomaba la Calle de las Carretas (hoy Morelos) y salía de la villa por el camino del Tunal.

Aquellos que no se escondían o huían despavoridos ante la macabra visión, podían constatar que en el interior del vehículo iba un sacerdote de horrible aspecto: su faz era cadavérica, su piel pálida como el papel y sus ojos reflejaban la más terrible desesperación. Era el ánima de aquel cura que, arrepentido, trataba de enmendar el error cometido mucho mucho tiempo atrás.

Carruaje maldito, El. *Véase* Aparición del Baratillo.

Casa embrujada de Orizaba. En la ciudad de Orizaba, en el estado de Veracruz, hay una misteriosa casa abandonada cuya particularidad consiste en que todo aquel que duerme en ella, amanece fuera. Los vecinos dicen que esto se debe a que allí habitan almas que no pueden descansar en paz.

Cuentan que hace algunos años en esa casa vivió un matrimonio con tres hijos (de uno, cinco y 10 años). Cierto día, el padre salió a trabajar. La madre emprendió la rutina de todos los días y se dispuso a bañar al más pequeño cuando, repentinamente, oyó un grito desgarrador. Con el corazón saliéndosele del pecho, dejó al chiquito en la bañera y corrió desesperada buscando al que había emitido el alarido. Al encontrarlo, se sorprendió al ver las heridas que el niño presentaba en los genitales y que, presuntamente, le había inflingido el mayor de los hijos.

En ese momento, la madre recordó que había dejado al bebé en el baño y se dirigió velozmente hacia allá. Al llegar, casi pierde el sentido al encontrarlo ahogado. Regresó a auxiliar a su hijo herido, sin darse cuenta de que el niño mayor (profundamente asustado) se escondió debajo del automóvil.

Providencialmente, llegó el marido y ambos, con el niño en brazos, se dirigieron al auto para acudir al hospital más cercano. Arrancaron y, de pronto, sintieron que algo había sido aplastado por las llantas del vehículo. Se asomaron y grande fue su terror al percatarse que habían matado al mayor de sus hijos.

La desesperación hizo presa de ellos y se convirtió en un dolor indescriptible al descubrir que el pequeño herido había fallecido en sus brazos.

Cuentan que tiempo después el matrimonio, incapaz de soportar tantas penas, puso fin a sus vidas cortándose las venas. La tragedia conmovió a la ciudad entera.

Los parientes que heredaron la casa intentaron tomar posesión de ella, pero sus esfuerzos fueron infructuosos. Cada vez que trataron de dormir en la propiedad, invariablemente amanecían fuera de ella. Cansados de esta situación abandonaron el lugar.

A lo largo de los años, numerosas personas han pretendido dormir en el sitio, pero los resultados son ineludiblemente los mismos. Además, quienes han pasado por esta experiencia aseguran que se escuchan ruidos extraños, gritos que hacen que la piel se erice y, sobre todo, se oye un automóvil que arranca y frena abruptamente.

Ante tal situación, el municipio hizo público que aquel que consiga pasar una noche completa en la casa adquirirá su propiedad. Empero, pese a este poderoso estímulo, hoy día la casa sigue abandonada y sin dueño.

Casas vengativas. Los totonacas de la Sierra cuando dejan de habitar una casa acostumbran agradecer ceremoniosamente al fogón en el que cocieron sus alimentos y al manantial del que obtuvieron agua para calmar su sed ya que, de lo contrario, la casa podría enojarse y cobrar venganza en los malagradecidos enviándoles enfermedades.

Castigado, El. *Véase* Mautiwaki.

Cati Cui'i. *Véase* Alma.

Catrina, La. *Véase* Muerte, La.

Caxtoque. Término probablemente totonaca o huasteco con el que se denomina al Diablo.

Ceiba de Villahermosa, La. En Villahermosa (Tabasco) hay una enorme ceiba que, a lo largo de la historia, sirvió como lugar de ajusticiamiento. De sus ramas pendieron innumerables ahorcados ya fueran revolucionarios, cristeros o simples delincuentes comunes.

Los vecinos refieren que un número incontable de veces junto a ella se escuchan lastimeros quejidos, voces de ultratumba que, ansiosas, piden a quien se acerque una oración para el descanso de su alma. Por las noches, la ceiba se recuesta en el piso en un afán de bloquear el paso o quizá por el cansancio de haber cargado tanta muerte en su follaje.

Cenote de Uaymil. Los mayas procuran mantenerse bien alejados del Cenote de Uaymil porque saben que ahí suceden cosas extrañas, peligrosas. En él se reúnen los Kakaziklob o Vientos Malignos para planear sus malévolas andanzas y la Xtabay lo utiliza como calabozo para las víctimas que han caído rendidas ante su terrible belleza. De hecho, hasta el mismo Kakazbal, en ocasiones, se aloja ahí.

Si algún maya tenía la pésima suerte de caer en sus aguas lo más seguro es que muriera de forma horrible. En caso de haber sobrevivido a la caída y a los entes malignos que allí habitan, el salvamento era posible. Sin embargo, la acción de rescate acarreaba innumerables peligros. El rescatista que, por lo general, era el más audaz y aguerrido del pueblo tomaba el zaztún o piedra mágica y se dirigía a las cavernas en pos del infortunado. Auxiliado por este talismán y las oraciones de los vecinos, recorría las entrañas de las cuevas hasta encontrar a la persona extraviada y sacarla del lugar. Por supuesto, cabe añadir, pocas veces la operación resultaba exitosa y en lugar de un muerto resultaban dos.

Cenotzqui. *Véase* Ehecachichinqui.

Centlapachton. *Véase* Espaldilla.

Cerro de la Mujer. En la Chinantla se ubica el llamado Cerro de la Mujer. Su nombre deriva de que en él habita una señora que tiene particulares hábitos alimentarios, ya que nada le gusta más como almuerzo que la sangre de aquellos que pasan por el lugar. Para evitar acabar como el menú del día de esta entidad vampírica, los chinantecos juntan hojas secas y las colocan en una oquedad a las faldas del cerro.

Cerro del Flojo. *Véase* Tlazcatépetl.

Cerros (Te Witsetik). Para los tzeltales de Guaquitepec los Cerros no son sólo la morada de poderosas entidades como la Virgen (Madre del Maíz), el Ángel (Guardián de la vida silvestre) u otros santos, sino que en sí mismos guardan un inmenso poder.

Los Cerros están vivos y poseen una energía que no dudan en utilizar tanto para beneficiar a los hombres como para causarles daño. Es recomendable tratarlos con respeto ya que ellos, en su benevolencia, otorgan lo necesario para la vida de los hombres.

En sus cuevas sólo debe entrarse con el único propósito de orar ya que, de lo contrario, el Cerro o sus habitantes se sentirían burlados y cerrarían la entrada de las cavernas dejando dentro a los irrespetuosos.

Cestillo de mazorcas. *Véase* Espaldilla.

Chaacoob (Ah-hoyaob, Chaakob, Chacob, Chaques, Ha-na-winikoob, Los que riegan, Servidores de la Casa del Agua). Los Chaacoob son los Dueños o Patronos mayas de las nubes y se encargan de enviar la lluvia a la Tierra. Para cumplir con este importante cometido recorren el cielo montados en numerosos caballos y llevan unos calabazos mágicos llamados zayab-chu, de los cuales el agua corre sin interrupción. El día que esto deje de suceder, el Diluvio Universal estará cercano.

Algunas veces, los Regadores son acompañados por la Virgen María (Chichpan-Colel) que, por cierto, va a lomos de un hermoso corcel negro. Obviamente, el agua que escurre a torrentes del caballo de esta dama tiene un destino distinto: es juntada por medio de canales subterráneos que la conducen a dos cenotes que nunca se habrán de llenar.

El número de los Ah-hoyaob es indeterminado; empero, existen cuatro principales que ocupan las esquinas del cielo, desde donde atentos vigilan que sus subalternos cumplan rápida y eficientemente con su cometido.

Cada uno de los Chaques tiene bajo su responsabilidad la generación de un tipo específico de precipitación o fenómeno meteorológico. De este modo, el Chac Barredor del Cielo (mizen-caan-chac) limpia el firmamento después de los tupidos aguaceros; el Chac Anegador Celestial (bulen-caan-chac) es quien produce las lluvias torrenciales; el Repartidor Celeste de Lluvias (ah-thoxon-caan-chac) genera la llovizna fina o chipi chipi y el Relampagueante Chac Celestial (hohop-caan-chac) da origen a los relámpagos.

Cuando Los que riegan están fuera de servicio disfrutan pasear por los montes y descansar dentro de grutas y cenotes.

Pero en cuanto empieza a tronar el cielo, los Chacob dejan inmediatamente sus diversiones y acuden prestos a un lugar previamente pactado para recibir órdenes y recorridos así como discutir y realizar acuerdos antes de dirigirse a regar la Tierra. Los campesinos mayas son perfectamente conscientes de que su vida depende, en gran medida, de la benevolencia de estas entidades. Por ello, como muestra de agradecimiento y cariño, antes de empezar la siembra colocan en la milpa jícaras de zacá endulzado con miel que saben que es la bebida preferida de los Chakob. En caso de que el labriego omita esta ofrenda, los Regadores pueden ofenderse y, en justo castigo, no dejar caer ni una gota de agua en el campo del desagradecido.

Chaakob. *Véase* Chaacoob.

Chabi-Tucur (Flecha-búho). El inframundo maya cumplía diversas funciones y, para realizarlas, contaba con un extraordinario equipo constituido por los llamados Señores de Xibalbá. Obviamente, el desempeño de tales tareas implicaba un alto grado de profesionalización y logística en el que el área de mensajería y comunicación era vital. Por ello, los Señores contaban con cuatro búhos que realizaban de manera expedita y certera esta misión. Uno de ellos, Chabi-Tucur era, sin duda, uno de los más eficaces ya que tenía la facultad de alcanzar velocidades prodigiosas en un abrir y cerrar de ojos. Quienes lo vieron dirigirse a cumplir con algún cometido, aseguran que semejaba una flecha de tan veloz que era.

Chac-Babatun-Chac. Uno de los cuatro Chaacoob de mayor jerarquía, suele ubicarse hacia el oriente, desde donde cumple la importante misión de llevar la lluvia a los sembradíos de Quintana Roo.

Chac-Uinicob. Hombres rojos, aquellos que vivieron en el pasado y del cual volverán para cumplir una misión ancestralmente determinada: proteger y ayudar a sus hermanos mayas en su lucha contra los que buscan su sojuzgamiento y aniquilación.

Chacal. Denominación con que también se conoce al diablo.

Chacob. *Véase* Chaacoob.

Chacún-Nanguí. Los mazatecos saben que la tierra pertenece a los Dueños, pero no ésos que ostentan papeles, sino aquellos que desde tiempo inmemorial y por derecho propio son sus poseedores: los Chacún-Nanguí.

Estos entes suelen asentar sus viviendas en lo alto de las lomas, donde cuentan con un punto estratégico para vigilar sus dominios. Desde las alturas observan el proceder de los hombres y animales; estos últimos son sus protegidos y las acciones orientadas a mermarlos, sin razón suficiente, serán severamente castigadas.

Es poco lo que se sabe de su aspecto: sólo que son chaparritos, de la altura de un niño de 12 años, y que su cabello es blanco como los dientes del maíz tierno. Visten camisa y pantalón encarnado. Sin embargo, las descripciones no son confiables, ya que quien los ve fallece al poco tiempo.

Chamiabac (Báculo de hueso, Chamiabak, Vara de hueso, Varilla de huesos). Uno de los 12 Señores del inframundo maya. Junto con Chamiaholom ocupan el importante cargo de Oficiales Interiores de Justicia y como emblema de su posición solían portar unas largas varas de material óseo. Entre sus diversas actividades destaca el causar enflaquecimiento severo y contundente a los hombres. El proceso pasaba por varias fases consecutivas o, dependiendo de la resistencia física de la víctima, podían entremezclarse: uno, las carnes empezaban a consumirse a una velocidad pasmosa; dos, los músculos, a consecuencia de la incapacidad del cuerpo para absorber los nutrientes, tendían al atrofiamiento; tres, el rostro perdía volumen y elasticidad adquiriendo rápidamente el aspecto de una calavera; cuatro, la acelerada pérdida de peso traía como consecuencia

que la piel del vientre se pegara al espinazo. El proceso culminaba con la muerte del infortunado.

Chamiaholom (Báculo de Cráneo, Vara de Calavera, Varilla de Cráneo). Junto con Chamiabac fungían como alguaciles de Xibalbá. Como distintivo de su importante rango portaban largas varas de hueso que probablemente tenían además alguna función de tipo mágico. Una de sus actividades principales, o por lo menos la que más les complacía, consistía en causar adelgazamiento a las personas hasta que quedaban convertidas en esqueletos vivientes o, preferentemente, esbeltos cadáveres.

A ojos actuales este tipo de prácticas bien podrían parecer bárbaras o violentas, sin embargo, habría que preguntarse cuánto sabemos los humanos de los designios divinos y el funcionamiento del cosmos.

Chan Pal. *Véase* Pequeño Niño.

Chancluda. Espíritu femenino que suele aparecer en los cerros y las alcantarillas de Chiapas. Su nombre probablemente derive de su aspecto desgarbado. De sus actividades poco o nada se sabe.

Chane. *Véase* Chaneque, El.

Chaneca, La. Las fincas cafetaleras del istmo veracruzano encierran varios peligros y no sólo por las serpientes e insectos venenosos que ahí habitan. Refieren los nahuas y popolucas de la zona que, a veces, suele aparecerse una viejecita de aspecto dulce vestida con refajo y con una cabellera rubia que le llega por debajo de las rodillas, que responde al nombre de La Chaneca. La señora se acerca a los viajeros solitarios y con una voz sumamente cariñosa los invita a comer. Por lo general, la invitación es felizmente aceptada. La dama pone frente a su invitado una generosa porción de mole de chipil que, de sólo olerla, hace agua la boca. El viajero se apresura a degustar el manjar pero, una vez que ha terminado, empieza a sentir que algo está mal, su mente no funciona como siempre y cae en una especie de trance profundo que lo lleva a vagar por la zona. En ocasiones, si no ha muerto a consecuencia de un accidente o atacado por alguna fiera salvaje, el infortunado es encontrado. Quienes lo ven saben que ha extraviado el alma. Por fortuna, no todo está perdido, pero es imperioso llevar al afectado sin perder un minuto a la presencia de un brujo quien, haciendo gala de todas sus artes y poder persuasivo, puede convencer a los chaneques de que devuelvan el espíritu del enfermo. Para evitar sufrir este tipo de ataque se recomienda dejar en las fincas ofrendas de copal, galletas, refrescos, café, licor y tortillas que, se dice, le resultan especialmente agradables a La Chaneca y pueden disuadirla de la búsqueda de nuevas víctimas.

Chaneco. *Véase* Chaneque, El.

Chanekes. *Véase* Chaneques.

Chaneque (Coatzin, Chane, Chaneco, Chaneque Mayor, La Hormiga, Rey de la Tierra), El. Jefe máximo de los duendes del mismo nombre cuya función consiste en cuidar todo lo que existe en el mundo, incluidos, por supuesto, los humanos. Su aspecto es el de un adolescente que ostenta un gran sombrero en la cabeza.

Pese a su inocente apariencia, el Chaneque Mayor es un personaje de suma importancia ya que se considera el Dueño de los naguales y posee la facultad de robarse el alma de las personas.

Los mixtecos de Jamiltepec le tienen un profundo respeto y cada vez que van a cazar iguanas a Monte Viejo procuran guardar una serie de precauciones para ganar su favor. Antes de emprender la cacería, se dirigen a la cima del monte y queman copal ya que este aroma resulta muy agradable para el Chaneque. En el mismo sitio, colocan una ofrenda consistente en hojas de tabaco, tortillas, velas de cebo, huevos duros y aguardiente. Cuando preparan la cena, por supuesto, sirven también un plato de consomé de gallina y tortillas para él ya que, aunque no coma con ellos, si no lo hacen corren el riesgo de no poder atrapar una sola iguana.

Hay cazadores que prefieren evitar por completo la posibilidad de toparse con él. Así, llevan una buena cantidad de ajo ya que su olor es tan molesto para el Chaneque que procura mantenerse a distancia.

Las precauciones anteriores obedecen a que si uno se encuentra con este ente las consecuencias pueden ser nefastas. Su sola presencia ocasiona "espanto" en quien lo ve o, en el peor de los casos, la pérdida total del alma. Se dice que se aparece frente a uno y lo invita a seguirlo. La voluntad del individuo queda por completo anulada y su destino sellado. Irá tras él y nunca más se sabrá su paradero.

Quienes han podido constatarlo aseguran que este ente vive en lo más alto del Monte Viejo debajo de una piedra gigante.

Aunque se afirma que el Chaneque es único, muy probablemente esto no sea exacto, ya que se le ha visto en regiones muy distantes entre sí, lo cual nos permite suponer que existen varios Chaneques Mayores encargados de encabezar a sus congéneres o, de plano, el Chaneque posee la capacidad de estar en varios sitios a la vez.

Entre los nahuas y popolucas del Istmo de Veracruz, el Chane es considerado dueño de la tierra, del agua, las plantas y los animales. Se cree que habita en el talogan, Cantaxotalpan o ta'altampa, que son los nombres con los que se conoce al mundo subterráneo. Ahí la naturaleza es abundante y pródiga como en ningún otro lugar y tiene la particularidad de contar entre sus habitantes con toda una pléyade de seres sobrenaturales que comparten un especial gusto por la carne humana. La ceiba constituye el punto de enlace entre el mundo del subsuelo y la tierra donde viven los seres humanos.

Algunas personas guardan tal temor y respeto al Chaneque que prefieren llamarlo Coatzin o, de plano, La Hormiga. No vaya a ser la de malas y al llamarlo por su nombre se les aparezca.

Por su parte, los habitantes de los Tuxtlas (Veracruz) aseveran que su domicilio se hallaba inicialmente en el Cerro Pelón pero, por causas desconocidas, prefirió mudarse al Cerro del Mono Blanco. Tal parece que allí tampoco se sintió a gusto, probablemente por la sobrepoblación de brujos del lugar, y decidió cambiar su hogar a la Laguna Encantada.

A diferencia de los mixtecos, los naturales de los Tuxtlas creen que Coatzin puede cambiar a voluntad de aspecto: a veces se manifestará como animal, hombre o mujer, de acuerdo con sus necesidades del momento o propósitos. Suele aparecer en las calles de los poblados tocando el requinto o la jarana lo cual, por cierto, hace con singular maestría y resulta una táctica sumamente efectiva que le permite establecer contacto con aquellos que, en algún momento, podrán convertirse en sus víctimas.

Los popolucas dicen que cuando cae al suelo no es un mero accidente, sino que se trata del Chaneco que los ha tirado para poder robarles el alma. Generalmente, esta entidad los toma ya sea de los pies, las manos o la nuca para arrojarlos al piso.

El Chaneque siente especial debilidad por las cuevas, los manantiales, los bosques, los saltos de agua y las cascadas, donde pasa la mayor parte del tiempo. Puesto que es Dueño de los animales y los montes, se encarga de protegerlos y pobre de aquel que, sin razón suficiente, ose dañarlos porque su castigo puede ser terrible: les robará el alma y después los devorará hasta no dejar más que los huesos. •

Por supuesto, realizar una labor de estas proporciones requiere una sólida organización. Así, el Chaneco tiene bajo sus órdenes cuatro jefes principales que comandarán las labores del resto de los chaneques. Estos jefes se localizan de la siguiente manera: Soteapan constituye la zona de influencia del tigre, Mecayapan la del águila, Pajapan es el territorio comandado por el gallo y Hueyapan se encuentra bajo la férula de un hombre negro. Paralela a esta estratificación, existe un cuerpo especializado formado por las serpientes de la zona que, siguiendo indicaciones del Chane, muerden e inyectan su poderoso veneno a todos aquellos que se aparten de las costumbres y tradiciones.

El Chaneque Mayor tiene, a su vez, dos mascotas que también colaboran en su tarea de mantener el orden social, con la particularidad de que se especializan en el área familiar y son Lúpu'ti y Shúnu'ti. Lúpu'ti es un pequeño burro con piel blanca y negra que suele localizarse en los caminos a la espera de aquellos varones que tienen amantes. Se les acerca y les sopla un viento helado que los paraliza. Una vez inmóviles, por mecanismos que escapan a nuestro entendimiento, los desviste y empieza a lamerlos, el pequeño detalle es que con cada lamida les va desprendiendo la piel a pedazos. Por su parte, Shúnu'ti es un gatito de inofensivo aspecto que se presenta en la casa de las mujeres que engañan a sus maridos. Se acerca zalamero y, normalmente, no hay mujer que se resista a sus monerías. Sin embargo, de pronto empieza a crecer hasta alcanzar un tamaño descomunal y convertirse en un feroz tigre que, de inmediato, ataca y devora a las infieles. En ocasiones, el Chaneco aparece segundos antes del ataque y salva a la persona, eso sí, les hace jurar que nunca más volverá a caer en la misma falta. En caso de incumplir la promesa, cosa que casi nunca sucede, no habrá poder humano que lo salve del castigo.

CHANEQUE MAYOR. *Véase* Chaneque, El.

CHANEQUES (CHANEKES, REYES DE LA TIERRA). Los Chaneques son duendes de origen olmeca. Existen versiones diversas respecto de su apariencia. Para unos son enanos con rostro de niños y otros afirman que son personas de escasa estatura, piel cobriza y enorme cabeza. Pero la versión más extendida los describe como niños pequeños y, al igual que éstos, son afectos a las travesuras. No hay nada que los divierta más que aventar piedras, romper cosas y hacer todo tipo de destrozos. Si de pronto notas que un objeto ya no

está en su lugar o ves algún estropicio que aparentemente nadie causó, puedes estar seguro de que tuviste un Chaneque de visita.

Estos personajes viven, por lo común, en cuevas, ríos, montes, zanjas, cerros, peñas, canteras, ojos de agua, pozas, lagos, lagunas, manantiales, arroyos, ríos, viejas ruinas o en el corazón de los bosques tupidos. Al no ser tan exigentes en cuanto al lugar de residencia es posible encontrarlos en regiones distintas. Así, por ejemplo, hay varias comunidades chanequiles en los poblados de la Chinantla (Oaxaca) pero, a diferencia de sus parientes de otras partes del país, ellos tienen una particularidad: poseen los pies al revés, es decir, las huellas que van dejando al caminar apuntan en dirección contraria a la que se dirigen. Son un tanto menos púdicos que sus familiares porque les encanta andar desnudos. Además, tienen facultades nagualísticas, esto es, pueden transformarse en animales.

Estos seres, al igual que sus primos los Aluxes, pueden ocasionar enfermedades ya sea pasando suavemente su mano por la cara de las personas o debido al Aire que dejan tras de sí.

Su aparición no siempre es grata ya que pueden "encantar" a los niños y llevárselos a sus guaridas. No es muy claro el motivo de tal acción; hay quien asegura que lo hacen para convertirlos en sirvientes o porque al ser niños les gusta tener nuevos compañeros de juegos. Las madres, para proteger a sus vástagos, suelen ponerles amuletos como cruces de palma o algún ojo de venado. Aunque también se dice que colocarse la camisa al revés es una táctica efectiva que los mantiene alejados.

Los tuxtleños distinguen estos duendes de acuerdo con su lugar de residencia; así, hay Chaneques de Río y Chaneques de Monte. Cuando un chiquillo se ha perdido los padres y amigos se dirigen al río más cercano. Colocan ceras y se dedican a golpear acompasadamente botes metálicos y tambores, mientras gritan: "¡Juan, ven!" No importa que el niño no se llame así, ya que lo hacen como una manera de solicitar el favor de San Juan Bautista. Los Chaneques, hartos del escándalo y la gritería o temerosos de la intervención del santo, prefieren dejar al pequeño en libertad. Si el procedimiento anterior no arroja resultados satisfactorios es porque el infante fue secuestrado por los Chaneques de Monte. Y entonces la cosa se torna más complicada ya que ellos acostumbran trasladarlos a una distancia considerable del sitio donde lo plagiaron. En consecuencia, los buscadores deben recorrer mayores extensiones de terreno y encontrar algún lugar que cuente con mayores probabilidades de éxito. Una vez ahí, seguirán la estrategia anterior para recuperar al chamaco.

Por supuesto, las complicaciones no terminan aquí. El chilpayate presentará, sin duda, todo el cuadro de "espanto". Estará decaído, ausente, triste y ajeno a lo que sucede a su alrededor. De no acudirse al yerbero inmediatamente para que lo "limpie" es casi seguro que desmejorará a pasos agigantados y posteriormente morirá.

Los nahuas y populucas del istmo veracruzano afirman que los Chaneques se encuentran bajo la férula y al servicio de El Chaneco. Suelen vivir en grandes ciudades cuyo acceso resulta imposible a los seres humanos. La organización social se fundamenta en familias monogámicas que, a lo largo de su vida matrimonial, procrean sólo un hijo. Esta aseveración resulta bastante discutible porque, de ser así, la raza chanequil estaría condenada a desaparecer al paso de unas cuantas generaciones. Lo más seguro es que se trate de una creencia carente de fundamento científico.

Los Chaneques del istmo veracruzano suelen clasificarse en blancos o benévolos y negros, estos últimos también llamados enemigos malignos.

Los Chaneques blancos suelen residir en sitios aledaños a las poblaciones humanas, cercanía que les ha permitido familiarizarse con los hombres y evitan, por lo general, hacerles daño. La única excepción la constituye cuando alguna persona causa un daño de manera intencional a estas criaturas.

Los Chaneques negros, por su parte, se localizan en los grandes ríos o en zonas ubicadas en la profundidad de las selvas. Acostumbran raptar a los viajeros solitarios. Para ello, a través de sus poderes sobrenaturales les hacen perder todo sentido de orientación y les ocasionan trastornos que les impiden regresar a sus hogares. Asimismo, provocan caídas en las personas, lo que les facilita capturar su alma, la que depositan en el interior de ollas para posteriormente devorarla. Sus poderes maléficos son ampliamente conocidos y los han hecho tristemente célebres en los pueblos de Soteapan, Santa Rosa, Loma Larga, Loma del Tigre, Barrosa, Cintepec, Los Mangos y Coyol. Sin embargo, incluso estas malévolas criaturas deben respetar una serie de normas impuestas por El Chaneco, que es su jefe máximo. Así, sólo les está permitido atacar a las personas que han infringido las reglas de la pesca, la caza, la recolección

y, por supuesto, los preceptos sociales en los que se fundamenta la convivencia social de la zona. Cuando algún desafortunado ha perdido su espíritu en manos de los Chaneques, es imperioso que sea llevado con algún brujo. El especialista en las artes ocultas empezará un arduo proceso que incluye un velorio o rezo de tres días, cantará una serie de alabanzas, proferirá oraciones y, sobre todo, quemará copal blanco. Asimismo, acudirá al lugar donde le fue robada el alma al enfermo y de no conocer el sitio exacto, irá a los cerros, cuevas, saltos de agua, manantiales o ceibas de la región a implorar al Chaneco por la devolución y hacerle una serie de ofrendas a cambio de su benevolencia.

CHANES. Duendes acuáticos característicos de los ríos, arroyos, lagos y lagunas del estado de Guerrero. Estas criaturas están bajo las órdenes de doña Chana, que es una combinación entre jefa y madre para ellos.

Los Chanes poseen la capacidad de respirar tanto dentro como fuera del agua, por lo cual no es raro verlos retozar alegremente en las orillas de las fuentes de agua o bucear con agilidad sorprendente. Si hay algo que disgusta de manera especial a los chanes es vestirse, ya que prefieren andar desnudos.

Su inocente aspecto contrasta con su capacidad de ocasionar daño a los humanos. De hecho, son ellos los causantes de innumerables desgracias y maleficios, al grado que son capaces de robarle el alma a las personas. Cuando esto sucede, es recomendable acudir de inmediato a un curandero. El especialista en magia realizará una "limpia" acompañada de poderosas oraciones especiales para el caso. Una vez hecho lo anterior, acudirá al lugar donde el enfermo perdió su ánima. Ahí, solicitará a doña Chana y sus Chanes que libere el ánima y, a cambio de ella, dejará una ofrenda que incluye cigarros, fósforos, un vasito de licor y tamales de ceniza, que son los preferidos de esta especie.

CHAQUES. *Véase* Chaacoob.

CHARRO DE LA HACIENDA DE COMALCALCO. Aparición nocturna con vestimenta de charro que recorre montado en un brioso corcel las barrancas de Temoaya para desaparecer, a los pocos instantes, ante los ojos atónitos de los testigos.

CHARRO DEL CABALLO NEGRO. El municipio de Linares (Nuevo León) cuenta con un célebre personaje: El Charro del Caballo Negro. Cuando el frío arrecia aparece un fantasma ataviado con un elegantísimo traje de charro. Pantalones ajustados, chaquetilla, botonadura de plata y un gran sombrero constituyen su vestimenta. A tan galante aspecto, obviamente, se suma un hermoso caballo del color de la noche. Jinete y cabalgadura recorren, a veces pausadamente y otras a todo galope, los alrededores. Los pobladores no le tienen miedo porque saben que el Charro no les hará daño, que sólo viene de ultratumba a visitar las tierras que antaño amó.

CHARRO NEGRO, El. El Charro Negro ocupa uno de los primeros sitios entre los fantasmas mexicanos. No importan las fronteras o las distancias: el Charro Negro está presente en todas partes y hay quien asegura que es el Diablo mismo. Su aspecto es bien conocido. Porta con singular elegancia y distinción el traje tradicional. Su sombrero, vestiduras y caballo son tan negros como el azogue, y el único toque de color lo da su brillante botonadura plateada. Pero es su rostro el que lo convierte en algo aterrador. Quien lo ha visto de cerca asegura que su cara es una máscara lisa, sin ojos, sin boca, sin nariz. No obstante, esta ausencia es capaz de reflejar una maldad ancestral, tan profunda que quien la contempla nunca puede olvidarla.

CHA'TO (JUNCHUCH). El Cha'to es considerado por los nahuas y popolucas del istmo veracruzano como el Señor de la Noche. El Junchuch es de la altura de un niño y tiene la particularidad de que sus pies están colocados al revés, es decir, los talones los tiene apuntando hacia delante y los dedos hacia atrás, característica que le resulta sumamente útil para la cacería ya que su rastro resulta engañoso. Pero lo que sin duda lo distingue de cualquier otro ser es que posee unos genitales tan grandes que debe echárselos sobre los hombros para poder caminar.

Aunque su aspecto de por sí es aterrador, lo son aún más sus hábitos alimentarios. Esta criatura salvaje es antropófaga. Su profundo conocimiento de la zona le permite localizar los mejores escondrijos: árboles, grutas, ríos, zanjas o rocas le sirven para ocultarse. Ahí espera con paciencia la llegada de su futura víctima y una vez que ésta se encuentra suficientemente cerca, el Cha'to la observa cuidadosamente, tensa todos sus músculos y se lanza con velocidad vertiginosa al ataque. De un salto arroja a la persona al suelo y la sorpresa, por lo general, basta para anular cualquier posible defensa. Se le sube velozmente al vientre, la mata en un santiamén y se dedica con especial deleite a sorberle los sesos. Obviamente, este tipo de actividades le han creado una fama maligna,

sin embargo, cabe aclarar que no hay maldad en su comportamiento, simplemente se trata de la función que le ha sido asignada. Empero, hay una fórmula para salvar la vida aunque es conocida sólo por unos cuantos: basta reírse de él e inmediatamente caerá muerto. De ser cierta esta teoría, estaríamos hablando entonces de que el Junchuch posee la capacidad de resucitar innumerables veces ya que hoy sus actividades depredadoras siguen siendo una constante en la región.

CHAWK. Véase Rayo.

CHAYCÁN. La fauna de la zona maya es realmente una maravilla en cuanto a diversidad se refiere. En la especie de los ofidios destaca una serpiente muy particular: la Chaycán. Desafortunadamente, la información que se tiene acerca de esta sierpe es sumamente escasa y lo poco que se sabe desanima a cualquiera que desee continuar investigando porque su dieta se compone fundamentalmente de sangre humana. De lo anterior, no es difícil deducir que este vacío de información obedece principalmente a que pocos sobreviven a su encuentro para contarlo.

CHAYILCÁN (XCHAIL-CAN). Entre las sierpes yucatecas tal parece que existe una marcada afición por la leche, particularmente la humana. Al igual que la Ekuneil, la Chayilcán es amiga de andar buscando mujeres que amamantan a sus bebés para que, haciendo uso de sus triquiñuelas, pueda robarle el alimento al lactante.

Este ofidio mide entre 2 y 2.5 m de largo. Su fría piel es de color verdoso con manchas. Cuando algún depredador se acerca a ella, comienza a dar fuertes latigazos con la cola mientras se arrastra velozmente por el suelo. En caso de que el enemigo emprenda la persecución, su destino quedará sellado. La Xchail Can se volverá de improviso y atacará. Su mordedura es sinónimo de muerte.

CHE UINIC. Véase Hombre de los Bosques.

CHE WINIK. Véase Hombre de los Bosques.

CHHUYTUNICH. Véase Alza Piedra.

CHIAPCHIAP BÜIM. Durante la época navideña, los huaves del Istmo de Tehuantepec (Oaxaca) suelen ser visitados por un particular personaje y no es precisamente Santa Claus. El Chiapchiap Büim llega y se dedica, loco de contento, a divertirse a costa de los miedosos. Esta bola de lumbre persigue a los noctámbulos, les brinca alrededor como si fuera un perrito, se esconde y sale de improviso detrás de las rocas o las barrancas para dar tremendo susto a quien lo vea: si tuviera cara seguramente ostentaría una enorme sonrisa al hacerlo. Los huaves aseguran que es inofensivo, que es sólo un difunto que viene a platicar y jugar con los vivos. Empero, no hay que establecer un contacto cercano con él porque si te aproximas demasiado puedes enfermarte de "espanto".

Chicún Nandá. Entidad duendil que vive en los manantiales mazatecos. Por razones absolutamente desconocidas roba el alma de las personas valiéndose de una red mágica que atrapa el espíritu. Para evitar engrosar la lista de sus víctimas, los lugareños lo halagan llevándole flores, palomas y blanquillos a su morada.

Chiji. *Véase* Remolinos de agua.

Chilero, El. Fantasma masculino propio de las veredas, cruces de caminos y rutas de comercio habituales en las diferentes regiones de la Mixteca. El origen se remonta a mediados del siglo XIX y al oficio de comerciante itinerante de granos, especias y chiles.

La leyenda coincide en el asesinato brutal de un individuo y su posterior penar, asustando y confundiendo a los hombres y las mujeres que lo ven. Su apariencia es la de un arriero a quien no se le puede ver la cara, ya sea por el ala del sombrero, la escasez de luz o la poca atención de los testigos. El encuentro ocurre en la negrura de la noche y en sitios desconocidos para los viajeros. La aparición contesta a señas las preguntas de orientación que se le hacen, o asume la guía de los perdidos hasta desaparecer, volviendo más crítica la sensación de extravío.

Chimalcóatl. Serpiente que habita la zona centro del país. De cuerpo largo y grueso, ostenta varios eslabones en la cola y a la altura media del tronco posee una especie de rodela (hecha de su misma carne) de diversos y vivos colores. Aparece en contadísimas ocasiones y, cuando lo hace, su manifestación invariablemente implica para el testigo cierto tipo de agüero. La discusión al respecto es amplia y álgida ya que para algunos verla significa que su muerte está cercana; en cambio, para otros se convierte en signo de alegría ya que saben que su participación en la guerra se caracterizará por su valentía y les traerá prosperidad.

Chiquimollin. "Hay un ave en esta tierra que se llama chiquimollin; es del tamaño de un torno, es como el pito de España en su propiedad; tiene en la cabeza un tocadillo como colorado deslavado, tiene el pico blanco; las plumas de todo el cuerpo son negras, pintadas de pardo; el cuello, de la parte de delante, amarillo; tiene los pies como tordo; come gusanos que se crían en los árboles, hacen nidos dentro de los maderos de

los árboles, agujerándolos con el pico. Tiene canto agudo y delgado, gorjea algunas veces, da silbos otras veces, parla o gorjea como si muchas aves estuvieran juntas; y cuando gruñe como ratón, es señal de enojo, y tómase mal agüero de este chillido; y los que lo oyen dicen: chilla contra nosotros el chiquimollin, mirad, id con aviso, que algún mal nos ha de acontecer. Y cuando silba, toman señal de que está alegre y los caminantes que le oyen dicen: silba el chiquimollin, alguna buena ventura nos ha de venir" (Fray Bernardino de Sahagún, *Historia General de las Cosas de Nueva España*, pág. 644).

Chirrionera. Serpiente característica del estado de Sonora cuya dieta básica consiste en leche humana. Su estrategia para hacerse de ella es sencilla: escondida tras alguna roca o matorral aguarda pacientemente la aparición de una mujer que esté amamantando. Se interpone en el camino, se para derecha sobre su cola y fija su mirada en los ojos de la víctima. La mujer quedará al momento hipnotizada. La Chirrionera se acerca y se dedica a succionar sus senos. Una vez que está satisfecha se aleja del lugar. La madre despierta de su inconsciencia para percatarse con espanto de que sus pechos han quedado totalmente secos.

Chivo-Brujo. Aparición nocturna que llena de espanto a los pueblos campechanos y yucatecos. Como su nombre lo dice, es un chivo de aspecto y costumbres feroces. Ostenta un largo y peludo rabo que agita sin cesar; su pelambre es hirsuta, sus ojos rojos como las llamas del infierno y corona su cabeza un par de enormes cuernos que utiliza con gran precisión para golpear a los noctámbulos.

Refieren los lugareños que durante años sembró pavor en la zona, hasta que alguien descubrió que se trataba de un brujo. Lo venadearon y le dieron muerte a balazos. Sin embargo, pese a que desapareció por algunos años dicen que ha regresado para vengarse de los atrevidos que intentaron acabar con él.

Chivo de la cueva, El. En el municipio de Linares, en el estado de Nuevo León, hay una cueva custodiada por un singular guardián: un chivo gigante. El animal es el encargado de evitar que los ambiciosos penetren a la caverna para apoderarse del tesoro que ahí se encuentra.

Sus tácticas de protección son precisas y eficaces. Se aparece frente al aventurero y si éste, sin intimidarse por su tamaño y terrible aspecto, intenta acercarse, el Chivo lo embestirá con sus fuertes cuernos una y otra vez hasta hacerlo desistir. En caso de que lo anterior no haya logrado hacer huir despavorido al hombre, el Chivo se transformará mágicamente en una gran marrana que, arrastrando una cadena, lo perseguirá hasta su casa. Por lo general, esto resulta suficiente para convencer hasta al más necio de nunca más volver por el lugar.

Chopol Pukuj. *Véase* Diablo, El.

Chuc-Tzimin. *Véase* Atrapa-Caballo.

Chueco, El. *Véase* Mautiwaki.

Chuleles. Aquellos que han tenido la fortuna de no vivir en las grandes urbes y ser víctimas del acelerado y a veces cruel proceso de urbanización mantienen una relación diferente con el mundo que les rodea y consigo mismos. Entre los chamulas el hombre no ha perdido su vínculo con la naturaleza, con lo animal, con el misterio. No es simplemente un hombre más: puede ser un Chulel.

Los Chuleles son el alma de las personas que tienen la capacidad de manifestarse en forma animal guardando un lazo indisoluble entre ambos. Por consecuencia, si el Chulel se ve aquejado por cualquier tipo de padecimiento o daño, *ipso facto*, el individuo ligado a él padecerá los mismos efectos. Los Chuleles se dividen en distintas categorías de acuerdo con sus características y funciones. Así, existen los Kibales, los Ikales y los Pukujes.

Los Kibales son dueños de poderes y facultades terribles que siembran el terror entre los chamulas. Su soberbia es tal que, incluso, se atreven a luchar contra la Luna y el Sol en un intento arrogante de acabar con ellos. No es del todo extraño que se metamorfoseen en bolas de fuego para llevar a la práctica todo tipo de actos malvados y, preferentemente, sádicos.

Los Ikales, por su parte, son de una ferocidad tan atroz que resulta legendaria y, por supuesto, de la que disfrutan hacer gala en sus andanzas nocturnas a la caza de los trasnochadores que cruzan su territorio.

Los Pukujes, que no le piden nada a los otros Chuleles, son capaces de robarse a los bebés nonatos. La forma en que llevan a la realidad esa atroz actividad resulta del todo desconocida pero, indudablemente, va ligada a la posesión de conocimientos oscuros y enigmáticos para el resto de las personas. Por ello, es importante que las embarazadas tengan especial cuidado y precaución de no toparse con un Pukuj porque no vaya a ser que, de repente, ya no tenga a su hijo dentro de sí.

Chupacabras. A mediados de abril de 1996, en México empezaron a ser reportadas (en distintos estados de la República) extrañas muertes de ani-males. Los cadáveres se caracterizaban por una pérdida total de sangre, mutilaciones (en algunos casos) y en sus cuellos podían observarse orificios de varios centímetros de profundidad por donde, presuntamente, les había sido extraída la sangre. El causante de estas muertes: el Chupacabras. Los animales que elegía como víctimas eran conejos, chivos, ovejas, borregos, gallinas, cerdos, guajolotes, perros y, fundamentalmente, cabras. Un hecho que atraía de forma especial la atención era la falta de huellas que indican la presencia de depredadores. En escasas ocasiones se detectaron pisadas de patas con sólo tres dedos.

Entre los testigos, algunos de los cuales sufrieron el ataque del Chupacabras, las versiones son distintas. Hay quienes lo describen como un ser raro de manos cortas, trompa larga, color negro y de apariencia similar a la de un canguro, con la salvedad de que puede volar. Para otros es una bestia que mide unos 80 cm de alto, pesa aproximadamente 35 kg y es de piel blanca. Hay quien, en franco desacuerdo con estas opiniones, jura que pertenece a una especie nunca vista (probablemente extraterrestre), que su cara y ojos son negros y que posee unas alas gigantescas que le permiten alcanzar velocidades prodigiosas. Por último, los que tuvieron la oportunidad de estar cara a cara con él dicen que es una criatura con extremidades inferiores de canguro, menudas manos terminadas en filosas garras y de pelambre erizada.

Chupadores. *Véase* Tlahuepoche.

Cientopiés Negro. *Véase* Ek Chapat.

Ciervo-León. *Véase* Mazamiztli.

Cihuapipiltin (Cihuateteo). Fray Bernardino de Sahagún en su *Historia General de las Cosas de Nueva España* (págs. 34-35), nos dice al respecto de las Cihuapipiltin: "…eran todas las mujeres que morían del primer parto, a las cuales canonizaban por diosas… estas diosas andan juntas por el aire, y aparecen cuando quieren a los que viven sobre la tierra, y a los niños los empecen con enfermedades, como es dado enfermedad de perlesía,* y entrando en los cuerpos humanos; y decían que andaban en las encrucijadas de los caminos, haciendo estos daños, y por esto los padres y madres vedaban a sus hijos e hijas que en ciertos días del año, en que descendían estas diosas, que no saliesen fuera de casa, porque no topasen con ellos estas diosas, y no les hiciesen algún daño; y cuando a alguno le entraba perlesía, u otra enfermedad repentina, o entraba en él

---

* Perlesía: parálisis, especialmente la acompañada de temblor.

algún demonio, decían que estas diosas lo habían hecho. Y por esto las hacían fiesta y en esta fiesta ofrecían en su templo, o en las encrucijadas de los caminos, pan hecho de diversas figuras. Unos, como mariposas, otros de figura del rayo que cae del cielo, que llaman xonecuilli, y también unos tamalejos que se llaman xucuichtlamantzoalli, y maíz tostado que llaman ellos ízquitl. La imagen de estas diosas tienen la cara blanquecina, como si estuviese teñida con color muy blanco, como es el tízatl, lo mismo los brazos y piernas; tenían unas orejeras de oro, los cabellos tocados como las señoras con sus cornezuelos; el huipil era pintado de unas olas de negro, las naguas tenían labradas de diversos colores, tenían sus cotaras blancas."

Cihuateteo. *Véase* Cihuapipiltin.

Cincuate. Serpiente chiapaneca que acostumbra acercarse a las casas donde hay mujeres amamantando. Se introduce silenciosamente, se arrastra sinuosa por el piso y espera pacientemente a que la madre duerma. Cuando esto ha sucedido, se sube a la cama y para evitar que el bebé denuncie con su llanto su presencia le introduce la cola en la boca. Una vez eliminado este llorón obstáculo, se prende de los senos de la mujer y se dedica a succionar la leche hasta saciarse.

Cipactli. En el comienzo de los tiempos, los dioses dieron origen a los cielos y las aguas. En ellas se manifestó el pez Cipactli, enorme ser de aspecto similar a los todavía entonces no creados caimanes. Su papel habría de ser determinante en la Creación porque fue precisamente su cuerpo el que sirvió para formar la Tierra.

Cipactonal. *Véase* Oxomoco y Cipactonal.

Cipchoh. Ave de amarillas plumas y blanco pecho, de cola larga y pico curvo que suele alimentarse de insectos, sobre todo de las abejas, que le resultan especialmente sabrosas. Su aspecto no es nada del otro mundo, no obstante, suele despertar el temor de los yucatecos ya que su presencia normalmente augura alguna tragedia por venir.

Citam-Ik. *Véase* Viento del jabalí.

Cizin. *Véase* Kizin.

Coapetlatl. *Véase* Serpiente de estera.

Coco, El. Ente represivo infantil de aspecto indeterminado. Probablemente guarde algún tipo de vínculo con algunas madres que lo utilizan como efectiva arma educativa de sus vástagos.

Las descripciones sobre este ser varían significativamente de acuerdo con los diversos testimonios. Tales diferencias pueden obedecer a dos razones fundamentales: *a)* puesto que el encuentro se produce en situaciones con una alta carga emocio-nal, el estado de choque producido por su presencia tienda a generar exageraciones o distorsiones de percepción en la futura víctima; *b)* el Coco posee la facultad de transfigurarse y asumir la apariencia que resulta más terrorífica para el infante atacado.

Las razones para que a un niño "se lo lleve el Coco" son sumamente variadas y abarcan desde no lavarse los dientes, no hacer la tarea o no irse a dormir a la hora indicada, pasando por molestar a los hermanos o tirarle de la cola al gato. El Coco no discrimina: cualquier causa le resulta totalmente válida para obtener una nueva presa. Del destino de los infortunados nada se sabe, pero seguramente debe ser horroroso y definitivo. De hecho, no existen testigos vivos que hayan regresado o logrado escapar de él, lo cual no resulta tranquilizador.

Coc-ik. *Véase* Viento del asma.

Cocotli. Pajarito parecido a las tortolillas. Son pequeños, su plumaje está adornado con puntitos y toma una tonalidad amarilla en las alas; las patas son cortas y rojas. Su alimentación consiste básicamente en semillas y granos característicos de la zona en que habitan.

Los cocotlis son monógamos por naturaleza: sólo una vez en la vida toman pareja y si ésta muere, viven solitarios y lloran su viudez piando tristemente "coco, coco", sonido del que ha derivado su nombre. Se dice que su carne es un excelente remedio contra la depresión y suele dár,sele a las mujeres y a los hombres celosos para que se olviden de sus sospechas infundadas.

Cocha con chancletas. Durante la segunda mitad del siglo XIX, el puerto de Acapulco era asolado por una extraña aparición que ponía los pelos de punta a sus habitantes. Por las noches, después de dar las diez, aparecía detrás de los albañales una enorme cochina rodeada de sus crías. Su andar era fuerte, sonoro y lento, de hecho, parecía que el animal llevara en sus pezuñas dos pares de chanclas. Clap, clap, clap sonaba, clap, clap, clap. El chillido de los marranitos daba a la presencia un aspecto, si cabe, aún más aterrador que hacía correr despavoridos a los noctámbulos. Si alguno, sobreponiéndose al susto, seguía a la Cocha con chancletas, veía algo extraordinario. La marrana, por algún malévolo sortilegio, se transformaba en un enorme guajolote que, henchido y dando aletazos, perseguía por las calles al atrevido dándole fuertes picotazos.

Cocha enfrenada. Misterioso fantasma que recorre los pueblos chiapanecos sembrando terror a su paso. Tiene la particular función de castigar a los que han realizado actos contra sus vecinos o el pueblo en general.

Su acción punitiva consiste en aparecerse frente a los culpables. Lo anterior nos permite suponer que su aspecto debe resultar terrible a la vista y al corazón. Y quizá debido a las particularidades de su oficio carecemos de mayor información sobre ella, ya que a quienes se les ha manifestado difícilmente hablan del hecho, ya sea por no aceptar públicamente sus faltas o porque la Cocha Enfrenada, de algún modo, ha impactado sus conciencias. De los pocos datos que se tienen sobre su fisonomía está el que refiere que la malévola marrana lleva un freno en la boca que parece enloquecerla.

Coche fantasma. En Moctezuma (Sonora), por las noches, se escucha el chirriar de las ruedas de una carroza. Los cascos de los caballos golpean los adoquines sacándoles chispas en su loca carrera. El chasquear de un látigo invisible azota los flancos de los animales. Y una voz, queda y profundamente triste, murmura: "Nicolás, Nicolás, Nicolás."

La aparición es el recuerdo vivo de los amores ilícitos entre Nicolás y una mujer casada que terminó en tragedia. Aún hoy, cuando han pasado ya muchos años del suceso, el Coche Fantasma sigue presentándose como muestra de que el amor trasciende, incluso, la muerte.

Codorniz Marina (Bechh-ha). Pájaro de cuerpo pequeño y redondeado. Sus plumas son de color café pringadas de blanco. Los machos tienen una mancha negra en el cogote y las hembras una amarilla. Su pico es blanquecino y su cola, cortita. Suele localizarse en las costas marinas, donde obtiene su alimento. Sin embargo, no es su aspecto el que llama poderosamente la atención, sino la facultad de caminar sobre las aguas sin hundirse.

Cojolite (Faisán Gritón, Picawa). Enorme pájaro que habita la sierra totonaca. Su tamaño es tan grande como el de un avestruz y sus hábitos son nocturnos. Acostumbra robarse el alma de los pequeños que duermen o de las personas que salen, durante la noche, a calmar sus necesidades sin cubrirse (como protección) la cabeza con una canasta. Del destino de estas almas poco se sabe. Pero lo que es seguro es que si no se acude al curandero para que la rescate a la brevedad posible, el infortunado no tardará en desmejorarse y morir.

Cola negra (Ekuneil, X-Ekuneil). Hablar de las serpientes mayas sin incluir a la Ekuneil sería omisión imperdonable. Esta sierpe tiene un cuerpo larguísimo (de 2 a 4 m) y en tonos grises. Sin embargo, lo que la distingue es su horrible cola de color negro y bífida. Su picadura es mortal no sólo por la gran cantidad de veneno que inyecta, sino también por la velocidad con que éste circula por el torrente sanguíneo y su alta toxicidad. Dicen, y hay numerosos testigos que pueden corroborarlo, que esta serpiente siente una especial predilección por la leche humana. Así, cuando descubre a alguna mujer amamantando a su hijo, de inmediato vuela al interior de la casa mientras va soltando veneno. Una vez que se encuentra cerca de la madre, introduce su cola en las fosas nasales de la elegida y se pone a mamar con singular deleite de sus senos. Una vez que ha saciado su apetito, regresa al monte donde habita hasta que, nuevamente, el hambre la obliga a buscar su alimento preferido.

Colibrí (Huitzitzilin). Los nahuas tenían en gran estima a los colibríes por sus efectos medicinales bien conocidos. No había remedio mejor para las pústulas que comer uno de estos pajarillos. Sin embargo, su obtención no era fácil. Se sabe que estos pajaritos, en la temporada invernal, se cuelgan de las ramas donde después de un corto tiempo se secan perdiendo todo su plumaje. Una vez que llega la primavera y los árboles recuperan su verdor, guiados por una especie de reloj interno, a estas aves en estado de hibernación vuelven a brotarles las plumas y resucitan.

Fray Juan de Torquemada en su *Monarquía Indiana* (págs. 150-152), dice al respecto: "Entre las maravillas de Dios, se cuenta por muy singular y rara la naturaleza que puso en un pajarito que hay en estas tierras de la Nueva España llamado huitzitzilin, el cual es muy pequeño, y tanto, que no hay ninguno a que compararlo. Tiene el pico delgado y largo, casi como la mitad de un dedo. Su pluma es muy preciosa, en especial la del pescuezo y pecho es muy poca y menuda, es verde y conforme las diferentes posturas en que se pone, hace los visos; unas veces mirada derechamente parece pardilla, vuelta a la vislumbre parece naranjada, y en otras posturas hace los visos como llamas de fuego muy encendido. Y así como esta avecita es singular en tamaño y pluma, así también lo es en el mantenimiento. Porque no se mantiene de semillas ni de moscas ni gusanos, como otras aves. Pero su comida y cebo ordinario es la miel y el jugo o rocío de las flores. Y así anda siempre chupándolas con su piquillo y ello muy sutilmente, sin sentarse jamás en la flor o ramas, sino que siempre anda volando y anda de unas flores en otras y de un árbol en otro con grandísima velocidad. Y parece cigarra en el alear, y hace ruido volando y zumba como la honda cuando se suelta una piedra de ella.

Este pajarito se anida y pone dos huevos pequeños. Hoy he visto su nido y a él sobre los huevos, que parece un melindrillo de dama. Y nido y pájaro no es mayor que el tamaño de medio huevo de gallina muy pequeño. Su vida es en la manera que se sigue: como por el mes de octubre comienza en esta Nueva España a agostarse la tierra, y las flores se secan y marchitan, porque hasta entonces hay rosas y flores; este dicho pajarillo huitzitzilin busca lugar acomodado, según el instinto que Dios le dio, donde pueda estar escondido en alguna espesura de árboles o lugar de casa pajiza. Y si es en árbol, ásese con los pies de una ramita muy delgada de él y pónese lo más encogido que puede, el pico abajo, como pudiera estarlo muerto, y allí se transporta y está sin actos vitales y como muerto, hasta el mes de abril. Que con las primeras aguas y truenos revive y despierta de aquel misterioso sueño, como si hubiera estado durmiendo, siendo el despertador de su vida el ruido de los truenos que hay cuando llueve.

Despierto, comienza a estirarse y hacer movimiento como cuando uno se despereza y hace acciones de dormido, y luego vuela y va a buscar de comer, que ya entonces hay flores de que pueda sustentarse. Anídase y pone sus huevos y saca sus pollos y vive criándolos hasta el mes de octubre siguiente. De manera que la vida de este milagroso pajarito es el tiempo de seis meses. Y su sueño o elevación otros seis, que podemos decir, según que esté insensible, aunque se toquen con las manos, que está muerto y que al tiempo de la primavera resucita, que no deja de causar admiración tanto sueño."

Los chamulas tienen por tabú matar a los colibríes, ya que ellos son los que anuncian el florecimiento del maíz. Cuando esta avecilla emite su canto en el instante en que el maíz brota como elote, sin duda está derramando sus bendiciones sobre él. Y matarlo equivaldría a traer el infortunio sobre la cosecha.

En el Mayab, el colibrí es un singular mensajero. Si cuando pasa cerca de ti, cierras tus ojos y con fuerza deseas algún bien o mal para alguien, el colibrí llevará tu pensamiento a la persona indicada. De igual manera, si otro ha pensado en ti, esta delicada ave traerá su mensaje y lo murmurará suavemente a tu oído.

Colibrí nocturno (Akabdzunnun). En algunas ciudades yucatecas, pese al rápido crecimiento urbano, siguen conservándose viejas creencias, ya sea por un intento de mantener las tradiciones o porque, dígase lo que se diga, siguen siendo efectivas. Tal es el caso de los colibríes nocturnos, que suelen visitar las casas procurando ser vistos por los habitantes de ésta. Los moradores, al percatarse de su presencia, no pueden evitar sentir un escalofrío que recorre su espalda ya que adquieren la irrefutable certeza de que alguna grave enfermedad o la muerte se avecinan.

Colonte. *Véase* Pájaro Carpintero Mayor.

Comadre, La. *Véase* Muerte, La.

Conejo (Liebre). Al principio de los tiempos, cuando la oscuridad se cernía sobre la Tierra, los dioses antiguos decidieron crear el Sol. Obviamente, tal acto originario implicaba un sacrificio de considerable magnitud. Así, armaron una enorme hoguera en la que debía inmolarse, para beneficio de la humanidad, alguna deidad. El elegido fue Tecuciztécatl, empero, el miedo lo hizo titubear. Nanahuatzin, viendo el temor de Tecuciztécatl, no dudó un instante y se arrojó a las llamas convirtiéndose en el astro que habría de iluminar el firmamento a partir de entonces. Tecuciztécatl, afrentado en su orgullo y dignidad, ya no dudó y entró en las llamas transmutándose en la Luna.

Los dioses antiguos, al percatarse de que ambos astros brillaban con igual intensidad, consideraron que ello no era correcto y para dar solución a esta circunstancia uno de ellos aventó un conejo a la cara de la Luna ofuscando para siempre su resplandor. De hecho, el conejo aún sigue ahí: basta levantar la cara al cielo en las noches de luna llena para poder contemplarlo.

Corcovados. *Véase* Jorobados.

Cosa Mala, La. *Véase* Kakasbal.

Cotzbalam (Brujo-pavo). Cuando los Hombres de Palo olvidaron rendir pleitesía al Corazón del Cielo fueron castigados de manera tan severa que, aún hoy, la sentencia permanece en la memoria. Uno de los verdugos fue Cotzbalam. Su trabajo, que por cierto cumplió de forma pulcra e impecable, fue devorar las carnes de esta primigenia humanidad.

Coyote. Los coyotes pueden convertirse en un verdadero azote para los habitantes purépechas de la Sierra. No importa cuántas trampas les pongan, a cuántos artilugios recurran, finalmente el coyote siempre acabará devorando a sus gallinas. Lo que los purépechas ignoran, y tal vez por eso siguen luchando contra los coyotes, es que éstos poseen un poder mágico que se hace patente con sólo sacudir su cuerpo. Quizá sea el sonido o algún influjo misterioso que exhalan; lo cierto es que cual flautista de Hammelin las gallinas los siguen gustosas para convertirse en su alimento.

Coyote acuático. *Véase* Acóyotl.

Coz (Ekpip). Ave de rapiña de tamaño parecido al del gavilán pero, a diferencia de éste, sus plumas son verde oscuro en el lomo y blanquecinas en el pecho.

Cuando canta, el sonido es tan fuerte y penetrante que puede percibirse a kilómetros a la redonda. Los yucatecos tienen especial cuidado en prohibir a los niños que lo imiten, ya que de hacerlo el Coz hará que la boca se les llene de dolorosas llagas que tardarán en sanar. Generalmente, una sola vez basta para que el pequeño aprenda la lección.

Cráneo. *Véase* Calavera.

Criaturas maliciosas. Este término engloba una variada cantidad de seres que viven en la zona de la Chinantla, en Oaxaca. Estas criaturas han establecido su hábitat en lo profundo de los bosques, aunque no por ello dejan de visitar de vez en cuando las cercanías de los poblados y los caminos para hacer unas cuantas travesuras. Su estatura es corta y suelen vestir de verde para disimular su presencia entre la vegetación de la zona. Para protegerse del sol utilizan grandes sombreros, bajo los cuales se puede ver que su cabello es güero o rojizo.

En Chiltepec estos entes reciben el nombre de Niños del Tepejilote, mientras en Ojitlán son denominados Gente del Agua o Duendes según las actividades que realizan. Allá por Santa Rosa y Sochiapan y entre los popolucas se les llama Chaneques. En otras poblaciones se les conoce como Gente del Cerro si únicamente hacen travesuras o Gente Vieja del Cerro si tienen la capacidad de causar "espanto" (pérdida del alma por una fuerte impresión).

Cuahutepochtle. *Véase* Atolondrado.

Cuapetláhuac. *Véase* Cabeza desnuda.

Cuatemoc. *Véase* Atemoc.

Cuchumaquic (Reúne sangre, sangre junta). Uno de los 12 Señores de Xibalbá y padre de la doncella Ixquic. En cuanto a sus actividades, que hasta la fecha sigue realizando, se cuentan el generar las enfermedades de la sangre y los derrames en los hombres de la región. Para el óptimo cumplimiento de esta misión forma un eficaz equipo con Xiquiripat y ambos, locos de contento, realizan de forma impecable esta labor.

Cueva del Agua. En Ayutla (Guerrero) vivía hace ya algún tiempo una joven de nombre Rosa que estaba perdidamente enamorada de un muchacho que correspondía a su cariño con igual intensidad. Sin embargo, el padre de Rosa no estaba de acuerdo con tal relación: el aspirante a yerno le parecía ciertamente una buena persona, pero no a la altura de lo que deseaba para su hija. Así, como buen padre dictatorial, haciendo caso omiso de los sentimientos y súplicas de Rosa, la obligó a contraer nupcias con otro hombre que, a su criterio, cumplía con sus expectativas y deseos. Rosa no pudo resistirse a la imposición paterna y se casó con el elegido. Sin embargo, aunque su padre pudiera mandar sobre su persona no podra hacerlo sobre su corazón. Acudió a la Cueva del Agua y se suicidó arrojándose de ella.

Desde entonces, dicen los lugareños que por las noches el sitio se llena de gritos desgarradores que enchina la piel y encogen el corazón. Y si alguien cometiera la imprudencia de permanecer mucho tiempo en el lugar, irremediablemente se transformará en pescado.

Cuidadores del agua. *Véase* Sirenas.

Cuitlapachton. *Véase* Espaldilla.

Cuitlapaton. *Véase* Espaldilla.

Culcalkin. *Véase* Sacerdote sin cuello.

Culebra Alada. Serpiente de piel verdosa salpicada de negras manchas, con cabeza alargada y ojos redondos y brillantes como los de los potros. En la espalda ostenta un nervudo par de alas, semejantes a las de los murciélagos, que le permiten desplazarse por el aire tan rápido como una exhalación.

Culebra Blanca. *Véase* Iztaccóatl.

Culebra Dardo. *Véase* Micoate.

Culebra del agua. Los popolucas, cuando la lluvia se ha retrasado y la tierra pide a gritos agua, dirigen sus miradas y súplicas a las montañas porque saben que allí habita la Culebra del Agua. Esta portentosa serpiente vive en las cumbres y las bocas de los volcanes donde, la mayor parte del tiempo, yace enrollada. Al escuchar el llamado de su pueblo, se despereza, empieza a agitar la enorme cola y, producto de este movimiento, surgen las nubes que, de inmediato, se alejan volando para volver cargadas del valioso líquido y desparramarlo sobre el sediento suelo.

Esta sierpe surca el firmamento a velocidades prodigiosas. Es muy difícil verla, si acaso, es posible observar cómo su cola cuelga entre las nubes, pero hasta la fecha nadie ha podido mirar su cabeza y vivir para contarlo.

Los popolucas no sólo guardan enorme reverencia al mítico ofidio por los valiosos servicios que les presta, sino que también le tienen un pavor sin límites ya que, a veces, cae del cielo. Con la poderosa cola destroza las casas; sus rápidos movimientos levantan ventarrones que echan abajo los árboles y hacen volar por los aires a personas y animales y la víbora, aprovechando el horror, se dedica a comer a los que encuentra a su paso.

Culebra enemiga de las codornices. *Véase* Zolcóatl.

Culebra espantosa. *Véase* Maquizcóatl.

Culebra redonda. Sin duda, una de las más extrañas sierpes que habitaron el Altiplano central era la Culebra Redonda. Su piel tenía un color tan negro como el hule, pero su cabeza y cola eran iguales a la de cualquier otra serpiente. Sin embargo, en vez del acostumbrado cuerpo alargado, esta víbora poseía un aspecto similar a una pelota. Esta particularidad, obviamente, le aportaba una singular forma de desplazamiento que consistía en ir rodando y rebotando por todos lados.

Desdichadamente, su aspecto excepcional la hizo blanco de cazadores y coleccionistas que estaban dispuestos a lo que fuera por ostentarla como trofeo y terminaron por colocarla en una gravísima fase de extinción. Aunque existen ciertas probabilidades de que algunos individuos de esta especie hayan logrado sobrevivir, lo más seguro es que hayan mudado algunas de sus costumbres y optado por refugiarse en lugares inaccesibles para los seres humanos y otros depredadores.

Culebra saeta. *Véase* Micoate.

Culebras de Dinero. *Véase* Víboras de Dinero.

Culebras de Fuego. Sierpes creadas por el dios del fuego y que habitan el quinto cielo nahua. La información que se tiene respecto de estas serpientes es mínima y obedece tanto a su índole celestial como a una innata discreción para mostrarse a ojos humanos en su aspecto natural. Aunque no queda claro el procedimiento por el cual sucede, es una verdad indiscutible que de sus cuerpos salen los cometas y las diversas señales que cruzan el cielo y que, de analizarse con la suficiente profundidad, aportan importantes mensajes para el destino de los seres humanos.

Curro del Puente Negro. Casi al terminar el siglo XIX vivía en la ciudad de Durango la familia Hernández, conocida por su riqueza y abolengo.

El matrimonio contaba con una numerosa prole entre la que destacaba Conchita, de enorme belleza y virtudes.

En la propiedad trabajaba, desde chamaco, un muchacho apuesto de nombre Agustín. Los jóvenes se enamoraron perdidamente, aunque bien sabían que la diferencia de clases tornaba imposible su amor. Agustín decidió probar fortuna y antes de irse hizo jurar a su amada que lo esperaría.

Agustín partió y, como le urgía hacerse rico pronto, se unió a una banda de salteadores de caminos comandada por el famoso Ignacio Parra. En poco tiempo se ganó el respeto de los bandoleros por su audacia e intrepidez.

Mientras tanto, Conchita era prometida en matrimonio, por su padre, a un señor de apellido Curbelo. La joven no hacía más que llorar y rezar para que su amado la salvara del cruel destino. Empero, las oraciones no surtieron el efecto deseado y días después Conchita contrajo matrimonio.

Para esas alturas, Agustín ya se había hecho de un cuantioso caudal y regresó a la ciudad. Al llegar se instaló y buscó a Concepción. Enorme fue su desilusión al saberla casada y la melancolía hizo presa de su alma para siempre. Se encerró en su casa, prohibiendo a los criados que lo molestaran. Por las noches, vestía elegantemente de negro y salía a caminar a lo largo de las vías del tren hasta llegar al Puente Negro.

Al principio, sus paseos causaron extrañeza en los vecinos porque no entendían que un caballero anduviera por esa deshabitada zona a tan altas horas de la noche. Poco a poco se acostumbraron a su presencia y dejaron de prestarle atención.

El tiempo siguió su inexorable marcha. Los años pasaron. Y una madrugada, la población entera se cimbró al saber que habían encontrado, bajo el Puente Negro, los cadáveres del señor Curbelo, Conchita y el Curro. Los chismes volaron. La gente especulaba quién había dado muerte a quién y no faltaba quien asegurara, convencido, que se había tratado de un crimen pasional.

Lentamente las aguas tomaron su cauce y las murmuraciones se apagaron. Sin embargo, el hecho nunca se olvidó, sobre todo porque hubo muchos testigos que juraban que por la noche en el Puente Negro se podía ver al Curro caminando lentamente y lamentando su terrible pérdida.

Dasigó. *Véase* Diablo, El.

Demonio. *Véase* Diablo, El.

Demonio de la Cueva Campana. Entidad demoniaca que mediante una espada filosísima causaba la muerte de los caminantes chamulas que pasaban cerca de la Cueva Campana. Esta aparición terrorífica no se contentaba con asesinar a los infortunados; además, obedeciendo a su naturaleza caníbal los devoraba crudos y bebía ansioso su sangre. Afortunadamente, sus actos depredadores terminaron gracias a la intervención de dos ancianos que lograron matarlo a garrotazos.

Demonios. Maléficas entidades que, según los chamulas, en su odio infinito hacia el Sol, tratan de destruirlo. Sus batallas son terribles y, de hecho, los eclipses se presentan cuando los Demonios están casi a punto de vencer al astro. Empero, para bien de la humanidad esto no ha sucedido y el Sol sigue erigiéndose en vencedor de estos feroces combates.

Descabezado, El. "...Más de pronto, la noche se estremece. Desgarrando el silencio, caen de la torre doce campanadas, que por toda la villa se difunden con su tañido majestuoso y lento. ¡Las doce de la noche! Hora macabra, hora de apariciones y de espectros, en que se abren las tumbas y se inicia el reinado imponente del misterio. Y, al sonar la postrera campanada y estremecer el aire con sus ecos, surge un nuevo rumor, rumor lejano, que se acerca veloz y, al acercarse, va creciendo, creciendo. Y que es como galope de centauros en el monte Pelión, como el estrépito de herrados cascos que sin tregua hieren, en la carrera infernal, el duro suelo. Viene por la calzada de la presa, al Puente de Umarán llega ligero sin refrenar su desbocado curso, y da vuelta y recorre en un instante la plazuela del Fresno. Entra después, en su carrera loca, al callejón llamado del Colegio y volteando, otra vez, rápido pasa por la Salud, como huracán deshecho. Y sigue luego por el Oratorio, atrás deja la Casa de Loreto y se interna en la calle de Santa Ana, que recorre veloz, cual un relámpago, perdiéndose a lo lejos. El estruendo decrece grado a grado, poco a poco se va desvaneciendo y se apaga por fin, en el arroyo o en la infinita paz del cementerio. ¡Es El Descabezado!, dicen todos, y se santiguan, trémulos de miedo pero nadie se atreve –¡Dios los libre!– a mirar su diabólica figura ni siquiera por pienso; pues es fama que más de algún curioso que se atrevió a mirar aquel espectro, además de privado del sentido, en el instante quedó ciego. (...) Cabalga –según cuentan azorados los que lograron por desdicha verlo– en un negro corcel como la noche, que del duro empedrado saca chispas y que, arrojando fuego por los ojos y los ollares, raudo pasa, la flamígera crin flotando al viento y dejando tras sí, como una estela, olor de azufre y hálitos de infierno. Es un noble señor, según afirman, que fue cruel y soberbio con los esclavos y trabajadores de un obraje que tuvo, muy cercano al Charco del Ingenio; y que sus culpas de crueldad y orgullo y de injusto rigor con sus obreros purga "penando" en esa forma extraña, cual diabólico espectro. Pero la ausencia de cabeza, nadie me ha sabido explicar a punto cierto. Es el justo castigo —dicen unos— de que él decapitó por leves faltas a humildes obrajeros. Otros creen que él murió decapitado, en pena o en venganza de sus yerros; mas nadie sabe la verdad, y todo se vuelve conjeturas y comentos. Pero ¿existió el fantasma? ¡Quién lo sabe! Muchos aquí lo tienen como cierto, y hasta dicen que se oye todavía, en las noches plateadas por la luna, su cabalgar siniestro…" (Leovino Zavala, *Leyendas de provincia*).

Descarnado, El. Aparición siniestra que deambula por la autopista que conduce de Zihuatanejo a Ixtapa (Guerrero). Su aspecto resulta francamente desagradable ya que la carne le cuelga a jirones y su rostro presenta una terrible desfiguración. Se dice que es el alma en pena de un campesino que, años ha, fue arrollado por un tráiler y que, aún hoy, espera encontrarse con aquel que acabó tan violentamente con su vida y cobrar venganza.

Diablitos. Demonios pequeñitos de color rojo, larga cola terminada en punta y filosos cuernos que encuentran especial diversión en tirar y hacer añicos ollas y cazuelas en las casas purépechas.

Diablo (Chopol Pukuj, Dasigó, Demonio, Dueño del Más Allá, Encanto Malo, Lucifer, Lusibel, El Malo, El Maligno, El Malvado, El Mono Blanco, Pukuj, Pukujil, Qotiti, Satajnú, Satanás, El Tentador), El. Encarnación suprema del mal. Todo lo negativo, los pecados, lo reprobable, lo oscuro, lo dañino, forman parte de su naturaleza. El Demonio es ubicuo y sus acciones también. Ya sea en la sierra, la selva, los montes o el desierto, los seres humanos se hayan siempre expuestos a su nefasta influencia.

El Tentador es dueño de la facultad de cambiar de forma, la cual no duda en utilizar para cumplir sus propósitos. Las descripciones que de él se han hecho son innumerables. Se le describe como una criatura de color rojo, con larga cola terminada en punta, con un par de cuernos puntiagudos que coronan su cabeza, ojos brillantes y llevando un afilado tridente. Asimismo, hay quien afirma que su aspecto es el de un hombre vestido elegantemente de negro cuya mirada centellea de un modo espectral y ostenta un pie de cabra o patas de gallo. Suele montar una mula o corcel del mismo color que sus vestiduras. Por supuesto, habrá que añadir las opiniones que lo representan como macho cabrío. Asimismo, se dice que puede adquirir la apariencia de un hermoso mancebo o bellísima muchacha, además, por supuesto, de formas de animales como: perro, gato, marrano, dragón, coyote, ave nocturna, caballo, chivo, etc. También se dice que se manifiesta como un hombre negro, de largas uñas y tupida pelambre o como un mono con labios rojos y filosas y enormes garras que no duda en utilizar.

Una de sus estrategias favoritas para aterrar a los humanos consiste en asumir la apariencia de bebé. Escoge un lugar solitario y se pone a llorar como si la vida se le fuera en ello y, obviamente, no falta el incauto que conmovido se acerca, lo toma entre sus brazos y se lo lleva. Conforme la persona avanza va sintiendo que la criatura pesa cada vez más y que su tamaño aumenta. En un primer momento, el comedido no se da clara cuenta de ello porque carga al pequeño en la espalda, sin embargo, su sospecha se vuelve terror cuando el niño le habla: "Mira mis dientitos" y muestra una boca aterradoramente repleta de colmillos. El individuo espantadísimo avienta a la criatura y corre despavorido mientras siniestras carcajadas parecen seguirlo.

Los rarámuris ven en el Diablo el enemigo implacable que usa cualquier triquiñuela para hacer pedazos su precaria vida. El malvado, acompañado de sus huestes malditas, vaga por la Tierra buscando las almas de los que duermen para golpearlas salvajemente, capturarlas para convertirlas en esclavas o, en el peor de los casos, para darles muerte. En ocasiones, el Demonio tiene cosas más importantes que hacer en el fondo del Averno y delega esta entretenida tarea a sus subordinados, quienes la cumplen con eficacia y deleite. El Malo, aseguran los rarámuris, tiene el poder de mandar sobre las enfermedades (nawirí), las envía a los lugareños quienes de inmediato sufrirán los síntomas del sarampión, la escarlatina o los resfriados.

Las Nawirí son una especie de aire o neblina aunque, en ocasiones, se manifiestan en los sueños como hermosas muchachas o apuestos jóvenes que, haciendo gala de seducción, incitan a los durmientes a gozar de comida, bebida y, por supuesto, de sus cuerpos. Si el soñador acepta sus requerimientos (situación bastante frecuente), al amanecer estará enfermo.

Los huaves que habitan el Istmo de Tehuantepec (Oaxaca) también conocen bien al Ángel Caído. Por aquellos lares gusta de aparecerse montado a caballo, con sombrero de ala ancha, ropa de vistosos tonos, chaparreras y un sarape colorido. Sin embargo, El Malo no aparece tan frecuentemente como a él le gustaría ya que sólo puede hacerlo en Semana Santa y Hábeas, "cuando Dios está muriendo" y su poder no es tan fuerte como para evitar la malvada presencia.

Los mazatecos de Oaxaca coinciden en la opinión anterior, por ello no trabajan en ninguna circunstancia el primer viernes de marzo. Si lo hacen, accidentes terribles les suceden: se cortan brazos o piernas y la hemorragia es tal que la muerte se vuelve inminente. Esto sucede porque Satajnú anda suelto y tiene hambre, hambre de carne y sangre humanas.

Pukujil es la encarnación absoluta del mal y los tzeltales procuran mantenerse a buen resguardo de él. Habita en lo más profundo del infierno pero, en ocasiones, abandona su morada para establecerse dentro del corazón del hombre obligándolo a pecar y castigándolo por infracciones reales o imaginarias.

Chopol Pukuj, como también se le conoce, es el amo del engaño y adquiere apariencias diversas para cumplir sus malévolos objetivos. A veces se manifiesta sólo como invisible espíritu; otras como un ladino malvado, vestido de negro y montado en un caballo tan oscuro como su conciencia. Hay quien afirma que es una entidad de un negro absoluto y ostenta un par de filosas garras. Y hay quien, disintiendo de las opiniones anteriores, afirma que es una horrible serpiente con ojos como ascuas y que exhala a su paso una maldad ancestral tan antigua como él mismo.

Los pames de San Luis Potosí saben a ciencia cierta que el Diablo es el causante de muchas de las enfermedades que los afectan ya que se mete dentro del cuerpo y con su malévola presencia ocasiona desbarajustes en él. Para poder librarse del mal que los aqueja, es menester realizar una ofrenda con la sangre de algún animal, ya sea gallina, guajolote o algún otro. La sangre es colocada en un platito junto a varios alimentos que deben ser guisados con especial esmero. A su lado se pone una figurilla de barro en forma de hombre, vestida de color rojo y montada en un caballito del mismo material que representa al Diablo; por último, se le coloca un cigarro en la boca. El Demonio, que es un glotón, al ver tan suculenta comida no resiste la tentación y abandona el cuerpo del enfermo para disfrutar los placeres de la mesa y del fumar.

Si algo ha contribuido a hacer particularmente célebre al Maligno es, sin discusión, la posibilidad de establecer un pacto con él. Poder, riquezas, mujeres o lo que se desee, él está más que dispuesto a darlos a cambio de un alma.

Se cuenta que cerca de Tulancingo (Hidalgo) hay una cueva llamada Nahpateco donde el Diablo habita. Ahí va todo aquel que desea enriquecerse rápidamente. El individuo debe llenarse de valor porque las pruebas que enfrentará serán terribles. Ingresará en la caverna y tendrá que luchar contra la mortífera serpiente que cuida cada una de las siete puertas que debe traspasar. De no lograrlo, quedará convertido en alimaña o morirá en el acto.

Una vez superadas las barreras y los obstáculos llegará frente al Malo quien, tras un escritorio y cómodamente sentado en una silla, le interrogará sobre sus deseos. Cuando están de acuerdo, firmarán un contrato con sangre.

El "afortunado" saldrá alegre de la cueva y se dedicará a gozar todo aquello que el Maligno "amablemente" le otorgó. Sin embargo, todos los bienes y favores desaparecerán automáticamente en el momento de la muerte. El alma recién liberada de su atadura corporal irá directamente al Nahpateco, donde entrará a formar parte del servicio de Satanás. Se convertirá en esclavo y será encadenado por la nariz o la boca.

Obviamente, debido a la gran demanda de solicitudes, el Diablo no puede emplear a todas las almas como criados. Así que algunas deberán quedar bajo el aspecto de fieras o animales que, sin librarse de su pago, fungirán como informantes o mensajeros del Demonio.

Los totonacas de la Sierra afirman que Qotiti, quien vive en el interior de la Tierra, es el Dueño de la caña de azúcar. La leyenda cuenta que fue la rata quien descubrió la simiente de esta planta y se la entregó al Dueño del Más Allá. Éste, de inmediato, la molió y fabricó miel de la cual, a través de un proceso de destilación, obtuvo el refino. Como los totonacas saben que este licor pertenece a Qotiti jamás lo beben sin antes regar un poco en el suelo para él.

Qotiti pasa la mayor parte del tiempo en el Kalinin (infierno subterráneo) y, contrariamente a lo que podría pensarse, tal sitio no es diferente de la vida en la Tierra, salvo por algunos detalles como que los muertos que viven en él se alimentan de tortillas de ceniza, no toman agua y existe una zona dedicada a impartir los castigos correspondientes. El más común de ellos consiste en colocar las almas (exclusivamente a las malvadas) en el trapiche, ahí son molidas (como si fueran cañas) y el jugo extraído se deposita en pailas donde hierve hasta convertirse en una especie de melaza que constituye el alimento principal de las ánimas. Otra de las penitencias frecuentes consiste en uncir a los espíritus para que muevan el molino.

Si hay una región que el Diablo disfruta enormemente visitar es la de los Tuxtlas (Veracruz). Lugar lleno de magia y brujos así como de un enorme número de candidatos para engrosar la lista de sus víctimas, los Tuxtlas son simplemente una delicia para el Malvado.

Se le considera el patrón de los adivinos, brujos, bandidos, tahúres y de todos aquellos que viven al margen de la sociedad. Entre sus preferidos se encuentran, sin duda, los hechiceros que se dedican a extraviar la mente y el alma de las personas, haciendo uso de su conocimiento de la magia y las artes oscuras.

Es común verlo aparecer en los poblados durante las fiestas. Se dedica con singular entusiasmo a beber, cantar y bailar huapango. Como compañero de juerga es muy divertido, razón por la cual nunca faltan trasnochadores que estén dispuestos a seguir la fiesta con él. Sin embargo, aquel que se queda en su compañía casi siempre aparece muerto.

Hay dos lugares básicos adonde se puede acudir para recibir los servicios de los brujos, así como para poder trabar contacto con esta maligna entidad.

El primero de ellos es la Laguna Encantada, ubicada a escasa distancia de San Andrés Tuxtla. Esta formación acuífera es denominada así porque durante la estación de secas está rebosante de líquido, mientras que en la época de lluvias se halla casi vacía. Junto a la laguna hay una cueva que en su interior guarda una serie de conformaciones pétreas que sirven de altar natural para la colocación de copal y ceras. El primer viernes de marzo el sitio está literalmente abarrotado de personas a las que se les harán "limpias" y curaciones. Ese día los brujos trabajan arduamente para satisfacer a su clientela. Una vez finalizadas las tareas, los especialistas en magia llevan ahí a sus discípulos para que puedan observar al "Jefe", es decir, al Diablo.

El otro renombrado lugar de encuentros es el Cerro del Mono Blanco, frente al lago de Catemaco. Tradicionalmente ha sido sitio de reunión de hechiceros, donde hacen intercambio de recetas, inician a los novicios, confeccionan amuletos y bebedizos y recolectan las plantas que son el ingrediente básico de sus pócimas y encantamientos. Se dice que aquí también se realizan rituales oscuros, adoraciones demoniacas y acciones que es mejor no saber.

En el Cerro del Mono Blanco habitan dos entidades de alto poder: el Encanto Bueno y el Encanto Malo, que es el mismo Lucifer.

Hay tres modos principales para establecer relaciones con el Tentador: el compromiso, el conjuro y el pacto.

El compromiso consiste en la obtención de poderes o beneficios de por vida a cambio de la fidelidad absoluta del solicitante, el cual deberá rendir culto al Maligno.

El conjuro se refiere a la invocación de la entidad malvada a quien se le solicita algo en específico. La relación establecida entre ambas partes es temporal y expira una vez que ambos han cumplido lo prometido.

El pacto es un convenio que sólo concluye con la muerte. Puede establecerse verbalmente o por escrito. Por supuesto, el Diablo prefiere esta segunda opción como buen negociante que es. En el contrato se fijan con claridad las demandas, así como el pago por ellas, y se firma con sangre. Las peticiones engloban por lo regular cuatro dones: éxito con las mujeres, convertirse en poderosos hechiceros, ser buenos jinetes y obtener riqueza a través de la suerte en el juego. Por lo general, el Malvado pide la vida de uno o varios familiares del firmante. En caso de incumplimiento, las sanciones serán de tal magnitud que el irresponsable preferirá estar muerto lo cual, tarde o temprano, será un hecho.

Los brujos que han establecido un pacto son los más poderosos, los más fuertes y, en consecuencia, los más peligrosos y efectivos. Procuran explotar al máximo las facultades conseguidas porque saben bien el costo de ellas. Su muerte será espantosa. El dolor será una presencia constante que sólo lo abandonará por momentos para volver con mayor intensidad. La agonía será larga y el momento de expirar de ningún modo significará un descanso. El cadáver, casi de inmediato, se llenará de voraces gusanos que darán buena cuenta de él. Por lo común, el ataúd llega vacío al camposanto porque el Diablo se ha llevado al brujo con cuerpo y todo.

Obviamente, convertirse en discípulo del Malvado no es fácil. El rito de iniciación implica la superación de cuatro pruebas de extrema dificultad: desafiar y vencer a un toro furibundo que lanza llamaradas de fuego por el hocico; acabar con un nutrido grupo de feroces hormigas gigantes; domar una mula cerrera y no dejarse vencer por el terror cuando innumerables serpientes se enroscan a lo largo y ancho del cuerpo del aspirante. Asimismo, aquel que aspire a dominar las artes ocultas y contar con el favor del Diablo debe, durante los siete viernes anteriores al 24 de junio, realizar una serie de rezos secretos así como algunas otras actividades malignas. Al llegar la fecha señalada, por la noche debe acudir a un cruce de caminos, aguardar por la presencia del Demonio y solicitar sus favores. Si se trata de ladrones o tahúres, en el sitio del encuentro se toparán con un oso hormiguero que les regalará una uña que les garantizará el éxito ya sea en el hurto o en los juegos de azar. Una vez obtenida la uña, es necesario corresponder al valioso regalo con varios cirios de gran tamaño. Los tahúres, por su parte, se encuentran con un coyote al cual deberán quitarle siete pelos de la cola. A partir de ahí deberán abstenerse de todo contacto sexual durante 157 días. Una vez pasado este lapso, los pelos se sahúman con copal durante dos semanas y, el último día, se queman y se recogen las cenizas. Éstas son de gran valor, ya que si uno se las frota en las manos cuando va a jugar baraja, la victoria está garantizada. Además de estas ventajas, la ceniza tiene el poder de despertar en las mujeres un apasionamiento incontrolable por aquel que posea el preciado polvo.

Difunto amortajado (Hombre amortajado, El Muerto). Fray Bernardino de Sahagún en su *Historia General de las Cosas de Nueva España* nos habla de esta entidad:

> Otra manera de fantasma aparecía de noche, que era como un difunto que estaba amortajado, y estaba quejándose y gimiendo. A los que aparecía esta fantasma, si eran valientes y esforzados, arremetían para asir de ella, y lo que tomaban era un césped o un terrón. Todas estas ilusiones atribuían a Tezcatlipoca (pág. 277).

Dignos Señores. *Véase* Yumtzilob.

Dobles (Ése que camina con nosotros, Litapatl). Los totonacas saben que no venimos al mundo solos, que nuestra vida e incluso nuestra muerte están indisolublemente ligadas a la de un animal o vegetal que es nuestro Doble. "Ése que camina con nosotros" vivirá nuestra misma suerte: si enfermamos él o ella también lo hará, si sufrimos algún tipo de daño físico de inmediato repercutirá en nuestro Litapatl y lo mismo se aplica en sentido contrario. En consecuencia, resulta conveniente que nuestro Doble esté lo más lejos posible del peligro que representan labriegos y cazadores. Obedeciendo a esta precaución, ellos han establecido su hogar en lo alto de los picos de Chicontepec, donde el tupido monte se erige en impenetrable muralla que los mantiene protegidos y a salvo de la depredación humana.

Don Fidel y Duque. Don Fidel era un hombre de casi 90 años, tenía como única familia a su gran perro Duque. "El Ermitaño", como le apodaban, poseía un terreno en San Gabriel el Alto (Jalisco), el cual pensaba a su muerte donar al pueblo para que se construyeran escuelas que mucha falta hacían. Sin embargo, unos negociantes se interesaron en las tierras y ante la negativa de don Fidel para venderlas, uno de ellos contrató un par de asesinos para que acabaran con él de manera rápida y expedita.

Los malvados asfixiaron con un costal al anciano. Duque, para defender a su amo, se arrojó furioso contra los homicidas, quienes le dispararon. Antes de morir don Fidel pidió a su querido amigo que evitara que se apoderaran de la propiedad. Don Fidel expiró y el fiel can sobrevivió tres días para después seguirlo al otro mundo.

El pueblo entero acudió al entierro del viejo. Poco tiempo después se supo de la muerte de los matones que, cosa curiosa, presentaban heridas como si hubiesen sido atacados por algún animal salvaje, quizá un lobo o un perro.

La voluntad de don Fidel se cumplió al pie de la letra: la escuela fue edificada. Y dicen que algunos días puede verse por la zona la silueta de un viejo que recorre el lugar acompañado por un gran perro.

Doña Chana (Doña Diana, Madre de los Chanes). Espíritu maléfico que habita en las fuentes, lagos y lagunas del estado de Guerrero. La falta de descripciones sobre su aspecto nos permite suponer que es una entidad de naturaleza huidiza, o bien, se trata de una criatura invisible a los ojos humanos. A doña Chana, como tradicionalmente es conocida en la zona del río Balsas, se le considera la Madre de los Chanes y goza de cierto poder sobre sus vástagos.

Doña Diana. *Véase* Doña Chana.

Dos Comadres, Las. Ubicadas en el lado izquierdo del Cerro de La Bufa hay dos peñas llamadas Las Comadres. Cuenta la leyenda que hace muchos años había dos comadres que amaban al mismo hombre; la rivalidad entre ellas crecía hasta que desembocó en un pleito de padre y señor mío. En castigo por romper la hermandad religiosa que adquirieron con el compadrazgo fueron convertidas en dos rocas que parece como si se estuvieran hablando al oído.

Los guanajuatenses refieren que cuando el viento arrecia puede escucharse el murmurar de sus voces. Por acción del eco, el sonido parece multiplicarse, de tal manera que se percibe en los cerros vecinos la conversación que, por momentos, parece derivar en álgida disputa.

Dos Piernas. *Véase* Cabracán.

Dragoncito Labios Rojos. Roberto López Moreno en *El arca de Caralampio* nos dice que el Dragoncito Labios Rojos "es un saurio de dimensiones aplastadas contra la tierra; su cabeza triangular es una especie de remedo de las constelaciones, las que desde el cielo de esos rumbos parecen derrumbarse sobre cuerpos y conciencias durante noches plenas de luminosidades. Su color es de un amarillo pardo salpicado con manchas de un impertinente rojo-café, que se extiende a través de una existencia nerviosa que no va más allá de los 30 cm.

Durante mucho tiempo las diferentes concentraciones de chamulas han considerado que este anguido es venenoso. Cuando ven al animal trepar nervioso por las encinas, los indígenas también huyen despavoridos por temor a la ponzoña; algunos, sin embargo, usan la piedra o el punzón que llevan en las manos como medida defensiva. El Dragoncito Labios Rojos posee una lengua negra, idioma de la amenaza, pirámide de la sustancia mortífera, rencor húmedo de la naturaleza, según el mito.

Hasta el momento no se conoce ningún caso de hombre que haya fallecido por la mordedura de este saurio, pero la creencia general sigue viviendo en el sentido de que el Dragoncito Labios Rojos diezma críos y esperanzas.

Por eso —aseguran los que sostienen la aventurada tesis— quema dos brasas en sus fauces; por eso la lumbre se enreda en sus mandíbulas; por eso lleva encendidas esas dos rayas rojas por donde quiera que va, y se espera que cualquier día de éstos los pinos y las encinas por donde transita amanezcan en ardor total, en fragor de llamas".

Duende del Manantial de Agua Blanca. En el Manantial de Agua Blanca (Estado de México) habita un duende. Parece un niño de corta edad con cabello rubio. El duende, a pesar de su inocente aspecto, es un homicida consumado. A la

gente que lleva sus animales a pastar cerca de ahí se les aparece dentro del agua, los llama y cuando éstos, apurados por salvar "al pequeño en peligro", se acercan, el duende a la velocidad del rayo los sumerge en las aguas hasta matarlos.

Duendes. Criaturas de corta estatura y aspecto similar al de los seres humanos. Habitan a lo largo y ancho de todo el país y reciben distintos nombres según la zona.

Por lo general, suelen ser traviesos y no dudan en hacer la vida imposible a las personas. Tiran las cazuelas, mueven las hamacas, sacan a los niños de la cuna, se toman el tepache, esconden los objetos, se comen los guisados, en fin, todo aquello que cruce por sus inquietas mentecitas.

Algunos Duendes llegan a tomar especial apego a la familia en cuya casa se han instalado. Por supuesto, las personas no corresponden en igual medida al afecto de estas criaturas e incluso llegan a mudarse de casa con tal de liberarse de su presencia. Sin embargo, una vez en el nuevo hogar es común que busquen algún objeto que creen haber olvidado por la prisa de cambiarse y, en ese instante, oyen una vocecita que desde lo alto les dice que no se preocupen, que él sí lo trajo, y se ve caer el objeto extraviado desde el aire.

Tradicionalmente, los Duendes habitan en los cerros y cuevas y es excepcional poder conocer sus viviendas. Empero, en 1934 en las quebradas del Cerro Blanco (Durango), se descubrieron los vestigios de una villa de Duendes. Las casas eran pequeñitas, hechas de adobe y con ventanas por donde penetraba el sol. Si uno se asomaba a su interior podía observar los muebles y utensilios domésticos. Por el tamaño de los objetos, se dedujo que pertenecían a seres de no más de 60 cm de altura.

El descubrimiento llamó poderosamente la atención. Muchos curiosos se acercaron al lugar para conocer el pueblo duendil y, también, con la esperanza de ver a sus minúsculos habitantes. Obviamente, el gran flujo de visitantes acabó por espantar a los Duendes, que prefirieron internarse en lo más profundo de la región. Sin embargo, aún hoy, si se tiene mucha suerte, es posible ver a uno de estos hombrecitos y mujercitas atisbando curiosos tras algún árbol.

Dueña del Agua. *Véase* Xinanil Há.

Dueña del Encanto. Entidad femenina que habita en la Chinantla (Oaxaca) y tiene el poder de transformar en oro la basura y los reptiles. En ocasiones, se les aparece a los hombres y les hace entrega de una serpiente; si el afortunado no se deja llevar por el temor y mantiene a la víbora entre sus manos, ésta se transformará en áureo metal.

Dueño de la Tierra (Stiku Tiyät). Dueño de toda aquella parte del poblado y sus alrededores que ya está labrada para el cultivo. Los totonacas procuran agradarlo con pequeños regalos ya que, en caso contrario, el Dueño de la Tierra podría enojarse y castigarlos. Aunque Stiku Tiyät suele ser benévolo, no hay que confiarse porque es súbdito de Montizón y quiera o no debe obedecerlo.

Dueño de Todos los Árboles. *Véase* Dueño del Monte.

Dueño del Bosque. *Véase* Huay-Tul.

Dueño del Maíz (Kitsis-Luwa). Espíritu encargado de vigilar y proteger las milpas de depredadores así como de fenómenos naturales que pudieran dañarla. Los totonacas consideran que el Dueño local del maíz es la serpiente Kitsis-Luwa, que no es otra más que el alma del maíz.

Dueño del Monte (Aksanjan, Dueño de Todos los Árboles, El Perdedor, Stiku wa Kakiwi). Patrono del Monte que como tal, se encarga de cuidarlo de todos aquellos que, con mala intención, pretenden dañarlo. El Perdedor es Dueño también de los panales silvestres así como de los hongos, a los cuales protege con especial cuidado. Si algún cazador pretende conseguir alguna presa sin su permiso o matar más animales de los que necesita para alimentar a su familia, el Dueño del Monte se lo impedirá. Por medio de algún extraño sortilegio, el cazador repentinamente perderá todo sentido de orientación, el monte hasta ese momento familiar se tornará un lugar completamente desconocido, las veredas ya no serán las que él frecuenta, los árboles parecerán otros y el sol se ocultará entre las nubes perdiéndose así todo punto de referencia. El cazador, por supuesto, dejará para mejor ocasión sus intenciones y buscará anhelante el camino a casa. Sin embargo, es posible salir avante de esta terrible situación: basta frotarse la cabeza con un diente de ajo y alejarse rápidamente del lugar.

Aunque no existen descripciones confiables sobre el aspecto del Dueño del Monte, los indicios de su presencia suelen ser tan desconcertantes que es mejor no indagar más.

Dueños (Amos, Patronos, Peones, Señores, Soldados, Stiku). Constituyen una constelación de entidades cuya función es cuidar a los animales, las plantas, el agua, los cerros y hasta el hogar. A diferencia de las deidades, los Patronos no son creadores sino sólo protectores. Empero, su poder puede alcanzar dimensiones significativas que no dudarán en ejercer para sancionar a aquellos que dañen, sin su permiso o por ambición, a sus protegidos.

Los seres humanos, aunque no siempre los vean, saben que su vida depende en gran medida de los amos y procuran ganarse su favor y agradecer su ayuda por medio de ofrendas.

Aunque se ha especulado sobre cuántos Patronos existen no se ha llegado a una cifra precisa, pero puede afirmarse que son muchísimos y se encuentran en todo el país.

Dueños de las aves. Las aves de todo tipo cuentan con un Dueño que las protege. Por lo común, es de su misma especie y cuenta con poderes sobrenaturales que le resultan muy útiles para cumplir con su trabajo. Además, el hecho de no distinguirse con facilidad del resto de sus congéneres le permite estar atento a los peligros sin que nadie se percate.

Dueños de las cuevas y las colinas. Entidades tzeltales que tienen a su cuidado las cuevas y las colinas. Generalmente son poseedores de un gran poder que usan para causar enfermedades a quienes dañan los territorios bajo su protección. Se les adjudica gran astucia, así como el poder de dar riquezas a aquellos que se lo pidan. Aquel que quiera obtener ganado, granos o hasta oro debe acudir un jueves a la caverna donde sabe que se encuentra algún Dueño. Se introduce en ella y enciende velas e incienso para llamar y agradar al Dueño. Una vez que éste ha cumplido con la solicitud, en pago, cada jueves el solicitante debe encender velas como agradecimiento. Empero, las cosas no son tan simples ya que el Dueño pasará a tomar posesión del alma del individuo para convertirla en esclava una vez que éste haya fallecido. Dicen que las riquezas y los favores obtenidos desaparecen instantáneamente a la muerte de la persona.

Dueños de las Plantas. Cada planta, sea comestible o no, está bajo el cuidado y la protección de un Dueño. Así, existen dueños para el maíz, los frijoles, el chile, los chayotes, los jitomates, las calabazas, las frutas, etc. La única planta que carece de Dueño es la caña de azúcar, ya que pertenece al Diablo.

A diferencia de los Dueños de los animales que poseen la forma de la especie a su cargo, los Patronos de las Plantas no asumen apariencia vegetal; son más bien espíritus que, en ocasiones, pueden asumir aspecto antropomorfo para cumplir de manera mucho más efectiva su importante labor ecológica.

Dueños de los animales (Ho'o X'na Na'ni, Dueños de los animales salvajes, Santos dueños de los animales, Señores de los animales). Entidades encargadas de la protección y el cuidado de las especies animales. Suelen dividirse en dos grupos para el mejor desempeño de su trabajo: los que se encargan de los domésticos que, por lo general, añaden al término de Dueño el nombre de sus protegidos, por ejemplo: Dueño de los Pollos, Dueño de los Guajolotes, etc, y los que se dedican a la vigilancia de los animales silvestres o salvajes.

En cuanto a su aspecto las versiones difieren, lo cual nos permite suponer que poseen la facultad de asumir apariencias distintas. Así, se manifiestan como "catrines", es decir, personas vestidas a la usanza occidental, que utilizan zapatos y grandes sombreros. Otras veces aparecen vestidos con el traje tradicional de charro. Su talla es variable, ya que se les ha visto como personas de muy corta estatura o, por el contrario, muy altas. El color de su piel puede ser cobrizo o blanco y su edad oscila entre la de un niño o un anciano. Sólo los Dueños de los Animales del Agua y de los Domésticos adoptan forma animal.

Estos espíritus conocen el lenguaje de cada una de las especies que habitan la zona y acostumbran charlar largamente con ellos; de este modo, están al tanto del comportamiento de los lugareños, así como de lo que acontece en cada rincón de sus dominios.

Los Dueños de los Animales son guardianes celosos del cumplimiento de su deber; sin embargo, comprenden que los habitantes de la región deben dar caza a algunos de sus protegidos para poder alimentarse y aceptan el hecho. Sin embargo, si el cazador abusa de esta prerrogativa, asesina hembras preñadas y además lo hace sin pedir el debido permiso al Dueño de los Animales: la sanción es inevitable. El castigo puede ser desde enfermedades, "espanto", perder la suerte para la cacería o, de plano, ser perseguido en sueños por el espíritu.

Los mazatecos, chatinos y totonacas acostumbran hacer ofrendas a este espíritu para agradecerle su bondad y como manifestación de respeto. Las ofrendas consisten en alimentos como guajolote, atole, tortillas, pan, carne guisada, frijoles o cualquier comida que sepan que les agrada.

Dueños de los animales salvajes. *Véase* Dueños de los animales.

Dueños de los cerros (Gente del Cerro, Ho'o Qui'Ya, Espíritus de las Montañas, Espíritus del Cerro, Já-iko, Señor del Cerro, Señor del Monte, Señores de la Tierra, Yumil Kaaxob). Espíritus encargados de vigilar los cerros y montes así como las especies animales que en ellos habitan. Esta última tarea la realizan en conjunto con los Dueños de los Animales.

Suelen aparecer como ancianos de largas y blancas barbas, cabelleras flotantes y una estatura que sobrepasa la normal. En cuanto a la vestimenta tienen gustos distintos: algunos prefieren los trajes típicos zapotecos o chatinos y otros que se inclinan más por ropa de tipo occidental.

Generalmente habitan en las cimas de los cerros desde donde, con mirada atenta, observan lo que sucede en su territorio. Son decididos opositores de la construcción de carreteras ya que saben que, tarde o temprano, por ellas vendrán hombres dispuestos a acabar con su mundo.

Su presencia puede causar espanto en quienes los ven, quizá por el aire que arrastran a su paso o porque su aspecto puede ser aterrador, llegan incluso a trastornar para siempre la mente de aquel que se topa con ellos. En ocasiones, los Dueños del Cerro prefieren no aparecer directamente ante los humanos y entonces optan por dejar escuchar su voz, a veces de forma clara y audible y, otras, como un simple susurro. Cuando esto sucede se le conoce como Espíritu del Cerro.

Los Dueños de los Cerros, si se les ruega de forma apropiada, suelen ayudar a quienes han extraviado ganado y, si se encuentran de muy buen humor, son capaces de otorgar fortunas a quien se las pida.

Dueños de los manantiales (Dzá jmi, Espíritus de los manantiales). Espíritus benéficos de la naturaleza a cuyo cargo está el cuidado de los manantiales. Suelen habitar dentro de ellos y, sentados en su trono de oro, coordinan las actividades de los Remolinos (chiji), quienes les informan de lo que acontece en sus dominios.

Los manantiales son de importancia fundamental para los habitantes de la Chinantla, ya que la mayoría de los hombres, mujeres y niños tienen una parte de su alma residiendo en ellos. Esta estrecha relación con el manantial da comienzo cuando un crío cae víctima de alguna enfermedad. El curandero acude a las benéficas aguas e invoca a sus habitantes rogándoles por la salud del pequeño y se lleva consigo un poco del líquido para bañar con él al enfermito. A partir de ese instante, una porción de la esencia vital del infante queda residiendo ahí bajo los atentos cuidados de los Remolinos.

Sin embargo, la vida dentro del manantial no es tan tranquila como pudiera pensarse; entre sus habitantes no son extraños los pleitos que terminan en la expulsión de algún espíritu. Cuando esto sucede, su dueño enferma repentinamente y el curandero debe nuevamente acudir al lugar para rogar que el alma del enfermo sea aceptada otra vez. En caso de no tener éxito, el curandero debe buscar otro manantial donde el espíritu sea acogido ya que, de lo contrario, su muerte será inminente.

Dueños de los pollos. Espíritus protectores de los pollos, gallos y gallinas. En ocasiones asumen el aspecto de éstos para vigilarlos sin ser descubiertos por ojos humanos. Es común que se les invoque para encontrar objetos perdidos.

Dueños de los pozos. Entes cuya función consiste en cuidar los pozos de agua; se encargan de evitar que éstos sean contaminados o se sequen. Las mujeres totonacas tienen especial cuidado de lavar sus cabellos lejos de los pozos ya que, por alguna causa desconocida, si caen residuos de jabón en ellos o pelo, los Dueños se enojan y pueden abandonar el lugar trayendo como consecuencia que el agua desaparezca.

Dueños de los veneros. Cada manantial, río, pozo, arroyo o torrente tiene un Dueño que se encarga de su protección. En el caso de los veneros, poseen dos Dueños: el ma sikaka ("aquel que se enoja") y el macaskulin kat o "arco iris delgado". Ambos son a la vez macho y hembra y tienen por costumbre chupar el alma de las personas que acuden al lugar, especialmente las de los niños, que les resulta más sencillo y divertido obtener. Empero, esta pérdida del alma no es irreparable ya que los Arco Iris están dispuestos a devolverla a cambio de una buena ofrenda.

Dza Íma. *Véase* Hombres del Cerro.

Dza Jmi. *Véase* Dueños de los manantiales.

Dzá Kee Ñi. *Véase* Gente del Rayo.

Dzá Ya Fi. *Véase* Vigilantes de la Raya.

Dzauayak. *Véase* Caballito del Diablo.

Dzulúm (Ansia de morir). En las regiones chiapanecas, por desgracia, la desaparición de mujeres es muy común; por ello, cuando se esfuma alguna joven la búsqueda no se extiende por mucho tiempo porque bien saben todos que se la llevó el Dzulúm. Casi ninguno de los pobladores ha podido responder con certeza cómo sucede esto; sin embargo, los más viejos aventuran que este animal hace caer sobre ellas un hechizo que las obliga a seguirlo al monte, de donde nunca vuelven. El Dzulúm suele recorrer por las noches sus dominios. Si ve alguna bestia comiendo, le arrebata el alimento pero no lo ingiere porque su apetito es de otra naturaleza. Los animales, con sólo olfatearlo, salen huyendo despavoridos y los monos emiten fuertes chillidos que taladran los oídos. Los rebaños amanecen diezmados y bien harán los hombres en no salir de sus casas.

Su nombre significa "Ansia de morir".

ECACOATE. Esta sierpe característica del Altiplano Central es sumamente larga; su piel es de tan variados y vistosos colores que parece que hubiera sido pintada por un artista. Posee la particularidad de emitir un sonido similar al del viento cuando se desplaza sinuosa por la tierra.

ECHÉKURITA. *Véase* Achoque.

EHECACHICHINQUI (CENOTZQUI, El que chupa viento, El que llama la helada, Fuego, Tletleton). "Hay también en esta tierra (un) ave de rapiña que me parece es esmerjón de España; llámanle chupa viento; y por otro nombre se llama cenotzqui (que) quiere decir el que llama la helada; y también le llaman tletleton, quiere decir fuego. Es pequeño, tiene el pico agudo y corvo, come ratones y lagartijas, y come avecillas que se llaman cacacilin; es manchado de bermejo y negro como cernícalo; dicen que no bebe esta ave, (que) después de haber comido abre la boca al aire y el aire le es en lugar de bebida; también en el aire siente cuando viene la helada, y entonces da gritos; viene por estas partes al invierno. No es de comer" (Fray Bernardino de Sahagún, *Historia general de las cosas de Nueva España*, pág. 641).

EHECACÓATL. *Véase* Serpiente de Aire.

Ek Chapat (Cientopiés negro, Ek Chapat). Los mayas, al igual que algunos otros pueblos, cuentan con una especie de esfinge. Su nombre: Ek Chapat. Quienes lo han visto y sobrevivido para contarlo aseguran que su aspecto es francamente repugnante: posee siete espantosas cabezas, sus ojos traslucen una inteligencia malévola, sus fauces babeantes dejan ver una filosa dentadura y suele desplazarse haciendo uso de su centenar de patas. Pero lo que lo hace terrible no es sólo su apariencia, que de por sí sería suficiente para ello, sino sus hábitos y preferencias alimentarias. Su dieta consiste fundamentalmente en seres humanos. Pero no le bastaba tragárselos, sino que hizo de su muerte una macabra y refinada diversión. Se interponía en el paso de los caminantes y los acosaba con enigmas que debían resolver si deseaban seguir su camino. El pequeño detalle era que a quienes eran incapaces de resolverlos (que, por supuesto, eran la mayoría) los devoraba con fruición. Empero, el Ek Chapat también halló su Edipo. Narran las crónicas de los *Cantares de Dzitbalché* que en cierta ocasión apareció un hombre que pudo dar solución a cuanto acertijo le fue impuesto y, por ello, se ganó el derecho a compartir los poderes del Señor Escolopendra.

El Ek Chapat no dedica la totalidad de su tiempo a este entretenimiento porque es el encargado de cuidar la guarida del Uay Pach. Este feroz vigilante tiene una particularidad: a diferencia de cualquier otro colega en el resto del mundo, mantiene los ojos cerrados cuando cumple su labor y los abre para dormir.

Ekpip. *Véase* Coz.

Ekuneil. *Véase* Cola negra.

El que causaba miseria. *Véase* Ahaltocob.

El que come maíz. *Véase* Zanate.

El que chupa viento. *Véase* Ehecachichinqui.

El que hace la aguadija. *Véase* Ahalganá.

El que hacía la basura. *Véase* Ahalmez.

El que labra las materias. *Véase* Ahalpuh.

El que llama la helada. *Véase* Ehecachichinqui.

El que se sumerge en los Cielos. *Véase* Pájaro Dtundtuncan.

El que va por el cielo. *Véase* Pájaro Dtundtuncan.

Embromador de los Bosques. *Véase* Atolondrado.

Enanillo, El. *Véase* Espaldilla.

Enanos. Criaturas comunes a muchas culturas. La frecuencia de su aparición en cuentos, mitos, narraciones y leyendas obedece probablemente a la particular capacidad de adaptación de esta especie. México no constituye una excepción a la regla, ya que la zona yucateca ha sido ampliamente habitada por estos pequeños seres desde tiempos inmemoriales. Es posible que su proliferación se deba a las características ambientales o a que los pobladores de esta región se han acostumbrado a convivir con un sinnúmero de especies que retarían la imaginación en otras latitudes.

Entre los enanos mayas más conocidos se encuentran los que se encargan de cuidar y proteger los bosques durante las noches, ya que durante el día se convierten en figurillas de barro.

Dentro de esta diminuta raza existen otros que tienen el cometido de hacer saber a las familias indígenas cuando algún miembro se ha ahorcado. Cuando esto sucede, se dejan ver cerca de la casa del difunto y salen corriendo rápidamente. No es necesario hacer nada más: los familiares han entendido el mensaje.

Entre los enanos más renombrados está, sin duda, aquel que nació de un huevo empollado por una célebre hechicera. La estrecha relación establecida durante el periodo de incubación permitió que, a través de un proceso similar a la ósmosis, el producto se hiciera poseedor de poderes mágicos que habrían de distinguirlo del resto de los mortales y asegurarle un lugar en la memoria de la humanidad. Este enano llegó a ser rey de la gran ciudad de Uxmal donde, en el transcurso de una sola noche y para asombro de todos, construyó un hermoso y rico palacio.

Encantada. *Véase* Mujer bonito pelo.

Encantadora. *Véase* Mujer bonito pelo.

Encantados. Los pames de San Luis Potosí están absolutamente convencidos de la existencia de los Encantados. Estos seres son los amos de los ojos de agua, donde habitan y se encargan de que el vital líquido no se agote. A veces aparecen a los ojos humanos como animales y, otras, con aspecto antropomorfo.

Es de suma importancia mantener buenas y cordiales relaciones con ellos ya que, como son sumamente sensibles, se enojan con facilidad y en un arrebato pueden irse del lugar ocasionando su inmediata sequía.

Encanto Bueno. Espíritu benefactor que habita en los Tuxtlas (Veracruz). Suele manifestarse bajo el aspecto de una mujer joven y rubia cuyo hogar se encuentra en una cueva. Quienes han tenido la oportunidad de entrar en ella refieren que la caverna se encuentra bañada por una misteriosa luz cuya fuente no puede distinguirse y numerosos animales silvestres recorren alegremente el lugar alimentándose de la tupida vegetación que allí crece. El Encanto Bueno tiene la facultad de otorgar poder a los curanderos y éstos saben perfectamente que sólo pueden utilizarlo con fines benéficos o de curación ya que, de lo contrario, lo perderán instantáneamente y se convertirán en merecedores de un severo castigo. Para obtener tal poder es requisito prepararse espiritualmente y acudir a la gruta donde habita el espíritu. Ahí, se manifestará al iniciado con la apariencia de una serpiente. Se acercará lenta y sinuosamente a él. Poco a poco, empezará a subir por sus piernas, se detendrá en sus rodillas, apretará sus muslos, trepará por su vientre y pecho para enredarse finalmente en su cabeza, donde permanecerá largo rato en una inmovilidad total. Si el aspirante, haciendo acopio de todo su valor, consigue superar la prueba, el Encanto Bueno lo considerará digno de otorgarle sus dones.

Encanto Malo. *Véase* Diablo, El.

Engañadora. *Véase* Xtabay.

Engendro de Cuicatlán. Durante varios años el pueblo de Cuicatlán (Oaxaca) fue asolado por un ser mitad humano, mitad bestia, a quien se le atribuían las muertes de numerosos jóvenes. Los cadáveres presentaban el mismo aspecto: un rictus de terror en el rostro, el vientre abierto como si hubiera sido destrozado por filosas garras, las vísceras esparcidas a su alrededor y, cosa curiosa, las entrañas no estaban completas.

En cierta ocasión los lugareños encontraron al Engendro atacando ferozmente a un joven. Enardecidos emprendieron la persecución, armándose de antorchas, piedras, palos y rifles. Casi desfallecidos llegaron a la casona en ruinas de doña Carmen donde, sin tardanza, le dieron muerte. Una vez apaciguados los ánimos, se dieron cuenta de que no habían visto a la dueña de la casa y comenzaron la búsqueda. Recorrieron las habitaciones y su sorpresa no tuvo límites al encontrarla destrozada. La gente no entendía con claridad qué era lo que pasaba.

Una vieja partera desdentada, con ojos llorosos y santiguándose, aclaró las dudas…

A mediados del siglo XIX llegó un gran número de migrantes españoles a Cuicatlán, se establecieron y, naturalmente, se casaron con las lugareñas. Doña Carmen Matus contrajo nupcias con un importante peninsular y tuvieron una hija: Acacia. El padre murió dejando a su esposa e hija en una situación económica desahogada.

Pasaron los años y Acacia, ya para ese entonces convertida en una bella joven, se enamoró de un tendero. Doña Carmen puso el grito en el cielo y no hubo poder humano que la convenciera de aprobar la relación, ya que consideraba que el joven era muy poquita cosa para su amada hija. El joven emprendió un viaje con el deseo de hacer fortuna y ganar la aprobación de doña Carmen, pero un fuerte huracán acabó con sus sueños y su vida. Acacia lloraba desconsolada y temerosa confesó a su madre que estaba embarazada. Doña Carmen no daba crédito a lo que escuchaban sus oídos y decidió que ese bastardo no nacería. Consultó a una bruja y, siguiendo al pie de la letra sus instrucciones, empezó a suministrar a Acacia una serie de hierbas. Empero, pese a los esfuerzos de doña Carmen el bebé no murió; por el contrario, parecía que se aferraba cada vez más a la vida. Doña Carmen, furiosa por la falta de resultados, reclamó a la hechicera y se negó a darle un solo centavo por lo que ella consideraba un engaño. La bruja le dijo que muy pronto se tragaría una a una sus palabras y que se acordaría de ella para siempre.

El tiempo continuó su marcha. Llegó el momento del parto y un terrible grito sacudió hasta los cimientos mismos de la casa. Doña Carmen, pálida como el papel, acudió al cuarto de su hija y la encontró muerta. El bebé, si es que a eso podía llamársele así, estaba todo deforme y ensangrentado gemía. Doña Carmen comprendió que la criatura había destrozado por dentro a su madre. Doña Carmen decidió encerrarse en su casa a piedra y lodo junto con su monstruoso nieto por más de 20 años, tiempo en el cual el Engendro

se alimentó continuamente de la carne de los lugareños.

Envoltorio Humano de Cenizas. *Véase* Tlacanexquimilli.

Ése que camina con nosotros. *Véase* Dobles.

Espaldilla (Centlapachton, Cestillo de mazorcas, Cuitlapachton, Cuitlapaton, El Enanillo). Otro de los fantasmas nocturnos del mundo náhuatl es la Centlapachton. Cuentan que cuando alguien salía durante la noche a hacer sus necesidades, se le aparecía una mujer pequeñita como una enana, con largos cabellos que le llegaban a la cintura y caminando como lo haría un pato. Quien la veía no podía evitar sentir terror y si a pesar de ello intentaba atraparla, desaparecía para reaparecer en otro lugar, y esto sucedía cuantas veces se intentaba agarrarla. Y decían también que su aparición era signo de mal agüero: anunciaba a aquel que se había topado con ella que su muerte estaba cerca o que le sucedería alguna desgracia.

Espanto (Ngitsé, Susto, Xiwel). Enfermedad muy común que ataca a los animales y a los seres humanos, en especial a los niños. Consiste en la pérdida parcial o total del alma a consecuencia de un gran impacto o un miedo súbito.

Los síntomas que caracterizan este padecimiento son depresión, desgano, falta de apetito, insomnio, dolor de cabeza, sueño intranquilo plagado de pesadillas, preferencia por lugares oscuros, fiebre, escalofríos, diarrea y vómitos: la sangre se adelgaza tomando una tonalidad rosácea y el debilitamiento es generalizado: de no ser atendido de inmediato, puede desembocar en la muerte.

Las situaciones que pueden ocasionar que alguien se "espante" son diversas y así tenemos:

1. *Espanto de Chaneque*. Este Susto se presenta después de que el individuo tiene un encuentro con algún Chaneque. Por supuesto, los Chaneques no son los únicos capaces de ocasionar esta reacción en los humanos, también se encuentran los Dueños, los Espíritus del Agua o de los Bosques, la Gente; en síntesis, toda aquella entidad de orden sobrenatural.

2. *Espanto de Víbora*. Esta variedad se presenta cuando, de súbito, una serpiente se atraviesa en nuestro camino, aun cuando no tenga la oportunidad de inyectarnos su veneno.

3. *Espanto causado por agua*. Ese tipo de Espanto se da cuando alguna persona ha estado a punto de caer al agua o ahogarse. La experiencia normalmente resulta aterradora para

quien la sufre, de tal modo que el Susto aparece casi de inmediato.

4. *Espanto por muertos.* Se presenta cuando la persona se topa con el alma de alguien ya fallecido. Si esto sucede, se dice que a la persona "la agarró el muerto".

5. *Otras especies.* Aquí se incluyen los hechos fortuitos o accidentes, como caer del caballo, estar cerca del sitio donde un rayo se impacta, ser atacado por algún animal, encontrarse con algún brujo, presenciar escenas violentas o cualquier circunstancia que cause especial temor a la persona.

Las curas para el espanto son de lo más variado; de hecho, en cada zona del país se emplean métodos distintos que, sin embargo, no dejan de guardar ciertos paralelismos.

Una terapia común para el Espanto de Muerto es que el curandero acuda al cementerio donde se encuentra enterrado el cuerpo de la persona que causó el Susto y le pida de la manera más amable que deje en paz al enfermo. Si esto no resulta, el curandero deberá ir de nuevo al lugar y, en esta ocasión, utilizando palabras altisonantes le exigirá al muerto que deje de hostilizar a la persona. Normalmente, esto resulta suficiente para acabar con el padecimiento.

Otra técnica muy difundida se conoce como *chupar.* El especialista, también llamado *Chupador,* llevará al afectado al lugar donde se produjo el impacto que ocasionó la pérdida del alma. Una vez ahí, succionará (con la boca o con un carrizo) las muñecas, codos, rodillas, tobillos y sienes del "espantado". Por supuesto, todo esto se realizará con la más absoluta solemnidad y acompañado de las oraciones pertinentes.

Las limpias son, sin duda, la práctica más efectiva y generalizada para dar solución a este tipo de mal. Suelen utilizarse elementos calientes como huevos, monedas de plata, cal y hierbas en el proceso. Se hará un "barrido" (pasar a lo largo del cuerpo un ramo de plantas) con albahaca, ciruelillo, pirú, huele de noche, malora, mirlo, epazote, ruda o alguna otra que el curandero considere adecuada. También se acostumbra dar una infusión con tales elementos. Se procederá a sahumar al enfermo y, de ser necesario, el especialista en la materia introducirá un grano de sal en su boca, lo mezclará con su saliva, lo escupirá en su mano y, mientras reza, hará una cruz con esa sustancia en la frente del enfermo. Otro procedimiento tiene como elemento clave la

piedra alumbre, con la cual se limpiará a la persona mientras se enuncian oraciones; el Credo se considera una de las plegarias más eficientes para este tipo de casos. Acto seguido, la piedra se echará a las llamas y en ellas se podrá ver la causa del Espanto de la persona.

También se puede curar esta enfermedad rociando al paciente con una mezcla de hierba "mechuda" y mezcal. Para incrementar las posibilidades de éxito el paciente puede ser bañado con esta solución o beberla cada determinado tiempo hasta que el mal desaparezca.

El "levantamiento de la sombra" es una ceremonia en la cual se acude al lugar en el que el enfermo "perdió el alma". A través de una serie de ritos, que son celosamente guardados por los hechiceros, el espíritu es capturado y colocado en el cuerpo de un pollito que, sin perder un segundo, debe ser llevado a la casa del enfermo. Una vez allí, se procede a sacar el alma del animalito y traspasarla a la persona.

Los nahuas y popolucas del Istmo de Veracruz para contrarrestar este mal recurren a un curandero, quien ensalmará al enfermo con rezos católicos tres veces al día. Entre estas plegarias ocupan un lugar fundamental las dirigidas al Chaneque, a quien se le ofrendará copal blanco con la intención de ganar su favor y que libere el alma capturada. Tanto paciente como curandero deberán guardar abstinencia sexual y ayuno a lo largo de una semana, periodo en el cual le queda estrictamente prohibido al afectado salir de su casa. Una vez cumplido este lapso, el especialista procederá nuevamente a sahumar al enfermo y al llegar la medianoche lo llevará a bañarse al río. A la orilla de sus aguas se ofrendará un pollo macho si el enfermo es varón y una polla virgen si se trata de una mujer. El objetivo de este regalo es que el Chaneque acepte intercambiar el alma del animal por la de la persona. Al día siguiente se preparará una comida ritual a la que asisten tanto el enfermo como sus parientes; por supuesto, el Chaneque ocupará un lugar simbólico en la reunión y deberá servírsele un plato de caldo de pollo acompañado de tabaco y aguardiente.

Por último, si se está seguro de que el Espanto fue ocasionado por el enojo de la Tierra ante los pecados de alguien, el "asustado" besará la tierra solicitando su perdón y como muestra de adoración.

Espíritu Malo. *Véase* Mujer bonito pelo.

Espíritus Chocarreros. Fantasmas especializados en hacer diabluras con tal de manifestarse en el mundo de los vivos. Se cuentan de dos tipos: los amigables, cuyas travesuras no pasan de ruidos, esconder objetos, risas, voces, nalgadas, cachetadas o de arrastrar muebles; y los huraños, que actúan intencionalmente para deshacerse de los entrometidos por medio del hostigamiento sobrenatural continuo.

Espíritus de la casa. Los tzeltales creen que toda casa tiene un espíritu que suele colocarse en el poste central de la pared trasera del hogar. Quienes lo han visto, lo describen como un niño ladino, es decir, no indígena. Es profundamente caprichoso y, de no dársele gusto, es capaz de invitar a entidades malignas a penetrar a la vivienda, con las terribles consecuencias que ello acarrea o, de plano, comerse las almas de los niños como venganza. Por ello, los lugareños procuran mantener buenas relaciones con esta entidad haciéndole ofrendas de comida que saben que le encantarán.

Espíritus de las cosechas. Entes espirituales cuya benéfica función es vigilar y proteger las cosechas contra los animales silvestres, así como contra los fenómenos naturales y los ladrones. Los tzeltales sienten especial reverencia por estos espíritus y procuran mostrarle su agradecimiento y devoción por medio de ofrendas, ceremonias y regalos.

Espíritus de las montañas. *Véase* Dueños de los cerros.

Espíritus de los árboles. Entidades tzeltales que tienen su morada en los árboles de la zona. Son considerados benévolos aunque, a veces, no pueden resistir la tentación de jugarles bromas a los lugareños. Su favorita es desorientarlos y hacer que se pierdan en los bosques.

Su sabiduría es bien conocida por todos; de hecho, cuando un hombre ha tomado la decisión de dar muerte a un enemigo, acude con los Espíritus de los Árboles para pedir consejo. A nuestros ojos este hecho resulta extraño; sin embargo, no debemos olvidar que la moralidad de estas entidades, por fuerza, es diferente de la nuestra y se rige por principios distintos en los que la muerte es sólo parte de la vida.

Espíritus de los manantiales. *Véase* Dueños de los manantiales.

Espíritus de Raíces. Allá en Raíces (poblado del municipio de Linares, en Nuevo León) había numerosos vestigios de antiguas civilizaciones que dejaron su voz impresa en la roca. Dibujos, palabras y grabados quedaron para la posteridad en la pétrea superficie. En el lugar, por las noches, un magnífico fenómeno se hacía presente. Poco

a poco las piedras despertaban de un profundo sueño, las voces llenaban la atmósfera, la música impregnaba el aire con dulcísimas notas y sombras translúcidas transitaban entre la vegetación. Los Antiguos, cuyas conciencias descansaban en las rocas, regresaban a la vida para recorrer la tierra que en vida mucho amaron.

Sin embargo, la tragedia estaba por llegar. En la década de 1940, el lugar fue dado a conocer y los curiosos empezaron a invadirlo llevándose como recuerdo todo pedrusco que tuviera alguna inscripción. A una velocidad vertiginosa, el sitio fue saqueado y los espíritus de los Antiguos, al no contar ya con sus tradicionales puntos de referencia, se perdieron para siempre.

Espíritus del Agua. México es una tierra pródiga que bendice a sus hijos con infinidad de bienes. La biodiversidad es amplia y las criaturas que viven en estas tierras pertenecen a los más diversos órdenes: animal, vegetal, mineral y espiritual. Esta situación se hace particularmente evidente en la Chinantla (Oaxaca) donde existen más seres de los que a simple vista podemos observar y aún muchos más de los que siquiera nos atrevemos a imaginar. Se encuentran en todos lados: en la tierra, en el aire e incluso en ninguna parte.

Entre ellos, los Espíritus del Agua ocupan un lugar muy especial en el afecto de los oaxaqueños. Estas entidades tienen la loable misión de prestar su cuidado, vigilancia y protección a las especies acuáticas contra los perjuicios ocasionados por el hombre. Así, los peces, la flora y todo tipo de animales acuáticos viven tranquilos sabiendo que su hábitat no será severamente afectado, salvo cuando las causas que muevan a la pesca y captura estén directamente vinculadas al sustento humano. Los Espíritus del Agua no desdeñan fuente alguna: podemos encontrarlos lo mismo en un lago que en un simple ojo de agua, en un río que en un pozo.

Espíritus del Bosque. Entes característicos de los bosques chamulas. Su aspecto es similar al de cualquier ser humano, de hecho, posee la facultad de manifestarse como varón o como mujer. En general resulta inofensivo, pero en ocasiones para divertirse se dedica a perder a los caminantes. Empero, es posible engañarlo y salir indemne de sus travesuras; basta colocarse las ropas al revés, es decir, con la botonadura hacia atrás y el Espíritu del Bosque, creyéndolo un congénere, lo dejará ir tranquilamente.

Espíritus del Cerro. *Véase* Dueños de los cerros.
Espíritus del Rayo. En la Chinantla (Oaxaca) se

sabe que los rayos, por mucho que digan los estudiosos, no son producto de descargas eléctricas ni cosa por el estilo, sino que son causados por los Espíritus del Rayo.

Estas entidades tienen su hogar en las cuevas de los cerros y éstos se identifican con facilidad porque en sus cimas siempre pueden verse nubes. La razón de este hecho es que los Espíritus del Rayo, debido al gran calor que irradian, tienden a convertir el agua del lugar en vapor, que asciende en forma de nubes.

Para crear los rayos, estos entes primero escogen, con gran cuidado, alguna nube que les parezca idónea ya sea por su tamaño o densidad. Después, proceden a calcular cuidadosamente la mejor trayectoria para impactarla. Una vez realizado lo anterior, se dejan ir con gran velocidad hacia ella, se introducen en su interior, localizan el punto exacto y el rayo emerge acompañado por el estrépito de un trueno.

Aunque los chinantlecos han especulado al respecto no han conseguido dar una explicación satisfactoria al proceder de estas entidades. No tienen claro si producen los rayos por diversión o porque, simplemente, nacieron para ello.

Espíritus guardianes. Los nahuas saben que Dios no deja solos a sus hijos y que para protegerlos les ha asignado, desde su nacimiento, un ángel guardián que lo prevendrá de los peligros y las tentaciones del Demonio. Este espíritu guardián cumple con gran celo su tarea y día a día, durante una hora, nos abandona para informar al Creador de nuestra conducta. En ese lapso, la persona debe tener especial cuidado ya que se verá expuesta a accidentes o a la presencia demoniaca. Para evitar estos riesgos, se debe decir con gran fe "Toteko Dios", que significa "Dios nos proteja". La sola enunciación de esta poderosa fórmula bastará para evitar daños.

Espíritus Luminosos. A unos 30 km de la ciudad de Álamos (Sonora), todos los años al llegar el 20 de noviembre y dar las doce en el reloj, se escuchan extraños ruidos que irrumpen en la tranquila atmósfera: risas, murmullos, pasos y voces inundan el lugar como si se tratara de una fiesta.

A lo lejos se percibe el batir de un tambor que, con sonido acompasado, parecería anunciar algo que nunca se comprende del todo. La algarabía alcanza su punto máximo con la aparición de una esfera luminosa que se estira lentamente hasta tomar una forma cilíndrica y así se pasea por los mezquites. Los testigos refieren sentir cómo un par de heladas manos les tocan el cuerpo, y al buscar al responsable nada encuentran.

Días antes de la fecha indicada se oyen golpes, pisadas y los mezquites empiezan a moverse sin que sople viento alguno.

Hay quien dice que el causante de estos extraños fenómenos no es otro que un antiguo espíritu que custodia una mina cercana y que se la entregará a aquel que sea digno de poseer sus riquezas. Al parecer el "elegido" todavía no aparece porque, año con año, las apariciones siguen manifestándose.

Estera de Serpientes (Petlacóatl). "Hay otro monstruo de culebras que se llaman petlacóatl; dizque se juntan muchas culebras y se entretejen como petate, y andan de acá para allá, porque tienen todas las cabezas hacia fuera, aquella tela está cercada de cabezas de culebras" (Fray Bernardino de Sahagún, *Historia general de las cosas de Nueva España*, pág. 653).

Estrella de la Canícula (Noche Comedora, Tsisni-stáku). Los totonacas saben que las estrellas no son tan inofensivas como parecen. De hecho, pueden abandonar el cielo nocturno para acercarse a los poblados y causar estragos en ellos. En las noches del periodo comprendido entre el 20 de julio y el 25 de agosto bajan a devorar las almas de los infantes. El motivo resulta incomprensible y de esas almas nunca más vuelve a saberse nada.

Estrellas Errantes. *Véase* Xicóatl.

Ewis. Estos seres sobrenaturales fueron los iniciadores de una de las generaciones pasadas. Su fin fue trágico ya que acabaron convertidos en piedra; de hecho, aún hoy pueden verse sus dispersas cabezas en Multúa.

Extiende Tullidos. *Véase* Xiquiripat.

FAISÁN GRITÓN. *Véase* Cojolite.

FAMILIAR. En Jalisco una situación no del todo extraña consiste en el enriquecimiento repentino de una persona. Las malas lenguas suelen darse vuelo y achacarlo a actividades ilícitas, herencias o al haber encontrado un tesoro. Sin embargo, aquellos que saben de cosas antiguas pueden afirmar, sin temor a equivocarse, que el nuevo rico es poseedor de un Familiar.

Los Familiares son pequeños animalitos muy similares a los cuyos, de color amarillo o blanco y que ostentan un par de enormes ojos. Sus dueños suelen tomar precauciones extremas respecto de ellos ya que si, por casualidad, les da un rayo de sol, de inmediato se deshacen y pequeñas volutas de vapor son todo lo que queda de estas criaturas. Por ello, es frecuente que se les guarde en cofres o cajas especialmente diseñadas para tal efecto. Los Familiares poseen una cualidad que los hace únicos y profundamente valiosos ya que son capaces de poner (de forma similar a la que lo harían las gallinas) pesos y onzas de oro todos los días. El procedimiento para obtener uno de estos Familiares es desconocido. Probablemente se consigan estableciendo un pacto con El Malo o realizando algún tipo de actividad especial que es celosamente guardada por quienes han tenido la fortuna de hacerse de uno de estos seres.

FANTASMA DE BELTRÁN. Éste fue uno de tantos salteadores que asolaban, a principios del siglo XIX, el Camino Real que pasaba por la Barranca de San Marcos (Colima). Prefería trabajar solo para reducir los riesgos al mínimo. Sin embargo, pese a que con el paso del tiempo llegó a hacerse de una fortuna respetable, el temor a ser descubierto y acabar sus días en la horca lo hizo llevar una vida discreta, casi frugal.

Beltrán cayó enfermo y en su agonía confesó a su mujer el sitio donde había enterrado el fruto de su vida de ladrón. A su muerte, viuda y demás familiares corrieron, sin esperar a que el cadáver se enfriara, en busca del tesoro. Por más que se esforzaron fue inútil; nunca pudieron hallarlo y no les quedó más opinión que resignarse a seguir viviendo como hasta ese momento lo habían hecho.

Han sido muchos los que, conociendo la historia, se han lanzado en pos de la fortuna del finado. Algunos lo han encontrado pero, en el momento de querérsela llevar, un par de fuertes e invisibles brazos los obligan a dejarla. Al poco tiempo, fallecieron irremediablemente víctimas de "espanto".

Hay quien asegura que el ánima del salteador a veces aparece e indica, mediante señas, la ubicación del botín. Pero por extraño que parezca, el "afortunado" es incapaz de guardar en su memoria los datos o muere pronto sin tener tiempo de buscarlo. El caso es que hoy, a casi 150 años

85

de la muerte de Beltrán, la fortuna sigue sin aparecer y quizá no lo haga nunca.

Fantasma de Diego el Mulato. Filibustero fantasma que recorre los arrabales de Campeche desde hace más de 120 años, esperando el perdón del Supremo, para descansar en paz y reunirse con su amada Conchita.

Fantasma de don Moisés González. Años atrás, tantos que se ha olvidado cuándo sucedió esto, don Moisés González, harto de la pobreza que parecía seguirlo con particular tenacidad, decidió ofrecer al Diablo a su primogénito a cambio de riquezas. El Demonio, que nunca desaprovecha la oportunidad de hacerse de un alma, encantado de la vida accedió al trato y convirtió a Moisés, de la noche a la mañana, en un hombre rico. Don Moisés, contrariamente a lo que podía esperarse, no estaba feliz. Su carácter cambió agriándose a pasos agigantados. La ambición se asentó en su corazón y lo transformó en un hombre déspota que no dudaba en tratar con infinito desprecio a todos sus conocidos.

Pasó el tiempo y el hijo mayor de don Moisés cumplió los 15 años. Al día siguiente, el joven desapareció. Parecía que se lo había tragado la tierra. Los vecinos, extrañados, empezaron la búsqueda. Recorrieron la zona y se llevaron tremendo susto al encontrar, en las laderas del cerro, el cadáver destrozado de don Moisés. Lo que más lo llenaba de espanto, aparte del lamentable estado del cuerpo, era una expresión de terror en su cara que ni la muerte había podido borrar. Del muchacho nunca volvió a saberse nada.

A partir de ese fatídico día, el espectro de don Moisés se aparece en los caminos cercanos a Cuetzalán aterrorizando a quienes tienen la mala suerte de toparse con él. Dicen, los que lo han visto, que es un anciano desdentado, lleva sombrero de palma y flota en vez de caminar. Para evitar que les haga daño, lo mejor es aguantarse el pavor y saludarlo con amabilidad, saludo al que, por supuesto, él nunca responde.

Fantasma de don Rodrigo de Córdoba. Don Fernando de Zubieta y Carvajal era un hombre de enorme riqueza y dueño de un astillero famoso por la calidad de sus embarcaciones. Tenía una hija de nombre Margarita, que era la niña de sus ojos y a la que amaba más que a su vida.

Don Rodrigo de Córdoba, el más valiente capitán de la flota de don Fernando, se enamoró perdidamente de la joven, la cual no era indiferente a sus cortejos. El padre al enterarse puso el grito en el cielo: no daba crédito a que un hombre de tan

baja extracción hubiera osado posar los ojos en su amantísima hija. Furioso, echó sin contemplaciones al atrevido.

Don Rodrigo, dolido, emprendió un largo viaje y nunca más volvió.

Corrieron algunos años, Margarita entró en el convento y se convirtió en sor Angélica de la Gracia. Día a día rezaba por aquel a quien había amado y que quién sabe si aún estaría vivo.

Un 4 de octubre el terror llegó a San Francisco (Campeche). Los piratas asolaron el lugar. Su crueldad legendaria hizo inútil cualquier intento de resistencia. Los filibusteros, enfebrecidos por la victoria, se dedicaron con ansia sin igual al saqueo. Y su capitán, don Rodrigo, enfiló sus pasos hacia la casa de don Fernando. Nadie sabe a ciencia cierta qué pasó en el interior de la casona. A la mañana siguiente encontraron el cadáver de don Fernando con un puñal atravesado en el corazón.

Don Rodrigo acudió al convento y exigió a la madre superiora que le dejara hablar con Margarita. La abadesa, atemorizada por el pirata, accedió a su petición. Él sintió que la tierra se hundía a sus pies al ver a su amada. Ataviada con los hábitos religiosos parecía un ángel venido del cielo. Don Rodrigo sintió que el amor que con tanto empeño había intentado borrar resurgía incontenible. Se acercó a sor Angélica de la Gracia y con las palabras más dulces intentó convencerla de empezar una nueva vida juntos lejos de cuantos los conocieron. Margarita, cuyo corazón estaba colmado ya de un amor superior al sentido hacia cualquier mortal, le pidió que se fuera lejos y olvidara lo que alguna vez hubo entre los dos. Don Rodrigo, dándose cuenta de que no podría hacerla desviar su camino, sintió que el corazón le estallaba en mil pedazos. Se alejó del sagrado recinto. Llamó a sus hombres y volvió al mar para nunca más alejarse de él.

Hoy, cuando la tempestad golpea las costas campechanas en el cordonazo de San Francisco, puede oírse allá a lo lejos un quejido que con dolor infinito parece atravesar el aire. Las viejas aseguran que es el ánima del pirata, que sigue llorando el perdido amor de Margarita.

Fantasma de Juan de la Cadena Frigueros. Había hace ya muchos ayeres al norte de la ciudad de Morelia un pequeño pueblo llamado De los Urdiales. En el lugar vivía don Pedro de la Coruña, conde de la Sierra Gorda, acompañado de su hija doña Luz de la Coruña, que era un dechado de virtudes: bella, de grácil figura, alma pura, con una serenidad que provenía de la paz de su espíritu y perfectamente apta para llevar un hogar. Don Juan de la Cadena Frigueros, administrador de la hacienda, cayó perdidamente enamorado de doña Luz. El amor que por ella sentía no le impidió darse cuenta de que para aspirar a su mano era necesario poseer una fortuna por lo menos igual a la de su amada. Con ese propósito en mente se dedicó en cuerpo y alma a formar un caudal sin que le importaran los medios. Así, sembraba y aprovechaba las fluctuantes condiciones del mercado para vender al más alto precio; la ganadería también le aportó ganancias significativas, pero el rédito fue su más cuantiosa fuente de ingresos: prestaba dinero a intereses estratosféricos y terminaba por quedarse con las propiedades o joyas dejadas en prenda.

De este modo, don Juan logró amasar un importante capital, confiado se acercó a don Pedro y solicitó la mano de doña Luz. Don Pedro simplemente se negó y no hubo poder humano capaz de hacerlo cambiar de opinión. Don Juan sintió una profunda tristeza que acabó por llevárselo a la tumba. Sus herederos más rápido que pronto vendieron todo y regresaron a España.

La Casa del Usurero, como se conocía el hogar de don Juan, quedó abandonada y perfectamente cerrada. Empero, en las noches en que la tempestad azotaba con singular furia sus paredes, el portón del zaguán se abría chirriando sus herrumbrosos goznes. De la oscuridad emergía el ánima de don Juan montado en un blanco corcel, avanzaba y claramente se oían los cascos del caballo golpeando el empedrado. De lo profundo de su garganta surgía un grito gutural: "¡Vengan por su medio! ¡Vengan por su medio!" Obviamente, nadie acudía al fúnebre llamado y los vecinos ni tardos ni perezosos cerraban puertas y ventanas. Una hora duraba el paseo del espectro. Después, parsimoniosamente, regresaba y entraba a la tétrica casona. La puerta se cerraba despacio y el espíritu desaparecía para tranquilidad de los aterrados lugareños.

Fantasma del Callejón del Truco. La ciudad de Guanajuato cuenta entre sus atractivos turísticos más famosos con toda una galería de fantasmas que habitan sus añejos callejones. Uno de los más célebres es el ánima de don Ernesto que aún hoy anda purgando una condena por apostar a su esposa en un juego de cartas con el mismísimo Diablo.

En el Callejón del Truco, por las noches puede observarse la sombra de un hombre ataviado con antiguas ropas. Su capa ondea al soplo del aire y un sombrero de ala ancha permite entrever una faz desencajada y blanca como la cera. En lugar de ojos, su cara muestra un par de chispas rojizas capaces de congelar de espanto al más valiente. Apresurado, se mueve a lo largo de la calle, pegándose a las paredes para esfumarse, sin dejar rastro alguno, a los pocos momentos.

Fantasma de la calle Filomeno Mata. En el centro de la Ciudad de México existe una bien conocida calle de nombre Filomeno Mata. En ella se encuentra el Club de Periodistas, donde antaño estuvo el Archivo. Una vez al mes, puntualmente hace su aparición un soldado. El hecho no resultaría asombroso si no se tratara de un militar vestido con el uniforme oficial federal utilizado en la época de Porfirio Díaz. El soldado monta guardia en el lugar, y dirige su mirada al frente sin que nada lo perturbe o distraiga. Camina en línea recta y atraviesa el patio, rifle en hombro, y desaparece en los pasillos para regresar el próximo mes al mismo lugar y a la misma hora.

Fantasma de la calle Obregón. En la ciudad de Saltillo (Coahuila), por la calle Obregón, cerca de la iglesia de San José, existe una casa abandonada desde hace ya muchos años. Quienes se han asomado a su interior cuentan que las paredes están cubiertas de crucifijos e imágenes religiosas como resultado de los terribles sucesos que ahí acontecieron.

Hará unos 30 años, una familia llegó a habitar la casa. Al principio todo fue bien y los nuevos vecinos estaban encantados con el lugar. Sin embargo, al poco tiempo la señora empezó a escuchar voces que le pedían ayuda. Primero no le dio demasiada importancia porque las creyó fruto de su imaginación; empero, la insistencia de las voces terminó por asustarla. Atemorizada, preguntó a la voz qué quería, si podía ayudarla en algo y la voz le contestó que en esa casa había dinero, que acudieran a las dos de la madrugada a uno de los cuartos y oraran por su alma atormentada. La señora de inmediato comentó lo sucedido a su esposo quien, presuroso, acudió a un sacerdote que se prestó a acompañarlos. Esa noche, a la hora señalada, se reunieron. De pronto, las luces empezaron a titilar para apagarse definitivamente. En una esquina de la habitación surgió una luz roja tan brillante como una brasa. Interpretándolo como una señal empezaron a cavar. De repente, se escuchó un tronido fortísimo y un lamento que les erizó los cabellos y puso su carne de gallina. Del rincón emergió una negra silueta que con lentitud abandonó el cuarto. La señora no pudo controlar su terror ni un minuto más y salió corriendo con su pequeño en brazos. El sacerdote bendijo la casa, hizo instalar cruces en las paredes y se cerró para siempre.

Aunque muchas veces se ha intentado vender la propiedad o rentarla, los interesados que la visitan no vuelven más.

Hoy, a tres décadas de los sucesos, los vecinos aseguran santiguándose que por las noches se ve pasar un hombre vestido de negro por toda la casa, con la confianza de aquel que se sabe dueño del lugar.

Fantasma de la Casa de Cañitas. En la calle conocida con el nombre de Cañitas (Ciudad de México) se ubica una vieja casa que ha alcanzado notoriedad por los trágicos sucesos que en ella acontecieron.

En 1982, tres jóvenes, con la idea de comunicarse con un espíritu del más allá, decidieron utilizar la ouija. Los resultados fueron funestos. Posesiones, extraños accidentes, olores nauseabundos y apariciones empezaron a darse en forma continua. Desesperados, recurrieron a un sacerdote para que bendijera la casa. El religioso se presentó en el sitio y empezó a bendecirlo. La extraña entidad que para entonces se había afianzado en la casa, resintió la intromisión. La temperatura descendió bruscamente, una terrible fetidez inundó el ambiente, las puertas se azotaron, los vidrios se estremecieron mientras por doquier se oían rasguños. El sacerdote rezaba y al parecer tuvo éxito, porque las cosas regresaron a la normalidad. Sin embargo, el párroco falleció al poco tiempo al caer por las escaleras de la iglesia.

Los sucesos parece que toman nuevos bríos. Un espectro vestido con una especie de viejo hábito se pasea flotando por las habitaciones. Sus manos, huesudas y largas, semejan garras y una nube de cabellos grises ocultan su rostro.

Los habitantes de la casa buscan ayuda y se llevan a cabo numerosas limpias. Un interesado en el caso que desarrolla una investigación sobre el lugar les explica que son objeto de una especie de maldición que volverá a torturarlos nuevamente en 10 años. Y así fue. Los fenómenos se reinstalan en la casa y empiezan a cobrar nuevas víctimas. Por supuesto, los dueños han intentado vender la propiedad, pero los esfuerzos resultan inútiles.

Hoy ya son 13 las personas vinculadas con la Casa de Cañitas que han muerto: Fernando, Jorge, Emmanuel y Sofía que utilizaron la ouija; el sacerdote que bendijo la casa; Memo, quien en

un arranque de desesperación retó a la maligna entidad; Polo, quien se llevó tremendo susto al ser amenazado de muerte por el espectro; el psíquico Sergio, que sufrió un derrame cerebral al finalizar una sesión espiritista; Francisco; Miguel quien murió atropellado al salir corriendo despavorido de la casa; Antonio, que puso fin a sus días arrojándose a las vías del metro, y Nancy, una investigadora que se suicidó.

Aunque los fenómenos en la Casa de Cañitas han disminuido, su dueño no se confía y vive a la espera de que el ente se manifieste de nuevo para, esta vez, poder enfrentarlo y acabar con la temida maldición.

Fantasma de la Casa de Los Condes de Alvarado. En la ciudad de Querétaro, cercano a Santa Ana, había un viejo caserón de unos 300 años de antigüedad. Sus dos pisos, ocho balcones y tres enormes zaguanes lo distinguían del resto de las viviendas.

Ahí vivió, hace ya mucho tiempo, doña Josefa Camacho, una viuda acaudalada que se hacía acompañar sólo de sus mascotas. La mujer únicamente salía a la calle los domingos a misa y si necesitaba algo lo resolvía desde alguno de los balcones.

No faltaron los ambiciosos que atraídos por sus riquezas decidieron robar el lugar. Una noche, para ser exactos el 26 de enero de 1884, los ladrones entraron, se embolsaron lo que pudieron y, ante la negativa de la viuda a confesarles dónde estaba el resto del dinero, le cosieron el cuero a puñaladas y la ahorcaron. El sangriento suceso conmovió a toda la sociedad y la policía, por más esfuerzos que hizo, fue incapaz de atrapar a los culpables.

La casona quedó abandonada. Al poco tiempo empezó a correr de boca en boca que por las noches el espectro de doña Josefa, lleno de sangre y con marcas de dedos en el cuello, subía a la azotea y con gritos destemplados exigía el castigo de los homicidas. La macabra aparición sembró el espanto en los vecinos durante años y sólo cuando la propiedad fue fraccionada y convertida en nuevos edificios el espíritu de doña Josefa desapareció para nunca más volver.

Fantasma de la Casa del Arrabal. En la época colonial, en el municipio de Linares (Nuevo León), vivía la familia Zúñiga Lascain. Su riqueza era bien conocida por todos y la hacienda de su propiedad era de una belleza incomparable. En medio del monte parecía un jardín del Edén de tan llena de árboles y flores fragantes.

La familia tenía varias hijas casaderas. Una de ellas, que no era precisamente una beldad, se enamoró perdidamente de un joven que le bajó la luna y las estrellas. Los muchachos decidieron casarse.

El día de la boda, aprovechando que todos los presentes festejaban contentos y brindaban sin parar, el joven se introdujo a la casa y, sin recato alguno, se robó las joyas de la familia. Las alhajas eran tantas que se le salían de las bolsas y su hurto no pasó inadvertido. La joven, tremendamente dolida al darse cuenta del tipo de alacrancito que se había echado al pecho, fingió ternura y se acercó a su esposo. Le sugirió que dejara las joyas ya que ella le mostraría un sinfín de riquezas. El ladronzuelo, picado en su ambición, siguió a la desposada a los mezquites. Ahí, ella con voz insinuante le sugirió que se entregaran a los placeres maritales antes de enseñarle los tesoros. El recién casado aceptó feliz. Y en pleno acto de amor la mujer despechada lo asesinó. Instantes después ella también caía muerta.

Dicen los lugareños que aún hoy el ánima de la muchacha sigue vagando por el lugar. Infatigable busca a alguien con agallas que desentierre el tesoro para, alcanzar, por fin, el descanso eterno.

Fantasma de la Cruz de Culiacán. Hay amores que nacen malditos y están condenados desde un inicio a la tragedia. María, hija de un indígena bien conocido por dedicarse a la hechicería, vivía casi encerrada en su casa situada en lo alto del cerro Culiacán (Guanajuato). Su padre, quien no sentía por los blancos más que odio y desprecio, le prohibió expresamente acercarse a ellos y mucho menos establecer cualquier tipo de relación. Sin embargo, como en el corazón no se manda, las órdenes del padre fueron ignoradas por María, quien se enamoró irremisiblemente de Pedro Núñez y se unieron en sagrado matrimonio. Como era de esperarse, el padre no podía perdonar tamaña ofensa y muestra de desobediencia por parte de su hija. Cierto día un campesino del lugar que había ido por agua al río Lerma casi muere de la impresión al encontrar el cadáver de María. Al mirar a su alrededor en busca del culpable pudo ver a un indio huir y dirigirse al cerro. El labriego lo siguió y al llegar a la cima lo único que pudo ver fue cómo las llamas devoraban la choza del anciano.

A partir de la noche siguiente, en lo alto del cerro oíase un llanto que trasmitía la más honda tristeza; sollozos llenos de dolor y ayes prolongados surcaban el aire. Una figura fantasmal de mujer se paseaba por el sitio y en su andar se percibía una profunda pena. Noche a noche durante más de 20 años la aparición sembró el espanto en los vecinos. Y no fue sino hasta que un fraile instaló una cruz en la cima del cerro cuando la aparición cesó, quizá porque se dio cuenta de que su penar era inútil o las oraciones del sacerdote le permitieron encontrar por fin la luz.

Fantasma de La Escondida. El norte de la República ha alcanzado renombre, entre otras razones, por el gran número de ricas minas que ahí se encuentran.

El mineral de La Escondida (Sonora) era, sin duda, uno de los más fructíferos. En el lugar vivía Carmen, "La Gitana", una atractiva mujer de sinuosas formas y cascos ligeros que no dudaba en compartir su cama con quien pagara por ello. Obviamente, muchos mineros acudían con "La Gitana" para gozar de sus favores. Sin embargo, ella se daba a desear y no aceptaba a cualquiera.

Carlos Aguirre, un contratista de la mina, más de una vez intentó acercarse a "La Gitana"; empero, ella siempre se negaba a pesar de las jugosas ofertas que le hacía Carlos.

Carmen se enamoró perdidamente de Eduardo, un joven atlético, de rostro bronceado, ojos dulces y con la sonrisa más bella que hubiera visto nunca. A una sola palabra de él, ella hubiera estado dispuesta a todo, incluso a dejar su fructífera ocupación.

Carlos, molesto por la indiferencia de la mujer, se dio cuenta de que ella amaba a Eduardo y, por tanto, jamás le daría su amor. Empezó entonces a fraguar su venganza. Como trabajaba en el nivel 700 y ese día habían faltado varios hombres, solicitó la presencia de otro minero para que lo ayudara. Vaya usted a saber si fue la suerte o el destino, el caso es que Eduardo fue asignado a trabajar con Carlos. Era la oportunidad perfecta. Carlos llamó a Eduardo y le dijo que fuera a buscar cierto material que había olvidado. Lo que el joven ignoraba es que en el sitio a que se dirigía el contratista había puesto una carga de dinamita. El estallido cimbró la mina. Los trabajadores empezaron las labores de rescate. Tras numerosos esfuerzos dieron con el lugar de la explosión y sus ojos no pudieron evitar llenarse de lágrimas al contemplar lo que quedó del joven.

Carmen nunca dejó de sospechar que Carlos había sido el responsable y abandonó el lugar para siempre.

A partir de esa fecha, cosas extrañas empezaron a suceder en el mineral. Había quien podía jurar sobre la *Biblia* que al estar trabajando sentía cómo una mano le detenía la barrena; otros aseveraban que les apagaban las velas o les escondían sus herramientas; más de uno afirmaba haber escuchado un hondo suspiro como si alguien sufriera una terrible pena; algún minero sostenía que había visto el ánima de Eduardo pasearse por el lugar y otros más estaban seguros de oír cómo una mecha chisporroteaba sin que nunca hubiera explosión alguna.

Fantasma de La Faraona. Hace ya bastantes años existió en Tijuana (Baja California) el Casino de Agua Caliente. Su fundador, decidido a convertirlo en el más bello y famoso, hizo traer de todo el mundo mobiliario, plantas, adornos y aves para decorarlo. El resultado fue magnífico y rápidamente se convirtió en el lugar favorito de diplomáticos, artistas y gente importante que disfrutaba no sólo de los juegos de azar, sino también de la excelente variedad que se presentaba noche a noche.

La Faraona, bailarina de belleza incomparable, se transformó casi de inmediato en la consentida del público, que aplaudía fervoroso cada una de sus actuaciones. A pesar de que La Faraona contaba con un sinnúmero de pretendientes, ella sólo tenía ojos para un caballero inglés que, conocedor de las artes de seducción, había robado su corazón. Engañada por las palabras del vividor, La Faraona no dudaba en entregarle todo su dinero y, poco a poco, fueron formando una fortuna considerable. El inglés la convenció de casarse e irse lejos a vivir libremente su amor. La mujer, enamoradísima y sorda a cualquier argumento, aceptó encantada. Ambos guardaron lo que para ese momento ya era un tesoro, en un baúl cuya llave el hombre escondió para posteriormente dormirse. La dama aprovechó la situación y trabajosamente se llevó el cofre a un escondite secreto.

Al despertar, el pérfido inglés se percató de lo sucedido. La rabia hizo presa de él. Desesperado y con el rostro transfigurado por la furia, buscó su pistola y, al no hallarla, decidió matar con sus propia manos a "su amada". Sin embargo, se dio cuenta de que era una locura lo que hacía, que si mataba a la bailarina nunca sabría donde había escondido el dinero y, haciendo acopio de paciencia, se tranquilizó. La Faraona estaba destrozada. No podía creer que aquel que le había jurado amor eterno no era más que un maldito mentiroso que la había usado para garantizar su futuro económico. Desolada, tomó dos copas de licor y vertió un poderoso veneno en ellas sin que el pérfido extranjero se enterara. Fingiendo arrepentimiento, le ofreció la bebida y ambos brinda-

ron. La Faraona cayó muerta. El inglés, captando en el acto lo sucedido, salió pidiendo ayuda a gritos y, gracias a la oportuna intervención de un médico, pudo salvar la vida.

Del inglés nunca volvió a saberse nada. Abandonó el casino sin que nadie supiera adónde dirigió sus pasos.

Hoy, el casino ha desaparecido. En sus terreno se ubica el Instituto Politécnico. Empero, en las noches en que la lluvia refresca el sitio, aparece el fantasma de una mujer ataviada de blanco que pausadamente recorre los jardines en busca de alguien que tenga las agallas de seguirla y descubrir el tesoro que no pudo disfrutar en vida a causa de una dolorosa traición.

Fantasma de La Filarmónica. "Aquella hermosa mañana de mayo de 1600, todo era entusiasmo y alegría en la Quinta llamada 'Villa de Rosas', pues era esperada con ansia la llegada de sus nuevos moradores el Bizarro Capitán D. Jorge Treviño de Bañuelos y su bellísima esposa Perla Santini, hija de un músico italiano que acababa de morir en Veracruz.

La única condición que había puesto la gentil desposada, para dejar aquellas hermosas tierras y venirse a vivir a esta 'barranca', fue que viviría alejada de toda sociedad por razón a su luto. Y el enamorado esposo le mandó a construir la 'Villa' a extramuros de la naciente ciudad.

Estaba construida en medio de un jardín todo cubierto de rosas; de ahí tomó este poético nombre, una fuente de cantera rosa primorosamente labrada cuyos surtidores murmuraban dulcemente y en torno muchas palomas blancas completaban el paisaje. Los salones majestuosamente amueblados al estilo de aquella época y en el salón principal un hermoso piano, porque la joven señora amaba con pasión la música. En fin, la mansión era un estuche digno de tan hermosa 'perla'.

Cuando la litera llegó frente a la quinta, se abrió la verja de hierro forjado y salieron en tropel los amigos a recibir a los desposados; los subordinados y la servidumbre esperaban formados en las enarenadas calles del jardín y por entre ellos entraron los jóvenes seguidos por su cortejo y pisando sobre una alfombra de hojas de rosas.

Perla agradeció emocionada las muestras de cariño de sus amigos y servidores y tuvo para todos palabras dulces y sinceras; y en su corazón prometió ser feliz y hacer la felicidad de todos los que la rodeaban.

Al día siguiente las risas cristalinas de Perla se escuchaban por toda la quinta y su voz maravillosa acompañada del piano cantaba bellas canciones de su país. El Capitán se creía transportado al paraíso.

Mas su dicha fue de corta duración. Un mes después el enamorado esposo fue llamado a combatir a los indios Juchipiles que se habían amotinado y tuvo que partir con el corazón destrozado dejando a Perla sumida en la mayor desesperación. Dejó un guardia al mando de un amigo muy adicto que le juró cuidar celosamente de su 'tesoro'.

Las risas no volvieron a escucharse, ni las canciones; una muda desesperación se apoderó de Perla y sólo el piano era su única distracción pero sus melodías eran tristes como su alma.

En vano sus amigas trataron de distraerla y la invitaban a ir a vivir con ellas a la ciudad; rechazó todas las ofertas y cerró la quinta a todos; sólo su servidumbre compuesta de nativos tan callados y tristes como ella eran sus únicos acompañantes. Se pasaba los días sentada en el amplio ventanal haciéndose la ilusión de que en el horizonte veía la gallarda silueta de su amado…

En sus largas noches de insomnio, se sentaba al piano y tocaba hasta el amanecer, los centinelas y los pocos caminantes que pasaban por ahí la creyeron loca, y empezaron a llamarla 'La Filarmónica'.

Una noche que tocaba como nunca el 'Claro de Luna', se interrumpió la bellísima melodía para no volver a empezar, el sargento de la guardia se extrañó de esto, ya que estaba acostumbrado a oírla tocar toda la noche. Al día siguiente, su camarera la encontró muerta sobre el piano, como un lirio tronchado por el vendaval.

Días después, llegó la noticia de que 'el Valeroso Capitán D. Jorge Treviño de Bañuelos había perecido en un ataque de los indios sublevados'. La fecha y hora coincidían con la muerte de su adorada Perla.

Los parientes del Capitán heredaron sus bienes, sólo la Villa nadie la quiso ocupar por un temor supersticioso, así quedó abandonada, los rosales se agotaron, los pájaros y las palomas huyeron. Los caminantes que pasaban en viaje nocturno hacia las minas aseguraban que después de la medianoche, se iluminaba el ventanal y una música maravillosa se escuchaba, hasta que al rayar el alba se apagaba la luz y un tristísimo lamento repercutía hasta muy lejos.

El nombre de Villa de Rosas quedó olvidado, ahora le siguen llamando La Filarmónica" (Rubén Flores Villagrana, *Recuerdos de mi barranca. Leyendas de Zacatecas*, págs. 7-10).

Fantasma de la niña que murió de tristeza. Los habitantes de la hermosa ciudad de Querétaro cuentan que en el parque, por las tardes, suele aparecerse la figura translúcida de una joven que viste de blanco y que recorre los jardines como si flotara.

Los que conocen su triste historia saben que esta ánima corresponde a la de una chica que, años atrás, vivió en una casa cercana. La jovencita era hija única y sus padres, por alguna razón, no permitían que asomara ni la nariz a la calle. Era tal su obsesión, que le pusieron maestros particulares para que ni siquiera tuviera la necesidad de acudir a la escuela. El encierro y la soledad, poco a poco, fueron llenando de tristeza a la joven. Cierto día, los progenitores salieron de viaje y, al regresar, se toparon con que la adolescente había muerto de melancolía. A partir de ese día terrible, el alma de la adolescente empezó a aparecer en el parque cercano quizá con la esperanza de encontrar los amigos que no pudo tener en vida.

Fantasma de la piedra de Julualpan. A escasa distancia de la ciudad de Colima, por el lado noroeste, hay un cerro largo y de altura considerable conocido como Julualpan. En él se halla una enorme roca junto a la cual acostumbra hacerse presente el fantasma de una mujer que porta blancas vestiduras y en cuya cabeza ostenta una hermosa mitra. Desde la altura, la aparición dirige su mirada hacia el horizonte y permanece ahí largo rato. Incluso, muchas veces, se queda en el sitio hasta que el sol, cansado de recorrer el firmamento, se esconde. Dicen que esta ánima es la encargada de vigilar y proteger las supuestas riquezas que existen en una antigua tumba que se encuentra en el lugar y que perteneció a un rey mexicano de nombre Ix.

Fantasma de la Presa de los Santos. Allá por el último tercio del siglo XVIII, en la ciudad de Guanajuato vivía un apuesto mancebo bien conocido por sus andanzas galantes así como por su destreza en el manejo de la espada.

El hombre era un don Juan en toda la extensión de la palabra: no había joven casadera que no hubiera sido objeto de sus galanteos y hasta algunas casadas, si no estaban de mal ver, se contaban entre sus conquistas.

Pues bien, el apuesto varón posó sus ojos en una respetable dama de sociedad que estaba felizmente casada con un personaje importante de la ciudad y con el cual había engendrado dos hermosos hijos. El galancete, indignado por la indiferencia de la señora, que no sólo no respondía a sus cortejos sino que ni siquiera se dignaba a dirigirle la mirada, empezó a urdir un plan para hacerla engrosar la relación de sus conquistas. Así, se acercó a una de sus sirvientas y haciendo gala de seducción y de unas cuantas monedas, la convenció para que lo ayudara. La ambiciosa traidora, ni tarda ni perezosa, vertió en los alimentos de su ama un poderoso somnífero y, cuando ésta cayó en profundo sueño a consecuencia de la sustancia, dejó abierta la puerta de sus aposentos. El don Juan aprovechó de inmediato la oportunidad, entró en la recámara y, sin la menor compasión o culpa, hizo suya a la mujer.

Al despertar, la señora se percató de la abominable vejación de la que había sido víctima. La vergüenza y la indignación se apoderaron de su alma. Desesperada y no pudiendo soportar la humillación que implicaría hacer público el hecho, prefirió poner fin a sus días a través del veneno. A partir de ese momento, allá cerca de Marfil por el rumbo de la Presa de los Santos, se aparece el ánima de la dama. Su figura fantasmal vaga por las calles y se dirige hacia la parroquia de Marfil. Ahí, se hinca en el comulgatorio e inclina la cabeza en actitud de oración. De las sombras emerge la figura de un sacerdote quien enérgicamente se niega a darle la comunión y la echa del lugar sin contemplaciones. El fantasma, doliente y atormentado, sale del sagrado recinto para regresar al que alguna vez fue su hogar, y a la noche siguiente repetir la rutina a la espera de que esta vez pueda por fin obtener el perdón ansiado.

Fantasma de la Presa de Santa Ana del Conde.

Transcurrían los sesentas
de la centuria pasada,
cuando en Santa Ana del Conde
la presa se desbordaba
muy a menudo, causando
males sin cuento y desgracias.
Hoy eran muchos los muertos,
muchos heridos, mañana;
nadie podía hacerle frente
a la furia de las aguas.
Mil remedios se ponían,
mil soluciones se daban,
más ninguna contenía
a la Presa de Santa Ana.
Por esos años vivía
en la hacienda legendaria,
un labrador muy pacífico
de mirada buena y lánguida.
Por nombre, aquel caballero

el de Don Luis ostentaba,
y por único tesoro
con amor sin par guardaba
a un infante, Ricardito,
y a su esposa, fiel y honrada.
Su mujer, doña Simona,
era cual luz de mañana:

ojos negros, piel morena
y labios color de grana.
Ricardito, el tierno infante,
la alegría de la casa,
era un niño rubio y blanco
de alma transparente y diáfana.
Al derramarse la presa,
las compuertas derribaba
acabando con la vida
de todo aquel que pasaba.
¡Pobre Santa Ana del Conde!
¡Hay mucho duelo en Santa Ana!
Del lado allá de la presa,
a la hacienda de Santa Ana
no faltó quien propusiera
el que fuera trasladada…
Un año había transcurrido
y ocurría una cosa extraña:
aún después que se hizo el cambio,
el agua se desbordaba.
De nada valían los rezos
de la gente, que las aguas
no respetaban la vida
de la gente de Santa Ana.
Se juntaron los vecinos
una cálida mañana,
y para encontrar un remedio
así lo deliberaban:

—¡Se necesita un tesoro
para detener las aguas!
—¿Un tesoro por la Presa?
—¡Un tesoro por Santa Ana!
(Porque antaño se creía
que todo mal acababa
emparedando un infante
o alguna virgen sin mácula;
las compuertas de las Presas
o los muros de las casas,
quedaban bien protegidos
por la pureza del ánima.)
—¿Pero… a quién recurriremos?
—¡A don Luis! —se contestaban.
Y allá se fueron las gentes
y a don Luis así le hablaban:

—¡Mire usted, don Luis; que venda
a Ricardo, por su ánima!
—¡No lo vendo ni hoy ni nunca
ni jamás! —él contestaba…
Y viendo aquellos vecinos
que don Luis se los negaba,
hubo planes de obligarlo
con el vino que tomara.
Y por fin, un claro día,
del verano una mañana,
a don Luis, con vino tinto,
lo hicieron que se embriagara.
Se lo llevaron muy lejos
repitiéndole la instancia:

—¡El tesoro, por la Presa!
—¡A Ricardo por Santa Ana!
Y sin embargo, aquel hombre,
en su delirio, negaba.
Pero fue tanta y tan recia
de los otros la palabra,
que dijo:

—Voy a mi casa
y si en ella está Simona,
no cuenten, no, con el ánima;
mas si mi esposa se encuentra
ahora fuera de la casa,
les traigo al niño en seguida
y me dan el oro y la plata.
Y se fue don Luis a verlo;
iba beodo por su casa,
y al llegar ¡dolor! ha visto
que su esposa allí no estaba.
Tomó al niño Ricardito
y así, casi lo arrastraba
y lo llevó con los hombres
que le dieron oro y plata.
Los mismos hombres aquellos
la bóveda hicieron rápida,
poniendo allí a Ricardito
que ingenuamente lloraba,
con unos dos o tres panes
y una jarrita de agua.
Los adobes van cayendo
entre alegres carcajadas;
colocan después la piedra
y luego ponen la lápida.
Y Simona, mientras tanto,
a su casa regresaba;
los vecinos le dijeron
lo que a su niño pasaba.
¡Cómo corre aquella madre

hacia la bóveda extraña!
¡Cómo llora y cómo grita
con llanto que parte el alma!
Y luego refriega el rostro
con las piedras de la lápida,
y se mesa los cabellos
y de las manos sangra.
¡Qué diera entonces Simona
por morirse allí en Santa Ana!…
Y se cuenta desde entonces
que en las noches sosegadas,
cuando en la Presa se escucha
el murmullo de las aguas,
trémula, triste y doliente
se oye la voz del fantasma,
que no es otro que aquel niño,
el del alma pura y blanca,
que grita desde la tumba
con su boca putrefacta.
Es la voz ultraterrena
del Tesoro de Santa Ana…

(*Girones de tiempo. Crónicas, sucedidos y anécdotas del ayer*, págs. 75-78).

FANTASMA DE LA PRINCESA SONOT. Unos cuatro
siglos atrás, en Sonora, había un pueblo ópata
en el que la felicidad era cosa de todos los días.
Pichicho, su rey, gobernaba con mano firme y
corazón noble a sus súbditos y éstos no dudaban
en servirlo y de ser necesario seguirlo hasta los
mismos confines del universo. Pichicho tenía una
hija cuya belleza traspasaba las fronteras de su
reino; su nombre: Bahehueche. Sonot, como cariñosamente la llamaban, no sólo era de hermosura
sin igual, sino además un auténtico dechado de
virtudes. Obviamente, todos los jóvenes aspiraban
a su mano, pero la princesa se negaba a aceptar
cualquier proposición de matrimonio: ella aspira-
ba a un amor distinto, a un amor muy diferente del
que podían ofrecerle sus pretendientes.
Cierto día, cuando la princesa había acudido a
un cercano manantial a bañarse, de pronto oyó un
ruido. Cubrió su desnudez con un lienzo y curiosa
atisbó los alrededores. De atrás de un árbol salió
un hombre. Sonot nunca había visto un varón de
esas características: quedó asombrada por su
blanca piel, sus cabellos color de sol y unos ojos
tan azules como el cielo mismo. El apuesto caballero vestía de extraña forma y su actitud demos-
traba gran audacia. Éste fue el primero de muchos
encuentros más.
En el corazón de Sonot y Fernando de Peralta el
amor surgió a borbotones. Día a día, noche a no-

che, los amantes se reunían y se acariciaban con las más dulces palabras. Pero desafortunadamente la felicidad no es eterna. Fernando fue llamado por Nuño de Guzmán y se aprestó a una peligrosa misión. La separación desgarró sus almas. Fernando prometió a la princesa que pronto volvería y entonces podrían unir sus vidas para siempre.

Pasó el tiempo y el regreso ansiado no se daba. Pichicho, ya a estas alturas bastante molesto por las negativas de su hija a contraer nupcias, decidió pasar por alto la voluntad de la muchacha y la comprometió con un valeroso noble de la región. Sonot lloró, gritó, rogó, pero fue inútil: su padre no estaba dispuesto a transigir.

Un día, el más triste en la vida de la princesa, llegaron unos extranjeros a su pueblo. Uno de ellos entregó a la joven una cadena de oro de la que pendía una cruz del mismo material. Era el último adiós de Fernando quien, antes de morir, había pedido a uno de sus compañeros que entregara a Sonot ese recuerdo de su amor.

La princesa se sintió desfallecer. Los días habían perdido su belleza y ni el agua del manantial ni el canto de los pájaros le daban ya felicidad alguna. Deprimida, decidió aceptar las órdenes de su padre y empezaron los preparativos nupciales. Un día antes de la boda, la joven acudió al lugar donde había conocido a Fernando. Observó las tranquilas aguas. Se acercó a ellas. Poco a poco, entró en el manantial y, pronunciando el nombre de aquel que tanto amor le había dado, se hundió para siempre en el transparente líquido. La muerte, solícita, llegó para acunar a Sonot.

Desde entonces, cuando el cielo se tiñe de rojo y el sol se oculta tras los montes, dos siluetas, de hombre y mujer, emergen de las tranquilas aguas y entrelazadas parecen flotar y alejarse lentamente rumbo a un mejor lugar.

Cien años después de aquella tragedia, de la que aún hoy se tiene memoria, un sismo acabó con el manantial y las almas de los amantes nunca más volvieron a aparecer.

Fantasma de la Secretaría de Hacienda. Se dice por ahí que los trabajadores del turno de la noche de las oficinas de la Secretaría de Hacienda, ubicadas en la colonia Narvarte (D. F.), han sido varias veces testigos de extraños sucesos.

En el pasillo del comedor aparece un pequeñín de unos cuatro o cinco años de edad; su cabello es güerito y lleva un pantalón azul. Cuando alguien se topa con él, juguetón le avienta su pelota roja y hace señas para que se la devuelvan. Después, desaparece con pelota y todo.

Este pequeño, en ocasiones, juega travesuras a quienes trabajan o están cerca de las computadoras, ya que su carita se refleja en los monitores que se encuentran al fondo de la oficina y cuando el sorprendido testigo se da vuelta advierte que está completamente solo.

Cuentan que este fantasmita es el de un niño que murió hace varios años. En aquel entonces había un jardín de niños junto a la Secretaría, y por las noches solían prenderse las cercas electrificadas que separaban ambos lugares. Un día, por un descuido terrible, se olvidó apagar la cerca y un infante que jugaba a la pelota murió electrocutado al tratar de recuperarla. A partir de entonces el fantasma del chiquito empezó a presentarse en las oficinas ignorando, posiblemente, que ya no pertenece a este mundo.

Fantasma de la tía Juana. Al llegar la madrugada, de la Poza de Agua Caliente (Baja California) surge una figura fantasmal vestida de blanco. Su larguísima cabellera se mueve al soplo del aire, mientras ella se desliza suavemente en la neblina. Con lentitud se desplaza entre las construcciones de la zona hasta llegar a la Plaza de Santa Cecilia. Ahí detiene su andar y con una mirada melancólica observa el sitio donde antaño estuvo su casa. Después, se esfuma sin dejar rastro alguno.

Esta aparición, dicen los lugareños, no es más que el alma en pena de doña Juana de la Peña, marquesa de Villapuente, quien fue una de las más nobles misioneras de las Californias y que murió en 1769.

Fantasma de la torre. Cerca del antiguo pueblo de Tlaquiltenango, en el estado de Morelos, están los restos de una antigua torre que se construyó por órdenes de Hernán Cortés con el objetivo de vigilar su hacienda ganadera.

Los vestigios de la construcción no pasarían de ser una más de las ruinas coloniales que llaman momentáneamente la atención si no fuera por el fantasma que ahí se alberga. Dicen, los que lo han visto, que es un joven de largos cabellos vestido a la usanza española que, con paso marcial, recorre la parte más alta de la torre lanzando brillantes destellos de su pecho. La aparición, noche tras noche, cumple con su deber de vigilar desde las alturas una hacienda que hace ya mucho, mucho tiempo dejó de existir.

Fantasma de Pandice. Desde lo alto del Baluarte de San José, hoy en ruinas, se puede ver un paisaje que llena de gozo las pupilas. A sus pies se encuentra la antigua ciudad de San Francisco de

Campeche y cerca de ahí puede verse el camino real antaño muy transitado.

Hacia 1882 llegó al lugar un hombre ya entrado en años que decidió instalarse en el Baluarte. Las malas lenguas, siempre dispuestas a encontrar explicación a todo, especulaban que se trataba de un hombre que había decidido hacer penitencia para lavar el gran número de pecados que había cometido. Otros, menos fantasiosos, decían que era un pobre diablo. En fin, el chiste es que poco a poco los vecinos fueron acostumbrándose a su presencia.

Sábado a sábado, el viejo se dirigía al pueblo a pedir caridad diciendo: "Un pan... dice... señora." Los vecinos, conmovidos por su triste aspecto, le daban panes, fruta, ropas y, si andaba de suerte, hasta unas cuantas monedas iban a dar al fondo de su alforja.

La frase que entonaba para pedir limosna derivó en apodo y así fue conocido por todos como Pandice. La gente del lugar terminó por considerarlo un vecino más.

En cierta ocasión, llegó el sábado y Pandice no apareció. A todos causó extrañeza su ausencia, pero, asumieron que vendría a la siguiente semana. Sin embargo, no fue así. Los pobladores, ahora sí verdaderamente preocupados, decidieron formar un pequeño grupo e ir a investigar qué pasaba. Acudieron al Baluarte sólo para comprobar que Pandice había muerto. Consternados, dieron sepultura al mendigo.

Sin embargo, tal parece que Pandice no estaba dispuesto a abandonar el sitio en el que había pasado sus últimos días. Y así, todavía hoy puede verse su fantasma recorriendo las ruinas al atardecer mientras murmura: "Un pan... dice... señora... un pan... dice."

Fantasma de sor Juana. El capitán don Tristán de Avellaneda, integrante de la guardia personal de Carlos V en España, estaba de visita en nuestro país. El caballero se enamoró perdidamente de doña Claudia de Madrazo y ella le correspondió con igual intensidad. Así, don Tristán decidió comunicar al virrey don Luis de Velasco sus intenciones matrimoniales con la joven, ya que ella era una de las damas de la virreina. Obviamente, el virrey recibió encantado la noticia.

Sin embargo, don Fabio de González, hijo de un importante oidor, no estaba dispuesto a que esa relación prosperara ya que él también se sentía atraído por doña Claudia y estaba decidido a utilizar cualquier medio para impedirlo.

El día de la boda llegó. Los invitados y doña Claudia esperaban ansiosos al novio. El tiempo pasaba y don Tristán no aparecía. De pronto, irrumpió en la mansión un alguacil que, trastornado, informó al virrey que don Tristán había sido asesinado. La conmoción recorrió a la concurrencia. El virrey no tardó más de un minuto en mandar a investigar el artero hecho. Las pesquisas arrojaron como resultado que don Fabio, acompañado por varios indígenas, había dado muerte un puñal a don Tristán y lo había tirado en una canal de Tlatelolco. Doña Claudia, con el corazón hecho trizas, decidió ingresar en un convento donde tomó el nombre de sor Juana.

El tiempo pasó y los intentos de aprehender al homicida fracasaron. En esa época una terrible inundación azotó la Ciudad de México. Las víctimas aumentaban sin cesar y la peste llegó para hacer aún más grave la situación. Las autoridades, incapaces de controlar la situación, optaron por realizar una serie de ceremonias religiosas en la Catedral para solicitar la ayuda de la Divina Providencia.

Innumerables frailes y monjas acudieron al sagrado recinto para elevar sus oraciones y, entre ellos, sor Juana. A mitad de las plegarias, repentinamente, un fraile se acercó a sor Juana. De sus hábitos extrajo una daga y, sin detenerse un instante, la clavó con fuerza en el pecho de la religiosa. Acto seguido, procedió a clavarse el arma en su propio cuerpo, y murió de inmediato. Entonces, algo maravilloso empezó a suceder. Una luz suave, cálida y difusa inundó las sacras paredes. La bóveda central se abrió y a través de ella flotó hacia el infinito el alma de sor Juana.

Una vez que los presentes empezaron a reponerse de la impresión, se acercaron al cuerpo del asesino para darse cuenta de que era don Fabio.

A partir de ese día, feligreses, monaguillos y más de un sacristán afirman haber visto el ánima de sor Juana hincada orando para posteriormente elevarse de forma suave en el aire y desaparecer en la bóveda.

Fantasma del campanario del Templo del Sagrado Corazón. Allá por 1938 la situación del país no era precisamente pujante. El desempleo crecía y golpeaba a las clases más necesitadas. Jesús, un joven humilde, se hallaba en una situación francamente crítica. La falta de trabajo y la enfermedad de su madre lo tenían al borde de la desesperación. No pudiendo hallar solución alguna, impulsivamente dirigió sus pasos a la zona residencial de la ciudad de Durango. Penetró en una de las mansiones y tomó un par de objetos de plata. La servidumbre se percató del hecho, dio voces de alarma y la policía detuvo de inmediato al pobre Jesús.

De nada le valieron explicaciones y ruegos. Lo trasladaron a la penitenciaría del estado, donde fue condenado a permanecer cinco años. El tiempo siguió su curso y Jesús se enteró de que su madre había fallecido. La noticia lo trastornó. Una fuerte depresión se apoderó de él y no hacía más que llorar.

Cierto día en que Jesús estaba especialmente triste, una paloma entró en su celda. La recorrió parsimoniosamente y posó sus ojillos en el recluso. Jesús, ante la sorpresa, olvidó su angustia y llegó a la conclusión de que se trataba del alma de su difunta madre que venía a brindarle consuelo. Todos los días la paloma llegaba al lugar y alegraba el encierro de Jesús. Poco a poco, el muchacho fue domesticando a la paloma y se convirtieron en amigos inseparables.

Transcurridos los cinco años, llegó la notificación de que Jesús saldría en libertad. El joven estaba exultante y no dudó en repartir sus escasas posesiones entre sus compañeros de penurias. Por supuesto, no se olvidaba de su paloma y acondicionó una caja para llevársela con él. El día de su salida, en medio del ajetreo, la caja del ave cayó al suelo y ésta emprendió el vuelo.

Jesús, una vez libre, comenzó una nueva vida. Sin embargo, por ningún momento se olvidó de su querida compañera. Día tras día, iba al Jardín de San Antonio (actualmente jardín Morelos) y se sentaba en una de las bancas durante horas, a la espera de su amiga. Empero, sus esfuerzos no se vieron recompensados. No dispuesto a rendirse emprendió una acción más concreta: acudió constantemente al campanario del Templo del Sagrado Corazón a buscar a su paloma. Tampoco eso funcionó y Jesús terminó por morir de tristeza al no haber podido hallar lo que él consideraba el alma de su madre.

A partir del día en que Jesús cerró sus ojos para siempre, por las noches, en la torre de la iglesia aparece el ánima del infortunado buscando sin cesar a aquella que en días aciagos le llevó un poquito de felicidad.

Fantasma del conde del Súchil. Espectro nocturno que montado en un brioso corcel recorre el rumbo del Molino Viejo (Durango). Por las noches, los cascos de su caballo resuenan en la oscuridad. Lo vertiginoso de su carrera hace ondear su negra capa y el ala de su sombrero no permite contemplar su faz. Los entendidos afirman que el ánima del conde visita lo que antiguamente fueron sus propiedades, para proteger el tesoro que en ella dejó.

Fantasma del conde Rul. El fantasma del conde Rul es el azote de los campesinos queretanos. A la menor oportunidad los espanta y, corriendo a todo galope en su fantasmal cabalgadura, no duda en perseguirlos y matarlos de miedo. Quienes han tenido la fortuna de toparse con él y vivir para contarlo aseguran que el malvado espectro les habla despectivamente y les reclama con airada voz haber robado sus tierras y, antes de retirarse, proclama que su venganza aún no termina y que todo el estado habrá de saber quién es él. Por supuesto, el ánima sigue cumpliendo sus amenazas y los labriegos prefieren encerrarse a piedra y lodo antes de enfrentar la revancha ultraterrena.

Fantasma del Convento de San Francisco. El "Romancero" era un ex convicto que por allá en el siglo XVIII, buscando hacer fortuna rápidamente, se convirtió en pirata. Su audacia y valor le ganaron el reconocimiento de la tripulación que, de inmediato, lo convirtió en capitán. Ostentando ya el nuevo cargo convenció a la tripulación de atacar el puerto de Campeche y hacerse de sus riquezas. Sin embargo, el botín no era el único motivo del cruel filibustero: le movía el deseo de vengarse de doña Elena del Carmen, quien antaño lo había rechazado.

El ataque al puerto fue terrible. La sorpresa y la fiereza de los atacantes dieron al traste con cualquier intento de defensa de parte de los pobladores. Un grupo de corsarios acudió a la casa donde doña Elena del Carmen vivía con su esposo y a la fuerza la condujeron ante la presencia del "Romancero", quien la mancilló una y otra vez sin conmoverse por sus súplicas y lágrimas.

Carlos, el esposo de doña Elena del Carmen, al regresar de su viaje se enteró de lo ocurrido y una furia sin igual corrió por sus venas. Echando mano de sus caudales preparó una nave de guerra y se dio a la caza del "Romancero" para hacerle pagar con su vida las atrocidades cometidas. El enfrentamiento naval fue tremendo y, desafortunadamente, don Carlos murió en él.

La viuda se trasladó a un convento y dejó a su pequeño hijo al cuidado del tío Sebastián, quien tenía la misión de entregar los bienes correspondientes y una carta en la que explicaba con detalle las razones que la habían llevado a tomar tal decisión.

El tiempo pasó y el niño se convirtió en hombre, recibió su herencia y emprendió rauda marcha hacia La Habana para cumplir el juramento de vengar la muerte de su padre.

Tras cuidadosas pesquisas, el joven descubrió el escondite del "Romancero" y acompañado por un grupo de hombres penetró en el lugar. Aquellos sirvientes que prestaban resistencia caían abatidos enseguida. El muchacho se enfrentó al "Romancero" y con mano firme le dio muerte. Antes de retirarse y, exaltado por el fragor de la lucha, violó a Laura, una de las hijas del pirata.

Cumplida su venganza, regresó a Campeche. Ya en la tranquilidad del puerto, cierto día decidió abrir la carta de su madre. Rasgó el sobre. Leyó las primeras líneas y el horror se apoderó de él. Se enteró que su verdadero padre era el "Romancero" y, por tanto, la joven a la que había mancillado era su hermana.

Lleno de culpas y remordimientos que le torturaban en el alma ingresó al Convento de San Francisco para expiar su pecado. Nunca más volvió a salir de sus paredes y, aún hoy, muchos años después de haber muerto, su fantasma permanece en el lugar penando y rogando todavía por el perdón del Altísimo.

Fantasma del Cuartel del Cobre. Espectro que habita en los vestigios de lo que fue el Cuartel del Cobre (San Luis Potosí). Por lo general, su aparición va precedida de una serie de llamas que alumbran la noche. Con andar parsimonioso recorre las minas, con la confianza de aquel que ha vivido mucho tiempo en un lugar. Avanza por el patio, ingresa en el traspatio y transita por lo que alguna vez fueron habitaciones. Si está de buen humor y hay alguien pernoctando en el sitio, se acerca y platica con él. Después, se aleja lentamente mientras el sonido de cientos de monedas al caer acompañan su andar. Dicen que el ánima sigue atada al Cuartel del Cobre porque en él se encuentra oculto un gran tesoro que la desgracia y la muerte le impidieron disfrutar.

Fantasma del charco de la Tumbaga en Nuevo León. "Designado con este nombre por los muchachos de mi época, existió hace mucho, a orillas de esta ciudad, un hermoso remanso de cristalinas aguas, poblado en sus márgenes de saucos floridos y sonantes carrizales. [...] Y recuerdo que jamás hubo uno solo de los que a diario lo visitábamos, que llegada esa hora retardara un minuto más su estancia en él, porque corría entre nosotros como válida y cierta la leyenda misteriosa de que una mujer se llegaba hasta allí, apenas entrada la noche, y llorando, unas veces tan quedo que sus sollozos se confundían con los rumores

de la brisa al pasar por entre las hojas, y otras tan fuerte, que sus gritos lastimeros dominaban las quejas del viento en las arboledas vecinas, entraba en el agua, y llorando, llorando siempre, buscaba con desesperación, hurgando en las arenas del fondo en busca de algo que no encontraba y que la retenía en esa tarea, afanosamente, hasta que las primeras luces del alba, entintando el oriente, anunciaban el nuevo día.

Agregaban que si aquella mujer tropezaba con algún osado que le estorbara en sus empeños, encarábase con él, y suplicante primero, y agresiva y colérica después, le interrogaba por un anillo, objeto de sus constantes pesquisas durante años y años, noche a noche; porque según el decir, en vísperas de casarse con el mozo más apuesto de aquel barrio, había ido a bañarse al remanso aquel, a la luz de la luna, y enamoradas las aguas de su belleza portentosa, no contentas con haber aprisionado sus carnes rosa y nieve, y fingídole sartas de perlas para su garganta y sus cabellos, robáronle traidoramente el anillo, testimonio y prenda de sus castos amores.

Y decían que desde entonces, entristecida, volvió a buscarlo llorando, noche a noche, con tenaz persistencia, pero que las mismas aguas, celosas de su hermosura, trocáronle sus caricias por besos muy fríos que la enfermaron para nunca más recobrar la salud, y que aún después de muerta, veíasele una, y otra, y todas, envuelta en gasas de sombra o en rayos de luna, explorando las arenas, llorando, llorando siempre." (*Leyendas Mexicanas*, págs. 616-617).

Fantasma del intendente de Granaditas. Don Juan Antonio de Riaño y Bárcena, quien fue intendente de la ciudad de Guanajuato, ordenó en 1798 la construcción de la famosa Alhóndiga de Granaditas. A pocos meses de concluida la obra (1810) se inició el movimiento de Independencia. Los guanajuatenses acaudalados y temerosos hicieron caso de la sugerencia de don Juan para guardar sus riquezas en el lugar. Barras de oro y plata, monedas, joyas y cuanto objeto de valor les pertenecía fueron transportados al interior de las pétreas paredes. Sin embargo, la insurgencia no era algo que debía tomarse a la ligera, por lo cual don Juan ordenó a tres de sus leales esconder el tesoro en un lugar secreto de la edificación, con la esperanza de que una vez apaciguados los ánimos, regresar y rescatarlo.

Sin embargo, las esperanzas de don Juan quedaron en eso. Comprendiendo que su derrota sería sólo cuestión de tiempo, decidió inspeccionar personalmente el campo. Las puertas se abrieron. El intendente salió. Y una bala certera se alojó en su cabeza. Después, la muerte…

Desde entonces, y a casi 200 años de su fallecimiento, por las noches el ánima de don Juan ronda con paso marcial la Alhóndiga. Empieza el recorrido en la habitación que antaño ocupó, parsimoniosamente atraviesa los pasillos para detenerse, según dicen, en el sitio donde se halla escondido el tesoro. Empero, pese a que el espectro indica con claridad la ubicación de los caudales, hasta hoy no ha habido hombre alguno que haya podido obtener las legendarias riquezas.

Fantasma del Jardín de San Marcos. Fantasma hidrocálido cuyo sitio favorito para hacer sus apariciones es el conocido Jardín de San Marcos. Aunque sus intenciones no son causar espanto a quienes lo ven, tal parece que ese efecto siempre acaba por producirse. El espectro, al rayar el alba, se pasea tranquilamente entre los rosales que adornan la parte norte del parque, se acerca a un viejo fresno y posa su mano sobre el añejo tronco. Después, se encamina a la puerta de la iglesia donde, durante unos cuantos minutos, eleva sus plegarias para posteriormente desaparecer.

Dicen los lugareños que se trata del ánima de don Felipe Rey González, que aún después de muerto, custodia el tesoro que enterró en el jardín para protegerlo de los ladrones y que, por cierto, hasta la fecha nadie ha encontrado.

Fantasma del marqués de Aguayo. El marqués de Aguayo era un poderoso hacendado cuya riqueza rivalizaba con su crueldad. Sus sirvientes le tenían pánico y sólo Baltasar, su mano derecha, gozaba de ciertas prerrogativas.

Las familias de abolengo de la zona le tenían echado el ojo al marqués, ya que era considerado un excelente partido y no dudaban en presentarle a sus hijas casaderas para ver si alguna de ellas tenía la suerte de convertirse en su esposa. Don Antonio Zavala estaba al borde de la ruina y sus enormes deudas lo tenían a un tris de ir a la cárcel. Desesperado, habló con su hija Ángela y le propuso aceptar un compromiso matrimonial con el marqués de Aguayo. Ángela en un principio se negó ya que su corazón pertenecía a su primo Félix. Empero, al ver cómo su padre se iba consumiendo por la angustia, aceptó el enlace.

La boda se llevó a cabo y el marqués y su flamante esposa establecieron su nuevo hogar en la hacienda de la Villa de los Patos (Coahuila). Ángela no podía evitar el sufrimiento que le producía saber que nunca podría ser feliz con su amado primo,

de modo que aceptó su situación y procuró olvidarlo refugiándose en el cariño que sentía por su pequeña hija. La dulzura de Ángela poco a poco fue ganándose el afecto de toda la servidumbre, salvo de Baltasar, que se convirtió en su sombra. Cierto día, llegó a la hacienda Félix. El marqués fingiendo gran alegría lo recibió en la propiedad y mientras lo estrechaba afectuosamente entre sus brazos, planeaba la forma de deshacerse de él, así como de probar la honestidad de su mujer. Fingiendo que le había surgido un viaje imprevisto, dijo a su esposa que la dejaría un par de días y que, puesto que su primo estaba ahí, podía marcharse con la tranquilidad de que ella estaría protegida. Se despidió de ellos, salió de la propiedad y cuando estuvo fuera de la vista de todos regresó. Félix no pudo evitar decir a Ángela todo lo que guardaba en su corazón. La muchacha le pidió que la olvidara, que ella era ya una mujer casada y que lo que existió entre ambos no podía continuar de ninguna manera. Félix, comprendiendo la situación y decidido a no inquietarla más, decidió irse. Besó su mano en señal de despedida y, en ese instante, entró el marqués. Hecho un energúmeno sacó su puñal y lo clavó en el pecho de los supuestos amantes. Baltasar rápidamente se deshizo de los cadáveres y se dio la versión oficial de que Ángela se había ido de vacaciones.

Don Antonio de Zavala ya tenía mucho tiempo sin tener noticias de su hija, le causaba profunda extrañeza su silencio y preocupado acudió, acompañado de un oidor, a la Villa de los Patos para averiguar qué pasaba con Ángela. Sin embargo, de don Antonio y del oidor jamás volvió a saberse nada.

Por su parte, el marqués se retiró a su casa de Celaya; la duda sobre si había actuado precipitadamente lo atormentaba. Pasó sus últimos años viviendo en soledad ya que Baltasar también había desaparecido misteriosamente. Por fin, una tarde la muerte llegó para llevárselo.

Desde entonces, dicen los vecinos, en las noches invernales en las que el frío cala hasta los huesos, aún puede escucharse la imperativa voz del marqués gritando órdenes y los cascos de su caballo recorriendo la hacienda. Nadie lo ve, pero saben que él sigue ahí penando por el horrible crimen que cometió.

Fantasma del Museo Nacional de Arte. Ubicado en el número 8 de la calle de Tacuba en el centro de la Ciudad de México, este museo cuenta en su haber con un fantasma. Aunque nadie ha podido verlo, la certeza de que habita ahí es innegable. Empleados que se han quedado a cubrir algún turno en la noche, refieren que tienen la sensación de no estar solos, y más de una vez se ha escuchado un enorme estruendo en el lugar donde están los archivos. Los muebles se sacuden con fuerza y los cajones se abren y cierran con fuerza una y otra vez. Al acudir presurosos temiendo que alguien haya entrado, las cosas están en calma total. El susto basta para convencer al trabajador de irse, ante el beneplácito del fantasma que, sin duda, prefiere gozar a sus anchas de la soledad nocturna

Fantasma del obispo don Pedro Barajas. Contrariamente a lo que podría pensarse, las iglesias también tienen sus fantasmas. La Catedral de San Luis Potosí es visitada por el ánima del obispo Pedro Barajas quien, a muchos años de su muerte, acude a rezar frente al altar. A veces, el alma del obispo se pasea en la Plaza Principal y en el jardín Hidalgo, desde donde con apacible gesto, contempla su amado templo. Cabe añadir que el fantasma del obispo es bastante trabajador, de hecho, existen algunos testimonios que afirman que ha acudido a dar los Santos Óleos a más de un moribundo y que ha confesado a otros tantos.

Fantasma del padre Marcelino Mangas. Donde actualmente se encuentra la Universidad de Guanajuato antaño existió el conocido Colegio de La Purísima. Los alumnos juraban por lo más sagrado que ahí sucedían cosas muy raras. Por las noches, decían, se escuchaba el viento silbar de extraña manera y un aullido prolongado y doloroso rompía el silencio del lugar. Aparecía un espectro que lentamente caminaba por los pasillos, se asomaba a los salones como para verificar que todo estuviera perfecto y, al parecer satisfecho por su inspección que se prolongaba a lo largo de una hora, se esfumaba sin dejar rastro alguno. La manifestación sucedía diariamente y, gracias a las descripciones de algunos de los pupilos, se concluyó que se trataba del alma del padre Marcelino Mangas, un antiguo maestro que había fallecido en 1856.

Empero, la cosa no quedó ahí. Tal parece que el fantasma no se contentó con supervisar su antiguo centro de trabajo sino que decidió emprender una labor social mucho más activa. Así, fueron muchos los vecinos de Guanajuato que afirmaban que el ánima del viejo profesor acudía a los hogares más humildes, a las minas y a las calles para brindar su apoyo espiritual y afecto a quienes más lo necesitaban. Un dato curioso sobre este fantasma es que, muchas veces, era seguido por un gran número de perros y gatos que lo acompañaban

mansamente porque sabían que su mano los alimentaría.

Pasaron los años y el Colegio de La Purísima se transformó en la Universidad. Actualmente, aunque el alma del buen sacerdote al parecer ya no se manifiesta, el plantel sigue siendo frecuentado por espectros que deambulan por los corredores y desaparecen tras los muros.

Fantasma del poblado de Cerritos. En los tiempos en los que nuestro país aún era una colonia española, en el pueblo de Cerritos una joven y bella mujer fue quemada en la hoguera por ejercer la hechicería y demás malas artes. Mientras las llamas voraces saboreaban su piel, la infortunada con gritos destemplados amenazaba a los presentes con volver a vengarse cuando repicaran las campanas. Ya agonizante, emitió roncas y sonoras carcajadas que causaron el espanto de los ahí reunidos. Su cuerpo, o lo que quedó de él, fue retirado y enterrado.

Pasaron los días y los meses. Lo que antaño era una tranquilo pueblo se vio sumido en la inquietud ya que empezaron a aparecer cadáveres en las afueras de la población y algunos vecinos, por inexplicables razones, enloquecían. Los rumores empezaron a correr de boca en boca y había quien afirmaba, sin temor a equivocarse, que lo acaecido no era más que la maldición de aquella bruja que en vida se había dedicado a causar cuanto mal pudo a sus semejantes, al grado de provocar una terrible sequía que terminó por diezmar al pueblo.

Hoy día, cuando la tarde se hace noche y repican las campanas de la iglesia del Sagrado Rosario, Cerritos es recorrido por el espectro de la malvada bruja que suplica piedad y compasión para su alma atormentada en las llamas del infierno.

Fantasma del pueblo de Xichú. San Miguel de las Casitas pertenece al pueblo de Xichú, localizado en el extremo norte del estado de Guanajuato, casi colindando con San Luis Potosí. En este pueblito todo es tranquilo y apacible, hasta los fantasmas que ahí viven. Uno de ellos ha alcanzado especial notoriedad ya que no tiene empacho alguno en presentarse ante cualquiera; de hecho, sus apariciones son tantas y tan frecuentes que los vecinos ya lo consideran uno más de ellos.

Este hombre (si podemos llamarlo así) acostumbra acudir a las afueras del poblado para recolectar yerbas. Las escoge cuidadosamente y las guarda con delicadeza en el morral que lleva específicamente para ello. Lo que nunca ha quedado claro es para qué las usa pero, en fin, suponemos que alguna razón tendrá. Esta aparición suele vestir con ropas de color café y un sombrero que lo protege del sol. Curiosamente, por más que muchos lo han intentado, no importa en el ángulo en que se coloquen nunca pueden observarle el rostro: siempre aparece de espaldas. Algunos suponen que es mudo porque por más que le han hecho plática, él no responde, ni con palabras ni con gestos. Una vez terminada su labor, simplemente se esfuma ante los atónitos ojos de los curiosos.

Fantasma del Puerto de Mazatlán. Las costas de Mazatlán son constantemente visitadas por barcos de todo tipo. En cierta ocasión, llegó al puerto una embarcación que requería reparaciones. Los marineros, para matar el tedio, se dedicaron a recorrer los pueblos del lugar. Yolanda, hija única de un hombre dedicado al mar, se enamoró perdidamente de uno de los marineros. Día tras día el amor de los jóvenes iba creciendo. Las arenas mazatlecas fueron testigos de ese cariño tierno y sincero que nació en el corazón de la inocente muchacha. Yolanda prestaba oídos sordos a los consejos de todos aquellos que le decían que esa relación no podía ser duradera, ya que algún día el barco tendría que zarpar de nuevo. Ambos enamorados decidieron casarse para vivir por siempre felices. La nave por fin estuvo reparada. Ese día, Yolanda esperó inútilmente la llegada del marinero. Desesperada, acudió a la embarcación a indagar las razones por las que él no se había presentado a la cita. Alguien le informó que su amado estaba acuartelado como consecuencia de una pelea, que era imposible verlo y que además ya nadie podría bajar a tierra.

Al día siguiente la nave partió. Yolanda, incapaz de soportar el dolor de la pérdida del marinero, se arrojó a las aguas. Nadando con desesperación intentó llegar al barco. Sin embargo, las fuerzas se le iban agotando. Las brazadas se hacían cada vez más lentas. Las olas, indiferentes a su angustia, la aprisionaban. Y el fondo del mar la llamaba con suave voz. Poco a poco, Yolanda se rindió al cansancio. La muerte cerró sus ojos y la abrazó dulcemente.

Cuentan que desde ese triste día, cuando el cielo se tiñe de rojo y el sol parece hundirse en el mar, el alma de la joven aparece y llorando espera el retorno de aquel que ya nunca más habrá de regresar.

Fantasma del río de San Rafael Chamapa. Fantasma femenino, de blancos ropajes, que camina sobre las aguas del río San Rafael Chamapa (Naucalpan, Estado de México). Suele aparecer durante las noches sembrando el espanto de los testigos. Dicen que nunca habla y que no es posible verle el rostro. Aunque no daña a quien la ve, su presencia invariablemente hace erizarse la piel y los cabellos y genera la necesidad inmediata de salir huyendo del lugar.

Fantasma del viejo camino de Tejalpa. Durante la época del fallido Imperio de Maximiliano nació un grupo de hombres arrojados que aspiraban a la libertad del país. Sin embargo, como a veces sucede con estas cuadrillas, no faltaron aquellos que trocaron ideales por bandidaje y convirtieron en territorio de sus tropelías el camino que iba de Tejalpa a Cuautla.

Un día de junio apareció una rica carroza que transportaba a la hija de uno de los más importantes hacendados de la zona. De pronto, lo que era una marcha tranquila se transformó en un infierno. Los bandoleros llegaron velozmente en sus caballos. Se pararon a la mitad del camino. Y a punta de balazos y maldiciones bajaron a los viajeros. Todo aquel que intentó resistirse emprendió un rápido camino al cielo. Al bajar la joven, su deslumbrante belleza y figura digna de una escultura despertó la ambición y lascivia de los bandidos. Sin perder un momento, la treparon a uno de los corceles y se la llevaron a su guarida. Los padres de la joven no cabían en sí de desesperación al recibir una carta en la que se les exigían 100 000 pesos en oro para recuperar a la cautiva. De inmediato reunieron la suma y la mandaron a los captores. Cuando se dirigieron a buscar a la muchacha en el lugar acordado, su terror no tuvo límites. Atado a un árbol encontraron su mancillado cuerpo. Su cabeza yacía sobre el blanco pecho atravesado por un puñal.

Desde ese terrible día, los labriegos que pasan por el sitio, santiguándose juran oír gritos femeninos y ver el fantasma de una mujer descabezada y rodeada de llamas que corre por el lugar como si fuera perseguida y desaparece entre los breñales.

Fantasmas. Los huaves del Istmo de Tehuantepec tienen especial cuidado en que las embarazadas jamás duerman a la intemperie y no precisamente por motivos de salud. Se dice que los Fantasmas, quienes tienen un finísimo olfato para detectar a las preñadas, se acercan a ellas y, si uno no está atento, se introducen en su vientre para jugar con el bebé. Empero, estos juegos inocentes pueden acarrear consecuencias funestas porque sucede que, a veces, el niño desaparece del vientre materno o llegado el momento del alumbramiento la partera sólo recibe entre sus manos una especie de gelatina rojiza en lugar de un robusto recién nacido.

Los viejos saben que estas entidades fantasmales son muertos, brujas corazón de árbol o animales del Demonio.

Los Fantasmas, cuando no están dedicados a otros menesteres, se refugian en los árboles más frondosos y tras las hojas atisban el paso de los caminantes. Más de uno se ha llevado tremendo susto cuando al transitar por algún bosque, de pronto tiene la sensación de que no está solo, de que alguien lo observa entre el follaje y sigue sus pasos como si fuera una sombra. Los que no son versados en estos temas asumen con facilidad que se trata de algún árbol embrujado; sin embargo, en realidad, es un fantasma aburrido que pretende divertirse a costa de un humano.

Fantasmas agresivos. Entes del otro mundo que para llamar la atención o por macabro placer se dedican a causar daño a los humanos. Adoran arrojar objetos preferentemente dirigidos hacia alguna persona, les encanta rasguñar sus espaldas o darles fuertes golpes en cualquier parte del cuerpo; en ocasiones llegan hasta el extremo de pretender abusar sexualmente de alguien. Una de sus estrategias favoritas para aterrorizar a los habitantes de una casa consiste en hacer volar objetos por toda la habitación mientras desplazan los muebles y golpean con fuerza puertas y ventanas. Por lo general, una de estas demostraciones basta para que los moradores pongan pies en polvorosa, ante el beneplácito de los fantasmas.

Fantasmas chocarreros. También son conocidos con el nombre de *Poltergeist*. Estas entidades, que pueden llegar a resultar insoportables, no son especialmente peligrosas para los humanos. El móvil principal de sus acciones es llamar la atención de las personas, ya sea para que cumplan alguna tarea importante para ellos o los ayuden a ir al mundo al que pertenecen.

Generalmente se puede estar seguro de que hay un fantasma chocarrero en casa cuando se escuchan ruidos, voces, murmullos y risas que nadie produce, los objetos cambian de lugar o flotan en el aire, se ven sombras en las paredes sin que ninguna causa las ocasione, los muebles se mueven y más de uno de los habitantes, de pronto, recibe una buena nalgada o empujón.

Fantasmas cuidadores. Espíritus cuya función consiste en tener bajo su cuidado y protección personas, tesoros, hogares o cualquier otro tipo de edificación. En ocasiones, aportan pistas a la gente para que pueda encontrar los objetos custodiados y, de esa forma, liberarlos de su misión para encontrar por fin el descanso eterno.

Fantasmas de humo. Algunos espíritus no tienen la suficiente energía para materializarse nítidamente, en consecuencia, cuando se manifiestan lo hacen como siluetas formadas de humo grisáceo, blanquecino y, en ocasiones, oscuro. Por lo común, no aparecen de cuerpo entero y es muy raro que se les vean los pies; a veces, sólo se muestran ante nuestros ojos de manera parcial, es decir, una cara, un par de manos o sólo el tronco, y así resultan aún más aterradores.

Fantasmas de la Aguada de Kauíl. Hace ya mucho tiempo, en el Mayab vivían dos compadres. Su amistad era sólida y, juraban ellos, indestructible. Trabajaban juntos y al concluir la jornada acudían a la casa de uno de ellos para comer en compañía de su esposa. Sin embargo, la mujer empezó a darse cuenta de que su compadre era atractivo y no tardó en coquetearle. El hombre, al principio, se resistió a los encantos de su comadre. Empero, la carne es débil y la pasión terminó por convertirlos en amantes.

En cierta ocasión, el marido fue al monte de cacería y al estar acechando una presa oyó que un pajarito le decía: "Vuelve... vuelve ya." El hombre, temiendo alguna tragedia, regresó de inmediato a su hogar. Al llegar, la preocupación tornóse en furia al encontrar a los traidores en plena escena amorosa. Al verse descubiertos, la pareja salió corriendo y se trepó a un árbol para evitar la violencia que suponían que vendría a continuación. El marido, dolido por la ofensa, elevó su voz, los maldijo y tras quemar su choza se fue para siempre del lugar. De inmediato, los adúlteros se convirtieron en un par de víboras unidas por el vientre.

Ahora sí, el arrepentimiento los inundó. La mujer, desesperada ante la terrible situación, empezó a llorar sin poder contenerse. Sus lágrimas fueron tantas que dieron forma a lo que hoy se conoce como la Aguada de Kauíl. Las blasfemias e imprecaciones del compadre estaban tan llenas de veneno que acabaron por matar la vegetación circundante.

Las serpientes siguieron unidas por mucho tiempo más, hasta que una tarde cayeron a la Aguada y murieron ahogadas. Desde ese día, en el lugar se oyen gemidos, lloros e injurias y a veces puede verse un par de sombras unidas que intentan sin éxito separarse. El agua se ha vuelto ponzoñosa y sólo las culebras beben de ella. Y si alguien osa burlarse del marido engañado, repentinamente se alza el agua y arrastra al infeliz hacia el fondo matándolo de inmediato. Dicen los viejos que esto seguirá sucediendo hasta que el marido regrese y conceda su perdón a los que deslealmente lo engañaron.

Fantasmas de la Arena Coliseo. Esta arena, ubicada en la calle de Perú de la Ciudad de México, cuenta entre sus visitantes asiduos con algunos de naturaleza fantasmal. Varios luchadores refieren que les esconden las cosas y luego reaparecen en otro lugar en el que no deberían estar, se oyen ruidos extraños, murmullos y, de pronto, se tiene la sensación de que uno no está solo. Algunos suponen que no son más que duendes que han decidido establecer su hogar en la arena y, otros, que podrían apostar su máscara o la cabellera a que son fantasmas.

Fantasmas de la Calle de los Ajusticiados. En 1824, una vez concluido el proceso independentista, los generales aún contaban con una serie de prerrogativas entre las que se incluían las relacionadas con la impartición de justicia en varios estados de la República.

El general Nicolás Bravo encabezaba el batallón asentado en la ciudad de Celaya. La guerra había afectado gravemente la economía del país. La pobreza y el hambre eran una constante. Numerosos jóvenes, tanto indígenas como españoles, se habían unido a sus filas con la esperanza de contar, aunque sea, con el alimento diario. Sin embargo, su salario resultaba insuficiente para auxiliar a los suyos. Atenazados por la desesperación, decidieron acudir al general Bravo para solicitarle un aumento de sueldo.

Sin embargo, un recluta, deseoso de quedar bien con el general, acudió a contarle, adornándolo con maliciosas exageraciones, lo que sus compañeros pretendían hacer. Mientras el general escuchaba, sus mandíbulas se apretaban. El ceño fruncido evidenciaba la furia que nacía en su interior. Una vez que el chismoso terminó su alegato, con una voz que hubiera echado a temblar al más valiente, gritó: "¡Malditos traidores! Esto es desobediencia y rebeldía, y se paga con la muerte!" La decisión estaba tomada y no hubo poder humano que lo hiciera cambiar de opinión.

Madres, amigos y parientes de los condenados se acercaron a Bravo para suplicarle. Sin embargo, el general no cambió de parecer y estaba dispuesto a llegar hasta las últimas consecuencias.

Una mañana de julio de ese mismo año, los habitantes de Celaya apesadumbrados presenciaron salir un destacamento del cuartel llevando a los que habrían de morir ese día. El chocar de las botas contra el empedrado confirmaba la sentencia. Los rezos se elevaron en un vano intento de cambiar lo inevitable.

Los muros del paredón hubiesen querido llorar al ver a esos hombres-niños que habrían de cerrar sus ojos para siempre. Los rifles emitieron su chasquido metálico al ser cargados... la voz anunció "Preparen, apunten"... Un grito rasgó la atmósfera: "¡Viva México!"... Los certeros disparos lo acallaron y cegaron, sin vergüenza alguna, la vida de esos luchadores que habían creído en un sueño de libertad y justicia.

La calle de Lerdo, llena de oprobio, trocó su nombre a la Calle de los Ajusticiados. La sangre tardó mucho en desaparecer. La lluvia no pudo, o quizá no quiso, borrar las huellas de la muerte.

A partir de ese día, en un trágico recordatorio de lo acaecido, empezaron a suceder cosas extrañas en la calle de Lerdo y por todo el barrio de San Miguel. Había quien juraba, santiguándose, que había visto al fantasma del general Bravo recorrer las calles. A veces, en una macabra repetición, se podía apreciar nuevamente el fusilamiento. Los rezos y disparos impregnaban la atmósfera. No faltó quien asegurara, pálido de miedo, que había visto numerosas sombras caminar y desaparecer ante una pared o como si la tierra misma las hubiera llevado a sus entrañas. Se decía que podía escucharse el doloroso aullido de un perro y un coro de maullidos procedentes de mil gargantas. Han pasado los años, las calles han cambiado y el barrio también. Sin embargo, aún hoy las apariciones siguen presentándose como una manifestación de la memoria colectiva que se niega a ser acallada.

Fantasmas de la Casa Blanca. Una de las construcciones que más llama la atención de San Ángel (Ciudad de México) es la llamada Casa Blanca. Fue erigida en el siglo XVII por los condes de Oploca.

Casi recién estrenada la casa vivía en ella doña Guiomar, una bellísima joven que levantaba suspiros a su paso. Ella se enamoró perdidamente de don Lope, un apuesto caballero a quien, sin dudarlo, entregó su corazón.

Cada noche se veía pasar al galán, elegante y espada al cinto, caminar hacia el hogar de su enamorada. Se acercaba a la ventana y con dulces palabras la acariciaba y la hacía sentir casi dueña de las estrellas.

Sin embargo, como la felicidad no dura para siempre, don Lope tuvo que partir a la guerra.

Doña Guiomar no dejaba de llorar y el amante la consolaba y juraba regresar, lo más pronto posible, para casarse. La joven creyó en sus promesas y una y otra vez veíasele asomar a la ventana esperando el regreso de don Lope.

Los días pasaron, se convirtieron en semanas y éstas en meses. La joven se consumía lentamente. La tristeza se trocó en amargura y la muerte (disfrazada de enfermedad) acudió para llevársela. Don Lope, quien se había olvidado de su juramento al día siguiente de irse, volvió años después. Vaya a saber usted si fue por nostalgia o por necesidad económica, el caso es que decidió visitar a doña Guiomar. Se engalanó como si fuera a asistir a una fiesta, lustró sus botas, pulió sus espuelas, sacó brillo a su espada y colocó en su boca la mejor sonrisa de seductor.

Con paso seguro acudió a la casa. Se acercó a la ventana. La voz de doña Guiomar, con una tristeza infinita, le reclamó la promesa incumplida. Don Lope, que ya esperaba esto, con ojos compungidos alzó la cabeza y, por primera vez en su vida, conoció el terror. El rostro que recordaba hermoso, en un abrir y cerrar de ojos, se transformó en una calavera en la que aún podían verse colgando jirones de piel. En vez de aquellos ojos dulces un par de oscuras cuencas vacías lo taladraban. Don Lope, horrorizado, volvió la cara sólo para percatarse de que la mano que tenía entre las suyas pertenecía a un esqueleto. Desesperado, intentó zafarse. El grito se congeló en la garganta. Su corazón dejó de latir.

A la mañana siguiente, los vecinos asombrados encontraron el cadáver del hombre. Su cara, aún después de la muerte, translucía un miedo sin límites y su mano asía fuertemente los barrotes de la ventana. Le fue dada cristiana sepultura pero, al parecer, su alma no encontró el descanso eterno. Dicen que hoy, en las noches tranquilas en las que la luna da a las cosas un particular resplandor, el fantasma de doña Guiomar retorna a la casa. Con dulzura reconforta el alma de su amado y parte ingrávida hacia el cielo, acompañada de los hondos suspiros de don Lope.

Fantasmas de la Casa del Reloj.

Esta casa perteneció a un fabricante de rebozos muy conocido en la ciudad de San Luis Potosí, llamado Antonio Lozano. A su muerte, en 1903 y, en vista de que su familia no pensaba establecerse ahí, el inmueble fue rentado. Sin embargo, más tardaban los inquilinos en llegar e instalarse que en salir corriendo. Cuando se les interrogaba al respecto, simplemente decían: "Ahí espantan", sin querer dar mayores detalles y negándose rotundamente a regresar. Pero los sucesos extraños no se circunscribían exclusivamente a la casa. Según cuentan, frente a ésta había un pozo seco desde hacía ya mucho tiempo del que, en las noches especialmente oscuras, emergían sombras horribles, acompañadas de voces ultraterrenas, lamentos desgarradores y extraños sonidos que brotaban de lo más profundo. Por más que los vecinos intentaron descubrir el origen de estas extrañas manifestaciones, fue en vano.

Transcurrieron varios años y la propiedad fue ocupada por el Monte de Piedad. Desde entonces los fenómenos desaparecieron, aunque su recuerdo sigue vivo en la memoria de los viejos potosinos.

Fantasmas de la cueva de Lomas de Santa María.

En las cercanías de la ciudad de Morelia, específicamente en las Lomas de Santa María, hay una cueva muy profunda que se extiende hacia la ciudad atravesando los barrios de la zona sur.

Hace ya mucho tiempo esta cueva adquirió una triste celebridad por los sucesos que en ella acaecieron. En aquel entonces, los canónigos de la ciudad solían guardar el producto de los diezmos y las limosnas en un lugar secreto. Para asegurar su protección, los colocaban en una especie de agujero de mampostería cuya entrada cerraban con gruesas tablas de madera de mezquite. Tres sólidas cerraduras de hierro aseguraban su inviolabilidad, sobre todo porque cada una de las llaves estaba en manos de diferentes sacerdotes y, en consecuencia, sólo podrían abrirse si estaban todos presentes.

En cierta ocasión acudieron los clérigos al lugar a depositar una fuerte cantidad de dinero. Grande fue su sorpresa al descubrir que sus caudales habían disminuido de forma considerable. Extrañados, prefirieron retirarse sin depositar las monedas que portaban. Al día siguiente volvieron y, estupefactos, se percataron de que los faltantes eran aún mayores.

Las autoridades acudieron de inmediato y las investigaciones se iniciaron enseguida. Haciendo una cuidadosa revisión del lugar se descubrió una abertura, hábilmente oculta, que desembocaba a un pasadizo. Los hombres bajaron y comenzaron a recorrer el lugar. Conforme avanzaban empezaron a descubrir indicios de su reciente utilización y, tras avanzar una distancia considerable, llegaron a una bifurcación. El grupo se dividió en dos. Los primeros siguieron su camino hasta salir a las Lomas de Santa María. Los otros, tras caminar un buen rato, fueron a dar a una vieja casa donde hoy se localiza un mesón. Ahí recuperaron parte de lo robado y detuvieron a algunos de los delincuentes que, de inmediato, fueron llevados a las autoridades y ajusticiados.

El resto de los ladrones pudieron escapar y huyeron a través del subterráneo. Empero, sus intentos fueron vanos ya que un derrumbamiento los atrapó y terminaron por morir de inanición.

Desde entonces, en las noches de tormenta cuando el viento enfurecido azota árboles y casas, por debajo de la iglesia de San Agustín se oyen fuertes golpes, alaridos que erizan la piel, el sonido del agua al correr, chasquidos, murmullos, rezos y llantos.

Asimismo, cuentan que en el mesón las noches tampoco son tranquilas. El silencio es interrumpido por voces de ultratumba, gemidos dolorosos y se escucha como si alguien llorara. Extrañas sombras recorren el lugar y parecería que cargan a sus espaldas sacos de dinero. Quienes saben de estas cosas, aseguran que son las almas de los ladrones que murieron enterrados y que aún no encuentran la paz.

FANTASMAS dE lA CuevA dE los PiRATAS.

El siglo XVII se caracterizó por la constante presencia de los piratas en nuestras costas. Hombres recios, viejos lobos de mar, conocedores de los secretos de las aguas y con una temeridad legendaria, los filibusteros se convirtieron en el terror de los acapulqueños.

La Bahía del Marqués fue uno de sus asentamientos estratégicos ya que constituía un fondeadero perfecto para sus naves. Los piratas decidieron probar un nuevo tipo de estrategia: el espionaje. Así, comisionaron a Jacobo a establecerse en Acapulco simulando ser un albañil. De este modo, esperaban tener información precisa y fresca sobre posibles blancos de ataque así como de las incursiones que se planearan en su contra.

Jacobo se instaló cómodamente en el puerto y al poco tiempo ya estaba viviendo con la negra Serapia, una joven de cálida piel y redondeadas formas que se encargaba de abastecer de comida a los peones.

En cierta ocasión, Jacobo fue a dar informes a sus compinches y, sin que ellos se percataran, escuchó la localización exacta del botín recientemente obtenido. La ambición lo aguijoneó y recordar las noches amorosas con Serapia lo decidió.

Partió hacia el lugar y, tras varios viajes, sustrajo los tres cofres llenos de riquezas y los llevó a Acapulco. Por supuesto, la casa de Serapia no podía

considerarse el lugar idóneo para esconder tal cantidad de riquezas. Pero como Serapia además de atractiva era inteligente, de inmediato le propuso trasladar el tesoro a una cueva ubicada en un acantilado. Y así se hizo.

Sudorosos, cansados pero, eso sí, muy satisfechos, Serapia y Jacobo terminaron de acomodar en la caverna el fruto del robo. Cuando estaban a punto de abandonar el lugar, de improviso apareció en la zona una serie de embarcaciones ligeras. Presurosos retornaron a la seguridad de su escondite, ya que supusieron que los buscaban. El tiempo no cesó su marcha. Las horas pasaban. Serapia y Jacobo eran presa de una desesperación creciente. La falta de alimentos hacía la espera interminable. Los días transcurrían. La locura llegó, coqueteó a Jacobo, le susurró suavemente al oído, colocó un puñal en sus manos y suavemente lo guió al pecho de Serapia. El golpe fue exacto. Serapia murió instantáneamente.

Jacobo enterró bajo un cofre a Serapia. Sabía lo que debía hacer. Se acostó junto a la tumba de la negra. Con el mismo cuchillo, se cortó rápidamente las venas. La vida se le escapó junto con la sangre que fluía en la arena. Mientras, en el mar, las embarcaciones se retiraron.

Transcurrieron los años y, durante la guerra independentista, un grupo de soldados penetró en la cueva para sólo encontrar un cofre vacío y dos esqueletos que parecían a punto de abrazarse. Del tesoro no volvió a saberse nada. No obstante, cerca de Pie de la Cuesta se dice que cuando el sol emerge y empieza a iluminar el mar con sus rayos, frente a la Cueva de los Piratas aparecen dos espectros. Con señas desesperadas indican el sitio donde aún yacen los dos cofres faltantes repletos de monedas de oro y plata, en un intento de purgar sus pecados y, por fin, poder descansar en paz.

FANTASMAS dE LECUMbERRi.

La prisión de Lecumberri (Ciudad de México) se inauguró el 29 de septiembre de 1900 por el general Porfirio Díaz. Su nombre deriva de que fue construida en los terrenos que pertenecieron a un español apellidado Lecumberri. A lo largo de 76 años en ella encontraron la muerte más de 2000 reos. Actualmente la cárcel no está en funcionamiento y ahí se encuentra el Archivo General de la Nación.

El Palacio Negro, como también se le conoce, alberga otro tipo de historias que no competen propiamente al ámbito delictivo, sino a otra especie de reos: los cautivos de ultratumba.

Un reo del lugar cuenta que

en la celda 29 de este dormitorio (el H) se han ahorcado nueve reos a los que todavía no se les resolvía su situación jurídica. Se desesperaron por el encierro y se quitaron la vida. A casi todos nos asalta la misma idea al arribar aquí. Los presos que conocemos estas historias, rehuimos esta celda porque creemos que es de mala suerte. Dicen que, por las noches, los ahorcados se pasean por los corredores lanzando maldiciones y muchos juran haberlos visto. Ha de ser cierto porque, hace cinco años, un recluso que se mofaba de los presos aquí asesinados diciendo que eran puros cuentos lo de sus apariciones, amaneció muerto en medio del patio. Tenía huellas de estrangulamiento y, según los doctores, las señales que aparecieron en el cuello del muerto no pertenecían a seres humanos. La policía no se molestó en investigar este crimen y como suele acontecer en la cárcel, todo se olvidó (David García Salinas, *La mansión del delito* [*Huéspedes de Lecumberri*]).

FANTASMAS DE LOS PLATA.

La familia Santoyo se componía de cuatro hermanos: José, Cayetana, Petronila y Dionisia. Como ninguno de ellos se casó, vivieron juntos toda la vida en la tercera calle de Hebe número 13 en la ciudad de Aguascalientes. A pesar de que los cuatro ya eran mayores, trabajaban con entusiasmo preparando cemitas y lograron hacerse de un caudal importante. Los hermanos solían ir juntos a todos lados, ya sea a la iglesia, la plaza o simplemente a sentarse a platicar alegremente en el patio de su casa. Su amabilidad les había ganado el cariño y respeto de los vecinos, quienes empezaron a llamarlos Los Plata debido a que tenían cantidades significativas de este metal.

Los hermanos, temerosos de que alguien fuera a robarles sus riquezas, decidieron colocar las monedas en una maletita y enterrarla cerca de un árbol de granadas en el jardín.

Los años pasaron y como los hermanos no eran precisamente unos chicuelos, uno a uno fueron muriendo. Primero falleció Cayetana, luego José y posteriormente Petronila. Dionisia, abrumada por la tristeza, aceptó el ofrecimiento de su sobrino el sacerdote y se fue a vivir con él a un lado de la parroquia. Empero, la soledad abrumó a Dionisia y pronto terminó por seguir a sus hermanos.

La casa fue vendida. Al poco tiempo, tanto sus habitantes como los transeúntes empezaron a referir que Los Plata se aparecían, que podía vérseles platicando muy orondos en el jardín junto al granado y que sus voces y risas inundaban el lugar. El tesoro nunca fue encontrado y, quizá por ello los fantasmas de los viejitos aún pueden verse en el lugar.

FANTASMAS DEL ANTIGUO CEMENTERIO DE SAN FRANCISCO.

Hace ya muchos años en la ciudad de Morelia existió el Templo de la Venerable Orden Tercera de San Francisco de Asís. Ubicado en una de las esquinas del cementerio, se distinguía por su alta torre afiligranada y una hermosa cúpula cubierta de azulejos.

Como el progreso no se detiene, a un coronel se le ocurrió la brillante idea de convertir el lugar en un mercado en el cual podrían venderse todo tipo de mercancías. Así, ni tardo ni perezoso empezó los preparativos y como el templo le parecía un estorbo, pues también arremetió contra él. Pronto, no quedaron más que ruinas. Y como desde entonces solía suceder en este país, el proyecto, por una u otra razón, se suspendió y cayó en el olvido. La maleza inundó el lugar: todo tipo de hierbajos empezaron a proliferar en los restos de las paredes y aquello terminó por convertirse en un baldío más. Sin embargo, la placidez del sitio, una vez concluido el Ángelus, desaparecía por completo. Ayes lastimeros rompían el silencio. Gemidos emanados de gargantas invisibles se oían por doquier. Voces frías y dolientes surgían de las tumbas. Un sinfín de lucecitas bailoteaban de aquí para allá. De pronto, cantos gregorianos inundaban la atmósfera y los rezos servían de preludio a un desfile de ultratumba. De la oscuridad emergía una procesión de espectros ataviados con sayales azules sostenidos por cuerdas blancas. Los frailes avanzaban de dos en dos, con cirios encendidos en las manos. Las caras, demacradas y amarillentas, evidenciaban el paso del tiempo. Cerrando la macabra columna, con paso majestuoso avanzaba un fraile iluminando el lugar con la luz que emanaba de su cuerpo. El séquito continuaba su camino para finalmente esfumarse en la negrura.

FANTASMAS DEL CALLEJÓN DE LA CRUZ VERDE.

En el número 7 del Callejón de la Cruz Verde extraños sucesos se presentaban al caer la noche. El caserón, que antaño perteneció a don Aniceto Elguezábal, era objeto de la curiosidad del barrio ya que se decía que, al oscurecer, aparecía un espectro que lentamente caminaba por el patio emitiendo suspiros que parecían provenir de lo más profundo de su alma. Quienes, haciendo gala de temeridad, entraban en la casa no tardaban más de un par de minutos en salir corriendo despavoridos; cuando al fin se tranquilizaban referían que habían visto lumbre en la cocina, que un llanto lastimero provenía de las habitaciones y que habían escuchado relinchos de caballos en el corral solitario. Otros contaban que podía oírse el sonido de cientos de monedas cayendo al suelo y que el fantasma de una mujer enlutada se paseaba lánguido para desaparecer tras las paredes.

Los viejos potosinos, que aún recordaban a los antiguos moradores, afirman que se trata de las ánimas de don Aniceto y su esposa que recorren lo que alguna vez fue su hogar, lamentando no haber podido recuperar el tesoro que trabajosamente había el tacaño de don Aniceto juntado en vida. No falta quien contradiga lo anterior y asegure que más que lamentarse, don Aniceto se aparece para espantar a los ambiciosos que quieren hacerse de su fortuna, cosa que, por supuesto, él no va a permitir.

Fantasmas del Cañón del Sumidero (Chiapas). Nutrido conjunto de almas que fallecieron arrojándose al precipicio antes que someterse a la dominación española. Por alguna extraña razón, quedaron atrapadas en los altos muros de piedra desde donde, con sus murmullos, constituyen un recordatorio constante de valentía y defensa de la libertad. Cuenta la leyenda que algún día las impetuosas aguas del río Grijalva crecerán tanto que lograrán liberarlas y, por fin, podrán emprender su camino hacia el océano.

Fantasmas del Convento de San Camilo. El Convento de San Camilo estuvo en funcionamiento desde 1756 hasta 1861, cuando fue confiscado por el gobierno de Benito Juárez. Aparte de la servidumbre y los sacerdotes, el sitio constituía el hogar de un grupo de frailes fantasmas que todas las noches se paseaban por los corredores. Cubiertos por negras capas recorrían las celdas que antaño habían sido sus habitaciones y se reunían en el patio central a la luz de la luna para recordar aquellos tiempos de plácida reclusión.

Fantasmas del Garito de la Noria Alta. En la carretera que va de Guanajuato a Silao, a la altura del sitio conocido como La Noria, hay un viejo torreón. Son comunes los testimonios de automovilistas que cuentan que, a eso de la medianoche, el lugar se encuentra plenamente iluminado y de su interior surgen sonidos que indican que una buena juerga está corriéndose en el interior. Se escucha cómo se cruzan fuertes apuestas, el chocar de los vasos de licor así como las carcajadas. Por supuesto, tal como suele suceder en cualquier garito, los pleitos no se hacen esperar y se pueden oír voces que intentan calmar los ánimos. Y después, el barullo es súbitamente interrumpido por el sonido de un balazo, la oscuridad cae sobre el lugar y el silencio se apodera de él. Lo anterior aparentemente no tendría nada de extraño, salvo

por el hecho de que el garito de la Noria Alta hace mucho mucho tiempo que desapareció y los sonidos que se perciben vienen del más allá.

Fantasmas del Mercado de Indios. En Pánuco (Veracruz), así como en algunos de los poblados cercanos, a pesar del transcurrir del tiempo las huellas de la esclavitud de alguna forma siguen presentes. En las aguas que lamen los postes de los embarcaderos, en la brisa que levanta olas en los ríos pueden escucharse los lloros, gemidos y alaridos de las almas de los indígenas que fueron vendidos por algunos peninsulares como esclavos. El chirrido agudo de las cadenas que los ataban entre sí surca la atmósfera tranquila y marca la ruta que antaño seguían esos infortunados hacia el Mercado de Indios. Hoy, casi 400 años después, los sonidos perviven como un recordatorio de las infamias cometidas y de la necesidad de que no vuelvan a repetirse.

Fantasmas del Molino de Belén. Corría 1914. Las fuerzas federales tomaron como parapeto el Molino de Belén con el objetivo de atacar la Ciudad de Saltillo (Coahuila). Las escaramuzas fueron violentas y numerosos soldados resultaron heridos. Uno de los federales caídos logró arrastrarse con mucha dificultad fuera del lugar. Poco a poco logró llegar a una vivienda cercana. La mujer lo vio. Solícita, se acercó a él, le dio de beber, lo colocó en un catre y curó sus heridas. Cuando el combate terminó, el marido de la mujer regresó a casa y presa de una furia indescriptible por lo que consideró una traición de su esposa, asesinó al soldado y mató a la infeliz. Al llegar la noche, arrastró los cadáveres hasta el molino. Después de muchos esfuerzos cavó una zanja suficientemente profunda y los enterró. Una vez concluida su obra, vaya usted a saber si por arrepentimiento o por locura el marido se clavó un marrazo en el pecho y murió sobre la tumba recién utilizada.

Los años se han sumado uno tras otro desde el fatídico suceso. Refieren los lugareños que ahí espantan. A eso de la medianoche puede verse un espectro de mujer que, cubierta con un níveo manto, emerge de los restos del Molino de Belén y con paso decidido, camina junto al hospital. Una vez que llega al punto más lejano del barandal, da la vuelta y regresa para esfumarse en el mismo sitio del que salió. Y se dice que la aparición seguirá manifestándose hasta que aquellos cadáveres logren por fin reposar en suelo sagrado.

Fantasmas del Obraje de Panzacola. Casi en los límites de Coyoacán (Ciudad de México) a finales del siglo XVI y principios del siglo XVII existió el obraje de Panzacola; fue fundado por Melchor Diez de Posadas. Acorde con la época, la fábrica textil estaba lejos de tratar de forma medianamente humana a sus trabajadores. Se dice que en el obraje se consumieron muchos hombres debido a los intensos sufrimientos que les acarreaba su labor. Al cerrarse, la propiedad quedó en calidad de vivienda y se le llamó Casa de Posadas. Su aspecto era francamente imponente. El antiguo edificio estaba rodeado de enormes árboles que producían una sombra espesa. Tras la barda se veía una gran huerta y la mansión cuyo aspecto tétrico no podía evitar generar temor en los vecinos, sobre todo, por las horribles cosas que del lugar se contaban.

En las noches oscuras, intempestivamente se abría el portón. Un carro de fuego emergía de las entrañas de la casa. Sus ruedas chocaban contra el empedrado produciendo un ruido ensordecedor y levantando chispas a su paso. De su interior provenían gemidos lastimeros y gritos estremecedores que sembraban el terror a su paso. Los caballos echaban espuma por la boca y parecía que los persiguiera el mismísimo demonio. El carro emprendía su loca carrera hasta llegar al batán de la sierra, y luego desaparecía.

Actualmente el fenómeno ya no se presenta. Quizá, el proceso de urbanización terminó por echar fuera a los fantasmas del lugar o las almas por fin encontraron el tan ansiado descanso.

Fantasmas delatores. Entre los fantasmas delatores encontramos dos tipos. El primero de ellos se refiere a los que murieron a causa de un asesinato. El ánima anda penando y, para lograr terminar con su sufrimiento, se encarga de acosar sistemáticamente a quienes le dieron muerte. Si esto resulta infructuoso, no dudan en acudir a un tercero para revelarle al o los responsables de su muerte y pedirle (con particular insistencia, a la cual ninguno puede negarse) que haga público el hecho. Generalmente, una vez que el culpable o los culpables caen en manos de la justicia o reciben su castigo, el fantasma puede retirarse por fin de este mundo. La segunda categoría incluye a todos aquellos que fallecieron como consecuencia de algún tipo de catástrofe natural o no o cuyos cuerpos, por las más diversas razones, no han sido encontrados. Estas apariciones se esfuerzan con singular afán por llamar la atención sobre el sitio donde reposan sus restos para que la familia, entonces, pueda darles cristiana sepultura.

Fantasmas laboriosos. Espíritus que, debido a que ignoran que ya han muerto o por no haber cumplido con eficiencia sus labores en vida, tienden a realizarlas aun en su actual estado. Aparecen en sus lugares de trabajo o en sus hogares y, como si nada, se dedican a realizar sus actividades cotidianas. Por supuesto, los testigos, aunque beneficiados por estas acciones, no suelen tomar de muy buen grado esta ayuda y prefieren ahorrársela.

Fantasmas posesivos. Hay un grupo de fantasmas particularmente peligrosos para los seres humanos ya que, al no aceptar su muerte y resistirse a abandonar el mundo de los vivos, son capaces de realizar cualquier tipo de actos terribles. Estas entidades malévolas no se conforman con causar terror y es común que agredan físicamente a la persona cuyo cuerpo desean poseer.

El proceso para adueñarse de un individuo es largo y penoso. Primero empiezan con manifestaciones visuales y auditivas que van acrecentándose en número e intensidad con el objetivo de sembrar el desconcierto y el temor. Posteriormente los ataques físicos hacen su aparición: la víctima es impactada por objetos arrojados por el ente, recibe golpes, le tiran del cabello, la empujan y tratan en lo posible de evitar que duerma. A estas alturas, la persona debido a la falta de sueño y los constantes ataques empieza a ver minada su salud física y el horror es su acompañante perpetuo. Una y otra vez las acometidas se suceden. El sujeto se debilita a pasos agigantados y el fantasma aprovecha las circunstancias para empezar a hacer incursiones al interior de su cuerpo. Aunque al principio son breves, van incrementándose en duración y fuerza y, de no acudirse rápidamente a un especialista en estas cuestiones, es probable que la posesión se prolongue hasta terminar con la vida del infeliz.

El proceso de exorcismo es arduo y difícil, ya que estas manifestaciones se caracterizan por su tenacidad y, una vez ganado el cuerpo, no están dispuestas a abandonarlo sin presentar batalla. Sin embargo, es posible expulsarlos y recuperar a la persona, aunque probablemente ya no vuelva a ser la misma debido a los daños que le fueron inflingidos.

Fantasmas que anuncian tesoros. Son comunes las apariciones en las casas de fantasmas que, por medio de gestos, indican algún lugar de la propiedad en el que se supone que hay dinero. Sin embargo, mucha gente, pese a la insistencia fantasmal, prefiere no averiguar, ya que creen que de obtener ese dinero el ánima se llevará su alma. En ocasiones las personas deciden excavar y efectivamente encuentran el tesoro. No obstante, a veces sucede que la buscada riqueza se transforma en ceniza o carbón, lo cual significa que no era para ellos y que está destinada a alguien en especial.

Otras veces, al lado del "entierro" se hallan también osamentas humanas que, una vez sepultadas en el camposanto, hacen cesar las apariciones y los ruidos extraños.

Otros indicadores de tesoros ocultos son luces nocturnas, resplandores o lumbre.

Fantasmas que cumplen juramentos. Hay personas para quienes una promesa es sagrada y están dispuestas a cumplirla aun después de muertas. Sus almas retornan al mundo de los vivos para comunicar a aquellos que amaron qué hay después de la muerte, para refrendar sus votos de amor o para tranquilizarlos y recordarles que, estén donde estén, los seguirán protegiendo. Sus apariciones no suelen ir acompañadas de miedo; por el contrario, casi siempre son amorosas y plácidas.

Fantasmas que dicen adiós. A veces lo más terrible de morir es dejar a los que hemos amado. Por ello, quizá no todas las almas parten de inmediato y se toman un tiempo para visitar a familiares y amigos. Por lo general, no es necesario decir nada: su sola presencia anuncia que ya han muerto. En otras ocasiones, el ánima no es percibida como tal, así que conversa con alguien cercano sin que éste se percate, hasta tiempo después, que realmente estuvo charlando con un fantasma.

Fantasmas que previenen desgracias. Entidades pertenecientes al otro mundo que, en un afán de proteger a las personas, se manifiestan onírica, auditiva o físicamente para advertirlos de alguna circunstancia adversa que habrán de enfrentar. Sus apariciones se caracterizan por un alto contenido emocional y tono imperativo que lleva a la acción a quien las percibe. No es extraño que, tras cumplir su cometido, el fantasma no vuelva a presentarse nunca más ya que su misión ha sido cumplida.

Fantasmas reiterativos. Entes de ultratumba particularmente obsesivos que con el afán de aclarar su muerte o en una compulsión irrefrenable, repiten una y otra vez la escena de su fallecimiento. Comúnmente estas manifestaciones generan sorpresa y temor en quien las presencia y lo impelen,

si desea conservar su salud mental, a abandonar el lugar o tratar de ayudar al alma a obtener justicia.

Fantasmas traviesos. Entidades que encuentran particular diversión a costa de los humanos. No hay nada que disfruten más que hacer todo tipo de travesuras a aquellos con quienes comparten el espacio. Frecuentemente esconden todo tipo de objetos, de preferencia aquellos que uno va a utilizar en ese momento para hacerlos aparecer cuando ya no se les necesita.

Quizá debido a una sensibilidad innata, los animales y los niños perciben fácilmente su presencia y no pueden evitar gozar sus diabluras. Tal vez por eso perros e infantes sonríen muchas veces sin razón.

A pesar de su pícaro comportamiento, estos fantasmas no encarnan mayor peligro ni despiertan miedo.

Fantasmas vindicativos. Bien dicen que la venganza es un plato que se toma frío y algunos fantasmas no renuncian a su derecho de disfrutarlo. Retornan para ocasionar todo tipo de perjuicios a aquellos que, en vida, los dañaron o de quienes juraron tomar revancha. Sus acciones no son lo que podría llamarse especialmente apacibles y, créalo, no dudarán en usar cuanto recurso esté a su alcance (que son muchos) para desquitarse.

Fardo. *Véase* Patan.

Fuego. *Véase* Ehecachichinqui.

Fuegos fatuos. Estas ráfagas de fuego, tenuemente luminosas y movedizas que por las noches pueden observarse al ras del suelo, son las encargadas de anunciar que un alma en pena anda por ahí.

Algunos afirman que los fuegos fatuos aparecen en los lugares donde hay un tesoro enterrado, pero si la persona que lo busca no es la elegida, en lugar de riquezas sólo encontrará polvo o carbón. El Diablo, conocedor de todas estas cosas, suele hacer brotar estos fuegos como una estratagema para atraer a los ambiciosos y llevarse sus almas al fondo del Averno, donde se verán sometidas a las más terribles torturas.

Fuzagoche. Demonio de forma serpentina y piel escamosa que habita en las aguas del Lago de Gustavita. Sus apariciones son escasas, pero tienen la facultad de llenar de espanto el alma de los testigos.

Gallina de Agua. *Véase* Atotolín.

Gallina Fantasma (Uay Cax). Gallináceo fantasma que aparece durante la temporada de lluvias en Yucatán, acompañado por un gran número de pollos igualmente fantasmales. Su aspecto no llamaría la atención si se manifestara durante el día; sin embargo, en la oscuridad de la noche el espectáculo es en verdad desconcertante. La negra gallina y su pollada se muestran en medio de algún solitario camino provocando una alharaca que aturde hasta al más templado. Cuando el noctámbulo se halla muy cerca de ella, de pronto se esfuma en el aire y el ruido se diluye como por encanto. El trasnochador, desconcertado, sigue su camino pensando que tal vez lo imaginó y, súbitamente, la gallina y sus polluelos aparecen de nuevo. El fenómeno se repite varias veces hasta que el caminante prefiere emprender la graciosa huida antes de seguir lidiando con espectros.

Gallina Zambullidora. *Véase* Acitli.

Gallo Encantado. Gallo negro de cresta roja que habita en las antiguas construcciones mayas. Por las noches emite un canto tan fuerte e intenso que puede ser percibido, incluso, a varios kilómetros a la redonda, sin que pueda precisarse con exactitud en cuál de las ruinas se encuentra.

Gavilán. *Véase* Tlotli.

Gavilán de Sangre. *Véase* Xic.

Genio del Valle. Ente maléfico que habita en la Laguna de Alcuzahue (Colima) y suele establecer pactos con los hombres. Generalmente las peticiones se refieren a riquezas y poder y el Genio del Valle está más que dispuesto a otorgarlas. Pero, por supuesto, las cosas no pueden ser gratuitas así es que a cambio de ellas les pide su alma, la cual, en una especie de garantía, mantiene encadenada. Además, no queda claro si es como muestra de humor negro o sólo para distinguirlos, el Genio de Valle suele marcar a los solicitantes con algún tipo de defecto físico o enfermedad, preferentemente repugnante e incurable.

Así, el "afortunado" se retira gustoso a disfrutar cuanto placer esté a su alcance. Empero, como no hay plazo que no se cumpla ni cuenta que no se salde, después de un tiempo fallece y no le queda otra opción que ir a vivir en el fondo de la laguna donde, dicen, hay una ciudad ancestral profusamente habitada.

Tal parece que la vida en ese lugar no es precisamente lo que se puede llamar agradable, ya que durante las noches se escuchan ruidos horripilantes. Una campana invisible tañe lúgubremente anunciando la muerte. Quejidos, murmullos y lamentos que aterrorizan hasta al más valiente se oyen en la ribera. Y a eso de la medianoche una serie de espectros emergen de las aguas y desfilan lentamente por el lugar acompañados por el rítmico arrastrar de sus cadenas. Pequeñas luces como cocuyos bailotean en el aire. Blasfemias e insultos inundan la atmósfera.

Cuentan los lugareños que son las almas de los esclavos del Genio del Valle que lamentan su suerte, aunque hay quien afirma que estas manifestaciones no son más que la macabra forma que tienen de divertirse estos fantasmas.

Gente. Seres característicos de la Chinantla (Oaxaca) que sirven como eficientes intermediarios del Señor del Cerro. Entre sus labores se cuentan servir como mensajeros y competentes auxiliares de esta entidad benévola en su labor de protección y ayuda a los animales salvajes.

Gente del Agua (Ba'Wichí Piréame). En las tierras chinantlecas existe gran diversidad de criaturas: las hay grandes y pequeñas, visibles e invisibles, bondadosas y malévolas. Entre ellas destacan las que tienen la misión de ayudar al Señor del Cerro a proteger la fauna y fungir como eficaces mediadores. Debido a la rica biodiversidad característica de la zona, la especialización se convirtió en una necesidad impostergable. Por ello, estos entes se dividieron de acuerdo con sus funciones; así, hay Gente del Agua y Gente del Cerro. La Gente del Agua, como su nombre lo dice, se limita al ámbito acuático.

Su apariencia resulta un tanto disparatada si la comparamos con la de la gente de la región. Su estatura es aproximadamente de medio metro, aunque hay algunos que miden tantito más y otros un poquito menos. Su cabello es rojo y sus ropas muestran especial cuidado en su confección, combinando en la justa medida practicidad y belleza. En lo tocante al lenguaje, resulta absolutamente ininteligible a oídos humanos, situación que no es de extrañar ya que durante la mayor parte del tiempo conviven con los animales.

Los rarámuris conceptúan a la Gente del Agua de una manera distinta de la de los habitantes de la Chinantla. Para ellos, estas criaturas viven en arroyos, lagos y manantiales. De su aspecto no aportan muchos datos, lo que nos permite inferir que son invisibles o tan discretos en sus apariciones que no han sido vistos por los rarámuris. Se cree que tienen la costumbre de capturar las almas de aquellos que se espantan cerca de sus hogares. Se las llevan y las convierten en servidumbre o, en ocasiones, si les resultan especialmente atractivas no dudan en transformarlas en sus cónyuges.

Gente del Cerro. Con cierta frecuencia, algún chinantleco cae víctima del "espanto", esto es, ha perdido su espíritu debido a un susto terrible. Anda como atarantado, sus ojos reflejan vacío, presenta deterioro físico y, de no acudir de forma inmediata a un especialista en cuestiones mágicas para que encuentre su alma, morirá en breve. Dicen los viejos, que de esto saben mucho, que el origen de su mal está en los cerros, ahí mora, ahí se oculta y se llama Gente Vieja del Cerro.

Empero, no todos los habitantes sobrenaturales que viven en estos parajes causan daño, voluntario o involuntario, a las personas. Hay otro tipo de criaturas que, a diferencia de las anteriores, no ocasionan "espanto", simplemente se divierten a costillas de los humanos haciéndoles todo tipo de travesuras y ellos son la Gente Buena del Cerro. En cuanto a su aspecto, quienes los han visto cuentan que son bajitos, casi pequeños, y tienen el pelo rojizo o rubio. Acostumbran llevar ropa de color verde, perfectamente apta para disimular su presencia entre la vegetación de la zona y permitirles cumplir con sus tareas de cuidado a la flora y la fauna. Asimismo, usan grandes sombreros de palma o de materiales similares para protegerse del sol.

Gente de la Raya. *Véase* Vigilantes de la Raya.

Gente del Rayo (Dzá Kee Ni). Los brujos son bien conocidos por sus capacidades nagualísticas, es decir, la facultad de asumir el aspecto de animales. Sin embargo, este poder de transformación asume dos variantes: una se refiere a que el brujo efectivamente se convierte en bestia y, en la otra, es el alma del especialista en brujería la que cobra el aspecto animal y no su cuerpo. Dentro de este segundo tipo existe una subcategoría que consiste en la habilidad de transmutarse en fenómenos naturales como rayos, centellas o venturrones. Y es precisamente cuando se encuentran en esta modalidad que se les llama Gente del Rayo. Los hechiceros recurren a esta prerrogativa cuando se enfrentan a sus rivales y las batallas que protagonizan suelen ser escalofriantes. Quienes han podido presenciarlas cuentan que el espectáculo es impresionante: el cielo es surcado por relámpagos, las centellas recorren de lado a lado el lugar, las rocas que son alcanzadas explotan en mil pedazos, vuelan chispas por todos lados, el viento se levanta enfurecido azotando árboles y todo lo que encuentre a su paso, silbidos y crujidos se escuchan aquí y allá. Y en el duelo final, dos brillantes rayos se estrellan entre sí, estallando como mil fuegos artificiales. Sólo el más fuerte sobrevive y emprende su vuelo hacia el firmamento, para reaparecer cuando otro enemigo ose hacerle frente.

GiGANTE. *Véase* Tlacahueyac.
GiGANTE ArreBaTaDor. *Véase* Ua Ua Pach.
GiGANTES. Entre los diversos seres que han poblado el mundo desde tiempos antiguos no podemos omitir a los gigantes. Estas enormes criaturas ocupan un sitio de honor en la historia y las creencias de todos los pueblos y culturas. Probablemente existan desde el principio de los tiempos y perduran hasta hoy aunque, por supuesto, constituyen una especie casi extinta.

Son tan viejos que ya estaban presentes cuando se cimentó el Segundo Sol. De hecho, fueron creados por las deidades y, en vista de que carecían de conocimientos de agricultura, se alimentaban exclusivamente de bellotas, raíces y frutas silvestres. Se dice que…

> Se cimentó luego el segundo sol (edad). Su signo era 4-Tigre. Se llamaba Sol de Tigre. En él sucedió que se oprimió el cielo, el sol no seguía su camino. Al llegar el sol al mediodía, luego se hacía de noche y cuando ya se oscurecía, los tigres se comían a las gentes. Y en este sol vivían los gigantes. Decían los viejos, que los gigantes así se saludaban: "no se caiga usted", porque quien se caía, se caía para siempre (*Anales de Cuauhtitlán*).

Obviamente, los gigantes no fueron aniquilados de forma total por los tigres. Los que consiguieron sobrevivir, con el corazón colmado de rabia y resentimiento, se aplicaron a causar los más severos estragos posibles en las poblaciones cercanas. Los hombres, aterrorizados y con justa razón, se vieron orillados a otorgar banquetes (a la medida de sus perseguidores) a cambio de un poco de paz y tranquilidad. La situación se tornó tan insostenible que, cierto día, cansados de estos insoportables vecinos decidieron acabar para siempre con ellos. El problema era cómo hacerlo; se barajaron distintas posibilidades y se optó por una estrategia simple pero efectiva. Así, poniendo su mejor cara los invitaron a degustar deliciosas viandas aderezadas con ingentes cantidades de licor. Los gigantes, encantados, aceptaron la invitación sin sospechar que su fin estaba cercano. Comieron y bebieron y bebieron y bebieron, desde luego, los efectos de la borrachera no tardaron en aparecer y los hombres, que esperaban preparados, se lanzaron contra ellos y los asesinaron. Y ése fue el destino y final de aquellos que habían sobrevivido al Segundo Sol.

Otros gigantes igualmente importantes fueron los que construyeron los impresionantes templos de Teotihuacan y de Cholula.

Los toltecas, refiere Torquemada en su *Monarquía Indiana*, tuvieron singulares experiencias con estas hercúleas criaturas:

> …en medio de la celebración de ellas, se les apareció un gran gigante y comenzó a bailar con ellos, y aunque puede ser que admitiesen la repentina visión en su compañía con algún temor, por el que les pudo causar su presencia, por ser demasiado grande y disforme, los brazos largos y delgados, todavía le hicieron rostro, por parecerles aquello era inevitable, por venir por ordenación de sus fingidos e indignamente reverenciados dioses. El cual, a las vueltas que con ellos iba dando, se iba abrazando con ellos, y a cuanto cogía entre los brazos (como otro Hércules, a Anteón), les quitaba la vida, enviándolos de ellos, seguramente, a los de la muerte.
> De esta manera y por este modo, hizo aquella visión gran matanza aquel día en los bailantes. Otro día se les apareció el demonio, en figura de otro gigante, con las manos y dedos de ellas muy largos y aguzados, y bailando con ellos los fue ensartando en ellos (pág. 11).

Los mayas también cuentan con una amplia variedad de estas colosales entidades. *Los Cantares de Dzitbalche* nos dicen: "…porque aquí en esta región aquí en la Sabana, aquí en la tierra de nuestros antiguos gigantes hombres…"

Estos titanes desempeñaron una función esencial en el antiguo mundo maya ya que eran los encargados de mantener en su posición los cielos, ubicándose en los cuatro puntos cardinales del mundo, que se concebía cuadrado. Por sobre sus cabezas se encontraban los 13 cielos y debajo de ellos los infiernos. Se les llamó Bacabes y cada uno se caracterizaba por un color distintivo; así uno era rojo, otro blanco, uno más amarillo y el restante negro.

Los *Libros de Chilam Balam de Chumayel* también incluyen datos sobre los gigantes: "Entró entonces Chac, el Gigante, por la grieta, de la Piedra. Gigantes fueron entonces todos, en un solo pueblo, los de todas las tierras." Los mayas antiguos, nos dice Peniche Barrera (*Fantasmas mayas*):

> heredaron de sus antepasados el temor y el respeto por los gigantes. Éstos suelen aparecer de tiempo en tiempo en la soledad de los caminos o en las callejuelas de los pueblos y a veces se asoman también a los patios de las casas. Son en su generalidad, atroces asesinos y grandes destructores, como el Ua Ua Pach que rompe los huesos a los noctámbulos y el Che uinic, carente de huesos y coyunturas, presto siempre a descuartizar y devorar a todo el que pase por su camino. También tenemos al H-wayak, que

aparentemente es sólo un hombre normal, pero conforme se nos va acercando su estatura alcanza una talla inconcebible. Al igual que sus parientes tiene una muy especial afición: romperle los huesos a los trasnochadores.

Los tarahumaras también tuvieron la posibilidad de convivir con los gigantes. Estos seres ubicaban su residencia, por lo general, en lo alto de las montañas. Su estatura era formidable, de hecho, eran casi tan altos como los pinos de la zona y sus cabezas semejaban enormes rocas. Los tarahumaras establecieron una especie de alianza laboral con estos colosos. A cambio de sembrar la tierra y talar los árboles (labor que, por cierto, realizaban de forma rápida y competente), les daban alimento y tesgüino. El trato hubiera sido perfecto de no ser por un pequeño problema: cuando los gigantes se emborrachaban tenían la mala costumbre de violar a las mujeres y después, como eso les daba hambre, no dudaban en saciarla comiéndose a los niños.

Ante tal situación, los tarahumaras decidieron dar por finiquitado el acuerdo. Así, prepararon un cocimiento especial de chilicote y lo vertieron en los alimentos de sus "socios", los cuales, murieron irremisiblemente.

Algunos de estos seres vivían hace mucho tiempo en lo que actualmente es el estado de Nuevo León, información que puede verificarse por las enormes osamentas encontradas en el lugar, particularmente en el municipio de Linares. Según testimonios de sus contemporáneos eran agradables, trabajadores y de buen corazón. Medían alrededor de 10 m y su piel era tan oscura como el tabaco. Actualmente no contamos con datos fidedignos que puedan explicarnos su costumbre de construir pequeñas lomas; sin embargo, ello no significa que carecieran de algún tipo de utilidad práctica. Se dice que cuando llegaron las terribles lluvias, casi tan intensas como un diluvio, ni su ingente estatura pudo salvarlos. Aunque trataron de huir y ponerse a resguardo, el lodo afianzó sus pies y se ahogaron.

Una de las más bellas narraciones sobre gigantes corresponde al estado de Aguascalientes y está recogida en el libro *Leyendas mexicanas*: "En los albores de la vida, por la superficie de este mundo resonaban las pisadas de los gigantes, amos y señores de todo lo creado, porque su inteligencia sobrepasaba el nivel de cualquier otra criatura del reino animal. Su porte era altivo; sus facciones finas y aristocráticas; y sus cuerpos, atléticos y bien proporcionados; construyeron enormes

ciudades. A la par que la tierra, que les daba abundantes cosechas, cultivaban las bellas artes, porque su civilización era muy avanzada. Conducían todas sus actividades sociales en perfecta armonía. La guerra y el odio estaban proscritos…

Así vivieron incontables siglos. Pero ¡ni siquiera en este verdadero paraíso terrenal la dicha era eterna! Y así llegó el día en que todo lo agradable y placentero tuvo que terminarse, por obra y gracia de uno de esos cataclismos geológicos que la Tierra ha experimentado infinidad de veces: temblores de magnitud jamás medida la sacudieron en convulsiones de muerte, desgarraron por todas partes su inestable superficie y hendieron las rocas hasta las mismas caldeadas entrañas del desafortunado planeta, haciendo que el magma hirviente e incontenible se convirtiera en un insaciable monstruo destructor que engulló a su paso ciudades enteras. Nunca hubo tantos volcanes en actividad y es seguro que desde el espacio la Tierra debió parecer un nuevo Sol envuelto en llamas.

Al fin volvieron la paz y la estabilidad. El mundo de los gigantes estaba casi totalmente destruido y su población visiblemente diezmada y temerosa de que surgieran nuevas manifestaciones de violencia. ¡Era necesario buscar una solución al problema! De quedarse en la superficie de su amado mundo sus vidas peligraban. Mas, ¿a dónde ir? Se hacía indispensable un consejo indicador del camino por seguir, y para escucharlo era necesario ir a ver al Supremo y acatar lo que ya hubiera decidido, pues sólo el Amo del Universo conoce la realidad de las cosas porque todo sucede según sus deseos.

Entre los sobrevivientes quedó una joven pareja de recién casados que pertenecía a la nobleza reinante: Verlé, el príncipe galante del país del norte cuyo nombre significaba en su armoniosa y sugestiva lengua Calientes Primaveras, y Kirle, la bella princesa del reino sur, a quien por su cutis de porcelana y la radiante hermosura de su cara le pusieron Aguas Cristalinas. Ellos fueron los elegidos para hacer el viaje hasta el lejano Imperio del Supremo y se les dieron amplios poderes para decidir lo que deberían hacer. Eran gigantes, pero se sintieron pequeños al poner el pie en la larga avenida que los conduciría hasta el Supremo. Por fin ¡llegaron frente al trono. En este mismo instante apareció Él en su resplandeciente sillón dorado y mil soles parecían iluminar todo el recinto.

–Aunque sé a qué han venido, quiero oírlo de sus labios.

La voz del Supremo, clara y fuerte, parecía salir de todas partes mientras una agradable sinfonía de tonalidades celestiales le ponía un armonioso telón de fondo.

—Nuestras ciudades en la Tierra han sido destruidas y somos muy pocos los sobrevivientes, dijo con emocionada y triste voz el príncipe Calientes Primaveras.

—La Tierra está siendo preparada para recibir y alimentar otras formas de vida que pueda sostener en los siglos futuros sin esfuerzo alguno. Ustedes tendrán que emigrar a otro planeta de más colosales proporciones, porque se han multiplicado en exceso y la soberbia anida en muchos de sus corazones.

—Pero ¡amamos la Tierra! Queremos seguir viviendo en donde tan gratos momentos hemos disfrutado y en donde han quedado para siempre los restos de todos los que amamos, suplicó con lágrimas en los ojos Aguas Cristalinas.

—¡Está decidido! Ese mundo no puede soportar por más tiempo a una comunidad de gigantes. De quedarse, perecerán todos en unos cuantos siglos.

—No queremos en forma alguna rebelarnos, pero deseamos de todo corazón permanecer en la Tierra. ¿Será eso posible?, preguntó el príncipe.

—¡Sí!, pero se quedarán para toda la eternidad. Los esposos se miraron interrogantes durante unos instantes; su pueblo les había dado autoridad para decidir lo que deberían hacer y sabían que podían contar con él para aceptar de buen grado su decisión final. No, simplemente no podían abandonar aquel hermoso planeta, cuna de sus antepasados y de su civilización, donde tan felices habían sido. Si tenían que morir en alguna parte del vasto universo, ¿qué mejor que en el mundo que tanto querían?

—¡Nos quedaremos en la Tierra! —exclamaron a una voz ambos príncipes, como para reafirmar su férrea voluntad.

—¡Los admiro! Veo que han aprendido que sólo el inmenso amor por algo merece un gran sacrificio como el que ustedes harán por su propia voluntad. ¡Vayan en paz!, y recuerden que sin importar la forma en que se quedan, por mi personal decisión vivirán eternamente y con su noble acción harán que la tierra donde yazcan tampoco muera jamás, ya que sus espíritus la seguirán protegiendo.

Una vez todo aclarado, los dos príncipes recorrieron a la inversa el largo corredor sin dar en ningún momento la espalda al Supremo, cuya magnanimidad les había permitido quedarse para siempre en la superficie del planeta que tanto querían. Se tomaron de la mano, pensaron en su mundo y en un segundo regresaron a su solar nativo.

Ya en la Tierra comprobaron que su decisión había sido la correcta, porque nadie quería abandonar el lugar donde vivían y todos comenzaron a buscar el sitio que más les agradaba para llevar a cabo el gran sacrificio.

Como Kirle y Verlé eran los últimos príncipes de las casas reinantes, fueron coronados en sencilla ceremonia como reyes de aquella raza de gigantes, y como tales tuvieron el sitio de honor en el drama final.

Calientes Primaveras se tendió cuan largo era sobre la tierra que tanto quería, con la cabeza hacia el sur. Aguas Cristalinas colocó su cabeza frente a la de su esposo, y para que no les estorbaran las regias coronas, inclinó un poco el cuerpo hacia el suroeste. Luego miraron los dos por última vez el disco del Sol, por cuyo conducto haría el Supremo que se cumpliera su voluntad. A la distancia, el resto de aquella raza de gigantes tomó la posición que más le acomodaba para esperar la eternidad. La mayoría en el suelo, imitando a sus reyes, y mientras las mujeres lloraban igual que su reina y señora, cuatro de los más varoniles de aquella raza de superhombres, emparentados con la nobleza reinante y cuyos nombres eran Galfo, Talt, Kilse y Machi —que en su florido idioma significaban Buena Tierra, Agua Clara, Claro Cielo y Gente Buena, respectivamente—, sólo hincaron una rodilla en tierra y después de lanzar una última mirada al radiante Sol, inclinaron respetuosamente sus altivas cabezas como si quisieran contemplar para toda la eternidad el suelo que pisaban y por el que ofrendaban la vida.

En esos precisos momentos el astro rey se puso de riguroso luto con el eclipse más espectacular que el mundo jamás hubo contemplado. Seis horas después, cuando sus rayos de fuego volvieron a seguir calentando la dormida Tierra, no se veían por ninguna parte seres vivientes, porque los gigantes que en ella moraban eran ya enormes cerros de piedra, de entre los cuales destacaban las figuras de los príncipes, ahora reyes…" (págs. 27-31).

Gran Culebra. Los chatinos de Oaxaca son particularmente escrupulosos en lo que a la pesca se refiere. Sus tatas les han dicho desde siempre que el agua y todo lo que en ella habita merece respeto y que, de no mostrarlo, las consecuencias no se harán esperar. La Gran Culebra, si es ofendida por algún comportamiento que considere irrespetuoso, se encargará de castigarlos y sus redes, no importa cuántas veces las tiren, siempre saldrán vacías. La Gran Culebra es la dueña y protectora de los peces y con ella, créalo, es mejor no jugar.

Grillos. Tenidos en gran estima por los chamulas, saben que una importante misión les ha sido destinada por el Sol. Desde la Primera Creación, Nuestro Padre decidió que estas humildes criaturas habrían de ayudar a aquellos que no saben rezar: sólo bastaría prestar oído atento a sus cantos y poco a poco las oraciones llegarían a sus labios y de ahí partirían hacia el cielo. Desde entonces, los grillos han poblado toda la Tierra en un afán de enseñar a los hombres a alabar a su Creador.

Guacamayo-Búho. *Véase* Caquix-Tucur.

Guardián de la Cascada. En la Sierra de Linares (Nuevo León), en el punto intermedio entre los pueblos de San Francisco Tenamaxtle y Rancho Viejo hay un río. Si uno sigue su cauce, en poco tiempo llega a una cascada de tibias aguas rodeada de rocas de curiosas formas que parecen salidas de las manos de algún artista. La parte alta de la cascada se ve coronada por una cara de piedra cuyo origen se ignora y que la voz popular ha bautizado como el Guardián de la Cascada. Por las noches, según cuentan los que pasan por el lugar, se escuchan extrañas voces, los murmullos llenan el aire y unos aullidos que parecen escapados del Averno inundan el sitio. Por lo general, a estas alturas el desafortunado sale corriendo como si lo persiguieran todos los diablos del infierno y créame que es mejor que lo haga, porque de quedarse podría fallecer de terror al ver el pétreo rostro del Guardián volver a la vida y proclamar a los cuatro vientos su propiedad sobre la cascada.

Guardiana de los Manantiales. Serpiente de agua encargada, desde el principio de los tiempos, de vigilar y proteger las especies que habitan en los manantiales oaxaqueños. Su aspecto es aparentemente similar a las del resto de la especie, sin embargo, los conocedores saben que esto es un camuflaje para ocultar a ojos profanos su verdadera misión y evitar algún absurdo intento de cazarla que, por supuesto, lo más seguro es que termine en desgracia.

Guardianes de la ciudad de Aguascalientes. La ciudad de Aguascalientes, aparte de la policía local, cuenta con un poderoso y singular servicio de vigilancia y protección. Quienes lo han visto aseguran que es un enorme gigante que sale del Cerro del Muerto por las noches y con paso par-

simonioso recorre la ciudad. Una vez finalizada la ronda, la cual por cierto no causa perjuicio a las construcciones, vuelve a su morada para repetir la rutina cuando lo considere oportuno.

Existe otra versión que, en lugar de gigante, afirma que se trata de un grupo de indios. Aunque hay cierta confusión al respecto, es probable que sea una manifestación diferente y mágica del mismo gigante, o bien, que sea otro equipo de guardia orientado a las mismas funciones. El caso es que al rayar el alba aparecen unos indígenas chichimecas con la piel oscura como el carbón, se distribuyen a lo largo y ancho del citado cerro y forman parejas. Así, bajan a la ciudad con pasos cortos y apresurados y se dedican a transitar ordenadamente por ella. Algunos se dirigen al Barrio de San Marcos y otros al de Guadalupe; el del Encino también se incluye en su operativo, así como la Estación. Una vez finalizada su tarea, regresan al cerro desde donde, sin que nadie se percate, continúan su labor de supervisión.

Obviamente, estas situaciones han despertado la curiosidad de muchos y, en especial, de los investigadores que han acudido a la loma para desentrañar el misterio. Sin embargo, tal parece que los guardianes no están dispuestos a permitir que extraños descubran sus escondites o pretendan interrumpir sus trabajos, así que no dudan en entorpecer estos intentos. Así, cuando alguno de ellos se presenta en el lugar, de pronto se escuchan voces salidas de invisibles gargantas, los gemidos erizan la piel y los lamentos disuaden hasta al más valiente. Efectivamente, es cierto que algunos no se han amilanado, empero, cuando han vuelto a la ciudad la locura anida en sus mentes o al corto tiempo fallecen sin poder decir palabra alguna sobre lo que vieron.

Guardianes de la Comarca. *Véanse* Kuiloob-Kaaxoob y Yumtzilob.

Guardianes de la milpa (Balam-col, Canan-Era, Canan-Gracia). Son espíritus mayas que se encargan, como su nombre lo dice, del cuidado de la milpa. También se les conoce como Canan-Gracia o Canan-Era, dependiendo de su especialidad, ya sea el maíz (gracia) o la sementera (era). para los habitantes del Mayab ya que sin su ayuda difícilmente se lograrían las cosechas y, consecuentemente, el hambre asolaría a la población. Los Balam-col para cumplir de mejor forma su labor suelen ubicarse en las cuatro esquinas del terreno, desde donde con ojo avizor vigilan el lugar. Si se percatan de que algún animal ha entrado con la pretensión de comerse las matas o las semillas, de inmediato empiezan a hacer fuertes ruidos que, por lo general, ahuyentan a los invasores. En caso de que el ladrón sea humano prefieren utilizar métodos un tanto más prácticos, es decir, le propinan una buena tunda que lo disuada de sus ilícitas acciones.

Los campesinos son conscientes de la tremenda ayuda que significa contar con estos eficaces guardianes, de tal modo que para darles las gracias les preparan ofrendas que, generalmente, van acompañadas de una bebida refrescante de maíz llamada zacá. Y más vale que el milpero no se olvide de estas muestras de respeto, porque de hacerlo, los Canan-Gracia podrían enojarse con él, abandonar la milpa y, si verdaderamente se sienten ofendidos, castigar al olvidadizo.

Otro importante servicio a la comunidad prestado por estas criaturas consiste en poner en buen camino a las personas que se han extraviado. Sin embargo, si es un pequeño el que se halla perdido es casi seguro que el encuentro con los Canan-Era le cause tal impresión que pierda la razón o, en el mejor de los casos, presente un comportamiento un tanto extraño por el resto de sus días.

GUARDIANES DE LA MONTAÑA. *Véanse* Kuiloob-kaaxoob y Yumtzilob.

GUARDIANES DE LOS PUEBLOS (BALAM-CAHOB, CANAN-CAHOB, CANANHOLCAH). Espíritus mayas cuya función fundamental consiste en cuidar y proteger a los pueblos tanto de enfermedades como de las fieras salvajes o las entidades malignas.

Su aspecto puede resultar aterrador. Son ancianos que ostentan blancas, pobladas y largas barbas. Visten con túnicas que flotan al soplar del viento. Sus rostros inspiran temor a quien los ve y puede ocasionarles espanto.

Por lo regular, con el fin de cumplir de la mejor manera su misión se estacionan en los cuatro puntos cardinales de la población. Con mirada atenta observan las calles y si detectan algún peligro inmediatamente se lanzan a la acción. Presenciar la pelea de un Balam-Cahob con algún espíritu malvado es algo que nunca se olvida. Pese a que nuestros ojos no puedan ver a los combatientes, el espectáculo es impresionante: las ramas se quiebran violentamente, los árboles son arrancados de cuajo y el viento se llena de terribles sonidos. Si el Canan-Cahob tiene dificultades para vencer al enemigo, empieza a emitir fuertes y agudos silbidos que constituyen un llamado de auxilio para sus compañeros, quienes de inmediato acuden al lugar y, entonces sí, no hay quien pueda contra ellos.

Por supuesto, es de esperar que estos invaluables servicios requieran algo a cambio y el campesino sabe que debe corresponder a las bondades de estos guardianes. Y qué mejor que demostrar su agradecimiento con jícaras de zacá que colocará en las esquinas del pueblo y que constituyen la bebida preferida de los Balam-Cahob.

GUARDIANES DEL MONTE. *Véanse* Kuiloob-Kaaxoob y Yumtzilob.

GUARICHA. Por los senderos solitarios de la Meseta Purépecha suele aparecerse, según refieren los que dicen haberla visto, una bellísima mujer ataviada con ropas de color blanco. Por las noches suele emprender largos paseos, situación que siendo tan sumamente rara llama de inmediato la atención de cualquier noctámbulo, y con más razón cuando esta dama, más que caminar se desliza derrochando sensualidad a su paso. El "afortunado", movido por la curiosidad o hechizado por los múltiples encantos de la Guaricha se acerca muy orondo y solícito a ella, sólo para descubrir que en lugar de pies, esta damisela luce un par de impresionantes y mortíferas garras que está más que dispuesta a utilizar si el trasnochador no pone mucha, pero mucha distancia de por medio.

Hacedor de abscesos. *Véase* Ahalpuh.
Hacedor de ictericia. *Véase* Ahalganá.
Hacedor de traición. *Véase* Ahalmez.
Hacedor del infortunio. *Véase* Ahaltocob.
Hacha Nocturna (Youaltepuztli). Fray Bernardino de Sahagún, en su *Historia General de las Cosas de Nueva España*, aporta una vívida y amplia descripción del Hacha Nocturna: Cuando alguno de noche oía golpes como de quien corta leña tomaba mal agüero; a éste llamaban youaltepuztli, que quiere decir hacha nocturna; por la mayor parte este sonido se oía al primer sueño de la noche, cuando todos duermen profundamente y ningún ruido de gente suena; oían este sonido los que de noche iban a ofrecer cañas y ramos de pino, los cuales eran ministros del templo, que se llamaban tlamacazque. Éstos tenían por costumbre de hacer este ejercicio o penitencia de noche, que es lo profundo de la noche; iban a hacer estas ofrendas a los lugares acostumbrados de los montes comarcanos, y cuando oían golpes como de quien hiende madero con hacha, lo cual de noche suena lejos, espantábanse de aquellos golpes y tomaban mal agüero. Decían que estos golpes eran ilusión de Tezcatlipoca, con que espantaba y burlaba a los que andaban de noche; y cuando esto oía algún hombre animoso y esforzado, y ejercitado en la guerra, no huía, mas antes seguía el sonido de los golpes hasta ver qué cosa era, y cuando veía algún bulto de persona corría a todo correr tras él, hasta asirle y ver qué cosa era. Dícese que el que asía a esta fantasma con dificultad podía aferrar con ella, y así corrían gran rato andando a sacapella, de acá para allá, cuando ya se fingía cansada la fantasma, esperaba al que la seguía, (y) entonces parecía al que la seguía que era un hombre sin cabeza, que tenía cortado el pescuezo como un tronco, y el pecho teníale abierto y tenía a cada parte como una portecilla, como que se abrían y cerraban juntándose en el medio y, al cerrar, decían que hacían aquellos golpes que se oían lejos; y aquel a quien había aparecido esta fantasma, ora fuese algún soldado valiente, o algún sátrapa del templo animoso, en asiéndola y conociéndola por la abertura del pecho veíale el corazón y asíale de él, como que se le arrancaba tirando; estando en esto demandaba a la fantasma que le hiciese alguna merced, o le pedía alguna riqueza, o le pedía esfuerzo y valentía para cautivar en la guerra a muchos, y algunos dábalos esto que pedían, y a otros no los daba lo que pedían, sino lo contrario, que era pobreza y miseria y malaventura; y así decían que en su mano estaba de Tezcatlipoca dar cualquier cosa que quisiese, adversa o próspera. Y la fantasma respondiendo a la demanda, decía de esta manera: "Gentil hombre, valiente hombre amigo mío,

fulano, déjame, ¿qué me quieres?, que yo te daré lo que quisieres." Y la persona a quien esta fantasma le había aparecido decíala: "No te dejaré, que ya te he cazado." Y la fantasma dábale una punta o espina de maguey, diciéndole: "Cata aquí esta espina, déjame." Y el que tenía a la fantasma asida por el corazón, si era valiente y esforzado, no se contentaba con una espina y hasta que le daba tres o cuatro espinas no la dejaba. Estas espinas eran señal que sería próspero en la guerra, y tomaría tantos cautivos cuantas espinas recibía, y que sería próspero y reverenciado en este mundo, con riquezas y honras e insignias de hombre valiente. También se decía que el que la asía del corazón, a la fantasma, y se lo arrancaba de presto sin decirle nada, echaba a huir con el corazón y se escondía, y (lo) guardaba con gran diligencia, envolviéndolo y atándole fuertemente con algunos paños; y después, a la mañana, desenvolvíale y miraba qué era aquello que había arrancado, y si veía alguna cosa buena en el paño, como es pluma floja como algodón, o algunas espinas de maguey, como una o dos, tenía señal que la había de venir buenaventura y prosperidad; y si por ventura hallaba en el paño carbones, o algún andrajo, o pedazo de manta roto y sucio, en esto conocía que le había de venir malaventura y miseria; y si aquel que oía estos golpes nocturnos era algún hombre de poco ánimo y cobarde, ni la perseguía ni iba tras ella, sino temblaba de temblor y cortábase de miedo, echábase a gatas porque ni podía correr ni andar; no pensaba otra cosa más de que alguna desgracia le había de venir por razón del mal agüero que había oído. Comenzaba luego a temer que le había de venir enfermedad, o muerte, o alguna desventura de pobreza y trabajos por razón de aquel mal agüero (pág. 271).

Haikúli. Los huicholes poseen una muy particular visión del mundo que ha perdurado a lo largo de los siglos y les permite establecer particulares relaciones con el medio que les rodea y entender cosas que escapan a la comprensión de los demás. Ellos saben que un río no es simplemente un río ni una montaña sólo una montaña, ya que puede ser la morada del Gran Venado Azul y que las rocas son los restos pétreos de primigenios seres sobrenaturales que dieron cuerpo y forma a una generación previa.

Por ello, lo que a ojos de cualquier otra persona podría ser un simple remolino de viento, para los huicholes equivale, de no actuar rápidamente, a perder su espíritu porque saben, y han sido testi-

gos de numerosos casos que lo comprueban, que se trata de uno de los demonios del viento: Haikúli. Esta entidad nefasta que, al igual que arrastra a su paso hojas y basura hacia el mundo celestial de los muertos, es capaz de arrebatarles el aliento y llevárselo volando lejos, tan lejos que no será posible recuperarlo.

Haiwakame. Los pueblos huicholes son conscientes de que pocas cosas tienen tan alto grado de sacralidad como las promesas hechas a los dioses y, de no respetarse, el castigo vendrá de forma inmediata, inevitable y generalmente atroz. Por tal razón, cuando hacen votos de castidad los cumplen al pie de la letra ya que saben que ninguna razón es suficientemente poderosa para romperlos. Aquellos que se han atrevido a hacerlo han recibido la visita de Haiwakame, uno de los demonios del viento, que se encarga de hacerles perder la cordura como expiación a su falta. Muy poco se sabe de los procedimientos que este ente utiliza para cumplir su propósito, lo que en lugar de resultar tranquilizador lo hace aún más aterrador.

Hak-madz. En las tierras mayas hay unos extraños nidos de abejas asesinas que son vigilados por un guardián sui géneris: el Hak-madz. Esta bestia se encarga de evitar que nadie, absolutamente nadie, y bajo ningún pretexto o circunstancia se acerque a ellos. Y en el fascista ejercicio de su deber devora, sin el más mínimo asomo de remordimiento, pero eso sí con mucho gusto, a todos aquellos que lo intenten o que tengan la mala fortuna de atravesarse en su camino.

Su aspecto y temperamento son similares a los de los tigres, con la salvedad de que su lengua es bífida como la de las sierpes e igualmente venenosa.

Ha-na-winikob. *Véase* Chaacoob.

Hapai-can (Hapai Kan, Serpiente tragadora). Es bien sabido que los monstruos mayas sienten marcada debilidad por la carne humana y que consideran que cuanto más fresca, es más sabrosa. Y la Hapai-can no es la excepción. Esta culebra, llamada *tragadora* (con sobrada razón), compone su dieta fundamentalmente de los niños tiernitos que puede robar de las poblaciones cercanas o aquellos que, en un descuido materno, se han alejado más de lo prudente para ir a toparse de golpe y porrazo con su destino. Su forma de desplazarse es singular, ya que lo hace volando de cabeza, no se sabe si por alguna particularidad anatómica o como una medida para estar más alerta y limitar los riesgos al máximo.

Harapos, El. *Véase* Jergas, El.

Hbalamob. *Véase* Balam.

H-Box-K' Atob. *Véase* Aluxes.

Hermana Blanca, La. *Véase* Muerte, La.

Hermano Juan. En la colonia 20 de Noviembre, en la Ciudad de México, suele aparecer un hombre todo vestido de blanco que, por razones desconocidas, suele tocar a las puertas de las casas y, en ocasiones, entra en ellas para sorpresa de sus moradores. Su aspecto es el de un indígena y hasta ahora no existen testimonios de que cause el menor daño a nadie. Su aparición se remonta a muchos años atrás, no se conoce exactamente cuántos, y quienes saben de estas cosas aseguran sin temor a equivocarse que se trata de algún tipo de vigilante.

Hermano Mayor de los Lobos. *Véase* Kauymáli.

Hermano-Mayor Lobo. *Véase* Kauymáli.

Hewi. En el mundo antiguo, como en cualquier otro que se precie de serlo, coexistían de forma natural seres que, a nuestros ojos, parecerían distintos y hasta irreconciliables. Claro, ello no significaba que las relaciones que se establecían entre ellos fueran de lo más cordiales y un ejemplo representativo de ello lo constituían los huicholes y los Hewi.

Los Hewi eran similares en aspecto a los hombres, salvo que los pies los tenían colocados al revés, esto es, los talones hacia el frente y los dedos hacia atrás. En cuestión de hábitos la diferencia se acrecentaba, porque estas criaturas no comían ningún alimento común y corriente: se nutrían inhalando los vapores que despedía la comida caliente. Además, no defecaban sino que detenían su paso, se agachaban y tiraban piedras como si de verdad estuvieran evacuando. No queda muy claro por qué lo hacían, aunque es probable que fuera una especie de burla para los huicholes.

En cuanto a carácter, eran de una maldad sin límites. No había nada que disfrutaran tanto y les arrancara más carcajadas que hacer todo el daño posible y en todas sus variantes a los huicholes. Komatéame, la diosa, enojada por este pésimo comportamiento y carencia absoluta de modales, regañó a los Hewi y les ordenó tajantemente que detuvieran su hostigamiento hacia estos hombres. Los Hewi prestaron oídos sordos a estos regaños y no cambiaron en un ápice su conducta. La diosa, enfurecida como nunca, decidió darles un castigo ejemplar. De inmediato convocó a las siguientes deidades: Cicíuatli, Mainákauli, Katsa Tewíali, Tulikíka, Teakáyuma Wéme, Haimucama, Ramáinuli y Otsimáwika. Con voz estentórea e inflexible les ordenó destruir a los insolentes. Los dioses se alistaron con parsimonia, prepararon sus armas y partieron desde al mar a cumplir su misión. Cuando estaban a escasos segundos de lograrlo, Uliaki saltó desde lo alto de su cueva enclavada en un risco y vino en auxilio de los Hewi. Ante la sorpresa de los verdugos, los condujo rápidamente al interior de su guarida. Empero, esta reacción desesperada no logró librarlos de la sentencia divina y, cuando salieron de nuevo, habían perdido su aspecto antropomorfo para adquirir uno nuevo: el de jabalíes.

Hijo del Diablo, El. En Puebla, hace ya muchos años solía aparecer un caballero vestido de negro y montado en un corcel de idéntico color. Hallaba perverso placer en perseguir a una jovencita del lugar. No importaba dónde la escondiera su familia, el hombre siempre terminaba por encontrarla. En una ocasión en que la joven iba por el campo, el jinete la alcanzó, la montó en su caballo y, al llegar a un despoblado, la violó sin la menor contemplación. La infeliz quedó preñada. Sus padres, temerosos y desesperados, le suplicaron, le exigieron y hasta le rogaron que no tuviera al bebé ya que, sin duda, no podría ser bueno puesto que era hijo del mismísimo diablo. La futura madre se negó una y otra vez a las exigencias de sus progenitores quienes, no obstante, no desecharon la idea de deshacerse del niño una vez que naciera. Pasaron los meses y la muchacha parió. Los padres, que ya tenían una hoguera preparada, metieron al recién nacido en un cesto, lo amarraron fuertemente con unos mecates y lo echaron a la lumbre. De pronto, se oyó un chillido fortísimo y desgarrador. Algo salió expulsado de las llamas y se alejó velozmente ante la atónita mirada de los presentes. Al apagarse la fogata, los padres revisaron los restos del fuego y grande fue su sorpresa al no encontrar el más mínimo rastro del bebé.

El ser que salió de la canasta, hoy día, se dice que vive en otro pueblito de la zona. Quienes lo han visto cuentan que tiene la mitad del cuerpo marcada por quemaduras y en sus ojos anida una maldad profunda y antigua que amenaza con destruir todo lo bueno que haya en quien lo mira.

H-Lox. *Véase* Aluxes.

H'Loxkatob. *Véase* Aluxes.

Hmuwhaki. *Véase* Señor de las fiebres.

Hohop-caan-chac. *Véase* Chaacoob.

Holil-och. El Holil-och es una especie de zorro de tamaño reducido que suele establecer su hogar entre las rocas y los troncos secos en el estado de Quintana Roo. Su aspecto es más bien inocente; sin embargo, toparse con este animal resulta peligroso para cualquiera ya que a su paso deja una estela de "vientos malos" susceptibles de enfermar a quien los respire o se exponga a ellos.

Holom-Tucur. En el reino de Xibalbá existían criaturas de un aspecto muy particular y Holom-Tucur, sin duda, era una de las más representativas. Los Señores de Xibalbá, conociendo a la perfección su eficiencia y rapidez, solían utilizar sus servicios de emisario sin prestar mayor atención a que este búho era sólo cabeza y alas sin cuerpo alguno que los sostuviera.

Hombre amortajado. *Véase* Difunto amortajado.

Hombre con brazos de serpiente. Vivían en un pequeño rancho una madre india y su hijo, solos los dos, pues ella era viuda... Con muchos afanes había levantado al hijo el cual era ya todo un mozo... Próspero era el maizal que cultivaban con esmero. Cuando las lluvias caían daba gusto ver la milpa. Las cosechas siempre eran magníficas, y las trojes se llenaban tanto que jamás faltaba en todo el año el maíz en ellas. Así también eran las cosechas de las calabazas, de los frijoles y de las sandías... todo era abundancia... Entonces ni faltaban a su tiempo las aguas del cielo, ni la maldita Zaac había hecho su aparición sobre la tierra del Mayab.

Sí, próspero era el campo... pero una aguda espina se hundía en el corazón de la buena mujer... Era infeliz a pesar de todo y su alma lloraba sin cesar, porque su hijo al cual amaba tanto y por el cual tanto se había desvelado, era de tan negros sentimientos que más que amar a la madre parecía odiarla (...) en cierta ocasión el hijo infame trató de decapitar a la madre con su machete... La mujer fue herida y quedó casi inútil, pero con vida y pudo huir... Nunca nadie supo a dónde se fue ni nunca nadie volvió a saber de ella. Pero pronto el hijo criminal comenzó a darse cuenta de su horrible falta.

Primero sintió la soledad, no había quién lo atendiera... Enfermó y no había quién lo curara... pero lo más horrible fue que un día al amanecer sintió y vio sus brazos, aquellos brazos que había levantado contra su madre, se habían convertido en dos repugnantes serpientes. En lugar de sus manos estaban las chatas cabezas de los reptiles que movían ferozmente los ojos y abrían las fauces en busca de alimento... Y naturalmente comenzó el hambre para el hijo infame, porque cuando el desgraciado tocaba los alimentos para llevarse a la boca, no era con las manos con las cuales los tocaba, pues ya no existían, sino con

las bocas de las serpientes, y éstas devoraban al punto el alimento...

Fue a su milpa desesperado y su espanto no tuvo límites... Vio una mancha gris cerniéndose bajo el cielo, tan espesa y enorme que cubría totalmente el sol... Sintió un miedo profundo... Nunca había visto aquello, no sabía explicárselo... De pronto la mancha se precipitó sobre la milpa arrollándolo a él mismo. La mancha cubrió todo, todas las siembras estaban devastadas... El campo ya estaba escueto... observó que aquella mancha al caer se había convertido en millones de pequeños animalillos con alas, que saltaban y lo devoraban todo (...) Corrió éste a su troje y también la encontró devastada... Desesperado regresó a su choza y por el camino fue viendo que también los árboles habían sufrido de la devastación pues sus ramajes aparecían pelados, y al llegar a su cabaña halló que la techumbre, que de palmas era, también había sido devorada... Se encontró entonces en la desolación más absoluta...

Lleno de ansiedad consultó a los h'menes, a los hombres adivinos que también estaban llenos de doloroso asombro (...) Al fin concluyeron por saber que se trataba de una maldición que la madre había lanzado al hijo al abandonarlo, y que hasta que apareciese nuevamente la mujer y lo perdonase, la maldición no pasaría... Se trataba de la terrible Zaac, la insaciable langosta que por primera vez aparecía sobre la tierra maya... Diéronse a buscar a la madre desaparecida, pero fue inútil, no apareció y la maldición continúa y continuará, dice la leyenda, por los siglos de los siglos, hasta que Dios sea servido de enviar nuevamente al mundo a aquella mujer para que perdone a su hijo y con él a todos los demás hijos malos... ¿Ocurrirá algún día?... Los indios dicen que sí, y que tal cosa pasará cuando deje de haber hijos sin entrañas que maltraten a sus madres... Entretanto aquel hijo que trató de asesinar a su madre, fue expulsado del lugar, y se cuenta que aún vive y va arrastrando las dos serpientes que son sus dos brazos, y que allí donde pasa necesariamente cae la Zaac... (*El alma misteriosa del Mayab*, págs. 102-104).

Hombre de la nopalera. Los campesinos del pueblo de San Francisco Tlaltenco (Tláhuac, D. F.) cuentan de la aparición de un hombre entre las nopaleras antes de que acabe el día; dicen que se trata del espíritu de un jornalero que busca víctimas para llevarlas al más allá. Los testimonios coinciden en que la aparición se esconde entre las plantas y flota, al tiempo que llama a quien lo esté viendo. Aquellos que lo han retado, o no creen en él, mueren o desaparecen misteriosamente.

Hombre de la primera lluvia. En Sonora se admite la existencia de un fantasma cíclico que se asocia con la primera lluvia de la temporada y que, año tras año, va dejando huella de su presencia. En un principio se observa una luz intensa, que al acercarse al testigo va formando la silueta de un hombre, con una vaina ceñida a la cintura, un candil en la mano y una capa. Si se le saluda o se le hace algún comentario, el hombre no contesta y continúa su camino sin evidenciar conciencia de las palabras. Algunos llevan su temeridad hasta tocarle las ropas, que invariablemente son húmedas y suaves. A la fecha nadie sabe quién es, pero los ancianos recuerdan que ya se sabía de él antes de que ellos hubieran nacido.

Hombre de los Bosques (Che Uinic, Che Winik). Los bosques mayas han sido considerados desde la antigüedad sitios peligrosos no sólo por la exuberancia vegetal o la diversidad de la fauna, sino porque en ellos habitan monstruos que podrían competir en ferocidad con los de cualquier otra latitud. Y entre ellos ocupa un lugar preponderante el Che Uinic. Su estatura es tal que no hay duda para catalogarlo como gigante, y a su enorme talla se suma una piel de color rojo encendido. Empero, pese a su gran tamaño carece de huesos y coyunturas, particularidad que lo convierte en un prodigio de la naturaleza pero le ocasiona significativos problemas en la vida diaria ya que, cuando tiene sueño, no puede acostarse como el resto de los seres vivos y debe contentarse con recargarse en los troncos de los árboles para dormir, ya que si se acuesta le será mucho muy difícil ponerse en pie. A lo anterior, hay que sumar que tiene los pies colocados en posición invertida, es decir, los dedos señalan hacia atrás y los talones hacia el frente. Por ello, para caminar se ayuda con un bastón que, si uno presta atención, se da cuenta de que es el tronco de un árbol.

La dieta del Hombre de los Bosques se compone fundamentalmente de carne humana la cual, aparte de sabrosa y digestiva, le resulta muy divertido obtener. Por lo regular, su menú lo integran los caminantes que atraviesan su territorio. Por fortuna, es posible evitar convertirse en su platillo del día: para ello basta tomar alguna rama y, simulando alegría y diversión (que, por supuesto, se está lejos de sentir), bailotear y hacer malabares con ella. El espectáculo provocará invariablemente un incontenible ataque de risa que lo hará caer, y entonces el viajero podrá marcharse tranquilo

con la certeza de que al gigante le será imposible perseguirlo.

Hombre de negro de la carretera de Saltillo. Cuentan que en esta carretera, cuando la noche es cerrada y la luna no emite más que tímidos rayos, se aparece a la mitad de la cinta asfáltica un hombre vestido de negro al que no se le ve la cara: sólo se logra apreciar un par de ojos rojos y una sonrisa diabólica.

Los conductores dicen que lo ven, siguen de largo y lo reencuentran más adelante. De pronto, para su sorpresa, el hombre se halla sentado dentro del vehículo, posando sus perversos ojos en el aterrorizado rostro del viajero. La impresión es mayúscula: desesperados se orillan y el hombre simplemente se esfuma sin dejar rastro.

Hombre Grande. *Véase* Tlacahueyac.

Hombre que llora por la espalda. Demonio que llena de terror los bosques de la zona chamula no sólo por su aspecto horroroso, sino por sus particulares hábitos alimentarios ya que su dieta se basa casi exclusivamente en carne humana. Su cuerpo es doble, es decir, en lugar de espalda posee otro pecho y otra cara. La piel está cubierta de una hirsuta pelambre. Sus extremidades, fuertes y ágiles, le permiten balancearse y saltar de una rama a otra con facilidad y rapidez, motivo por el cual se ha convertido en un depredador especialmente peligroso.

Sus métodos de cacería son simples pero eficaces. Por la boca, digamos trasera, emite lamentos estremecedores. Quien se encuentra cerca, pensando que alguien puede estar en peligro, acude al llamado. De pronto, la criatura aparece ante él. Con movimientos precisos y veloces ata al incauto con sus largos pelos y procede a devorarlo gustosamente con ambas bocas, al tiempo que va defecando. No existe evidencia confiable que confirme si se trata de una sola criatura o de un grupo. Aunque ha habido intentos de matarlo, los cazadores refieren que al ser le basta lamerse las heridas para que sanen de inmediato. Lo anterior permite suponer que el Hombre que llora por la espalda probablemente sea inmortal o que, en caso de poder ser exterminado, los cadáveres son escondidos (o quizá, devorados) por el resto de la especie.

Hombre sin cabeza. Aparición fantasmagórica que, como su nombre lo indica, corresponde a un hombre perfectamente formado que carece de cabeza y cuyo aspecto, invariablemente, ocasiona terror en quien lo ve. Sus manifestaciones no se circunscriben a un solo lugar, sino que se le ha visto a lo largo y ancho del país.

Hombrecitos que impiden las inundaciones.

Entes tarahumaras que tienen la función de impedir que las aguas que circundan al mundo se derramen y causen terribles inundaciones que pongan en serios aprietos a los hombres. Pese a su corta estatura, estos seres cumplen de forma eficiente con su importante labor. Suelen organizarse en cuadrillas que vigilan constante y cuidadosamente el nivel del líquido evitando el acumulamiento de basura. No queda claro de qué manera llevan a cabo este proceso, pero se encargan de controlar las aguas abundosas manteniendo los márgenes adecuados.

El aspecto de estos hombrecitos no difiere demasiado del resto de los hombres, salvo su estatura y el hecho de que no se alimentan de comida, sino solamente del vapor que emiten los alimentos.

Hombres de Barro.

Una vez que el mundo ya había sido originado y el Creador y el Formador se habían enfrentado a su primer fracaso para probarlo, fue necesario hacer un nuevo intento. En esta ocasión, las deidades decidieron recurrir a otro material: el lodo. Con todo cuidado y dedicación dieron forma a una nueva raza de hombres. Empero, contrariando todas sus expectativas, lo que salió de sus manos no fue precisamente lo que esperaban. No era necesario prestar mucha atención para darse cuenta de que estaba demasiado blanco, se desbarataba con facilidad, carecía de fuerza y no digamos ya de movimiento; no podía sostenerse en pie ni mover la cabeza, la cara se deformaba a la menor presión y era ciego, en síntesis, un verdadero fiasco. Aunque en un principio pudo hablar, lo cual constituía literalmente un milagro, no poseía entendimiento. Rápidamente se humedeció en el agua y ya no le fue posible sostenerse. Aceptando su fracaso, sus creadores decidieron, en vista de que tampoco podía multiplicarse, acabar con ellos. Y ése fue el inicio y el final de los Hombres de Barro.

Hombres de dos cabezas (Tlacantzolli).

Entre los prodigios que presagiaron la caída y ruina del más grande Imperio del México antiguo, se incluye la aparición de hombres de dos cabezas. Fray Bernardino de Sahagún en su *Historia general de las cosas de Nueva España* dice al respecto: "El octavo agüero fue que aparecieron en muchos lugares hombres con dos cabezas; tenían no más de un cuerpo y dos cabezas: llevábanlos a que los viese Moteccuzoma en su palacio, y en viéndolos luego desaparecían sin decir nada" (pág. 455). Muñoz Camargo da también su versión de lo acaecido:

El octavo prodigio y señal de México, fue que muchas veces se aparecían y veían dos hombres unidos en un cuerpo que los naturales los llaman Tlacantzolli.* Y otras veces veían cuerpos, con dos cabezas procedentes de un solo cuerpo, los cuales eran llevados al palacio de la sala negra del gran Motecuhzoma, en donde llegando a ella desaparecían y se hacían invisibles todas estas señales y otras que a los naturales les pronosticaban su fin y acabamiento, porque decían que habían de venir el fin y que todo el mundo se había de acabar y consumir, o que habían de ser creadas otras nuevas gentes e venir otros nuevos habitantes del mundo. Y así andaban tan tristes y despavoridos que no sabían que juicio sobre esto habían de hacer sobre cosas tan raras, peregrinas, tan nuevas y nunca vistas y oídas.

Hombres de la Primera Creación. *Véase* Hombres transformados en monos.

Hombres de la Segunda Creación. *Véase* Hombres de Madera.

Hombres de la Tercera Creación.

Nuestro Padre, después de dos intentos fallidos, decidió emprender nuevamente el reto de crear a los hombres. Las nuevas criaturas, con todo el respeto que merece el Sol, no eran precisamente lo que se puede llamar perfectas. Efectivamente, contaban con cuerpos, brazos, piernas y caras, pero eran incapaces de mantenerse en pie y ya no digamos de caminar. Andaban desnudos y, debido a su limitada inteligencia, no construyeron casas sino que dormían en los árboles. Además, al no poseer bocas, obviamente no podían hablar y para alimentarse se sacaban los intestinos para poder absorber la comida. Nuestro Padre, indiferente a estas limitaciones o, quizá como bien dicen que los designios de las divinidades son inescrutables, no hizo mayor intento por perfeccionar su obra.

El tiempo pasó y pasó. Cierto día apareció un hombre y decidió hacerle a la especie ciertas modificaciones. Tomó su hacha, comenzó a cortar los bordes que sobraban y darles una apariencia más definida. Les hizo bocas y casi de inmediato los individuos empezaron a hablar. Con especial cuidado formó el pene y los testículos. Empero, al ir revisando a todas las criaturas se percató de que algunas no contaban con testículos que pudiera liberar, así que optó por hacer un corte en la zona pélvica y de este modo se formaron las mujeres. Sin embargo, mientras realizaba esta cuidadosa operación, su hacha se movió más de lo debido y la incisión tomó proporciones más grandes de

---

* Tlacantzolli: "hombres estrechados" o, como nota Muñoz Camargo, "dos hombres unidos en un cuerpo".

las esperadas y es precisamente por eso que las vaginas son tan profundas. Por último, para concluir su labor les enseñó a tener relaciones sexuales y reproducirse. Dicen los viejos que a partir de ese momento la humanidad se volvió malvada ya que el hombre aquel no era otro más que Judas.

Hombres de Madera. Cuenta el *Popol Vuh* que una vez creado el mundo, Tepeu y Gucumatz decidieron poblarlo. Hicieron varios intentos pero ninguno les satisfizo por completo. Su obra debería ser absolutamente perfecta. Era necesario crear a aquellos que pudieran considerarse los auténticos y verdaderos hijos de los dioses. Sin embargo, no era nada sencillo.

El producto de su primera tentativa fueron los animales; sin embargo, éstos no tenían la capacidad de hablar y, obviamente, no pudieron agradecer a sus creadores el don de la vida que les habían brindado. Los dioses, ofendidos, decidieron darles un castigo ejemplar. Desde ese día y para siempre vivirían en las cuevas y los árboles y sus carnes serían el alimento de los seres humanos.

En vista de su fracaso, el Creador y el Formador decidieron probar con otro material: el lodo. Empero, el resultado fue, por decirlo de manera sutil, desalentador. Estos hombres estaban aguados, se deshacían al menor contacto con el agua o con alguna superficie sólida, no tenían fuerzas, sus movimientos eran escasos y, aparte de no ver, ni siquiera poseían razonamiento.

Perfectamente conscientes de que el barro no había sido una elección acertada optaron, en esta ocasión, por la madera. El resultado fue mejor, aunque hay que admitir que no tenía la perfección a la que aspiraban. Esta nueva raza era muy parecida a la humana, con la salvedad de que sus pies no eran especialmente ágiles, sus manos resultaban ásperas al tacto, carecían de sangre, las mejillas eran pálidas, los pies amarillentos y marchita su carne. Sus pasos no los llevaban a ningún lugar en específico y se desplazaban apoyándose en pies y manos. Tenían la facultad de hablar y se dedicaron a crecer y multiplicarse. Empero, carecían de las características definitorias del ser humano: alma y entendimiento. Quizá por ello hicieron caso omiso de aquellos que les habían dado vida y cerraron sus oídos al Corazón del Cielo quien, furioso por esta arrogante conducta, decidió poner fin a su existencia. Su venganza quedaría en los anales de la historia. A una señal previamente convenida, llegaron a la Tierra tres monstruos: Xecotcovach, Camalotz y Cotzbalam. Estas bestias, con certera determinación, les arran-

caron los ojos, cortaron su cabeza y los devoraron en castigo a su soberbia... Tucumbalam, otra terrorífica criatura, les rompió los huesos y los molió tan finamente que parecían harina... Sus animales domésticos y trastes, en un frenesí revolucionario, los atacaron en venganza de todos y cada uno de los agravios recibidos... Y, finalmente, un diluvio de brea y resina inundó la Tierra ahogando a casi todos los supervivientes de la masacre. Los pocos que se salvaron se transformaron en monos y viven hasta hoy en la espesura del bosque.

Los chamulas saben con certeza que el hombre fue creado en tres ocasiones. Los Hombres de la Segunda Creación eran de madera labrada y poseían la capacidad de expresarse con palabras. Nuestro Padre, muy contento porque consideraba que su trabajo había sido un éxito, decidió traer un poco de alegría al lugar. Así, dio un arco de boca (instrumento de una cuerda) a los hombres. Pero ellos no sabían cómo tocarlo y, cejijunto, el Sol optó por romperles manos y pies y ponerles otros nuevos que, ahora sí, les permitieron danzar.

El Sol, consciente de que sus criaturas necesitaban un lugar adecuado para guarecerse, les construyó casas. Poco a poco los Hombres de la Segunda Creación comenzaron a poblar el mundo. Sin embargo, el Creador empezó a percatarse de que había cantado victoria antes de tiempo, porque las criaturas no eran precisamente muy inteligentes: no hablaban, no pensaban, no hacían nada más que reproducirse. Aceptando su derrota, decidió dar por terminada su creación por medio de lluvias torrenciales e inundaciones.

Empero, un hombre y una mujer lograron salvarse del diluvio, gracias a que pudieron meterse a una caja que flotaba en las aguas. Lentamente, el agua se retiró. Las montañas, los cerros y las planicies emergieron de nuevo. Nuestro Padre, particularmente deprimido, regresó a su hogar. Los supervivientes lo siguieron tímidamente. El Sol, percatándose de su presencia, les preguntó si deseaban quedarse a vivir con él. Ellos, conscientes del carácter que tenía el astro y que casi les cuesta la vida, respondieron que no. Nuestro Padre, que en esos momentos no estaba del mejor humor, no tomó a bien la negativa y en castigo los convirtió en monos. Ése fue el fin de los Hombres de la Segunda Creación.

Hombres de Maíz (Primeros Hombres). He aquí, pues, el principio de cuando se dispuso hacer al hombre, y cuando se buscó lo que debía entrar en la carne del hombre.

Y dijeron los Progenitores, los Creadores y Formadores, que se llaman Tepeu y Gucumatz: "Ha llegado el tiempo del amanecer, de que se termine la obra y aparezcan los que nos han de sustentar y nutrir, los hijos esclarecidos, los vasallos civilizados; que aparezca el hombre, la humanidad, sobre la superficie de la tierra." Así dijeron.

Se juntaron, llegaron y celebraron consejo en la oscuridad y en la noche; luego buscaron y discutieron, y aquí reflexionaron y pensaron. De esta manera salieron a la luz claramente sus decisiones y encontraron y descubrieron lo que debía entrar en la carne del hombre.

Poco faltaba para que el sol, la luna y las estrellas aparecieran sobre los Creadores y Formadores. De Paxil, de Cayalá, así llamados, vinieron las mazorcas amarillas y las mazorcas blancas.

Estos son los nombres de los animales que trajeron la comida: Yac (el gato de monte), Utiú (el coyote), Quel (una cotorra vulgarmente llamada chocoyol) y Hoh (el cuervo). Estos cuatro animales les dieron la noticia de las mazorcas amarillas y las mazorcas blancas, les dijeron que fueran a Paxil y les enseñaron el camino a Paxil.

Y así encontraron la comida y ésta fue la que entró en la carne del hombre creado, del hombre formado; ésta fue su sangre, de ésta se hizo la sangre del hombre. Así entró el maíz (en la formación del hombre) por obra de los Progenitores.

Y de esta manera se llenaron de alegría, porque habían descubierto una hermosa tierra, llena de deleites, abundante en mazorcas amarillas y mazorcas blancas y abundante también en pataxte y cacao, y en innumerables zapotes, anonas, jocotes, nances, matasanos y miel. Abundancia de sabrosos alimentos había en aquel pueblo llamado de Paxil y Cayalá.

Había alimentos de todas clases, alimentos pequeños y grandes, plantas pequeñas y plantas grandes. Los animales enseñaron el camino. Y moliendo entonces las mazorcas amarillas y las mazorcas blancas, hizo Ixmucané nueve bebidas, y de este alimento provinieron la fuerza y la gordura y con él crearon los músculos y el vigor del hombre. Esto hicieron los Progenitores, Tepeu y Gucumatz, así llamados.

A continuación entraron en pláticas acerca de la creación y la formación de nuestra primera madre y padre. De maíz amarillo y de maíz blanco se hizo su carne; de masa de maíz se hicieron los brazos y las piernas del hombre. Únicamente masa de maíz entró en la carne de nuestros padres, los cuatro hombres que fueron creados.

Estos son los nombres de los primeros hombres que fueron creados y formados: el primer hombre fue Balam-Quitzé, el segundo Balam-Acab, el tercero Mahucutah y el cuarto Iqui-Balam.

Estos son los nombres de nuestras primeras madres y padres.

Se dice que ellos sólo fueron hechos y formados, no tuvieron madre, no tuvieron padre. Solamente se les llamaba varones. No nacieron de mujer, ni fueron engendrados por el Creador y el Formador, por los Progenitores. Sólo por un prodigio, por obra de encantamiento fueron creados y formados por el Creador, el Formador, los Progenitores, Tepeu y Gucumatz. Y como tenían la apariencia de hombres, hombres fueron; hablaron, conversaron, vieron y oyeron, anduvieron, agarraban las cosas; eran hombres buenos y hermosos y su figura era figura de varón.

Fueron dotados de inteligencia; vieron y al punto se extendió su vista, alcanzaron a ver, alcanzaron a conocer todo lo que hay en el mundo. Cuando miraban, al instante veían a su alrededor y contemplaban en torno a ellos la bóveda del cielo y la faz redonda de la Tierra.

Las cosas ocultas (por la distancia) las veían todas, sin tener primero que moverse; enseguida veían el mundo y los valles. En verdad eran hombres admirables Balam-Quitzé, Balam-Acab, Mahucutah e Iqui-Balam.

Entonces les preguntaron el Creador y el Formador:

—¿Qué pensáis de vuestro estado? ¿No miráis? ¿No oís? ¿No son buenos vuestro lenguaje y vuestra manera de andar? ¡Mirad pues! ¡Contemplad el mundo, ved si aparecen las montañas y los valles! ¡Probad, pues, a ver!, les dijeron.

Y enseguida acabaron de ver cuanto había en el mundo. Luego dieron las gracias al Creador y al Formador.

—¡En verdad os damos gracias dos o tres veces! Hemos sido creados, se nos ha dado una boca y una cara, hablamos, oímos, pensamos y andamos; sentimos perfectamente y conocemos lo que está lejos y lo que está cerca. Vemos también lo grande y lo pequeño en el cielo y en la Tierra. Os damos gracias, pues, por habernos creado, ¡oh Creador y Formador!, por habernos dado el ser, ¡oh abuela nuestra!, ¡oh nuestro abuelo!, dijeron dando las gracias por su creación y formación. Acabaron de conocerlo todo y examinaron los cuatro rincones y los cuatro puntos de la bóveda del cielo y de la faz de la Tierra.

Pero el Creador y el Formador no oyeron esto con gusto.

—No está bien lo que dicen nuestras criaturas, nuestras obras; todo lo saben, lo grande y lo pequeño, dijeron. Y así celebraron consejo nuevamente los Progenitores: —¿Qué haremos ahora con ellos? ¡Que su vista sólo alcance a lo que está cerca, que sólo vean un poco de la faz de la Tierra! No está bien lo que dicen. ¿Acaso no son por su naturaleza simples criaturas y hechuras (nuestras)? ¿Han de ser ellos también dioses? ¿Y si no procrean y se multiplican cuando amanezca, cuando salga el sol? ¿Y si no se propagan? Así dijeron.

—Refrenemos un poco sus deseos, pues no está bien lo que vemos. ¿Por ventura se han de igualar ellos a nosotros, sus autores, que podemos abarcar grandes distancias, que lo sabemos y lo vemos todo?

—Esto dijeron el Corazón del Cielo, Huracán, Chipi-Caculhá, Raxa-Caculhá, Tepeu, Gucumatz, los Progenitores, Ixpiyacoc, Ixmucané, el Creador y el Formador. Así hablaron y enseguida cambiaron la naturaleza de sus obras, de sus criaturas. Entonces el Corazón del Cielo les echó un vaho sobre los ojos, los cuales se empañaron como cuando se sopla sobre la luna de un espejo. Sus ojos se velaron y sólo pudieron ver lo que estaba cerca, sólo esto era claro para ellos.

Así fue destruida su sabiduría y todos los conocimientos de los cuatro hombres, origen y principio (de la raza quiché).

Así fueron creados y formados nuestros abuelos, nuestros padres, por el Corazón del Cielo, el Corazón de la Tierra (*Popol Vuh*).

Hombres del Cerro (Dza Ima). Poderosas entidades que al nacer presentan una especie de "gorro" blanco sobre la coronilla como señal clara de su destino ineludible. Y aunque puedan llevar, por periodos significativos, una vida normal como la de cualquier otra persona, lo que los hace fundamentalmente diferentes es que poseen otro yo que cumple una serie de importantes tareas para el equilibrio ecológico de la región. Su principal labor consiste en proteger las especies animales contra la caza indiscriminada. Sólo aceptan que el hombre mate algún animal con el fin de alimentarse; eso sí, está estrictamente prohibido asesinar hembras preñadas, cachorros o criaturas cuya supervivencia se encuentre en peligro. Si el cazador hace caso omiso de estos mandatos, los Hombres del Cerro lo castigarán ocasionándole algún accidente (de preferencia, mortal o incapa-

citante) o harán añicos su autoestima haciendo que su mujer lo engañe con otro.

Este *alter ego*, de hecho, es común que tenga una mujer que habita en alguna de las cavernas cercanas al poblado, a la cual visita de forma frecuente, sin importar que tenga otra esposa humana. Estos dobles suelen fijar su residencia en las ciudades ocultas en los cerros de la región. Las más importantes son las ubicadas en el Cerro del Oro y la del Cerro Rabón. La primera posee una riqueza legendaria ya que, se dice, la basura que se recoge de las avenidas es guardada en cajas que se entierran y, al poco tiempo, se transforma en oro. Del Cerro Rabón la información que se tiene es mínima, ya que sólo los elegidos pueden llegar a ella y si algún otro intenta siquiera acercarse, un terrible ventarrón cortará de un tajo su existencia. Empero, ha logrado saberse que ahí se encuentra una laguna en la que habita todo tipo de animales como tiburones, venados, ardillas, tlacuaches y víboras, entre muchos otros.

Hombres Flores. *Véase* Pequeños Truenos.

Hombres Rayo. *Véase* Rayo.

Hombres transformados en monos. Las metamorfosis de seres humanos en monos son célebres y no del todo raras. En la historia de los pueblos hay numerosos casos, por ejemplo, los tlaxcaltecas estaban absolutamente convencidos de que todas las personas que habían sobrevivido al diluvio que azotó estas tierras se transformaron en monos. Pasado algún tiempo, por fortuna, recobraron su memoria y, en consecuencia, fueron capaces de hablar y pensar.

Otra referencia ampliamente conocida sostiene que tras un huracán de proporciones nunca vistas que azotó la Tierra cuando ésta era joven, los hombres se vieron obligados a refugiarse en las cuevas para protegerse. Aterrorizados, aguardaron hora tras hora hasta que la calma llegó de nuevo. Temerosos y esperanzados abandonaron las cavernas y su sorpresa fue mayúscula al ver que un sinnúmero de monos habían sido traídos por el furioso viento.

Otra versión del mismo hecho, con pequeñas variantes, se encuentra en una recopilación de Cuautitlán: "Su signo era 4-Viento. Se cimentó luego el cuarto Sol, se decía Sol del Viento. Durante el todo fue llevado por el viento. Todos se volvieron monos. Por los montes se esparcieron; se fueron a vivir los hombres-monos" (pág. 60).

Por supuesto que el mundo maya también tiene algo que contar al respecto. En *El Libro de los libros de Chilam Balam* se cuenta que hubo tiempo en que los monos tenían la supremacía y los hombres no podían más que someterse a sus designios. Los ancianos en su gran mayoría acababan sus días en la horca y los niños eran devorados. El ejemplo más representativo de estas transformaciones está contenido en el *Popol Vuh*. En sus páginas se narra la historia de Hunchouén y Hunbatz que, celosos de sus hermanos Hunahpu e Ixbalanqué, dedicaban sus días a molestarlos y hostilizarlos sin el menor asomo de lástima o piedad. No había nada que disfrutaran más que colocarlos sobre espinos o depositarlos –con suavidad, eso sí– sobre hormigueros cuando sean apenas unas criaturas y alimentarlos con las sobras de la comida. Contrariamente a lo esperado, los niños lograron sobrevivir y la venganza se convirtió en su único deseo. Y llegó el día en que Hunahpu e Ixbalanqué decidieron que había llegado el momento de poner fin a esta situación. Para ello, colocaron aves muertas en un árbol. Con cara de inocencia, pidieron a Hunchouén y Hunbatz que los acompañaran al bosque. Llegando al sitio convenido los convencieron de que subieran al árbol y bajaran los pájaros; los malvados, obviamente, no concebían o imaginaban siquiera algún tipo de traición. Así, empezaron a trepar hábilmente y ya casi llegando a la punta, el árbol empezó a crecer más y más, cada vez más hasta que estuvo a punto de alcanzar el cielo. Hunchouén y Hunbatz, ahora sí aterrorizados, empezaron a dar alaridos solicitando ayuda y de pronto se dieron cuenta de que de sus gargantas no salían voces humanas, sino simplemente chillidos. Impactados, se miraron el uno al otro para descubrir que se habían convertido en simios y huyeron para nunca regresar.

En el mismo libro también se habla de cómo los Hombres de Madera fueron transmutados en monos por el Corazón del Cielo y se convirtieron en los antepasados de los simios actuales: "Y por esta razón el mono se parece al hombre, es la muestra de una generación de hombres creados, de hombres formados que eran solamente muñecos y hechos solamente de madera" (pág. 34).

Los chamulas refieren que el hombre fue creado tres veces. Los hombres de la Primera Creación, por razones que siguen siendo un misterio, solían comerse a la mitad de sus hijos. Los engordaban, los cuidaban y una vez que estaban suficientemente apetitosos los cocinaban y engullían con singular placer. Nuestro Padre (el Sol), enfurecido por este tipo de comportamiento decidió darles un castigo ejemplar… Una extraña fiebre asoló

la región. Hombres y mujeres caían enfermos y no había remedio alguno que pudiera salvar sus vidas. Los que habían logrado evitar el contagio se vieron azotados por una terrible lluvia de agua hirviendo que mermó aún más la población. Algunos lograron refugiarse en las cuevas y otros apresuradamente subieron a los botes. Durante tres días la lluvia cayó ininterrumpidamente y después desapareció. Los sobrevivientes, pasmados y hambrientos, bajaron de las embarcaciones y desesperados empezaron a consumir el maíz quemado que lograban encontrar. El Sol, molesto por su estupidez, los transformó en simios y los condenó por toda la eternidad a conseguir su alimento en el bosque.

Ho'o Qui'Ya. *Véase* Dueños de los cerros.

Ho'o X'na Na'ni. *Véase* Dueños de los animales.

Hormiga, La. *Véase* Chaneque, El.

Hortimán. Hortimán, Haiwakame y Haikuli son los tres demonios del viento que siembran el terror entre los pueblos huicholes porque, al igual que pueden llevar hojarasca y basuras al otro mundo, son capaces de succionar el aliento y robárselo a los hombres ocasionando la locura y posteriormente la muerte. Por ello, los huicholes se cuidan muy bien de toparse con estas malignas fuerzas y, en caso de llegar a verlas, salen corriendo despavoridos para salvar sus vidas. Desafortunadamente, estas medidas precautorias no siempre resultan efectivas ya que los demonios del viento no están dispuestos a dejar pasar la oportunidad de causar daño a quienes se encuentren en su camino.

La mitología aporta escasísima información respecto de estas entidades, pero establece una firme conexión entre ellos y los remolinos de aire. Su ingenio es tan grande y su perversidad tan inmensa que sólo Kauymáli puede comparárseles.

Huactli (Oactli, Oacton, Tolhuactli, Uactli). Pájaro de aspecto similar a una cría de águila. Posee un pico curvo que le sirve como efectiva arma de cacería y su cabeza está coronada por un penacho nada discreto de plumas negras y amarillo vibrante. Esta ave era una de las más buscadas en el México antiguo, y no precisamente por sus colores que la hacían deseable para los artífices del arte plumario, sino por su facultad de presagiar el futuro de los mercaderes que cruzaban estas tierras.

Si al pasar por las proximidades de los árboles donde el Oacton se encontraba posado oían que cantaba "yeccan, yeccan", que se traduce como "buen tiempo, buen tiempo", los pochtecas no cabían en sí de felicidad porque podían tener la certeza absoluta de que nada malo les sucedería en su largo viaje y que, sin duda, tendrían éxito y fortuna.

Por el contrario, si como nos dice Fray Bernardino de Sahagún en su *Historia General de las Cosas de Nueva España* (pág. 270) oían que "cantaba, o charreaba como quien ríe con gran risa y con alta voz, y que su risa salía de lo íntimo del pecho, como quien tiene gran gozo y gran regocijo...", el miedo hacía presa de ellos porque sabían que les acaecerían multitud de desgracias, morirían o se convertirían en cautivos en las batallas, las bestias esperarían agazapadas cualquier descuido para acabar con sus vidas, la enfermedad asolaría la expedición o cualquier cosa horrible les aguardaría en el camino. Para conjurar el destino, tomaban afiladas puntas de maguey y se sangraban orejas y párpados para que esta ofrenda de sangre agradara a los dioses y evitara los males por venir.

Huay-Pek'. Véase Uay Pek.

Huay-Tul (Dueño del Bosque, Señor de los Venados, Yumilkaax, Yuyumilceh). Se le considera el amo del monte y Señor de los Venados. Aunque hay numerosos testimonios de encuentros con él, no ha sido posible obtener descripción alguna de su aspecto. Los testigos refieren que aunque sentimos claramente que pasa a nuestro lado y, se oyen sus pisadas, por más que miremos alrededor será imposible verlo. Empero, pese a su invisibilidad –que no se sabe si es una característica esencial o sólo una facultad ejercida en momentos específicos– los animales lo perciben con claridad y, atendiendo a un enigmático impulso, se juntan en grupos y lo preceden en su andar. Yuyumilceh, como también se le conoce, es de naturaleza bondadosa; sin embargo, si considera que los humanos han cometido alguna infracción contra la naturaleza o los venados (que son criaturas favoritas) no dudará en aplicarles un correctivo a la medida de la falta realizada.

Algunas noches, no sabemos si porque debe cumplir de manera expedita alguna tarea o simplemente porque lo encuentra divertido, Huay-Tul emprende vertiginosa carrera. Su paso puede ser fácilmente detectado porque las ramas de los árboles se quiebran intempestivamente, el zacate sale volando y, si por desgracia, algún trasnochador se atraviesa en su camino, lo más seguro es que sea arrollado. Así que la mejor manera de evitar este percance es echarse al suelo en cuanto se oyen los ruidos del vertiginoso correr del Yumilkaax y, aunque esta medida no resulta por completo efectiva, por lo menos puede amortiguar el golpe.

También le llaman, en las zonas mayas, el Dueño del Bosque.

Huesuda, La. Roldán Peniche Barrera en *Fantasmas mayas* (pág. 40) nos dice que la Huesuda es "... una extraña mujer que por las noches se despojaba de sus carnes para convertirse en esqueleto. De pie ante la cruz del cabo de la población, esta bruja se desnudaba y ordenaba enérgicamente a sus carnes y a sus tendones que se le desprendieran. Ya en los puros huesos se estaba toda la noche recorriendo lejanos lugares donde perpetraba sus malas acciones. Antes de salir el sol retornaba a su casa no sin previamente detenerse de nuevo ante la cruz ya señalada para pedir que sus carnes y sus tendones volvieran a su sitio. Su esposo se percató una vez de sus excursiones nocturnas, y al seguirla, descubrió, horrorizado, la transfiguración de su mujer. Decidido a poner fin a la pesadilla, una noche, cuando ella vuelta esqueleto se alejaba de la casa, derramó abundante sal encima de los tendones y las carnes yacentes en el suelo. Cuando retornó la mujer de sus correrías cerca de la madrugada, ya no pudo recuperar su envoltura carnal y se quedó por siempre esqueleto".

Huinaxcatl. "Hecho esto, sólo faltaba que el sol se les mostrase para que cada uno cumpliese con su obligación, honrándolo como a Dios, haciéndole sacrificio y ofreciéndole su ofrenda; y esto se había de hacer en ayunas, pena de mal suceso en la transformación, porque ya el hacerla de todo el resto de aquella gente, de todo punto pertenecía al sol. Pues para mejorarse en la dicha transformación, cada uno procuró mejorarse en su ofrenda, y todos ayunos esperaban que el sol se les mostrase para hacerle su sacrificio y ofrenda: estando en esta espera se les mostró el sol por la parte de occidente, pero tornóse tan brevemente a ocultar, que no tuvieron lugar de ofrendar. Segunda vez salió por el sur y sucedió lo que la primera. Tercera vez salió por el norte y ocultóse como las dos primeras: con esto, uno de los preparados para la ofrenda, cansado de ayuno y desesperado de las burlas, se comió su ofrenda. Después salió el sol por el oriente y continuó su carrera al occidente, con que todos los preparados hicieron ofrendas y sacrificios; pero el que se había comido la ofrenda hallóse necio sin que ofrecer, y aunque acudió a los demás, ninguno le quiso dar... Viéndose pues apretado de la necesidad y de la ocasión, buscaba sin elección que ofrecer, echando mano ya de la piedra, ya del palo, ya queriendo asir las sombras sin sustancia, y al fin no halló que ofrecer: por este delito dicen lo convirtió el sol en una ave llamada huinaxcatl, y la condenó a que perpetuamente hambrease por no haber ayunado, y que asiese las sombras vanas, por no haber ofrecido: y esto confirma con que esta ave parece nocturna, y que no tiene más que la pluma y los huesos y parece que siempre anda aturdida. A los demás que ayunaron y ofrecieron, dicen los convirtió el sol en buenos animales y que siempre tuviesen que comer" (Hernando Ruiz de Alarcón, *Tratado de las supersticiones y costumbres gentílicas que hoy viven entre los indios naturales desta Nueva España*, págs. 75 y 76).

Huitzitzilin. *Véase* Colibrí.

Hun-Camé (Supremo Muerto, Un Tomador, Uno Muerte). Entre los más importantes Señores del infierno maya se encontraban los Jueces Supremos Hun-Camé y Vucub-Camé. Ambos, en su carácter de autoridades supremas, eran servidos y asistidos por el resto de los Señores, a los cuales asignaban las misiones y tareas que debían realizar, además, por supuesto, de hacer una rigurosa evaluación de los resultados obtenidos.

Huracán-Tucur. Este legendario búho tenía la particularidad de poseer una sola pata. Por supuesto, tal característica en ningún momento le impidió cumplir de manera rápida y efectiva su tarea de mensajero de los Señores del infierno maya.

H-wayá'as. Criatura cuya pelambre crece hirsuta y larga por todo el cuerpo. Como no es un ser que se preocupe especialmente por sus hábitos de limpieza, la maraña de pelos que lo cubre toma un aspecto repugnante; además, el hedor que despide anuncia su presencia con anticipación.

El H-wayá'as cumple con el trabajo de cuidar a la Serpiente Tragadora, a la que además de proteger alimenta con pequeños niños que roba de los poblados cercanos.

H-wayak'. Las tierras mayas constituyen, sin duda, la región con el mayor número de gigantes por kilómetro cuadrado del país. A pesar de esta alta densidad poblacional, los gigantes que en ella habitan acusan una serie de rasgos diferenciales que los dotan de particularidades específicas. Así, algunos de ellos sienten marcada aversión contra los humanos en general y no desperdician oportunidad para dañarlos, preferentemente rompiéndoles los huesos o estrujándolos hasta morir. Para otros, el género humano no resulta más que una especie aburrida, carente de importancia y perfectamente ignorable. Empero, hay algunos a los que las personas les parecen particularmente agradables, pero al paladar.

Dentro de esta última categoría se encuentra el H-wayak'. Su aspecto, a primera vista, es similar al de cualquier hombre; sin embargo, al acercarse su altura aumenta rápidamente hasta superar con facilidad las copas de los árboles. No hay nada que divierta más al H-wayak' que romperle los huesos a cuanto infeliz se encuentre y, en caso de no poder dar rienda suelta a este entretenimiento, hará tal coraje que se dedicará a arrancar los árboles de raíz y hacerlos trocitos con sus poderosísimas manos.

Iguanas. Los chamulas saben que la madre original de las iguanas fue una serpiente, de ahí que su cola y cabeza sean iguales a las de este ofidio. Aunque su carne es especialmente sabrosa, no cualquiera está dispuesto a darle caza debido a que puede resultar una actividad muy peligrosa. Si la iguana escapa metiéndose en algún agujero o cueva es mejor dejarla ahí, ya que si se intenta sacarla de su escondite ayudándose de algún palo, es muy posible que se transforme en víbora y ataque sin piedad al cazador.

Ijk'al. *Véase* Tentación.

Ik. *Véase* Aire.

Iká. *Véase* Aire.

Ikal. La zona de Chiapas tal parece que ocupa el primer sitio en cuanto a densidad poblacional monstruil del país. En esta región las apariciones, los espantajos, duendes, fantasmas y gigantes son cosa de todos los días. Sin embargo, pese a esta profusión de engendros y criaturas extrañas, los datos fidedignos aportados por testigos e investigadores sobre ellos varían significativamente. Y si tuviésemos que escoger uno de los seres de los cuales se ignora más, sin duda tendríamos que mencionar al Ikal. De él, sólo sabemos que es un ser enorme con acusados rasgos psicópatas que encuentra particular diversión en violar y asesinar a los habitantes de la demarcación.

Entre los chamulas también se encuentra ampliamente difundida la creencia en los Ikales. Por desgracia, ellos pueden aportar mayores datos al respecto ya que su relación con estas particulares entidades malignas es muy antigua y más amplia; de hecho, los Ikales son los causantes de un gran número de muertes y perjuicios que suceden a este grupo étnico. Los Ikales son considerados un tipo de Pukujes (almas humanas que tienen el poder de manifestarse en forma animal) que se distinguen por una ferocidad sin límites en la que la misericordia no existe. Acostumbran merodear por las noches y se pasean muy orondos cerca de los poblados y los campamentos a la espera de algún trasnochador despistado al que puedan convertir en su presa.

Ikoob. *Véase* Aire.

Iqui-Balam. *Véase* Hombres de Maíz.

Itónal. *Véase* Alma.

Itzaes. La mitología maya nos dice que tras la desaparición de los Jorobados y su mundo, una nueva raza vino a ocupar su lugar: los Itzaes. Estos hombres, de profunda sabiduría y buen corazón, fueron considerados casi santos. Poseían poderes especiales que les permitieron la construcción de los sitios arqueológicos que aún hoy maravillan nuestros ojos y sorprenden a los científicos.

A la época de los Itzaes se le considera una edad dorada. Empero, por razones que hoy resultan un misterio, llegó a su fin y estos hombres decidieron mudar su residencia al subsuelo de las ciudades que, desde entonces, permanecen bajo un encanto. Los estudiosos han llegado a la conclusión de que las figuras que se encuentran grabadas en la roca no corresponden a seres que hayan tenido una existencia real. Sin embargo, los mayas saben que los especialistas están equivocados y que las representaciones de animales, guerreros, esclavos y reyes son el retrato fiel de aquellos que habitaron esos lares en tiempos remotos y que cobran vida al oscurecer.

Se dice que cuando la noche deja caer su negro manto, en estas ruinas se escuchan ruidos extraños. Invisibles tambores redoblan, instrumentos de viento inundan el aire con sus melodías, se escuchan aplausos surgidos de manos que no pueden verse, voces salidas de gargantas inexistentes y la atmósfera en general se llena de una vitalidad increíble.

Muchos aseguran que algunos Itzaes emigraron hacia el Oriente y fundaron Chan-Kom para evitar tener tratos con los invasores blancos, y que desde entonces viven en esa dirección aguardando la oportunidad de regresar a las tierras que amaron.

Itzcóatl. "En el año postrero en que fue sol Chalchiuhtlicue, como está dicho, llovió tanta agua y en tanta abundancia, que se cayeron los cielos, y las aguas se llevaron a todos los macehuales que iban, y de ellos se hicieron todos los géneros de pescados que hay. Y así cesaron de haber macehuales, y el cielo cesó, porque cayó sobre la tierra.

Vista por los cuatro dioses la caída del cielo sobre la tierra, la cual fue el año primero de los cuatro, después que cesó el sol y llovió mucho —el cual año era Tochtli—, ordenaron todos los cuatro de hacer por el centro de la tierra cuatro caminos, para entrar por ellos y alzar el cielo.

Y para que los ayudasen, criaron cuatro hombres: al uno dijeron Cuatemoc y al otro, Itzcoatl, y al otro, Itzmali, y al otro, Tenexuchitl.

Y criados estos cuatro hombres, los dos dioses, Tezcatlipuca y Quetzalcoatl, se hicieron árboles grandes. Tezcatlipuca, en un árbol que dicen tezcacuahuitl, que quiere decir 'árbol de espejos', y

Quetzalcoatl en un árbol que dicen quetzalhuexotl. Y con los hombres y con los árboles y dioses alzaron el cielo con las estrellas como agora está. Y por lo haber ansí alzado, Tonacatecutli, su padre, los hizo señores del cielo y las estrellas" (Ángel María Garibay, *Teogonía e historia de los mexicanos*, pág. 32).

Itzmali. *Véase* Itzmaliyatl.

Itzmalín. *Véase* Itzmaliyatl.

Itzmalli. *Véase* Itzmaliyatl.

Itzmaliyatl (Itzmali, Itzmalín, Itzmalli, Izcalli, Izmaliyatl). Cuentan los viejos que hace mucho, muchísimo tiempo llovió tanto y tan reciamente que el agua lo cubrió todo. Los macehuales se convirtieron en peces y el cielo cayó sobre la Tierra. Los cuatro dioses viendo la terrible catástrofe que había causado el diluvio, decidieron abrir cuatro caminos por debajo de la tierra para salir a la superficie. Asimismo, crearon cuatro hombres a los que dieron por nombre Otomitl, Itzcóatl, Izmaliyatl y Tenochtli. Tezcatlipoca se convirtió en el llamado *árbol de espejo* y Quetzalcóatl en la *gran flor de quetzal*. Y así, hombres, dioses y árboles levantaron el cielo para dejarlo tal como ahora lo vemos.

Ixtabai. *Véase* Xtabay.

Iwigá. *Véase* Alma.

Izcalli. *Véase* Itzmaliyatl.

Izmaliyatl. *Véase* Itzmaliyatl.

Iztaccóatl (Culebra blanca). Serpiente que habita en el Altiplano Central. Verla es, afortunadamente, una situación inusual. Su cuerpo es largo y rollizo, su cabeza, desproporcionadamente grande para su tamaño, posee dientes y colmillos afilados y una lengua hendida. La piel está recubierta de escamas y eslabones. Su agilidad es algo fuera de lo común y le permite deslizarse a increíble velocidad. Es, sin duda, una de las culebras más peligrosas ya que no sólo es brava y temeraria, sino que también puede volar. Su estrategia ofensiva es simple y eficiente: acomete volando a sus víctimas y en una fracción de segundo se enrosca a su cuello para ahogarlas. Hasta el momento no hay nadie que haya podido sobrevivir a su ataque.

Já-iko. *Véase* Dueños de los cerros.

Jaituakame. Cuentan los viejos huicholes que aún guardan memoria de ello que hace muchos pero muchos años cuando los dioses regresaban de Viricota se les apareció un terrible espíritu que habría de cambiar sus vidas para siempre, su nombre: Jaituakame. Este malvado ser, por razones desconocidas pero no por ello menos malvadas, hurtó los muvieris de las deidades ocasionándoles la locura y su posterior transformación en kakakullaris de roca.

Jefe animal. *Véase* Jefes del pescado.

Jefes del pescado (Cabecilla de pescado, Jefe animal). En la Chinantla es bien sabido que los peces, al igual que muchos otros animales, poseen un Jefe o Dueño que se encarga de su cuidado. Su aspecto es el de un pez de aproximadamente un metro de largo, de color negro de la mitad del vientre hacia la cola y blanco del estómago hasta la cabeza. Su agilidad, aunada a sus poderes mágicos, hace imposible su captura y aquellos necios que lo intentan pagan caro su atrevimiento.

Jergas (el Barbas, el Harapos), El. Fantasma residente de las minas de Real de Catorce (San Luis Potosí). Su aspecto es similar al de cualquier minero de la región y por lo general cuando se aparece no es identificado como un ánima, sino como un trabajador más. Ya sea dentro o fuera de las minas, ante uno o muchos testigos, sus manifestaciones van ligadas a la prevención de desastres o para sugerir las mejores vías para resolver un problema, o bien, guiar a los obreros para encontrar alguna veta hasta ese momento inexplorada. El Harapos, como también se le conoce, es un tanto puntilloso en cuanto a quién habrá de prestar su ayuda, ya que no cualquiera es merecedor de ella. Por lo regular, los elegidos suelen ser hombres que han sufrido en carne propia las dificultades de la búsqueda de metales y que, pese a la dureza de esa vida, aún guardan buena fe.

No se sabe a ciencia cierta cuándo el Barbas empezó a hacerse presente, pero algunos viejos creen que es el espíritu de un minero que falleció hace mucho tiempo y que, en un afán de evitar más desgracias como la que acabó con su vida, aparece cuando se le necesita.

Jicalcoate. *Véase* Serpiente de la jícara.

Jinete de negro. Fantasma nocturno que siembra el terror en Temascalapa (Hidalgo). Se aparece como un jinete vestido de negro montando un corcel del mismo color, de cuyo cuello salen cadenas que sujetan feroces perros con ojos como ascuas. El chocar de los cascos contra el empedrado saca chispas que iluminan el camino produciendo un espectáculo alucinante. Quienes han tenido la desgracia de ser testigos de su presencia, por lo general enferman de "espanto" y difícilmente se recuperan.

Jinete fantasma. Vecinos de la Delegación Tláhuac de la Ciudad de México refieren un extraño suceso que se repite continuamente en la zona... Súbitamente escuchan los cascos de un caballo en loca carrera sin que ojo alguno pueda verlo. El invisible jinete y su cabalgadura dejan huellas impresas en la tierra. El espectro, con voz profunda que parece salir de ningún lado, desafía a una pelea al valiente que se encuentre en su camino. Y como dicen que los hombres de por ahí son muy machos, no falta quien acepte el singular reto. Se desenfundan los machetes, aunque en realidad sólo se observe uno. El contrincante lanza estocadas por doquier. El sonido de las armas silba en el aire y las heridas empiezan a aparecer. El resultado invariablemente es el mismo: la derrota e incluso, en algunos casos, la muerte del desventurado que aceptó batirse con el espectro.

Jinete sin cabeza. En el pueblito de San Antonio de la Cal (Querétaro) un macabro espectáculo se hace presente en las noches oscuras en que la luna apenas alcanza a iluminar tenuemente la tierra por breves instantes. Cuando la oscuridad es absoluta, un relincho atraviesa la atmósfera. De pronto, emerge de las sombras un jinete vestido de negro, con una capa del mismo color que ondea al viento y, lo más terrible, de su cabeza no hay rastro alguno. El corcel, para no desentonar con el particular aspecto de su amo, ostenta un par de espantosos ojos rojos que, de tan sólo verlos, hacen que el terror se apodere del infortunado testigo. Jinete y montura se dedican a seguir a los viajantes solitarios y, aunque no los atacan, lo más probable es que el infeliz enferme de espanto.

Jinguitzo. En Temoaya (Estado de México) no es del todo extraño que, de la noche a la mañana, alguien se haga rico sin billete de lotería o tesoro de por medio. Los habitantes, prudentes como son, prefieren no investigar aunque saben que sólo puede haber una causa a tan súbita riqueza: el Jinguitzo.

El Jinguitzo es un espíritu maligno que habita en el Cerro de la Catedral, en la Cordillera de Monte Alto. Cuando se manifiesta aparece como un hombre vestido de charro: pantalón y chaquetilla negra, botonadura de oro o plata, según su predilección de ese día; sombrero de ala ancha adornado con finísimo bordado y botas de cuero relucientes. El Jinguitzo, en vista del abundante trabajo que le procura la ambición humana, es auxiliado por numerosos ayudantes de igual maldad que la suya. Cuando alguien desea obtener riquezas, de forma rápida y sin mucho esfuerzo, acude al Cerro de la Catedral por la noche. A grandes voces llama al Jinguitzo y pide ser atendido. De pronto, el solicitado aparece en la boca de la cueva e invita al hombre a ingresar en ella.

En la entrada de la caverna hay una cruz. El solicitante, antes de entrar, debe orinarla, escupirla y mofarse de ella como una muestra fehaciente de que ha roto sus vínculos con Dios y acepta las condiciones de la entidad maléfica.

Una vez dentro, el interesado expone sus deseos. El Jinguitzo escucha atentamente y realiza un contrato en el que estipula dar al peticionario lo solicitado a cambio, por supuesto, de su alma. Una vez leído el convenio, se firma con sangre y se anexa al libro correspondiente.

Concluida la transacción, el Jinguitzo se esfuma y quien había acudido a él despierta al pie del cerro, sin tener la menor idea de cómo llegó ahí. Al retornar a su hogar, puede empezar a disfrutar de los bienes conseguidos hasta que la muerte lo obligue a pagar su deuda.

Jorobados (Corcovados, Los que ajustan o miden, Sayam-uinicob). Según refieren las más antiguas crónicas mayas, la primera raza de hombres que vivió en estos territorios estaba formada por jorobados. Estos hombres eran poseedores de una profunda inteligencia que les permitió construir las ciudades de piedra que aún hoy podemos admirar. Sin embargo, esta raza no habría de durar mucho tiempo. El día que salió el Sol y alumbró con sus rayos el mundo, los jorobados levantaron la vista al cielo sorprendidos por maravilloso evento, y de inmediato quedaron convertidos en piedra. Y tan cierto es lo que te digo que, hoy por hoy, puedes ver sus imágenes en los muros pétreos de las ruinas.

La mitología maya refiere que tres diluvios azotaron la Tierra. Los corcovados, al tener indicios de que la catástrofe se avecinaba, de inmediato se pusieron en acción. Gracias a su astucia y amplio conocimiento arquitectónico, diseñaron y construyeron un camino flotante formado por una larguísima soga que, según dicen, tenía vida y de cuya parte central manaba sangre. La obra permitía el aprovisionamiento necesario para subsistir y recorría las ciudades de Tulum, Coba, Chichén Itzá y Uxmal. Y el diluvio llegó: las nubes dejaban caer una cantidad nunca vista de agua, las tierras se anegaban rápidamente y los seres vivos, indefensos ante el desastre, morían irremediablemente. Mientras tanto, los jorobados miraban impasiblemente el devenir de las cosas. Las deidades, furiosas por este desinterés y falta de caridad, decidieron hacerles pagar cara su soberbia. Apuntaron su mirada al puente y éste rompióse en mil pedazos trayendo consigo el fin de esta antigua raza.

Josó, El. Ser, ya desaparecido, que habitaba en La Lomita (Sonora) cuando el pueblo pima dominaba toda la región de Yécora. El Josó era de alta estatura y su enorme cuerpo estaba recubierto de pelo. Sus orejas eran pequeñas, similares a las de un perro. A pesar de su aspecto animal, solía desplazarse en dos patas. En cuanto a su dieta, se constituía básicamente de alimentos crudos, lo que no excluía la posibilidad de que de vez en cuando se colara a las cocinas a probar algún suculento guiso.

El Josó tenía una extraña debilidad por las mujeres, a las que secuestraba y guardaba en las cuevas del monte. Aunque actualmente se desconoce el motivo, es factible que lo hiciera para convertirlas en sus esposas.

Juan López. Uno de los principales luchadores de la rebelión tzeltal de 1912. Cuentan que el mentado Juan tenía por lab (alma en forma animal o de fenómeno meteorológico) al rayo. Tal peculiaridad lo dotaba de poderes sobrehumanos como saltar hasta el cielo o ser invulnerable a los ataques, facultades que no dudó en utilizar a favor de la causa rebelde. De hecho, fue él quien venció a los soldados carrancistas que sitiaban el poblado tzeltal de Cancuc, ya que atrapaba las balas con su sombrero y con rápido movimiento se las devolvía acabando con gran número de ellos.

Por razones desconocidas para nosotros, entre las que probablemente se encontraba la envidia, los cancuqueros decidieron asesinarlo. Los intentos fueron numerosos pero el resultado siempre era el mismo: un fracaso total. De hecho, sólo cuando Juan López les dijo cómo hacerlo, los pobladores pudieron acabar con él. Sin embargo, resucitó a los tres días y a partir de entonces sostiene el mundo sobre sus hombros y espalda.

Juan Thul (Juan Tul, X-Juan-Thul). Yucatán tiene entre sus habitantes memorables a Juan Thul. Para algunos un demonio de la noche que se manifiesta como un hombre que monta un bello alazán; sus ropas van adornadas con botonadura de oro y sus espuelas lanzan destellos en la oscuridad. ¡Ay de aquel que quiera herirlo o matarlo, porque las balas no le hacen nada y, pasan a su lado sin rozarlo siquiera!

Cuentan que si uno se atreve a nombrarlo tres veces al sonar la medianoche, Juan Tul acude al llamado. Entonces es menester torearlo tres veces para así obtener el deseo que se le pida. No está de más decir, por puritita precaución, que si no se le puede torear las consecuencias pueden ser desastrosas, ya que uno se verá atropellado por el enorme corcel y, en el mejor de los casos, logrará sobrevivir a las múltiples fracturas.

Otra versión nos dice que Juan Thul es el guardián y protector del ganado. Cuando se manifiesta suele hacerlo bajo la forma de un vaquero. Su habilidad es formidable, monta como el mejor y en el manejo del lazo no hay quien lo supere. Verlo en acción es un espectáculo impresionante: su cabalgadura recorre con habilidad cualquier terreno, es más, no hace falta que Juan Tul le dé orden alguna, ya que caballo y jinete parecen formar un solo cuerpo. Cuando ha elegido la bestia que va a lazar, emprende una vertiginosa carrera. Con rápidos movimientos va cercándola y dirigiéndola a la zona más propicia. Toma en su mano la reata, con precisos giros de muñeca la hace bailotear en el aire y en el siguiente momento la cuerda se desplaza en el aire. Acto seguido, las patas del animal son atrapadas y éste va a dar con velocidad al suelo. A partir de ahí, todo es pan comido. En ocasiones, la pieza elegida es un humano que ha maltratado (sin que medie necesidad) al ganado, y entonces Juan Thul le da un escarmiento que, por lo general, basta para que el hombre se comporte, a partir de entonces, muy mansito con los animales.

Hay quien dice que Juan Thul no es un hombre sino un inmenso toro. Probablemente se trate de uno de los disfraces que utiliza para cumplir su misión. El semental es de gran alzada, abundante pelambre color negro y una fiereza que disuade (hasta al más pintado) a enfrentarse a él. Habita en las haciendas ganaderas y dicen que es él quien da su autorización a los toreros para poder ejecutar sus suertes. Hasta finales del siglo XIX era común que los ganaderos sacrificaran reses en su honor.

Juanita (la Sirena). Los huaves del Istmo de Tehuantepec (Oaxaca) guardan especial reverencia a Juanita, ya que es la madre y dueña de todos los peces. Los pescadores no pueden echar sus redes sin antes pedir permiso a esta entidad porque, en caso contrario, no importa cuántos intentos hagan ya que no sacarán de las aguas un solo pez. Su autoridad es incuestionable y tanto animales marinos como humanos deben sujetarse a ella.

Contrariamente a lo que podría pensarse, la Sirena (como también se le llama) no asume la forma tradicional de ser mitad pez mitad humana; es más bien una mujer completa y deriva su nombre de vivir en las profundidades de las aguas.

Juanón el Sombrerudo. En las poblaciones de Catahuatán e Iturbide, en el estado de Chiapas, suele aparecer Juanón el Sombrerudo. Quienes lo han visto dicen que es un mal aire o espíritu malvado que da riquezas a cambio de cabezas de personas. De las razones por las que pide este pago o del destino de las cabezas no se sabe nada. Durante la Revolución era común escuchar por las noches cascos de caballos. Quienes eran suficientemente valientes, se acercaban y eran testigos de un singular hecho: un hombre con sombrero y brillantes espuelas montaba a caballo, llevando al cinto una pistola de mortífero aspecto que, sin duda, no titubearía en usar para defender a las dos mulas que llevaba y que cargaban costales repletos de oro y plata. Era Juanón quien, con el canto de los gallos anunciando el amanecer, desaparecía rápidamente.

Los lugareños aseguran que aún hoy Juanón sigue apareciéndose para celebrar pactos con los hombres.

Otra variación del relato nos dice que Juanón viste impecablemente y que se traslada por las noches en una carreta llena de dinero.

Judía del Sabino, La. "Corrían los últimos años del siglo XVIII y la bonanza de las minas de Guarisamey, San Dimas, Topia, Indé y San José de Avino habían dado fama de riqueza a la provincia de Nueva Vizcaya y en especial a la ciudad de Durango. Muchas personas afluían de la Ciudad de México…

Entre los comerciantes arribó un judío de nombre Josué, a quien por degeneración fonética las personas que lo conocían llamaban José. Venía acompañado de su esposa Sara y traían una preciosa nenita de pelo rubio y ojos cafés, piel blanca, mejillas rosadas. La niña tenía tres años de edad, era hija única y le habían puesto por nombre María.

José no tuvo suerte en el comercio (…) con las últimas reservas de monedas que le quedaban decidió adquirir un terreno dónde construir una casa para vivir con su mujer y su hija.

Después de recorrer los alrededores de la ciudad, encontró uno que le agradó porque se hallaba a la orilla de un arroyo y en el centro tenía un precioso ahuehuete. La operación financiera se consumó y José construyó su casa y alrededor fue formando una huerta, a la que la gente llamó La Huerta del Sabino, por el crecido ahuehuete que tenía en el centro…

Un día Sara murió y la pena consternó profundamente a su esposo y a su hija… En los años y cosechas subsecuentes, las cosas marchaban de mal en peor y la ruina merodeaba muy cerca sobre la familia. En un afán desesperado por componer las cosas, el judío decidió contratar a una persona que lo ayudara a trabajar… José contrató a un muchacho de diez y ocho años que llegó a buscar trabajo, dijo que se llamaba Juan…

Juan era trabajador, inteligente y activo, hacía lo que se necesitaba sin recibir órdenes, tenía iniciativa y era extraordinariamente respetuoso y atento con los patrones tanto con José como con María. No levantaba los ojos a mirar a la moza, menos aún dirigirle la palabra, lo cual tranquilizó al padre de la muchacha. Con el trabajo y la buena fe de Juan la huerta se rehabilitó y las hortalizas y árboles frutales produjeron más que en los tiempos de Sara. Todo cambió y vino la bonanza; el judío atesoró dinero y compró un mosquete para la seguridad de la casa…

José empezó a notar que María se levantaba muy temprano todos los días, porque cuando el judío abría los ojos en la mañana y buscaba a su hija en la cama, la muchacha ya no estaba en el lecho. Al hablarle penetraba del exterior diciendo que se acababa de levantar. El viejo advirtió que muchas madrugadas de María coincidían también con madrugadas de Juan. Temeroso de que se consolidara un noviazgo que para él apenas se iniciaba; llamó a Juan, lo amonestó severamente y después de llamarlo atrevido, abusivo, mentecato, falto de respeto y mal agradecido, le pidió que abandonara la casa y no volviera a pararse en ella, porque al volverlo a ver lo mataría… Para María la cosa estuvo peor, después del regaño vinieron los latigazos hasta hacerla confesar la verdad… Para garantizar la seguridad de la chica optó por encerrarla en la casa de día y de noche… Cuando el judío consideraba haber triunfado en su propósito de aislar a su hija del mundo exterior, una mañana de verano al pasear por la huerta advirtió pintadas en el barro de la tierra mojada, unas huellas de huarache masculino. Intuyó de quién se trataba y se propuso acechar para cumplir su sentencia.

Le informó a su hija que salía para la ciudad de Durango, que regresaría muy tarde o tal vez otro día. Sacó el fusil, enfundó el puñal que colocó en el cinto y se perdió en las sombras de la noche. No avanzó mucho, tras unos árboles se escondió y sigilosamente se acercó al sabino… José aguzó el oído y miró entre la oscuridad la silueta de un hombre que saltó la barda y se dirigió sigilosamente al tronco del sabino... El cazador para asegurar su empresa avanzó tres pasos hacia delante, levantó el fusil, apuntó y disparó... Cuando llegó a donde se revolcaba el muchacho malherido no creía lo que había ocurrido. El proyectil atravesó el pecho de Juan y se incrustó en el corazón de María. La muchacha había llegado al tronco del sabino, lugar de las citas nocturnas con Juan, sin ser vista por su padre y en el momento del disparo, los dos enamorados se abrazaban tiernamente en un beso de amor.

Cuando el judío se dio cuenta de lo sucedido gritó desesperado... ¡María! Al mismo tiempo que la muchacha en los estertores de la muerte abrazó fuertemente a su enamorado y uniendo sus labios con los de su amado, exhalaron el último suspiro y se desplomaron sin vida por el suelo.

El viejo judío no pronunció palabra, gruesas lágrimas surcaban sus mejillas, al mismo tiempo que el puñal que traía en la mano se lo sepultó en el pecho y cayó pesadamente a un lado del cuerpo de su hija...

Desde entonces cuentan las personas que posteriormente habitaron esa huerta ubicada en lo que ahora es la manzana del velatorio "El Sabino", que en las noches lluviosas del mes de julio cuando el reloj de la catedral suena las dos de la madrugada, se ve la silueta de una mujer que se acerca al tronco del árbol donde tiene cita con su amado. El pueblo bautizó al fantasma como "La Judía del Sabino" (*Leyendas y relatos del Durango antiguo*, págs. 23-28).

Judíos. Los Judíos (que nada tiene que ver con los pueblos practicantes del judaísmo) son considerados por los chamulas como entidades negativas sobrenaturales.

Hace muchísimo tiempo, cuando el día y la noche no existían, cuando todo era frialdad y las estrellas no habían hecho su aparición, sólo los demonios, los judíos y los monos dominaban la Tierra. Empero, las cosas no seguirían así por mucho tiempo. El Sol emergió del vientre de la Luna. Los judíos, demonios y monos vieron con intranquilidad la nueva criatura y, como buenos dictadores que eran, decidieron acabar con él antes de que les causara algún tipo de problema.

Así que ni tardos ni perezosos trazaron una estrategia. Atraparon a Nuestro Padre en un árbol e intentaron ahorcarlo. Sin embargo, no contaron con que el Sol no era precisamente una presa fácil. Se liberó de sus captores y se refugió en una casa de baños de vapor. Los perseguidores,

después de ardua búsqueda, lo encontraron. Estimulados por la frustración lo golpearon, mordieron su cabeza y le arrojaron cuanta piedra encontraron. Empero, pese a todos sus esfuerzos no lograron causarle el menor daño y lo único que consiguieron fue lastimarse las bocas. Furiosos, construyeron una cruz y lo colgaron de ella, rápidamente trajeron lanzas y cuchillos y, de inmediato, felices se dedicaron a punzarlo y cortarlo. Sus sonrisas tornáronse en muecas de rabia al comprobar que eran incapaces de matarlo. Se reunieron, pensaron, discutieron y concluyeron que la mejor opción para terminar de una vez por todas con el intruso era a través del fuego. Así, encendieron una gran hoguera y se reunieron a su alrededor para ver cómo se asaba Nuestro Padre. Empero, una vez más las cosas no resultaron como esperaban ya que el Sol salió robustecido de las llamas y se elevó hasta el firmamento donde se convirtió en fuente de vida y orden.

Algunos Judíos, después de haber presenciado lo anterior, pensaron que el fuego también los rejuvenecería a ellos y rápidamente saltaron a él y murieron, convirtiéndose en lo que ahora conocemos como la constelación de la Cruz Judía (La Cruz del Sur).

Otros, menos impulsivos, decidieron retirarse al mundo subterráneo, lo más lejos posible de los mortíferos rayos de su enemigo, a rumiar su derrota. Algunos más prefirieron ubicar su residencia en los confines mismos de la Tierra, donde siguen viviendo como si fueran animales y esperan ansiosos el día en que puedan reunir la fuerza y el ejército necesario para, ahora sí, destruir para siempre al Sol.

Hay quien asegura que los judíos desaparecieron en su totalidad, pero eso no es verdad y los eclipses son prueba contundente de ello, de un intento más de los judíos por devorar al Sol.

Jueces de los Caminos (S'ut'abi). Entidades malévolas otomíes que vagan por el firmamento, de preferencia cerca de los poblados o de los caminos. Los hechiceros, a través de una serie de rituales misteriosos, establecen una especie de pacto con estos espíritus para conseguir su ayuda en sus ruines actividades.

Juez del Monte. En la Sierra Madre habita un espíritu de maldad legendaria capaz de ocasionar las peores desgracias o accidentes a los otomíes. Su nombre: Juez del Monte.

Hay desacuerdos en lo que a su apariencia se refiere. Para unos es una entidad invisible, un "aire" que causa "espanto" a su paso. Otros opinan que se manifiesta con un aspecto similar al de cualquier hombre de la región. No falta quien diga que es un ser monstruoso cuya sola presencia basta para aterrorizar a cualquiera. Probablemente todas las descripciones anteriores no sean sino las múltiples apariencias que toma el Juez del Monte para llevar a cabo sus maldades.

Juki-Luwa (Mazacuate, Mazacóatl, Serpiente-venado, Skanis-luwa). Víbora característica de la región totonaca de la Sierra. Su aspecto es similar al de cualquier sierpe, excepto por un pequeño detalle: un par de cuernos adornan su cabeza. Las razones de esta particularidad se ignoran, aunque es probable que constituyan un recurso defensivo de la especie o, bien, un signo distintivo de su rango como Serpiente de los Vientos. Fray Bernardino de Sahagún dice al respecto: "Hay una serpiente en esta tierra que se llama mazacóatl; (es) muy grande y muy gruesa, de color pardo oscuro, tiene eslabones en la cola, tiene en la cabeza cuernos como ciervo y por eso la llaman mazacóatl, porque tienen cuernos como ciervo; mora en las montañas muy ásperas, cuando llega a edad perfecta recógese a algún lugar o cueva, y desde allí sin salir fuera atrae con el anhélito conejos y aves, y ciervos, y personas, y cómelos, y de esto se mantiene, estándose queda en su cueva" (*Historia general de las cosas de Nueva España*, pág. 652).

Junchuch. *Véase* Cha'to.

Kakal-moson-ik. Entre los mayas uno de los pe-cados más graves es el de haber tenido relacio-nes sexuales con la hermana de la esposa o entre compadres y comadres. Se dice que, por cada año que un hombre mantenga relaciones extra-maritales, un cuerno le saldrá a su alma. En con-secuencia, cuando fallezca su espíritu será inca-paz de atravesar la angosta ventana que permite el paso al cielo y se verá obligado a volver a la Tierra bajo la forma de Kakal-moson-ik (vientos que mantienen encendido el fuego de la milpa) hasta que las llamas quemen todos los cuernos que tenga. Por supuesto, el castigo no termina ahí ya que, una vez concluida la penitencia del fuego, se transforman en venados que serán heri-dos o muertos una y otra vez por los cazadores. Los agricultores consideran inestimable la ayuda de los Kakal-moson-ik pues, sin la presencia de es-tos remolinos de aire, la quema de la milpa sería una labor sumamente difícil ya que el terreno po-dría quedar mal quemado y, consecuentemente, complicado de sembrar. Es por ello que en señal de agradecimiento suelen darles como ofrenda jícaras de zacá, una refrescante bebida hecha a base de maíz. Por lo general, los Kakal-moson-ik saben cuándo ha llegado el tiempo en que su pre-sencia es requerida; sin embargo, en ocasiones pueden demorarse tanto en llegar o soplar muy suavemente. En esos casos, el milpero lo atrae mediante un chiflido característico.

Una vez que ha concluido la cosecha, los hombres realizan una ceremonia para evidenciar su grati-tud a los espíritus que los beneficiaron con su ayu-da. Estos ritos tienden a llevarse a cabo en febre-ro pero, en ocasiones, se demoran hasta mayo. El fin de estos rituales es expulsar el calor dañino que estas entidades son capaces de dejar en el terre-no en caso de no recibir las consabidas ofrendas.

Kakasbal (La cosa mala, Kakazbal). "Acaso sea el más horripilante de los monstruos mayas. Na-die ha podido abarcar su estatura prodigiosa con una mirada; hirsutos pelos le nacen por todo su cuerpo deforme y repugnante. Tiene muchos pies y muchos brazos, y garras de cuervo y testículos de mono arracimados por todo el cuerpo. Posee órganos de distintos animales y sus llameantes ojos nadie ha podido mirarlos sin desplomarse muer-to. Pero hay quien dice que es una sombra y que nadie puede verdaderamente verlo. No camina, más bien se desliza por la tierra dejando un rastro de árboles destrozados y animales muertos a su paso. Su voz (que la tiene) es un grave sonido gutural y monocorde que deja sordos o paraliza-dos a los hombres. En realidad, su aterradora cer-canía la perciben todos los sentidos a la vez y lo más prudente será alejarse cuanto antes del lugar para no respirar el vaho mortífero de su aliento ponzoñoso.

Sale por las noches, ciertas noches que le pare-cen apropiadas para descuartizar a los hombres, cuya carne devora, y para beberse la sangre de los niños. Su presencia inficiona las plantas, convierte en polvo las cosechas y provoca las pestes y la desolación.

Cuando ya ha perpetrado su carnicería, el Kakasbal se reintegra a lo oscuro y a la nada antes de que salga el sol. Se cuenta que desde los tiempos viejos trasmitió al hombre la parte mala que todo ser humano posee en su naturaleza.

Tiene el Kakasbal ilimitado poder de transfiguración y así se convertirá en un pájaro de mal agüero como en un insecto diminuto o en un ser humano perfectamente dotado. Pudiera ser, en cierto momento, todos los monstruos que aterrorizan al hombre maya a la vez.

¿Existe algún elemento de inteligente sarcasmo en la desquiciada personalidad del Kakasbal, cuanto que, devoradas ya las carnes de sus víctimas, acude a la casa de éstas, sólo para dejar a las puertas y para horror de los familiares, la constancia de su carnicería, es decir, los huesos sobrantes del banquete?" (Roldán Peniche Barrera, *Fantasmas mayas*, págs. 44 y 45).

Kakaullari. Cada nueva creación tal parece que implica la destrucción de un antiguo orden. Así, cuando fue originado el mundo no todos los seres que habitaban el antiguo fueron capaces de sobrevivir. Los huicholes dicen que muchos desaparecieron y otros, al sentir por vez primera los rayos del sol sobre sí, sufrieron las más diversas y raras afectaciones. Hubo algunos que se transmutaron en piedras y arbustos. Otros quedaron confinados en formaciones pluviales o al interior de algunas plantas. Estos pueblos los llaman kakaullaris y les rinden especial pleitesía ya que son los encargados de cuidar los venados y sólo dan permiso para cazarlos a aquellos que realizan los rituales y ofrendas convenidos.

Kakazbal. *Véase* Kakasbal.

Kakazchuch. *Véase* Pájaro Dtundtuncan.

Kakaziklob. *Véase* Aire.

Kanan-kash. *Véase* Kuiloob-Kaaxoob.

Kat. *Véase* Aluxes.

Kates. Habitan en la zona maya desde tiempos inmemoriales. Suelen establecer sus viviendas en las cavernas y cuevas de la serranía, preferentemente las que resultan inaccesibles a los humanos. Poseen un instinto gregario bastante fuerte, por lo cual es muy raro verlos solos ya que prefieren vagar y realizar sus actividades en grupo. Los datos que se tienen respecto de su carácter y ocupaciones resultan confusos, contradictorios y hasta opuestos. Es probable que esta divergencia

de opiniones obedezca a que, en realidad, se trate de dos categorías distintas de la misma especie. Unos consideran que estos duendecillos son naturalmente bondadosos y serviciales. Si ven algún caminante perdido, no dudan en acudir de inmediato a protegerlo de los peligros de la zona e indicarles el rumbo correcto sin esperar nada a cambio de tan loable acción. Otros creen que los Kates son entes perversos y que la maldad va indisolublemente ligada a todos sus actos. Acostumbran ayudar a los brujos a realizar todo tipo de pociones, hechizos, sortilegios y encantamientos cuyos objetivos no pueden ser otros que causar daño u obtener beneficios de forma ventajosa.

Kauymáli (Hermano-Mayor Lobo, Hermano Mayor de los Lobos, Nuipashikuri). La mitología huichol cuenta entre sus personajes más famosos a Kauymáli, el clásico pícaro que no puede evitar dedicarse a hacer cuanta maldad se le ocurra a los demás y, a veces, él se convierte en su propia víctima.

De hecho, Nuipashikuri, como también se le conoce, no es precisamente lo que pueda llamarse un dios ya que sus superpoderes son sólo temporales y se le otorgan con el objetivo de cumplir su función como mensajero de las deidades más importantes. Empero, Kauymáli se las arregla bastante bien para lograr, a través de ingeniosas triquiñuelas, que se le rinda culto o se le confeccione algún objeto destinado a la oración.

El Hermano-Mayor Lobo es, sin duda, el principal héroe cultural del pueblo huichol y se le considera como tal porque fue él quien les enseñó todo lo que ahora saben. Por ejemplo, construyó el primer penacho de chamán que debía ser utilizado en la realización de cualquier asunto sacro y fijó los honorarios que debían cobrarse por tal servicio. Asimismo, enseñó a los huicholes cómo habrían de construirse las sillas de chamán, insustituibles en las ceremonias dedicadas a la curación, así como establecer los pasos fundamentales de los ceremoniales del peyote.

Se dice que Kauymáli es "medio maldito", es decir, es un travieso incorregible, y en las representaciones gráficas lo muestran con un marcado defecto en una de las piernas, que fue consecuencia de haberle jugado una broma fuerte al demonio del viento, Hortimán.

El Hermano Mayor de los Lobos, si hay algo a lo que no puede resistirse por mucho que se esfuerce (y la verdad, no se esfuerza tanto), es a romper los votos de castidad, lo cual ya le hizo pasar un rato bastante amargo. Si algún dios le pide que haga entrega de un mensaje, lo más probable es que resulte engañado o cumpla con el cometido perfectamente al revés. Entre las cosas que le producen mayor diversión está meter cizaña entre sus adversarios o engañar a algún ingenuo para que le construya una casa de dios.

Nuipashikuri es considerado vástago del Padre-Sol debido a que nació de una de sus sandalias. Y le gusta ayudarlo a brillar en todo su esplendor por lo cual trabaja, unas veces con dedicación y otras con absoluto desinterés, para comprender el accionar de las deidades de la lluvia y, por ende, ser capaz de predecir su comportamiento. Empero, con cinismo y carencia del concepto de lealtad, cambia de bando cuando conviene a sus intereses.

Kauymáli no trabaja única y exclusivamente para su padre, algunas veces ayuda a la diosa Nakawé quien, por razones que nadie puede explicarse, siente especial debilidad y cariño por él, al grado de haberlo salvado del diluvio poniéndolo en una barcaza en compañía de una perra. Nakawé convirtió al animalillo en mujer, y de ella y Nuipashikuri habrían de nacer los actuales hombres.

Entre las hazañas más significativas y memorables se encuentra el haber limado, con su pene cubierto por el cuerno mágico de venado de su progenitor, los dientes que antaño las mujeres tenían en sus órganos sexuales.

Una de las aventuras que más se siguen comentando después de tanto tiempo de acaecidas y de la cual no salió bien librado, fue cuando Nakawé lo obligó a hacer votos de castidad. La diosa, consciente de la fascinación que las mujeres ejercen en Kauymáli, para asegurar el cumplimiento del voto le alargó el pene 100 m. Nuipashikuri, para poder desplazarse, tenía que enrollarse el miembro viril alrededor de la cintura y el pedazo restante (largo, por supuesto) lo metía en un canasto que llevaba a la espalda. Desde luego, nuestro querido héroe, que siempre sabía cómo sacar provecho de las peores situaciones, no tardó en encontrar las ventajas a esta circunstancia y, así, dedujo que su particular largura le permitiría aprovecharse de las jóvenes durmientes en 100 m a la redonda y así lo hizo. La diosa, nada ingenua y acostumbrada a las artimañas de Kauymáli, no pudo resistir la tentación de darle una cucharada de su propia medicina. Eligió, para ello, un risco enorme y lo transformó en una bellísima y sensual mujer. El Hermano Mayor de los Lobos, satisfecho con lo que sus ojos veían, se acercó sigilosamente y empezó a hacerle el amor. De pronto, la damisela retornó a su forma originaria y nuestro amigo quedó colgado de forma nada elegante de la pétrea elevación. El Zopilote, siguiendo las instrucciones de Nakawé (quien no podía dejar de reír), le cercenó el miembro y lo depositó con cuidado en el suelo.

Pese a todas sus travesuras, Kauymáli cuenta también con un lado benévolo que lo lleva a prestar valiosos servicios a los huicholes. De hecho, él es el causante directo de que naciera la raza huichol porque fue capaz (con su enorme labia) de convencer a los dioses del mar de provocar la inundación que habría de acabar con la creación del Padre-Sol. Cuando nace el primer infante huichol es Kauymáli quien realiza la labor de chamán cantor y presta ayuda a la madre en el parto. Cuando el bebé enferma es nuevamente él quien consigue sanarlo, acciones que habrían de verse recompensadas con el respeto y cariño de todas las generaciones siguientes.

Kaxkuli. Ave característica del estado de Yucatán. Es un pájaro de tamaño regular, con la espalda de color verde fuerte y el vientre cubierto de plumas anaranjadas y amarillas; la cabeza está adornada con un crespón blanco. Su alimentación básica se constituye de pequeños insectos y, de hecho, no es raro verlo en los patios y solares en busca de comida.

Los habitantes de la región saben que, pese a su inocente aspecto, su presencia puede resultar peligrosa debido a que presagia mal agüero. Para contrarrestar sus efectos, dicen las viejas, no está de más tomar una serie de precauciones como colocar bajo la hamaca una jícara o poner las chanclas al revés. Por extraño que parezca, estos remedios funcionan y más vale seguirlos al pie de la letra.

Kibales. Brujos chamulas que, gracias a maléficos poderes y conocimientos oscuros, son capaces de manifestar su alma en forma animal para cumplir con los más malévolos fines llenando de pavor a los hombres. Su perversidad es enorme, pero no tanto como su soberbia. El odio sin límites que los embarga los lleva a atacar con tremenda fiereza al Sol y la Luna con el maligno y único fin de extender para siempre las tinieblas en la Tierra.

Los Kibales conocen fórmulas mágicas que los dotan del poder de transformarse en esferas de fuego que, cual Atila, por donde pasan no vuelve a crecer la hierba.

Kinam. Fluido especial que emiten determinados individuos y les otorga cualidades que los distinguen de los demás. Aquellos que poseen Kinam tienen lo que se llama *manos calientes* y son los únicos que pueden prender el fuego nuevo frotando dos trozos de madera. Aunque es considerado un don, la posesión del kinam tiene sus bemoles. Estas personas resultan muy poco aptas para criar abejas, ya que las emanaciones las alejan y su domesticación se vuelve casi imposible. Asimismo, tienen la facultad de causar "mal de ojo", esto es, generar enfermedades o maleficios con el simple hecho de posar su mirada en algún animal, planta o persona. El kinam tiende a ser más fuerte en aquellos de complexión fornida y carácter vehemente y despótico.

Kisín. *Véase* Kizin.

Kitsis-Luwa. *Véase* Dueño del Maíz.

Kizin (Cizín, Kisín). Como si todos los monstruos mayas no fueran suficientes para hacer que el terror sea una parte esencial de los habitantes de esta zona, existe uno más: Kizin. Esta entidad nefasta es el equivalente del mismísimo Diablo y no debes olvidar no decir su nombre en voz alta: no vaya a ser que se te aparezca. Esta precaución no debe tomarse a la ligera porque su sola presencia te llevaría más allá de los confines del peor horror imaginado. Su aspecto es impresionante. Su nariz, mandíbula inferior y espina dorsal carecen de carnes y tendones. Las costillas pueden contarse con facilidad porque no hay nada que las envuelva. Ostenta un collar confeccionado con cabellos y ojos de los que es mejor no averiguar su procedencia, y lo combina con un hueso a manera de arete. Su cuerpo está cubierto de repugnantes manchas negras y amarillas.

Entre sus múltiples poderes se encuentra la facultad de cambiar de forma a voluntad; así, puede aparecer a nuestros ojos como un animal cualquiera aunque prefiere, por razones que sólo él conoce, manifestarse como serpiente. Vive en el Metnal (infierno maya) aunque no es extraño encontrarlo en los mulsay, hormigueros que sirven como puertas de acceso al inframundo y que, obviamente, nunca son frecuentados por los hombres debido a la ferocidad de las hormigas y a que no existe persona alguna que quiera ir a semejante sitio.

Las relaciones entre Cizín y los humanos no son excepcionales, de hecho, esta malévola criatura llega a establecer pactos con algunos hombres a quienes dota de poderes extraordinarios. Por supuesto, no cualquiera se atreve a solicitar los favores de Cizín; si acaso, sólo los hechiceros están dispuestos a pagar el precio establecido a cambio de obtener sus habilidades y conocimientos. Por supuesto, un personaje como Kisín cuenta con innumerables anécdotas a su alrededor. Una de ellas hace referencia a la vez que él y un venado charlaban animadamente a la orilla de un sendero. La sabrosa plática se vio interrumpida con la aparición del topo a quien, de inmediato, Kizin preguntó qué quería. El topo respondió que sólo deseaba aconsejarle al amigo venado que fuera muy prudente para no caer en las trampas que, de seguro, él pensaba tenderle porque es bien sabido que no hay mentiroso que se le iguale. Kisin, indignado por el atrevimiento (ya que no hay soberbio que no se ofenda cuando se le dice la verdad), condenó al topo a vivir bajo tierra como castigo a su temeridad.

Kizin es ampliamente conocido por su buen apetito. Le encanta andar rondando las cocinas y, si no hay nadie cerca, mete las manos en la cazuela de los frijoles para darles una probadita. El problema es que cada vez que lo hace los frijoles no se cuecen y resultan incomibles por estar tan duros como piedras. Para evitarlo, las mujeres optan por dejar en las ventanas unas pequeñas ollas con frijoles aderezados con una olorosa ramita de epazote y un par de tortillas calientitas para que, si viene, se los coma y se vaya satisfecho.

Kizin es el causante de que los frijoles tengan distintos colores. Cuentan que hace mucho tiempo un hombre, desesperado por los apuros y las tribulaciones por las que atravesaba, optó por hacer un pacto con él. Le invocó y cedió su alma a cambio de siete deseos, los cuales debían ser cumplidos uno por día. De este modo, pidió enormes riquezas, salud, abundante alimento, mujeres bellas, poder y numerosos viajes. Al séptimo día, Kisin se presentó muy contento porque anticipaba contar con una nueva alma. El hombre, cumpliendo eso de que la necesidad aguza el ingenio, le dijo: "Hoy, sólo quiero que me cumplas un capricho sin importancia. Me encantaría que lavaras estos frijolitos negros hasta hacerlos quedar blancos." Cizín, encantado, procedió a la labor. Lavó y lavó y nada, los frijoles seguían tan negros como al principio. Después de un rato y mucha agua, se dio cuenta de que había sido timado y sentenció: "De hoy en adelante, para que nadie vuelva a engañarme, habrá frijoles de color rojo, blanco, amarillo y negro."

Kisin es también el causante de que los monos tengan el trasero pelón y rosa. Cuentan que cierta vez los invitó a comer con él; el menú: plátanos dulces y maduros. Los convidados, obviamente, no se hicieron rogar y acudieron gustosos. Kisin los recibió amablemente y como muestra de "cortesía" les ofreció asiento para que pudieran degustar más cómodamente el alimento. En cuanto se sentaron, de inmediato pegaron un brinco y sendos alaridos porque los asientos estaban hirviendo. Desde ese día y hasta hoy, estos animales a los que el hambre les hizo olvidar la precaución, carecen de pelo en las nalgas.

Por supuesto, los venados tampoco han escapado a las acciones de Cisín. De hecho, es a él a quien deben la forma de su cola. Dicen que una vez Kisín tenía unas enormes ganas de montar un venado y, viendo uno pasar, le solicitó que le diera el gusto de cabalgar en su lomo. Usando cuantas razones se le ocurrieron insistió una y otra vez; por fin el animal aceptó, pero sólo con el objetivo de darle una probada de su propio chocolate. Cizín, encantado con la idea, rápidamente trepó al lomo del venado y cabalgadura y jinete empezaron a correr cada vez más rápido. Sin embargo, el novel vaquero pronto empezó a sentir que se iba de un lado, después de otro y, temeroso de caer, se agarró con todas sus fuerzas del rabo del venado y se lo deshizo. Por ello, desde aquel día éstos tienen sólo una colita.

Entre las cosas que más divierten a Kisin está meterse dentro de los espantapájaros. Pacientemente y aguantando la risa, espera a que algún campesino o ave se acerquen lo suficiente a él para, de repente, moverse violentamente pegándole a pájaro o humano tremendo susto.

Hay veces que cuando un indio se inclina sobre un arroyo o río para beber, el agua se agita y se aleja de sus manos: es Kisin el que se encarga de apartarla con los pies.

Koni. *Véase* Truenos.

Kuiloob-Kaaxoob (Canan-Kaax, Canan-Peten, Canan-Montaña, Guardianes de la Comarca, Guardianes de la Montaña, Guardianes del mon K'uil k'axo'b, Luilob Kaxob). El universo maya es un mundo en el que seres que a nuestros ojos podrían resultar fantásticos, conviven de manera natural con el resto de las especies. Su variedad es enorme: los hay hermosos y horribles, visibles e invisibles, gigantescos y pequeños, malévolos y bondadosos. Entre ellos ocupan un lugar muy especial los Kuiloob-Kaaxoob, espíritus que tienen la importante misión de proteger y vigilar los montes de la zona. El celo con el que cumplen su trabajo es ya proverbial: siempre están atentos para que los árboles no sean destruidos o talados sin motivo. De igual modo, prestan especial cuidado a la flora que crece en la región. Estas entidades con inclinaciones ecológicas suelen establecer sus viviendas en cavernas y cuevas que generalmente se encuentran a escasa distancia de los cenotes de las áreas que les corresponde custodiar.

Cuando algún indio va a hacer su milpa y para ello necesita limpiar un terreno o derribar algunos árboles, es importantísimo que pida su venia al K'uil k'axo'b del lugar. Al empezar a medir la parcela, el campesino da fuertes gritos convocándolos a estar presentes y ser testigos de la superficie que ha de segar. Obviamente, esta solicitud se hace con todas las formalidades que el caso requiere, con las ofrendas de zacá y ante una cruz como testigo. Una vez informados, estos espíritus comunican a los árboles que no deben dañar a la persona porque ya ha llegado el momento de ceder su lugar a una nueva vegetación. En caso del incumplimiento de este proceso y rituales, el labriego incurrirá en la furia de estas entidades y, de inmediato, el lugar elegido se verá plagado de innumerables culebras y animales ponzoñosos cuyas caras no auguran buena intención. Asimismo, sentirá la presencia de más de una bestia hambrienta y salvaje, encantada de convertirlo en su plato del día.

Si por alguna razón el milpero no consigue sembrar en todo el espacio que eligió para ello, entonces sabrá, sin que nadie se lo diga, que ha de recibir una enfermedad como castigo por haber afectado la unidad del bosque.

En las oraciones para solicitar su presencia estos espíritus reciben nombres específicos como: Canan-Kaax (Guardianes del Monte), Canan-Peten (Guardianes de la Comarca) y Canan-Montaña (Guardianes de la Montaña).

Kukican. Los mayas dicen que entre los distintos seres que habitan el Purgatorio se encuentra la serpiente Kukican. Esta sierpe se alimenta exclusivamente de leche, por lo cual las almas de las mujeres que nunca tuvieron hijos deben darle de mamar. Por supuesto, tal labor no es en absoluto agradable por lo que estas ánimas lloran sin consuelo mientras cumplen con su penitencia.

La que amplifica el sonido de la rueca. *Véase* X'bolon Thoroch.

La'a. Duendes mazatecos que acostumbran trasladarse montados en zanates cual si fuesen caballos. La ocupación principal de estas entidades consiste en cuidar y arrear su ganado, el cual está constituido por venados.

Los La'a son los dueños de la tierra y ésta les dice todo lo que escucha. Por ello, no es extraño que estos duendecillos sepan los nombres de las personas así como uno que otro secreto.

En ocasiones, quizá para conseguir trabajadores o simplemente porque les agrada la compañía humana, estos seres raptan a algún lugareño del que no vuelve a saberse nada. Para evitar el secuestro, se recomienda masticar un pedacito de puro y soplarles en la cara; de ese modo, desaparecen de inmediato.

Lab (Alma-animal, Pequeño animal, Schanul, Schu'uhlel, Wayjel). El Lab es un tipo especial de alma doble que reciben sólo algunas personas. En su aspecto de alma humana vive en el corazón de los individuos; sin embargo, en su faceta animal habita en el medio correspondiente. Hombre y animal forman una sola unidad, esto es, lo que acontece a uno, invariablemente repercute en el otro. Sin embargo, ciertos Lab no son de naturaleza animal, sino que corresponden a fenómenos meteorológicos como el rayo. El ser poseedor de un wayjel otorga al sujeto una serie de poderes especiales sin que él sea especialmente consciente de ellos.

Existen ciertas divergencias en cuanto al lugar de residencia de los Lab. Unos aseguran que el animal vive en su hábitat natural. Otros afirman que estos animales compañeros se encuentran en el muk'ta vits, es decir, la gran montaña sagrada; allí se alojan en corrales especiales donde las deidades se encargan directamente de su cuidado. En caso de que el hombre realice actos que los dioses consideren pecaminosos, el compañero animal es expulsado del sitio y, en consecuencia, ambos corren un grave peligro de muerte.

Aunque ser poseedor de un schanul no es algo que se aprecie a simple vista, hay una serie de signos que pueden indicar su existencia. Algunos niños presentan una especie de nudo en sus cabellos llamado spehchulsjol que, aseveran los viejos, los protegerá todo el tiempo y los hará inmunes al mal de ojo. Los padres, cuando el pequeño cumple los siete años, se lo cortan para evitar que el resto de la gente se percate de su poder y en especial los brujos ya que, de saberlo, es muy probable que quieran matar al infante.

Cuando se ve que bolas de fuego entran en la casa atravesando el techo, lo más seguro es que ahí haya un niño con Lab, lo mismo si el pequeño es propenso a los ataques de ira y grita: "Yo soy

141

un hombre poderoso, de verdad, te castigaré."
Asimismo, si ya siendo adulto el individuo al emborracharse empieza a proferir amenazas contra cualquiera que se tope en su camino, podemos estar seguros de que es poseedor de un Lab.

Existen varios tipos de Lab. El primero corresponde a las aves de presa, entre las que se encuentran búhos, gavilanes rojos, tukul (parecido a la lechuza), kololmut y lechuzas. El segundo se refiere a los animales carnívoros como jaguares, pumas, tigres y leones; estos son los más poderosos. El tercero está formado por las víboras; entre las benéficas (pertenecientes a Nuestra Santa Madre que las presta a los humanos para protegerlos) se cuentan la serpiente tijeras, la serpiente aguja y la serpiente barreta, mientras que las malévolas son las nauyacas amarillas, blancas y negras. El cuarto se constituye por el viento y el rayo en sus variedades verde, blanco y rojo, que son considerados benefactores del hombre ya que protegen y cuidan los campos. El quinto se refiere a animales como tlacuaches, ardillas, colibríes y algunos animales domésticos. La sexta variedad es la más peligrosa y corresponde al Padre Nocturno que aparece con el aspecto de un sacerdote de un metro de altura y que se pasea por el poblado causando grandes tragedias a su paso.

Aunque en ocasiones pueda saberse con certeza quiénes poseen Lab, es difícil conocer su naturaleza específica, sobre todo porque a cada cambio relevante (edad, nivel social, económico, etc.), en la vida del individuo o a nuevas funciones que empiece a llevar a cabo, corresponde un Lab nuevo y diferente.

En cuanto a la naturaleza del wayjel, no podemos decir que sea bueno o malo, dependerá del uso que la persona haga de esos poderes en pro o en contra de la comunidad. Por supuesto, la posesión de estas facultades no puede dejar de constituir una gran tentación y no falta quien prefiera aplicarlas a fines egoístas o para dañar a quien desee.

Labil. *Véase* Nahual.

Ladrones de Almas (Ocol-Pixan). Espíritus malignos que se roban las almas de los muertos por motivos que resultan desconocidos para nosotros y que quizá sea mejor ignorar. Debido a la naturaleza de sus funciones han desarrollado un finísimo olfato que les permite detectar, a muchos kilómetros a la redonda, a los moribundos. De inmediato, se dirigen al lugar y, sin pudor alguno, se introducen en las casas para esperar. No importa que el agonizante tarde en expirar, los Ladrones de Almas son pacientes y, para entretenerse, merodearán por el lugar, susurran a los deudos pensamientos malévolos o se contentan con espantar a los animales de corral.

Por fortuna, existe la posibilidad de liberar a estas ánimas de las garras de los Ocol-pixan. Para ello es necesario realizar una serie de aberturas en las paredes y el techo de las casas (no muy visibles, de preferencia) para que el espíritu pueda escapar sin ser visto. Además, la presencia de un Maestro Cantor enunciando las oraciones del viático pone bajo la protección de Dios el alma del moribundo.

Si los Ladrones de Almas ven frustrados sus propósitos, harán una pataleta antológica y antes de irse dejarán huella de su presencia causando estropicios en el hogar para volver, la próxima vez que sea necesario y, en esa ocasión, lograr sus propósitos.

Lagartija abuelita. *Véase* Müm Deje.

Lagartija mano de metate. *Véase* Mayaki.

Laqawatsas. *Véase* Aquella que viene de lejos.

Las fuertes imágenes de barro. *Véase* Aluxes.

Lechuza. *Véase* Búho.

Liebre. *Véase* Conejo.

Liebre de agua. *Véase* Acitli.

Li-katsin. *Véase* Alma.

Li-stákna. *Véase* Alma.

Litapatl. *Véase* Dobles.

Llorona. *Véase* Mujer bonito pelo.

Llorona, La. ¡Aaaaaaaay, miiis hiiiiijoooooos! ¡Aaaaaaaaaaay, miiis hiiijooooooooos! Pocas frases en nuestro país son tan temidas y conocidas como ésta. Y, sin duda, ninguna leyenda ha alcanzado la celebridad de la de La Llorona, legendaria dama de blanco que recorre por las noches las calles de México profiriendo los más dolorosos alaridos que hielan la sangre de quien los escucha.

Mucho se ha especulado sobre su vida. Se han aventurado las más diversas hipótesis sobre la causa de su llanto y no hay lugar en que su historia no se conozca. Sin embargo, poco se ha ahondado en sus antecedentes prehispánicos y su carácter divino. Para ello es necesario remontarse a los informantes de Sahagún, que refieren: "La primera de estas diosas se llamaba Cihuacóatl. Decían que esta diosa daba cosas adversas como pobreza, abatimiento, trabajos; aparecía muchas veces, según dicen, como una señora compuesta con unos atavíos como se usan en palacio. Decían que de noche voceaba y bramaba en el aire; esta diosa se llama Cihuacóatl, que quiere decir, mujer de la culebra; y también la llamaban To-nántzin, que quiere decir nuestra madre. (...) Los atavíos con que esta mujer aparecía eran blancos, y los cabellos los tocaba de manera que tenía como unos cornezuelos cruzados sobre la frente; dicen también que traía una cuna a cuestas, como quien trae a su hijo en ella, y poníase en el tianquiz entre las otras mujeres, y desapareciendo dejaba allí la cuna. Cuando las otras mujeres advertían que aquella cuna estaba allí olvidada, miraban lo que estaba en ella y hallaban un pedernal como hierro de lanzón, con que ellos mataban a los que sacrificaban; en esto entendían que fue Cihua-cóatl la que dejó allí" (*Historia general de las cosas de Nueva España*, págs. 32 y 33).

La serie de prodigios que presagiaron la caída y ruina de Tenochtitlan influyeron, de manera significativa, en la conformación de esta leyenda. Dejemos que sean las palabras de Muñoz Camargo las que nos ilustren al respecto: "El sexto prodigio y señal fue que muchas veces y muchas noches, se oía una voz de mujer que a grandes voces lloraba y decía, anegándose con mucho llanto y grandes sollozos y suspiros: ¡Oh hijos míos! del todo nos vamos a perder... Otras veces decía: Oh, hijos míos, ¿a dónde os podré llevar y esconder?..."

Fray Bernardino de Sahagún nos da otra versión del mismo acontecimiento: "Muchas veces se oía: una mujer lloraba; iba gritando por la noche; andaba dando grandes gritos: ¡Hijitos míos, pues ya tenemos que irnos lejos! Y a veces decía: Hijitos míos, ¿a dónde os llevaré? " (*Historia general de las cosas de Nueva España*, págs. 759 y 760).

La Conquista y la Colonia trajeron modificaciones a la figura de La Llorona y le dieron su aspecto definitivo. Sin embargo, existen variantes en cuanto a las razones que la han obligado a penar por su terrible pecado a lo largo de los siglos, y tal parece que su castigo se extenderá hasta la eternidad.

Pero dejemos que sea don Artemio de Valle Arizpe quien nos hable de ella: "¿Quién era el osado, que por más valiente que fuera, se atreviese a salir por la calle pasando las diez de la noche? Sonaba la queda en Catedral y todos los habitantes de México echaban cerrojos, fallebas, colanillas, ponían trancas y otras seguras defensas a sus puertas y ventanas. Se encerraban a piedra y lodo. No se atrevían a asomar ni medio ojo siquiera. Hasta los viejos soldados conquistadores, que demostraron bien su valor en la guerra, no trasponían el umbral de su morada al llegar esa hora terrible.

Amedrentada y poseída del miedo estaba toda la gente, él les había arrebatado el ánimo; era como si trajesen un clavo atravesado en el alma. Los hombres se hallaban cobardes y temerosos; a las mujeres les temblaban las carnes; no podían dar ni un solo paso; se desmayaban o, cuando menos, se iban de las aguas. Los corazones se vestían de temor al oír aquel lamento largo, agudo, que venía de muy lejos e íbase acercando, poco a poco, cargado de dolor. No había entonces un corazón fuerte; a todos, al escuchar ese plañido, los dominaba el miedo, poníales carne de gallina, les erizaba los cabellos, y enfriaba los tuétanos de los huesos. ¿Quién podía vencer la cobardía de aquel lloro prolongado y lastimero que cruzaba, noche a noche, por toda la ciudad? ¡La Llorona!, clamaban los pasantes entre castañeos de dientes, y apenas si podían murmurar una breve oración, con mano temblorosa se santiguaban, oprimían sus rosarios, cruces, medallas y escapularios que les colgaban del cuello.

México estaba aterrorizado por aquellos angustiosos gemidos; cuando se empezaron a oír, salieron muchos a cerciorarse de quién era el ser que lloraba de ese modo tan plañidero y doloroso. Varias personas afirmaron, desde luego, que era cosa ultraterrena, porque un llanto humano, a distancia de dos o tres calles se quedaba ahogado, ya no se oía; pero éste traspasaba con su fuerza una gran extensión y llegaba claro, distinto, a todos los oídos con su amarga quejumbre. Salieron no pocos a investigar, y unos murieron de susto, otros quedaron locos de remate y poquísimos hubo que pudieron narrar lo que habían contemplado, entre escalofríos y sobresaltos. Se vieron llenos de terror pechos muy animosos.

Una mujer, envuelta en un flotante vestido blanco y con el rostro cubierto con un velo levísimo que revolaba en torno suyo al fino soplo del viento, cruzaba con lentitud parsimoniosa por varias calles y plazas de la ciudad, unas noches por unas, y otras, por distintas; alzaba los brazos con desesperada angustia, los retorcía en el aire y lanzaba aquel trémulo grito que metía pavuras en todos los pechos. Ese tristísimo ¡ay! levantábase ondulante y clamoroso en el silencio de la noche, y luego que se desvanecía con su cohorte de ecos lejanos, se volvían a alzar los gemidos en la quietud nocturna, y eran tales que desalentaban cualquier osadía.

Así, por una calle y luego por otra, rodeaba las plazas y plazuelas, explayando el raudal de sus gemidos; y al final, iba a rematar con el grito más doliente, más cargado de aflicción, en la Plaza Mayor, toda en quietud y sombras. Allí se arrodillaba esa mujer misteriosa, vuelta hacia el Oriente; inclinábase como besando el suelo y lloraba con grandes ansias, poniendo su ignorado dolor en un alarido largo y penetrante; después se iba ya en silencio, despaciosamente, hasta que llegaba al lago, y en sus orillas se perdía; deshacíase en el aire como una vaga niebla, o se sumergía en las aguas; nadie lo llegó a saber; el caso es que allí desaparecía ante los ojos atónitos de quienes habían tenido la valerosa audacia de seguirla, siempre a distancia, eso sí, pues que un profundo terror vedaba acercarse a aquella mujer extraña que hacía grandes llantos y se deshacía de pena. Esto pasaba noche a noche en México a mediados del siglo XVI, cuando La Llorona, como dio en llamársele, henchía el aire de clamores sin fin. Las conjeturas iban y venían por la ciudad. Unos creían una cosa, y otros, otra muy distinta, pero cada quien aseguraba que lo que decía era la verdad pura, y que, por tanto, deberíasele dar entera fe. Con certidumbre y firmeza aseguraban muchos que esa mujer había muerto lejos del esposo a quien amaba con fuerte amor, y que venía a verle, llorando sin linaje de alivio, porque ya estaba casado, y que de ella borró todo recuerdo; varios afirmaban que no pudo lograr desposarse nunca con el buen caballero a quien quería, pues la muerte no la dejó darle su mano, y que sólo a mirarlo tornaba a este bajo mundo, llorando desesperada porque él andaba perdido entre vicios; muchos referían que era una desdichada viuda que se lamentaba así porque sus huérfanos estaban sumidos en lo más negro de la desgracia, sin lograr ayuda de nadie; no pocos eran los que sostenían que era una pobre madre a quien le asesinaron todos los hijos, y que salía de la tumba a hacerles planto; gran número de gentes estaban en la firme creencia de que había sido una esposa infiel y que, como no hallaba quietud ni paz en la otra vida, volvía a la Tierra a llorar de arrepentimiento, perdidas las esperanzas de alcanzar perdón; o bien numerosas personas contaban que un marido celoso le acabó con un puñal la existencia tranquila que llevaba, empujado sólo por sospechas injustas; y no faltaba quien estuviese persuadido de que la tal Llorona no era otra sino la célebre doña Marina, la hermosa Malinche, manceba de Hernán Cortés, que venía a este suelo con permiso divino a henchir el aire de clamores, en señal de un gran arrepentimiento por haber traicionado a los de su raza, poniéndoles

al lado de los soldados hispanos que tan brutalmente la sometieron.

No sólo por la Ciudad de México andaba esa mujer extraña, sino que se la veía en varias poblaciones del reino: Atravesaba, blanca y doliente, por los campos solitarios; ante su presencia se espantaba el ganado, corría a la desbandada como si lo persiguiesen; a lo largo de los caminos llenos de luna, pasaba su grito; escuchábase su quejumbre lastimera entre el vasto rumor de mar de los árboles de los bosques; se la miraba cruzar, llena de desesperación, por la aridez de los cerros; la habían visto echada al pie de las cruces que se alzaban en las montañas y senderos; caminaba por veredas desviadas, y sentábase en una peña a sollozar; salía, misteriosa, de las grutas, de las cuevas en que vivían los feroces animales del monte; caminaba lenta por las orillas de los ríos, sumando sus gemidos con el rumor sin fin del agua" (*Historia, tradiciones y leyendas de las calles de México*, págs. 21-24).

Sin duda, la versión más conocida sobre el origen de La Llorona es la que hace referencia al asesinato de sus hijos. Juan de Dios Peza dice al respecto:

"Como popular conseja,
por más de trescientos años
con misterio referida
y escuchada con espanto,
la historia de La Llorona
por tradición ha pasado
de los padres a los hijos
y de los propios a extraños.
Hubo un tiempo en que ninguno
puso en duda el triste caso,
y aunque de diverso modo
los curiosos lo narraron,
todos estaban conformes
en convenir que sonando
en Catedral medianoche,
desde el más distante barrio
de la ciudad, recorría
en curso veloz y vago,
de un extremo al otro extremo,
de la garita a palacio,
una mujer misteriosa,
vestida siempre de blanco;
un alma en pena, sujeta
por sus enormes pecados
a seguir en este mundo
vertiendo a gritos su llanto.
Contaban que aquel espectro

deteniendo el raudo paso
lanzaba un grito, un gemido
tan hondo, que el más osado
no le escuchó sin que en tierra
cayera de aliento falto.
De la noche en el silencio,
como un eco funerario,
se dilataba ese grito
de la ciudad por los ámbitos,
y mil veces los que en vela
por el placer o el cuidado,
después de sonar las doce
la aguda queja escucharon,
santiguábanse devotos
y alguna oración o un salmo
rezaban para aquella alma
y por su eterno descanso.
Quien juraba haberla visto
cruzar veloz por el atrio
de la Seo, a igual hora
que otro la vio en San Pablo;
y quien que perdió el sentido
refería conturbado,
porque oyó el grito terrible
tan distinto y tan cercano,
que el ropaje del espectro
rozó crujiendo su brazo...
Esbelta como el palmero
que en las orillas del lago
se columpia al leve impulso
de los céfiros de mayo;
blanca como la azucena
cuyo cáliz de alabastro
con oro y púrpura vela
la lumbre del sol de ocaso;
con ojos negros y ardientes,
con el cabello rizado
que baja en revueltas ondas
sobre unos hombros de mármol;
con labios rojos y frescos
como flores de granado,
luciendo como diadema,
sobre todos sus encantos,
el poderoso atractivo
de los juveniles años:
tal es Luisa, la hechicera,
que en un rincón apartado
de callejuela sombría,
en pobre y oscuro cuarto,
vive llena de contento
y sin temer los engaños
del mundo que siempre ha sido
para las hermosas, daño.

La fama de su belleza
se va veloz dilatando
desde la clase más pobre
hasta los próceres altos.
No hay galán que no procure
ya de frente, ya al soslayo,
mirar el rostro hechicero
de aquel arcángel humano.
La desierta callejuela,
que antes infundiera espanto,
se llena de rondadores
en las noches, y no es raro
escuchar trovas y endechas
de galán apasionado
que siempre acaban con riña
y cuchilladas y escándalo,
que sobre las piedras deja
memoria, en sangrientos rastros.
Pero la puerta de Luisa,
cual lápida de un osario
cerrada siempre aparece...
En largas y oscuras noches
cuando el barrio sosegado
no escucha de galanes
ni la música ni el canto;
cuando está la calle sola
y el viento corre silbando
y se ocultan las estrellas,
y en el triste campanario
las lechuzas agoreras
callan, sintiendo azotados
por la monótona lluvia
los negros muros del claustro;
entonces, entre el silencio,
se escuchan unos pasos
como de alguien que venía
con misterioso recato;
y al mismo tiempo la puerta
de Luisa, con gran cuidado
y poco a poco, se abría,
y una mujer con un manto
cubierta, de allí saliendo
iba hasta al pie del retablo,
do a la luz del farolillo
estaba un doncel gallardo;
y juntos los dos pasaban
las horas, término dando
a la cita, antes que el alba
dejara asomar sus rayos.
Una mañana, la gente
que madruga con el gallo,
comenzó a dar la noticia
a los vecinos del barrio,

que a su vez de puerta en puerta
repitiéronla asombrados,
de que Luisa aquella noche,
por un accidente extraño,
se había perdido, y estaban
ambas puertas de su cuarto
abiertas, y dando indicio,
no de robo ni de asalto,
sino de pensada fuga
y de convenido rapto...
...Al fin, a las malas lenguas
refrenó el tiempo, que plazo
tienen las murmuraciones
cual todo lo que es humano.
En la ciudad, poco a poco,
la gente se fue olvidando
de la hermosura de Luisa,
de su galán ignorado...
Han transcurrido veloces
de nuestra historia seis años,
desde que México supo
que de un amor ignorado,
cediendo sin duda alguna
a impulso terrible y mágico,
la bella Luisa una noche
desapareció de su barrio,
mas lo que ninguno supo
aquí a descubrirlo vamos,
que el tiempo todo descubre,
y él puso el misterio en claro.
Era el amante de Luisa
un mancebo muy bizarro,
discreto, de nobles prendas,
de opulenta casa vástago;
con treinta abriles cumplidos;
gastador, valiente y franco.
Llamábase el tal mancebo
don Nuño de Montes-Claros;
de estatura corpulenta
y de grandes ojos garzos.
Precavido en sus intentos
dio cima a su amor bastardo
escondiendo aquel tesoro
de gracia, en sitio apartado,
y allí formó el tierno nido
que el mundo buscaba en vano.
Luisa fue madre tres veces,
y bajo su dulce amparo
crecían aquellos niños
siendo su constante halago...
Luisa en el fondo del alma,
cual de ponzoñoso dardo,
iba sintiendo una herida

que ya tornaba en amargo
su existir antes tranquilo,
su amor, antes sosegado.
Aquella pasión ardiente,
aquel anhelo, aquel ávido
empeño con que mostraba
su intenso amor Montes-Claros,
poco a poco, sin que Luisa
diera lugar a tal cambio,
sin que tampoco don Nuño
lograr pudiera explicarlo,
tornándose fue en desvío
de tal suerte, que hasta el hábito
de verla todos los días
vino a perder, y dejando
correr hasta una semana,
llegaba, y al breve rato
volvía a salir, sin cuidarse
de la herida del agravio
que Luisa, humilde, callaba
vertiendo oculto su llanto.
Una noche en que la luna
iba serena alumbrando;
cuando el toque de la queda
vibraba en el campanario...
más, de repente, las once
se oyen sonar, y con rápido
movimiento, se alza Luisa;
deja con gran sobresalto
en su cuna al niño, y luego
en negro mantón de paño
se envuelve y sale a la calle,
y sin detener su paso
llega frente de la casa
donde vive Montes-Claros;
mira que por los balcones
un torrente desbordado
sale de luz y se escucha
la música de un sarao;
ve que cruzan mil sombras
y oye ese murmullo vario
que denuncia el regocijo
con frases, músicas y cantos,
movimientos de parejas,
risas y chocar de vasos;
todo interrumpiendo a veces
nutridas salvas de aplausos.
Extática queda Luisa
y duda si está soñando;
¿por qué tan alegre goza
quien la deja hundida en llanto?
Cobra valor, se aproxima
a la casa, y de un lacayo,

de los cien que entran y salen,
resuelta detiene el paso.
—¿Queréis decir, le pregunta,
por qué tiene fiesta el amo?
—¡Calle!, le responde el otro,
de esta pregunta me pasmo;
¿quién en la ciudad ignora
que, con inmenso boato,
esta mañana a las nueve
en la iglesia del Sagrario
celebró su matrimonio
don Nuño de Montes-Claros?
¡Vaya que estáis atrasada
de noticias... nos miramos!
Se marchó aquel hombre, y Luisa
quedóse como de mármol;
ni una lágrima en los ojos,
ni un gemido entre los labios
y así, yerta, muda, inmóvil,
estuvo en pie largo rato;
después se acercó a la puerta
y entre la gente del patio
se deslizó como sombra
a la escalera llegando.
Subió por ella de prisa
uno tras otro peldaño;
siguió erguida y misteriosa
por el corredor más amplio,
no sin que a muchos llamara
la atención su porte extraño;
y en la puerta de la sala,
del cortinaje de raso,
oculta tras los pliegues,
miró con asombro y pasmo
a don Nuño y a su dama
en un riquísimo estrado,
hablando amorosamente
y entrelazadas las manos
como las manos de Luisa
y las de Nuño otros años...
Airada, inflexible, fiera,
volvió Luisa sin reparo
a verse sola en la calle,
y veloz, como del arco
parte la flecha, del sitio
se aleja, y en breve espacio
llega a donde no se escuchan
los rumores del sarao,
y sin embargo, en su oído
van distintos resonando
y delante de sus ojos
contempla vivo aquel cuadro.
Camina y llega a la casa,

se acerca al antiguo armario,
abre un cajón y en él busca
y halla un puñal que olvidado
dejó allí Nuño una noche;
lo empuña, cruza un relámpago
espantoso por sus ojos;
corre al lecho en que soñando
están sus hijos, y, loca,
arranca con fiera mano
la vida a los tres, y corre
cubierto de sangre el manto,
por la ciudad silenciosa
hondos aullidos lanzando.
Presurosa va la gente
a ver el triste espectáculo
que le ofrece la justicia,
que a garrote ha condenado
a una mujer que dio muerte
a sus tres hijos...
Por fin de una campanilla
se oye el sinodio cercano;
la gente se arremolina,
y en medio de ella cruzando
pasa el lúgubre cortejo
que lleva a Luisa al cadalso.
Los cabellos en desorden,
el rostro desencajado,
y sobre el desnudo pecho
reliquias y escapularios...
De aquella mujer hermosa
que fue de don Nuño encanto
no se miran en el rostro
ni los más ligeros rasgos.
Llega hasta el horrible sitio
siempre con los ojos bajos,
oyendo a los sacerdotes
que van por ella rezando;
pero al subir al patíbulo
alza la faz con espanto
y reconoce su casa
y se yergue, y de sus labios
brota un terrible alarido
que a todos infunde pasmo:
con un temblor convulsivo
levanta al cielo las manos
y se desploma enseguida
como cuerpo inanimado.
Las gentes de la justicia
al ejecutar el fallo
lo hicieron ya en un cadáver
contraído y demacrado.
Es fama que aquella tarde
llevaron al campo-santo

seguido de gran cortejo
y entre salmodias y cantos
los restos del ya famoso
don Nuño de Montes-Claros;
y agregan que desde entonces
en las noches se ha escuchado
el grito de La Llorona,
que es Luisa, y anda penando,
sin hallar para su alma
un momento de descanso,
como castigo a su culpa
desde hace trescientos años."

(*Leyendas mexicanas*, págs. 161-176).

Hay también otras explicaciones para el penar de este mítico fantasma. Así, se cree que no es más que una mujer que falleció en ausencia de su marido y que venía al beso de despedida que fue incapaz de darle antes de que la Muerte la arrebatara. Hay quien asegura que fue una joven que, cercana ya la fecha de su matrimonio, perdió a su prometido y enloqueció de dolor. Otros cuentan que es el fantasma de una viuda que, tras la muerte de su cónyuge, quedó desamparada y llora la desdicha de haber visto a sus pequeños morir de hambre. Asimismo, se dice que fue una muchacha queretana de nombre Rosalía, casada con un hombre terrible que en un arranque de celos la asesinó junto a sus pequeños.

En Guanajuato se dice que en aquellos tiempos en que la bonanza minera derramaba sus riquezas sobre esta ciudad, una joven de alcurnia huyó de su hogar con un apuesto mancebo. De la pareja no volvió a saberse nada; sin embargo, tiempo después, en lo que actualmente es la calle Hidalgo, al dar las doce de la noche aparece un espectro vestido de blanco. Camina por la calle y, si uno se fija bien, puede ver que entre sus brazos lleva un pequeño bulto cubierto de harapos. Al llegar a la plaza del Hinojo, subrepticiamente se acerca al quicio de una puerta, deposita su carga y entonces profiere un grito profundo, desgarrador y angustiosamente largo que eriza la piel de quien lo escucha. Después, desaparece y el silencio retorna.

Sin duda, una de las variantes más famosas sobre La Llorona es la que cuenta cómo un rico hidalgo cortejaba a una joven hermosa pero, desafortunadamente, pobre. La muchacha le dio dos hijos, sin embargo, él se negó terminantemente a casarse con ella y prefirió regresar a España para contraer nupcias con una acaudalada dama. La desdicha enloqueció de dolor y en un súbito arranque tomó a los pequeños, corrió hacia el río y los ahoga. Al darse cuenta del acto terrible que había cometido, murió de pena y desesperación a la orilla del río. Cuando su alma llegó al cielo, el guardián que custodia sus puertas se negó a darle acceso hasta que recuperara las almas de sus hijos. Es por ello que La Llorona recorre incansable las riberas de los ríos con el afán de rescatar el espíritu de sus infortunados vástagos y, así, encontrar al fin el descanso eterno.

Otra versión refiere que La Llorona aparece en Xochimilco a bordo de una angosta trajinera. Su rostro es terrorífico, en lugar de manos ostenta un par de terribles garras que mueven el remo que, extrañamente, pese a no tocar el agua impulsa la embarcación. Los varones, no obstante su terrible aspecto, por alguna extraña razón (quizá de tipo mágico) quedan prendados de ella e inevitablemente la siguen. Cuando despiertan de su arrobamiento ya han recorrido mucho trecho y, de no conocer los alrededores, es probable que vaguen durante tiempo prolongado hasta encontrar nuevamente el camino. Hay quien dice que esto sólo sucede a los que se portan mal.

LLORONA DE LAGOS, LA. Durante la época de la Revolución, numerosas familias cambiaron de residencia y la ciudad de Lagos de Moreno (Jalisco) vio incrementarse significativamente su población. Entre los nuevos vecinos se encontraba la familia Peón Valdez y Ariscorneta, que al poco tiempo de mudarse vieron su hogar llenarse de alegría con el nacimiento de Blanca Rosa.

Los años pasaron y don Rubén y doña Blanca estaban llenos de orgullo por su hija. La belleza de la joven atrajo varios pretendientes de alcurnia y rancio abolengo que aspiraban a la mano de la muchacha; sin embargo, ella no aceptaba a ninguno. Lo que la familia ignoraba es que Blanca Rosa se había enamorado perdidamente de Narciso Romo, uno de los caballerangos y como los dos sabían perfectamente que su amor era imposible por la diferencia de clases, decidieron huir.

Así, una mañana doña Blanca fue a buscar a su hija para que la acompañara a misa. La madre casi sufre un soponcio al encontrar los aposentos vacíos y una cuerda atada a la ventana. Por más pesquisas que se realizaron, no fue posible conocer el paradero de los amantes.

Pasaron los años y doña Blanca murió por la tristeza de no volver a saber nada de su adorada hija. Al poco tiempo, don Rubén la siguió. La noche del funeral de don Rubén, cuentan que vieron la figura de una mujer cubierta por un velo blanco que, apresurada, atravesaba las calles y plazoletas de la ciudad. Pero lo que más llamó la atención es que llevaba una especie de bulto entre los brazos. Se acercaba al río, emitía un alarido que erizaba la piel y, acto seguido, arrojaba el envoltorio a las aguas para desaparecer ante los azorados ojos de los testigos.

El suceso siguió repitiéndose noche a noche. Los pobladores empezaron a especular. Había quien afirmaba que era el ánima de Blanca Rosa que había muerto de tristeza debido a que Narciso, aburrido de la joven, la había abandonado llevándose a sus cuatro hijos. Otros negaban por completo esa versión, asegurando que Narciso había matado a los niños y a Blanca Rosa en venganza porque ella lo había engañado con otro hombre. El caso es que el alma de Blanca Rosa seguirá penando hasta que pague por los pecados cometidos.

Los de los Caminos (Ah-Beob). Si el censo incluyera los lugares con mayor densidad poblacional fantástica, la zona ocuparía el sitio de honor. En sus haberes cuenta con gigantes, duendes, pájaros misteriosos y extrañas serpientes.

La zona es de tipo selvático, razón por la cual los caminantes se ven expuestos a numerosos peligros que los acechan; no obstante, el miedo no hace presa de ellos fácilmente ya que saben que cuentan con los Ah-Beob. Los que cuidan los caminos son seres sobrenaturales de los mayas que se dedican a proteger a las personas que van abriendo brecha.

Los Ah-Beob son misteriosos. De su aspecto poco o nada se sabe, lo que nos puede llevar a inferir que son invisibles al ojo humano o bien, que su velocidad y sigilo son tales que la persona no alcanza a distinguirlos en la vegetación circundante. La razón por la que Los de los caminos prestan su cuidado a la gente es desconocida: quizá les resultemos simpáticos o probablemente nos vean tan indefensos que los conmovamos y decidan cuidarnos. Independientemente de sus motivos, cuentan con el agradecimiento constante de los lugareños.

Los que ajustan o miden. *Véase* Jorobados.

Los que hacen danzar a la gente en la palma de la mano. *Véase* Temacpalitotique.

Los que riegan. *Véase* Chaacoob.

Luces errantes. Aparición esférica, luminosa y nocturna que se manifiesta en todo el territorio nacional. Se ignoran los mecanismos por los que se desplaza; sin embargo, independientemente de cuáles sean, les permiten avanzar en todas direcciones y a velocidades variables.

En cuanto a las funciones de esta entidad, existen divergencias ya que para unos constituye una manifestación más del Diablo, para otros representa un emisario de la Muerte, ya que es común que aparezca en los funerales, y no falta quien afirme (sin temor a equivocarse) que se trata de la forma que asumen las brujas para ir de un lado a otro realizando sus maléficas actividades. Hay otra versión que asegura que las luces errantes son buenas debido a que protegen a los caminantes iluminándoles el camino.

Lucifer. *Véase* Diablo, El.

Luilob Kaxob. *Véase* Kuiloob-Kaaxoob.

Lúpu'ti. En el istmo veracruzano el Chaneco es una de las autoridades encargadas de mantener la integración familiar. Por supuesto, una labor de esta magnitud requiere leales colaboradores que compartan la misma visión e interés por salvaguardar la familia. Y uno de los más importantes es, sin duda, Lúpu'ti. Es un burrito pinto, de piel blanca con manchas negras, que suele aparecerse en los caminos a los hombres adúlteros. Se les acerca y les sopla un viento helado que causa un rápido entumecimiento en el varón evitando cualquier tipo de movimiento. Acto seguido, pone en juego sus poderes mágicos y en un santiamén les quita la ropa. Una vez que los tiene desnudos e inmóviles, procede a lamerles la piel. Eso no resultaría tan terrible si no fuera por una pequeña particularidad: a cada lamida les va arrancando trozos de pellejo y carne que devora con deleite y ostentando en su hocico algo muy parecido a una sonrisa. En ocasiones, los asnos del infortunado llegan a salvarlo y el adúltero tiene la oportunidad de salir corriendo a toda prisa, eso sí, como Dios lo trajo al mundo. Otras veces, el mismísimo Chaneco se aparece antes de que el castigo devenga en muerte y lo perdona bajo solemne promesa de que nunca más incurrirá en la falta. Pocos han incumplido el juramento y de ellos no ha quedado más que huesos en medio del páramo.

Lusibel. *Véase* Diablo, El.

Lyuma. *Véase* Almas de los muertos.

Ma sikaka. *Véase* Dueños del Agua.

Macaskulin kat. *Véase* Dueños del Agua.

Madre de los Chanes. *Véase* Doña Chana.

Madre de los Temblores. Contrariamente a todo lo que pueda argumentar la ciencia, los chamulas saben perfectamente que los movimientos telúricos son causados por la Madre de los Temblores. Esta criatura habita en las montañas. Su aspecto es una curiosa mezcla de humano y animal ya que posee rostro de mujer y cola de pez. Su tamaño alcanza proporciones enormes y es por ello que cuando agita la cola la Tierra irremediablemente se estremece.

Madre de los Vientos. Entidad eólica chamula actualmente extinta. Las escasas referencias que se tienen sobre ella la describen como poseedora de un rostro tan horroroso que con sólo verla puede ocasionar espanto. Su cuello, grueso como el tronco de un árbol, le permite exhalar grandes y frías bocanadas de aire que no son más que el llamado *viento del norte*. Por motivos y medios que ahora nos resultan desconocidos, la Madre de los Vientos fue asesinada por los hombres hará unos 150 años.

Madre de todas las Serpientes. *Véase* Mawakite.

Madre del Camarón (Mimüm Tixem). Los huaves del Istmo de Tehuantepec consideran que el Viernes Santo, el día de la Candelaria y el día del Santo Patrono del lugar son fechas especialmente delicadas en las que las fiestas deben celebrarse con todo cuidado y el trabajo queda estrictamente prohibido. Los pescadores, en especial, deben guardar estas celebraciones porque, de lo contrario, pueden ser víctimas de la Madre del Camarón.

Existe cierta contradicción en lo referente al aspecto de este ser, ya que para unos se presenta como un calamar y para otros es más bien una langosta, aunque probablemente se trate de dos manifestaciones de la misma entidad. Su tamaño es enorme y posee dos manitas como de hueso que semejan alas. Mimüm Tixem es bastante pragmática: eso de andar espantando a la gente no se le da; ella prefiere matarlos o comérselos de un solo bocado.

Madres de las tres piedras del fogón. *Véase* Madres del Tlecuil.

Madres del Tlecuil (Abuelitas, Madres de las tres piedras del fogón). Las Abuelitas son 14 almas que regularmente van acompañadas de sus respectivos maridos. Se dice que estas ánimas pertenecen a las parteras y son ellas quienes enseñan a los curanderos y chamanes a distinguir el origen de las diversas enfermedades que atacan a los totonacos. Por ello, se les guarda especial reverencia a las tres piedras que sostienen el fogón y en cuyo interior se alojan estos espíritus. Es probable que tales almas posean la capacidad de estar en varios sitios a la vez para cumplir con más eficiencia su tarea.

Maestro Gigante Búho. *Véase* Huracán-Tucur.

Mahucutah. *Véase* Hombres de Maíz.

Mal de Ojo (Ojeo, Ojo, Ojo-hombre, Ojo-mac). El Mal de Ojo se refiere a la influencia nociva que pueden causar ciertas personas al mirar fijamente a los niños, animales o plantas. Aunque no es necesario que tal individuo quiera dañar expresamente a alguien, el poder de su mirada inevitablemente causará tal afección.

En cuanto a las personas que son susceptibles de ocasionar Ojo, la lista es larga y en ella se encuentran los que tienen ojos vivos y penetrantes, una mirada fuerte o caliente, los que poseen una vena con tintes azulosos entre los ojos, los de "manos calientes", los individuos cansados y que sufren hambre y sed, las embarazadas, los cuates, los gemelos, el "banco" o hermano que es dado a luz después de unos gemelos, los "culebros", que son quienes nacen después del banco, los brujos y ciertos animales como el gato, el loro y el perro. Sin duda, los pequeños son los más propensos a sufrir Ojeo, por lo cual las madres andan siempre atentas a los síntomas: que el niño amanezca con los ojos cerrados e hinchados de tal forma que no puede abrirlos, vómito, diarrea (especialmente si es de color verdoso), llanto incesante, inquietud, debilidad, nublamiento de la vista, dolor de cabeza y fiebre. Es importante puntualizar que en los casos en que el daño sea severo y no se atienda de manera pronta, el afectado puede morir.

Por fortuna, el Mal de Ojo puede curarse si se unta alrededor de las órbitas el ombligo de una persona de sexo contrario al del enfermo. Hay quienes prefieren solicitar a la persona que causó el daño que cargue al niño y le sople en la mollera, los párpados, la palma de las manos y la planta de los pies, mientras se dan ligeros golpecitos en la cabeza con su camisa vuelta al revés. Otra técnica es frotar y cubrirlo con alguna ropa del padre, preferentemente que esté usada y contenga su sudor. Asimismo, resulta eficaz pasar la piedra ixahi sobre los ojos la cual, una vez utilizada, debe tirarse ya que ha absorbido el mal. Las limpias con pirul, chile ancho, copal negro, huevo, hojas de pipe y tabaco también son muy recomendables. Si el Ojeo fue causado por una mujer preñada es conveniente solicitarle que amarre a la muñeca del niño algún talismán como un trocito de ámbar o un guajito. También se sugiere, en el caso de que el causante del Ojo sea un animal, dar de beber al niño el polvillo que se obtiene del amuleto de camalonga disuelto en agua.

En cuanto a la prevención de este mal es recomendable tapar el rostro del niño con un pañal cuando se halle en una reunión, vestirlo con ropa interior roja o puesta al revés, portar los amuletos apropiados; colocarles pulseras con ojos de venado, azabache, coral o ámbar o colgarles al cuello una bolsita llena de ajos.

Mala Hora. Mujer de cabello largo, vestida de blanco y de muy buen ver que suele aparecerse en la zona chiapaneca. Los hombres, fascinados por su belleza y coquetería, no pueden evitar seguirla, sin darse cuenta de cuánto caminan. Si el infortunado no llega a percatarse del pequeño detalle de que esta mujer flota en lugar de caminar, suele terminar en el fondo de un barranco.

Un dato curioso que refieren los que han seguido a la Mala Hora y han sobrevivido para contarlo es que, por extrañas razones, pierden el sentido de orientación y si llevan lámparas éstas dejan de funcionar. Asimismo, si la Mala Hora aparece vestida de negro, ¡ay, de aquel que se tope con ella!, porque su agresividad alcanzará niveles insospechados.

Maligno, El. *Véase* Diablo, El.

Malo, El. *Véase* Diablo, El.

Malos vientos. *Véase* Aire.

Malvado, El. *Véase* Diablo, El.

Mandas. Los Mandas eran los primeros habitantes de lo que actualmente es el Estado de México. Cuentan los ancianos que estos hombres eran muy altos, altísimos, tanto que si pudiésemos verlos con nuestros ojos parecerían gigantes. Pese a su enorme estatura, carecían de fuerzas y peso suficientes, por lo que el viento fácilmente los tumbaba al suelo del cual no se podían levantar. Es probable que estas particularidades anatómicas influyeran de manera determinante para su desaparición como especie, ya que a la fecha es imposible encontrar alguno vivo.

Manifestaciones en esferas luminosas. Fantasmas que se presentan a los ojos humanos bajo el aspecto de esferas de luz ya sea estáticas o bailoteantes. Pese a esta particular forma, si quien la ve es la persona a quien se le desea dar algún tipo de mensaje, no tendrá problemas para identificar al ánima. Esta manifestación es poco común y, por lo general, despierta miedo o sorpresa en quien la visualiza.

Mano de la reja, La. Una de las casas ubicadas en la calzada Fray Antonio de San Miguel en la ciudad de Morelia ha pasado a la posteridad por la terrible tragedia que en ella aconteció y que sigue manteniendo vivo el recuerdo.

Hace muchos años, llegaron de España don Juan Núñez de Castro, su hija doña Leonor y su nueva esposa Margarita de Estrada a instalarse en nuestro país.

Doña Leonor era una joven de belleza incomparable, de rubios cabellos, ojos azules, labios encarnados, cuerpo esbelto y un carácter adorable. Su madrastra, quizá celosa de tantas virtudes, se dedicó a hacerle miserable la vida a la joven dándole un trato de sirvienta y evitando en lo posible que la vieran.

Sin embargo, pese a todas estas precauciones, don Manrique de la Serna y Frías conoció y se enamoró perdidamente de Leonor. Los jóvenes empezaron a verse a escondidas en la reja del sótano, sitio donde pasaba gran parte del tiempo la doncella. Empero, poco habría de durarles el gusto ya que doña Margarita, a quien no se le escapaba ninguna, se percató de las visitas nocturnas. Don Manrique, ansioso por contraer nupcias con su amada, partió a la corte apresuradamente para pedir al virrey que solicitase a don Juan la mano de su hija. El hecho coincidió con que don Juan, a su vez, también tuvo que salir de viaje para arreglar asuntos de su hacienda.

Aprovechando la ocasión, doña Margarita bajó al sótano y, sin el menor remordimiento, atrancó la puerta. Por más que Leonor gritó y lloró, nadie acudió en su auxilio. Los criados tenían tanto temor a doña Margarita que no se atrevieron a prestar ayuda a la joven. Por su parte, la pérfida madrastra se encargó de extender el rumor de que Leonor había enloquecido y que por ello no le quedaba más remedio que mantenerla encerrada, pese al "enorme dolor" que esto le causaba.

Leonor, confiando en que don Manrique habría de venir por ella, se negó a morir de hambre. Así, día a día, por entre los barrotes de la reja sacaba su delicada mano rogando a quien pasara por ahí por una limosna, por algún alimento que amortiguara la debilidad que rápidamente se iba apoderando de ella.

Don Juan regresó de su viaje, pero como era frecuente que su hija no comiera ni conviviera mucho con ellos, no echó en falta su presencia.

Llegó el día de Corpus Christi. Una comitiva encabezada por don Manrique tocó a las puertas de la casa. El apuesto galán entregó a don Juan una carta del virrey en la que se le solicitaba la mano de su hija. Don Juan casi se desmaya de la impresión al recibir tamaña propuesta de ma-

trimonio; sin embargo, rápidamente se rehizo y empezó a llamar a gritos a su hija. Recorrió toda la casa inútilmente hasta que uno de los criados, no pudiendo soportar más el remordimiento, le indicó el paradero de la joven. Don Juan y Manrique corrieron de inmediato al sitio. Abrieron la puerta y el espanto se apoderó de ellos: tendida en el suelo, como si estuviera dormida, Leonor estaba muerta.

De inmediato las autoridades reales se hicieron presentes y detuvieron a don Juan, doña Margarita y a los cobardes criados, a los que dieron su justo castigo.

Don Manrique, con el alma hecha pedazos por el dolor, pidió que vistieran el cadáver con su traje de bodas y le dio cristiana sepultura.

Dicen que aun después de que transcurrieron muchos años, más de un transeúnte al pasar por la citada calle oía una lastimera voz pidiendo un mendrugo de pan y veía una delicada mano emerger de la reja como si quisiese alcanzar el cielo.

MANO PACHONA (MANO PELONA, MANO PELUDA). Aparición nocturna que siembra el terror con su aspecto, ya que se trata de una mano huesuda, de largas uñas, cubierta de pelos y que no está unida a brazo alguno. No se conocen con claridad los motivos por los cuales se manifiesta, así como las razones de su conducta ya que en ocasiones se limita a hacerse visible ante los testigos mientras que otras veces se dedica a acariciarlos y, las peores, intenta ahorcarlos.

MANO PELONA. *Véase* Mano pachona.

MANO PELUDA. *Véase* Mano pachona.

MANO QUE APRIETA. Dejemos que sea José Rogelio Álvarez (*Leyendas Mexicanas*) quien nos hable de esta particular aparición:

> La Mano que Aprieta nació con los primeros trenes que llegaron a Pilares (Sonora), y de allí, su lamentable fama se extendió por toda la región (...) era una mano parecida a un enorme guante; exenta de carne y de uñas, reptando entre los vagones silenciosos, apoyándose en los grasientos hierros de los choques de enganche (...) con repentino movimiento tomaba por el cuello a los muchachos y apretaba hasta dejarlos sin aliento, mudos de asfixia en medio del silencio.
>
> Según esto, cuentan que ese puño alguna vez perteneció a un ferrocarrilero que lo perdió en el traque por culpa de unos niños andariegos, y que la palma, enfundada en su guante de cuero nunca jamás pudo ser encontrada. Así, la Mano que Aprieta es algo más que una extremidad traumatizada; es el ataque veloz de cinco dedos que están faltos de brazo. Es un siniestro desafío a la cordura (pág. 860).

Mapac. Una de las residentes consentidas de la ciudad de San Cristóbal de las Casas (Chiapas) es Mapac. Esta joven y hermosa dama presta un invaluable servicio a la comunidad ya que, gracias a un profundo conocimiento de la zona y una intuición nata para encontrar gente extraviada, se dedica a localizar a los pequeños que se han perdido por aquellos lares. Una vez cumplida su labor de búsqueda, procede a depositar al niño frente a la Basílica, la cual se encuentra donde antaño estuvo el kiosko del centro, para beneplácito de toda su familia.

Maquizcóatl (Culebra espantosa, Serpiente portentosa, Serpiente pulsera). En el centro del país habita una serpiente muy especial. Los que saben de su existencia la llaman Maquizcóatl, que significa Serpiente pulsera. Este ofidio es pequeño y su lomo está adornado con dos pares de rayas negras. En uno de los costados ostenta otras cuatro franjas de color rojo, y en el lado opuesto cuatro más de tonalidades amarillas. Pero lo que la diferencia del resto de su especie es que posee dos cabezas, una en el lugar acostumbrado y la otra donde debería estar la cola, característica que le permite desplazarse fácilmente en cualquier dirección. Ambas cabezas están perfectamente formadas: cuentan con ojos, boca, lengua y filosos dientes.

Los habitantes de la zona que al parecer sienten especial debilidad por las emociones fuertes la buscan insistentemente para lucirla como brazalete. Por supuesto, lograrlo no es cosa fácil porque primero hay que encontrarla, lo cual no es sencillo y, después, hay que conseguir que se acomode en la muñeca del cazador. Sin embargo, si el éxito se alcanza, irónicamente se transforma en derrota porque ello significa que la muerte del valiente está cercana.

Mariposas. Los chamulas cuentan que durante la Segunda Creación, a Nuestro Padre (el Sol) le sobraron numerosos trozos de papel y decidió cortarlos en pedacitos dando nacimiento así a las mariposas que, de inmediato, fueron dotadas de alma. Se dice que cuando aparecen demasiadas mariposas es, sin duda, un presagio de que el hambre asolará la región.

Por su parte, los habitantes de la cuenca del río Balsas (Guerrero) sonríen con alegría cuando durante el mes de octubre innumerables mariposas llenan de color el lugar, ya que saben que son las almas de los muertos que año tras año retornan a visitar a sus deudos desde tiempos inmemoriales. En Soteapan (Veracruz), durante los primeros agua-ceros del mes de junio suele aparecer una enorme cantidad de mariposas que se dirigen hacia el este. La gente de la Sierra sabe que se trata del alma de aquellos que han fallecido y que comienzan el viaje para acudir a Roma a la fiesta del 24 de junio. Cuando emprenden el camino sus alas son blancas y negras; sin embargo, al regresar a su tierra el blanco y negro han transmutado en una infinita variedad de colores porque se dice que, allá en el jolgorio, compraron vestidos nuevos. Los habitantes de la zona por ningún motivo se atreven a darles muerte porque son ellas quienes anuncian que ha llegado el tiempo de sembrar. Se cuenta que cuando las mariposas son pocas significa que las benéficas aguas se retrasarán.

Matlacíhuatl (Matlazihua, Matlaziwa, Mujer que enreda). Los oaxaqueños, después de años de discusión, siguen sin ponerse de acuerdo sobre Matlacíhuatl. Es probable que ello obedezca a que esta entidad malévola se subdivide en varias especies o, bien, posee la facultad de transmutarse a voluntad, o le han sido atribuidas acciones de otros entes.

Unos aseguran que es una mujer con un solo pie y como prueba de ello ofrecen el rastro que va dejando a su paso. Lo que aún no han podido explicar es cómo careciendo de una extremidad es capaz de llevar a cabo sus actividades depredadoras. Porque cuando Matlacíhuatl se lleva a la gente al bosque, ésta nunca vuelve a ser vista. Verla significa invariablemente la muerte.

Contradiciendo la versión anterior, otros aseveran que Matlacíhuatl es una pareja de aspecto común y corriente. Se les puede reconocer por su rubia cabellera y porque fuman incesantemente. Se afirma que son ellos los causantes de muchas de las desapariciones que se dan en la zona, que él secuestra a las mujeres y ella a los varones. No hay quien dude en afirmar que, en realidad, se trata de sombras.

Asimismo, hay quien asegura que la Matlazihua es una aparición femenina que se presenta ataviada de blanco, con una bellísima y larga cabellera. Suele andar en las calles solitarias a eso de la medianoche y si se topa con algún trasnochador proclive a las aventuras románticas, con sutil seducción lo obliga a seguirla para arrastrarlo a un trágico fin.

Por último, se dice que Matlaziwa es una entidad que tiene la facultad de manifestarse como hombre o mujer según convenga a sus intereses. Suele asumir el aspecto de la persona amada de su víctima y la invitan a seguirla. Obviamente, la futura presa no se hace rogar y acude al llamado. Sin embargo, cuando está a punto de tocarla, invariablemente tropieza con los matorrales, su sentido de la orientación se hace nulo y su mente termina por enloquecer. En el caso de que logre rozarla o verle el rostro, su sorpresa es mayúscula ya que la figura adorada se torna en un esqueleto terrorífico que le roba la razón y, en ocasiones, hasta el alma.

Matlazihua. *Véase* Matlacíhuatl.

Matlaziwa. *Véase* Matlacíhuatl.

Mautiwaki (El Castigado, El Chueco, Paralís). Para los huicholes pocas cosas son tan solemnes como las promesas hechas a los dioses y particularmente los votos de castidad, que se consideran inviolables: ninguna razón, absolutamente ninguna, es causa suficiente para infringirlos. De hacerlo, saben que la sanción será inmediata e irremediable, algo terrible les acaecerá en corto tiempo o la locura y la desgracia harán presa de ellos. Para instruir a las generaciones sobre este precepto fundamental y salvarlos de sus funestas consecuencias les refieren la historia de Mautiwaki. Cuando Mautiwaki estaba preparándose para convertirse en maracame, cometió el terrible error de sucumbir a las insinuaciones de Irumari, la ramera, y rompió sus votos de castidad. Tras haber gozado de la sensualidad de esta mujer, se percató de la magnitud de lo que había hecho, pero era demasiado tarde. Tamatz Kallaumari, el Maestro de los conocimientos chamánicos, sabía que Mautiwaki había fallado y que debía pagar por ello. Así, se apareció en sus sueños, lo embistió de manera feroz con sus cuernos y sus patas dejaron dolorosas marcas en su cuerpo. Al despertar, Mautiwaki se sentía morir, todos sus miembros estaban adoloridos y no había parte de su cuerpo que no fuera una fuente de malestar.

Lentamente y ante sus asombrados ojos, su apariencia empezó a modificarse. Una de sus piernas, antaño fuerte y musculosa, comenzó a encogerse. Uno de sus ojos se secó y nunca más vio la luz. La mitad de su cuerpo se entumeció y adquirió un aspecto decrépito que le dificultaba cada vez más desplazarse. Hasta que un día, la venganza quedó terminada: Mautiwaki era un tullido y por ello a partir de entonces fue llamado El Chueco o El Castigado.

Mawakite (Madre de todas las serpientes, Patrón de los animales domésticos). Los totonacas de la Sierra saben perfectamente que es indispensable mantener las mejores relaciones posibles con las diversas entidades de la naturaleza para garantizar su supervivencia. Por ello, procuran tratar con respeto y nunca, por ningún motivo, intentar causar daño alguna al Mawakite.

El Mawakite es una especie de pitón que suele hallarse en las milpas y, para beneficio humano, devora a los roedores que podrían destruir la cosecha. La Madre de todas las serpientes, como también se le denomina, es el Patrón de los animales domésticos, es decir, el encargado de protegerlos y velar por su seguridad.

Se dice que Mawakite es capaz de producir oro en tan grandes cantidades que se necesitaría un cofre para poder contenerlo. Si alguien, con infinita paciencia, consigue su favor alimentándolo con aves de corral y relacionándose con él con la reverencia necesaria, es muy probable que se vuelva rico.

Mayaki (Lagartija mano de metate). El Istmo de Tehuantepec (Oaxaca) cuenta con una amplísima fauna, los animales más bellos y los más terribles conviven en esta tierra y marcan los destinos humanos. Entre ellos ocupa un lugar singular la Mayaki, pero no es ciertamente su aspecto anodino lo que la hace temida, sino su poderosísimo veneno que es capaz de matar en unos instantes sin que haya antídoto conocido para contrarrestar su efecto letal. De hecho, su ponzoña es tan potente que le basta lamer la sombra de cualquiera para ocasionarle la muerte. Su peligrosidad se ve incrementada, ya que cuando se logra darle muerte si no se quema de inmediato, acudirá al sitio alguno de sus compañeros, le caminará por encima y hace que resucite con marcados deseos de venganza. Por fortuna, la agilidad de la Mayaki es limitada: su andar es lento, pero no hay que confiarse ya que puede dar grandes saltos para alcanzar a su presa; por ello, lo más recomendable es alejarse una vez que se ha visto alguna.

Mazacuate. *Véase* Juki-Luwa.

Mazacóatl. *Véase* Juki-Luwa.

Mazamiztli (Ciervo-león). En las tierras del Altiplano Central vive el Mazamiztli, feroz bestia que, contrariamente a lo que podría sugerirnos su aspecto, no hace daño a los seres humanos. Su fisonomía resulta extraña porque es una combinación de león y ciervo. Del primero tiene las garras, los dientes y la ferocidad. Y del segundo, el tamaño, el color y la cornamenta. Pese a estas diferencias anatómicas, a simple vista no es posible distinguir al Mazamiztli del resto de la manada, salvo porque exhala un hedor sumamente particular que, una vez que se ha olido, nunca puede olvidarse.

A diferencia del resto de los ciervos no se alimenta de plantas y, para su desgracia, estos mismos constituyen su dieta básica. Cuando tiene apetito, mira a su alrededor y elige uno de los miembros de la manada. A veces prefiere la carne tierna y otras escoge al más viejo o alguno cuyas heridas comprometan su supervivencia. Se abraza con fuerza a él y haciendo uso de sus afiladas uñas le abre el vientre de las patas hasta la garganta, saca sus tibias vísceras y las engulle con deleite.

Mecapal. *Véase* Patan.

Mechudo (El Salvaje), El. La zona noroeste del estado de Oaxaca, algunas regiones de Puebla e incluso en Veracruz, son el territorio de una bestia horrible, de un gigante terrorífico. Su nombre: El Salvaje. Los que han tenido la desgracia de verlo, aseguran que es horroroso. Su altura es tal que quita el aliento, el torso es similar al de los humanos y posee sólo una pierna. En cuanto al aspecto de esta última, existen marcadas discrepancias. Algunos aseguran que es similar a las patas de los monos; otros, por el contrario, afirman que posee una pezuña como la de las cabras. Su cabeza y parte de la espalda están cubiertas de pelo ensortijado, abundante y de áspera textura, de ahí que muchos lo conozcan como El Mechudo.

Y como si su aspecto no bastase para sembrar el temor entre los habitantes de la zona, El Mechudo posee particulares hábitos alimentarios: es antropófago. No hay nada que le resulte más sabroso y nutritivo que la carne humana. No es lo que podríamos decir selectivo, ya que no manifiesta preferencia alguna por sexo o edad: a todos se los come, eso sí, crudos.

Dicen que a veces se acerca más de lo acostumbrado a las poblaciones cercanas o anda nervioso y atento para ver si ve alguna mujer solitaria. Una vez que la halla, se la lleva a algún sitio apartado para realizar el más antiguo de los actos: la reproducción. No existen testimonios de niños dados a luz de este particular padre; sin embargo, ello no significa que no haya sido así, ya que es probable que en caso de que exista un descendiente de El Mechudo, éste haya sido ocultado o desaparecido o, quizá, el padre prefiera llevárselo a su guarida y criarlo para garantizar su permanencia en el tiempo.

Mensajeros. En ocasiones, los tarahumaras de la Sierra reciben una particular visita: un Mensajero. Por lo regular, suele presentarse a ojos humanos con el aspecto de un niño (suponemos que para no abrumar a los humanos con su apariencia verdadera) que baja del cielo y se dirige a ellos para indicarles la realización de determinados rituales y sacrificios. Comúnmente, las víctimas propiciatorias deben ser chivas, gallos, borregos y vacas, eso sí, de color blanco.

Los tarahumaras jamás desoyen sus indicaciones ya que saben que de lo contrario les acontecerán terribles catástrofes: la sequía matará de sed a hombres y animales, las lluvias anegarán los terrenos, las nevadas fuera de época acabarán con las milpas o, en el peor de los casos, el Sol podría derrumbarse.

Mero del Morro, El. El farallón del Obispo, también conocido como El Morro, está ubicado frente a la bifurcación de las playas de Icacos y de Hornos, en Acapulco. Este sitio es de suma importancia para los acapulqueños ya que es la residencia de un pez muy muy especial: El Mero del Morro.

Los lugareños coinciden al describirlo como un pez de aproximadamente 2 m de largo que cuida un árbol de coral; empero, no es su tamaño lo que lo hace tan singular, sino sus escamas que, por razones inexplicables, tienen dibujada en ellas la imagen de la Virgen de la Soledad, patrona del puerto.

Mesa-Hol. Las noches en el Mayab son un espectáculo hermoso: el cielo estrellado y la luna hacen del firmamento literalmente una obra de arte. Sin embargo, tanta belleza no podría ser perfecta ya que a veces los cielos son surcados por una extraña ave: el Mesa-Hol. Este pajarraco, de cuyo aspecto no se tienen mayores datos, resulta una influencia fatal para los infantes. Basta sólo que se ubique sobre el techo de una casa para que los niños sean presa de temblores, vómito y diarrea que, de no ser atendidos de inmediato, los conducirán irremediablemente a la muerte. Su canto eriza la piel y suena a muerte.

Los pocos que lo han visto refieren que vuela al revés, es decir, con el vientre hacia arriba y el lomo en dirección a la tierra, lo cual constituye una suerte enorme ya que, de desplazarse como el resto de los plumíferos, su influencia nefasta segaría la vida de todo humano que estuviera cerca de él.

Metlapilcóatl (Culebra rolliza como la piedra con que muelen las mujeres). Culebra nativa de la antigua provincia de Totonacapan. Su cuerpo es grueso y rollizo, de tal forma que si uno la observa de lejos es incapaz de distinguir dónde tiene la cola y dónde la cabeza, de ahí que también la llamen Culebra rolliza como la piedra con que muelen las mujeres. Su piel es parda y oscura, y la dota de un eficiente camuflaje natural que la protege de sus depredadores y que le resulta vital ya que carece de veneno para defenderse. Suele deslizarse sinuosamente al igual que sus congéneres, aunque, en ocasiones, prefiere rodar para aprovechar las pendientes del terreno.

Micoate (Culebra Dardo, Culebra Saeta). Una de las serpientes de la cual se poseen menos datos, probablemente debido a que sus apariciones son escasas y se suceden a gran velocidad o porque ha preferido refugiarse lejos de las aglomeraciones humanas. La Micoate es larga y delgada, pero lo que la hace muy particular es su capacidad de arrojarse desde las ramas de los árboles cual si fuese una saeta y desaparecer, ante los atónitos ojos de los testigos, en un santiamén.

Miguel, el sostenedor de la Tierra. Durante muchos siglos la discusión acerca de cómo es sostenido nuestro planeta ha arrojado numerosas teorías y las explicaciones más diversas. Los chamulas, por su parte, saben desde tiempos inmemoriales que el universo es mantenido en su lugar debido a que existen cuatro seres (algunos consideran que sólo es uno) que lo cargan sobre sus espaldas desde el mundo subterráneo. Y uno de los más renombrados es Miguel, el sostenedor de la Tierra.

Cuentan que durante la Primera Creación, Nuestro Padre (el Sol) fue ayudado por su hermano Miguel en la construcción del universo. Ambos, uniendo fuerza e imaginación, dieron lugar a las cosas, las plantas, los animales y los seres humanos. Sin embargo, Miguel pronto se aburrió de tal actividad y, para sorpresa de su hermano, prefirió retirarse al inframundo para, desde entonces, soportar la Tierra sobre sus espaldas.

Mimüm Tixem. *Véase* Madre del Camarón.

Ministrillos de Tláloc. *Véase* Tlaloques.

Mirinchin. *Véase* Miríngua.

Miríngua (Mirinchin, Miringuin, Mirinyin). Espíritu malévolo cuyo radio de acción se ubica en la Sierra Purépecha. Su actividad principal consiste en perder a los caminantes en los bosques; debido a que de los infortunados no vuelve a saberse nada, es difícil deducir con precisión las razones de esta acción, aunque seguramente no se trata de nada bueno.

Su *modus operandi* es bastante simple. En ocasiones, asume la forma de un bulto y le chifla a las personas con el objetivo de que lo sigan; curiosamente, pocos se resisten al llamado y se dirigen al lugar del silbido. Caminan y caminan, y al poco rato se percatan de que se hallan totalmente perdidos y Mirinyin se encarga de ellos. Otras veces

prefiere no manifestarse de forma directa y, recurriendo a misteriosos mecanismos, aniquila el sentido de orientación del caminante que de pronto se da cuenta de que se halla en un lugar totalmente distinto. Después, simplemente ya no está ahí: la Miríngua se lo ha llevado.

Hay quien dice, aunque no contamos con pruebas de ello, que este espíritu se manifiesta donde hay dinero enterrado y si alguien es suficientemente valeroso para acudir al sitio por la noche y desenterrarlo, se hará rico.

Miringuin. *Véase* Miríngua.

Mirinyin. *Véase* Miríngua.

Mizen-Caan-Chac. *Véase* Chaacoob.

Moan. Pájaro mítico maya sumamente parecido a los búhos. Su presencia auguraba mal agüero debido a su muy conocida conexión con el inframundo. Solía sentarse en el tocado del dios Oxlahun Kaan o Trece Cielo y personificaba al firmamento, aunque también era relacionado con los cielos anegados de lluvia.

Moctecuhzoma y el Pájaro del Monte. Entre los otomíes se encuentra sumamente extendida la creencia en un genio del mal llamado Moctecuhzoma. Sus poderes alcanzan tal magnitud que puede ocasionar cualquier daño, ya sea la pérdida de las cosechas, extrañas enfermedades e incluso la muerte. Por fortuna, es posible contrarrestar su nefasta influencia. Para ello, utilizando los principios de la magia imitativa, lo dibujan en un papel de color negro que proviene de la corteza del Xalama. A su lado, representan al Pájaro del Monte, un ave bicéfala que, dada su naturaleza protectora y benévola, se convierte en un elemento fundamental para mantener lejos del lugar a los malos espíritus y, particularmente, a Moctecuhzoma.

Monicato (Poderoso Monicato). Entidad malévola de horroroso aspecto que cuando se manifiesta es capaz de causar el más profundo terror en quienes tienen la desgracia de verlo. Es una especie de ser semihumano que posee siete brazos de anormal longitud y camina sobre tres pies. Suele utilizar una especie de birrete y disfruta enormemente de fumar puro. Sus actividades son un total misterio y quizá sea mejor así.

Frecuentemente se le considera una manifestación más del Demonio; sin embargo, lo más factible es que se trate de un ser diferente que, en ocasiones, pueda gustosamente prestarse a servir al Maligno.

Monja, La. Por lo regular, es la eterna huésped de los conventos y de ciertas edificaciones cimentadas en los terrenos de un ignorado retiro espiritual. Comúnmente se presenta con un hábito viejo, rasgos difusos y en las más variadas actitudes: rezando, caminando, de pie, sentada, etc. En apego al sitio de sus apariciones irá adquiriendo los motivos que la impulsan a penar.

Monja de la Catedral de Durango, La. Beatriz era una hermosísima joven, con cabellos del color del trigo y ojos como el cielo, que vivía en Durango allá por 1850. Sus padres se dedicaban en cuerpo y alma a ella, y cuando decidió profesar, encantados la apoyaron y donaron gran parte de su fortuna al convento donde ingresó.

Por aquellos ayeres, la lucha entre liberales y conservadores era el pan de todos los días. Benito Juárez, en un afán de liberar al pueblo del control del clero, promulgó las *Leyes de Reforma* y se hicieron cambios a la Carta Magna. La Iglesia, molesta por lo que consideraba un injusto atentado a sus bienes, optó por cerrar varios conventos e instituciones religiosas. Así, Beatriz tuvo que abandonar la clausura y regresar al hogar.

Al llegar a su casa, no esperó encontrarse con tantas penas. Su madre había muerto y su padre no tardó en seguirla. En vista de que la dote no le fue devuelta, Beatriz tuvo que hipotecar la casa para poder costear el entierro.

Los días de la joven transcurrían entre las misas y el bordado, esperando que la situación se normalizara para poder reingresar al convento. Al poco tiempo las tropas francesas llegaron a la ciudad sin gran resistencia por parte del pueblo.

Cierta noche, un oficial francés llamado Fernando, tras escapar de una riña que casi le cuesta la vida, tocó a las puertas de la casa de la joven y, en cuanto le abrió, cayó desmayado.

Beatriz, entre sorprendida y conmovida, prestó inmediato auxilio al apuesto soldado quien, al despertar, le rogó que lo escondiera de su perseguidor. La joven aceptó dudosa. Los días transcurrieron y el amor surgió incontenible entre ellos. Beatriz sintió que había encontrado al hombre de su vida y se entregó en cuerpo y alma a él. Enfrascados en el idilio, los amantes no prestaban mayor atención a lo que sucedía en su entorno. Las tropas francesas, por órdenes de Napoleón, salieron de la ciudad para retirarse del territorio mexicano y el ejército liberal, de inmediato, se preparó para ocupar la plaza. Enterado de estas noticias, Fernando supo que su vida corría peligro y una noche de noviembre de 1866, ayudado por Beatriz, escapó de la ciudad. El oficial pronto se dio cuenta de que los riesgos que correría serían inmensos y prefirió regresar al lado de su amada. Sin embargo, la suerte ya no estaba de su lado.

Un grupo de leales juaristas intentó detenerlo. Fernando, sin pensarlo, picó espuelas e intentó huir. Una descarga de balas acabó con su vida.

Beatriz, ajena a estos acontecimientos, rezaba por el pronto regreso de Fernando. Los días pasaban y ella no perdía la esperanza y, más ahora, que esperaba un hijo de él. Así, diariamente, se escondía dentro de la iglesia hasta que cerraban las puertas, y entonces subía al campanario ubicado en la torre izquierda de la Catedral para atisbar el horizonte en espera de su amado.

Una mañana el sacristán se llevó un susto de muerte cuando, al abrir el sacro recinto, halló en el atrio el cadáver de Beatriz que había caído desde el campanario. Las investigaciones no pudieron determinar si se trató de un accidente o de un suicidio causado por la desesperación y el dolor.

Desde entonces, en las noches en que la luna llena adorna el firmamento, se ve el espectro de una monja de blancas vestiduras hincada en el campanario de la Catedral, que parece esperar a alguien que nunca habrá de llegar.

Monjes de la calle subterránea. Guanajuato es una hermosa ciudad colonial que cuenta con un sinnúmero de atractivos turísticos, entre los que ocupa un lugar singular la aparición de los monjes fantasmas.

El espectáculo resulta escalofriante. A eso de las dos de la madrugada, a un costado del teatro más importante de la ciudad, emergen dos sombras vestidas con hábitos largos que rozan el suelo y la capucha tapándoles casi completamente el rostro. Avanzan con paso lento y descienden a la calle subterránea (calle del Padre Hidalgo). Lentamente recorren el asfalto. Oraciones de voz ultraterrena emergen de sus pechos espectrales. Caminan ajenos al terror que generan en los transeúntes o, quizá, sólo simulan indiferencia para hacer más escalofriante su andar. Poco a poco se aproximan a la parte trasera del hotel San Diego, donde se esfuman en el aire.

Mono Blanco, El. *Véase* Diablo, El.

Monos (Hombres de la Primera Creación, Personas-monos). Los chamulas saben que sólo los judíos, los demonios y los monos existieron antes de todo. De hecho, fueron ellos quienes, celosos del Sol y del orden que él representaba, hicieron todo lo posible por acabar con él y desempeñaron un papel clave para que la nueva deidad subiera a los cielos dando nacimiento a la luz, el calor y la vida.

Las Personas-monos, tal como su nombre lo indica, eran un híbrido entre lo humano y lo animal, con aspecto mucho más cercano al de los primates, quizá por motivos de adaptación. Empero, pese a gozar de cierto grado de inteligencia no pudieron desarrollar una cultura propiamente dicha y mucho menos un pensamiento ético definido. Sus costumbres son un completo misterio para el hombre actual. Uno de los pocos datos que se conservan es el referente a sus particulares hábitos alimentarios que consistían en comerse a sus hijos antes de que alcanzaran la pubertad.

Monstruo de la alberca. El Valle de Santiago (Guanajuato) se encuentra aproximadamente a cuatro horas por carretera desde el Distrito Federal. Visto desde lo alto, su aspecto es imponente: cráteres, barrancas, paredes volcánicas y aguas que misteriosamente cambian de color constituyen un panorama que quita el aliento.

Y es precisamente en el lago principal donde habita el ancestralmente famoso Monstruo de la alberca. Aunque sus apariciones son limitadas o percibidas a una distancia considerable, ya que el diámetro del lago es de aproximadamente 700 m, existe cierto consenso entre los informadores sobre su aspecto. Su cabeza es pequeña en comparación con el resto del cuerpo y de forma parecida a la de las anguilas; a los costados se encuentran colocados los ojos que son ovalados y brillantes. Su cuello es largo y está unido a un cuerpo ancho que tiende a estrecharse conforme se acerca a la cola. Posee cuatro patas en forma de aleta y la piel recuerda a las de las ballenas. De hecho, casi podría pensarse que es el pariente mexicano del Monstruo de Loch Ness.

Monstruo de los Bosques (Poc'lom). Especie perteneciente al género de los Monstruos y cuyo hábitat lo constituyen los bosques chamulas. Por extrañas razones, pese a que numerosas personas han tenido la oportunidad de verlos, las descripciones son literalmente nulas, lo cual podría atribuirse a que su aspecto es tan extraño que resulta francamente intraducible a palabras, a que sus apariciones sean fundamentalmente nocturnas, o bien, a que su sola presencia ocasione en los testigos una especie de amnesia parcial que les impide dar un retrato cabal de su anatomía.

Sus costumbres, asimismo, permanecen en el misterio. Lo poco que se sabe es que poseen una particular inclinación hacia el baile y pocas cosas hay que los diviertan más que emprender una buena persecución cuya presa son los humanos. Es probable que sus hábitos alimentarios incluyan la ingestión de frutos y granos característicos de la zona, aunque no por ello desechan la oportunidad de darse un banquete con algún animal y, si las circunstancias lo permiten, una buena probada de sangre humana.

Aunque su fuerza, agilidad, conocimiento de la zona y velocidad los protegen de los ataques humanos, hay una forma de acabar con ellos. Para darles muerte, es menester lavar la escopeta con una mezcla de agua, ajo y tabaco y envolver las balas con pelo proveniente de las axilas del cazador. Una vez hecho esto, hay que dirigirse al bosque, donde deberá ubicarse un escondite que permita una amplia visibilidad del área y esperar a que el Monstruo de los Bosques haga su aparición. Es muy importante no permitir que la impaciencia se apodere de la persona, ya que, de fallar el tiro, es muy probable que no se cuente con otra oportunidad y el Poc'lom acabe en un santiamén con el desafortunado.

Monstruo de San Telmo. En Colima hay una bahía conocida con el nombre de San Juan de Alima. Su aspecto es similar al de cualquier otra; sin embargo, en ella se ubica una montaña donde, a la altura de la pleamar, se manifiesta una caverna denominada San Telmo. En ella habita desde tiempos inmemoriales un monstruo marino. De su aspecto nada se puede decir. Empero, es posible deducir que su tamaño debe ser enorme, ya que durante el mes de junio cuando las olas golpean con más fuerza el lugar, sus rugidos de furia semejantes a truenos se alcanzan a percibir a muchos kilómetros a la redonda.

Moo-Tancaz. En la zona maya las causas más importantes de mortalidad infantil son las enfermedades gastrointestinales, la desnutrición, ataque de gigantes, el devoramiento por bestias y el Moo-Tancaz. Este último es un pájaro de hábitos nocturnos, cuyas plumas oscilan del morado al azul oscuro y son especialmente aptas para disimular su presencia en la oscuridad, la cual pasaría inadvertida sino fuera porque suele emitir un graznido muy parecido al llanto de un bebé. Cuando cae la noche, vuela sobre los pueblos mientras va expulsando de su pico una sustancia venenosa que se introduce en la boca de los durmientes produciendo una muerte instantánea, indolora e inevitable. Por ello las madres mayas están especialmente atentas al sueño de sus hijos y les impiden dormir con la boca abierta o hacia arriba.

Dicen, los que saben de estas cosas, que el Moo-Tancaz es el alma de un niño que, por alguna razón, no logró ser bautizado y, en consecuencia, no puede alcanzar la Gloria. Para revertir esta situación, debe causar la defunción de otro infante que tampoco haya recibido este sacramento y de esta forma liberar su alma y que la del otro pequeño tome su lugar.

Moson-ik. Variedad de viento maligno característico del estado de Quintana Roo. Al igual que sus congéneres de otras zonas, es capaz de ocasionar enfermedades o espanto en quien tiene la mala fortuna de cruzarse en su camino. Suele manifestarse como remolinos de aire que avanzan al ras del suelo. Para distinguirlo de otro viento cualquiera basta echarle un sombrero encima: si el remolino se convierte en serpiente es, sin duda, un Moson-ik y lo mejor es alejarse rápidamente del sitio.

Algunos mayas consideran que los Moson-ik son una de las diversas formas en que el Diablo se presenta.

Muchacha del Agua. *Véase* Sirenas.

Muerte (La Catrina, La Comadre, La Hermana Blanca, La Huesuda, La Niña, La Santa Muerte, La Señora), La. Personaje que suele aparecerse a los vivos como señal del deceso propio o de alguien cercano. Sus descripciones son variadas, y dicen algunos que en ocasiones se han salvado de ella o han establecido algún tipo de pacto para no acompañarla al más allá. Entre los aspectos más comunes que asume se encuentra el de una entidad que es puros huesos, va vestida con una túnica negra con capuchón y, a veces, porta una filosa guadaña. También le gusta manifestarse como un personaje (cuyo sexo no queda claro al testigo) ataviado de negro y cuyo rostro, por más que se intente, nunca puede ser visto. Asimismo, se hace presente como una joven hermosa de vestido negro o blanco con un velo que oculta su faz, cuya presencia augura decesos y genera una atmósfera de terror. Por supuesto, no podemos omitir su personificación de mujer normal cuya cara, de pronto, se transforma en calavera. A veces se manifiesta como una mujer que porta una túnica blanca y oculta el rostro; sus manos llevan una balanza como símbolo de justicia o un globo terráqueo que rememora su tarea entre los hombres.

La Santa Muerte cuenta con un culto ampliamente difundido en nuestro país y de marcada influencia santera. Los devotos no tienen necesidad de acudir a ninguna otra entidad para solicitar sus favores, ya que la Señora les concederá sus peticiones y su protección durará toda la vida. Entre sus adeptos principales se encuentran brujos, chamanes, espiritualistas, curanderos o gente como tú y como yo que desean pedirle suerte en el amor,

resolver problemas económicos, deshacerse de algún daño, curarse de cualquier padecimiento o simplemente gozar de su resguardo.

Las representaciones (tanto gráficas como de bulto) de la Santa Muerte presentan variaciones en cuanto al color de su manto, que puede ser azul, morado, rojo, blanco o negro. Cada color posee una función diferente y, en consecuencia, va ligado a problemas distintos.

Cuando se trata con la Santa Muerte es importante tener en consideración algunas recomendaciones. No hay que demandarle la concesión de deseos que obedezcan sólo al capricho o que sean descabellados, ya que no los cumplirá. Tampoco debe utilizársela para agredir al prójimo, pues la Santísima no ve con buenos ojos tales acciones y lo más seguro es que el solicitante acabe pagando las consecuencias. Hay que montarle un altar, en un sitio tranquilo de la casa, donde se colocará una imagen de ella y ofrendas (preferentemente frutas, flores y velas) para agradecer sus favores ya que, de lo contrario, retirará su protección y es posible que castigue al olvidadizo.

Si los creyentes son afortunados es posible que tengan la oportunidad de verla cara a cara. Por lo general, anuncia su presencia con una corriente de aire helado que pasa junto a la persona. Después, se manifiesta como una dama de blanca piel, ojos profundos como abismos y facciones delicadas, toda ella rodeada de una luz brillante. Los testigos aseguran que al verla la paz y la tranquilidad inundan su alma e, incluso, vienen a la mente los más gratos recuerdos de la infancia.

Muerto, El. *Véase* Difunto amortajado.

Mugrienta castigadora, La. *Véase* X-kokoltzec.

Muina. Particular reacción fisiológica dañina y con temporalidad indefinida ocasionada por recibir insultos y agresiones verbales que, por extraño mecanismo se introducen en el cuerpo del ofendido. Una vez dentro ocasionan un desequilibrio que transforma al individuo en una víctima perfecta para los Aires. Aunque las investigaciones no han logrado establecer con claridad los mecanismos a través de los cuales esta afectación puede pasar a otra persona que no ha sido directamente dañada por las injurias, el hecho es que este particular estado puede contagiarse.

Las mujeres que recientemente han dado a luz son las más propensas a ser aquejadas por la Muina y su situación se vuelve delicada, ya que al amamantar al pequeño se la transfieren. El niño, entonces, adquiere graves y extrañas enfermedades que, de no ser atendidas de inmediato, llegan a ser mortales.

Mujer bonito pelo (Encantada, Encantadora, Espíritu Malo, Llorona). Aparición en forma de bella mujer cuya hermosa y brillante cabellera lleva trenzada. Adorna sus delicadas orejas con grandes aretes de plata. Suele llevar un vestido blanco vaporoso, una maleta de palma y una sombrilla negra de la que cuelgan pequeños cascabeles que suenan al contacto del viento. Hay quien dice, aunque esto no ha sido confirmado, que en medio de la frente ostenta un ojo de espejo. A diferencia de otras figuras fantasmagóricas, no tiene una hora fija para manifestarse: puede hacerlo por las mañanas, en el crepúsculo o cuando la noche es más oscura.

Le gusta dejarse ver a la orilla de los caminos o en los montes. Los hombres difícilmente resisten sus poderes de seducción. Quienes la siguen, nunca más regresan. Y si ella decide no llevárselos lo más seguro es que caigan víctimas de "espanto" (causado por los aires que deja a su paso) y enloquezcan o tengan una muerte lenta y dolorosa.

Los viejos afirman que la Encantada busca a su marido muerto (el venado) y la frustración de no encontrarlo la lleva a vengarse de todos los varones. También dicen que los montes son parte de ella, que tiene la facultad de transformarse en montañas y que además puede volar.

Por fortuna, hay formas de protegerse de la Mujer bonito pelo. Cuando se transite por los lugares que ella frecuenta es muy importante estar atento a los ruidos que anuncian su presencia y que parecen surgir de ninguna parte como un viento inusitadamente fuerte, un aullido largo y penetrante que eriza la piel y un sonido agudo que taladra los oídos. Cuando esto suceda, de inmediato hay que golpear con el machete las piedras o las peñas, ya que de lo contrario ella les robará el sentido. Una precaución que debe seguirse al pie de la letra es que por ningún motivo se debe hablar con ella o responder a sus palabras. Asimismo, es recomendable que cuando uno se acerque a los sitios peligrosos, encienda un cigarro ya que la Encantadora no soporta el humo y se aleja de inmediato.

Mujer con cara de calavera. Según refieren los pobladores del Estado de México, de vez en vez, bajo el manto de las tinieblas nocturnas, se hace visible una mujer con rostro de calavera que, sin que exista explicación para ello, carga un paraguas, y tras unos instantes desaparece ante la mirada atónita de los desgraciados testigos.

Mujer de blanco. Indudablemente uno de los espectros más famosos del territorio nacional y allende nuestras fronteras es la célebre Mujer de Blanco. Como su nombre lo indica, este fantasma suele ataviarse con un vestido blanco y vaporoso que resalta sus perfectas formas y una cabellera larga que ondea al soplo del viento. Aparece en cualquier parte del país y lo que llama particularmente la atención es que más que andar, flota. Por lo regular, se le asocia con el alma de una muerta que busca consuelo o desea indicar la localización de algún tesoro.

Mujer de blanco de Jaltianguiz. En Jaltianguiz (Guerrero), hace muchos años, tantos que la memoria no recuerda cuántos, vivía una mujer con su esposo y tres hijos. Cierto día, la mujer descubrió que su marido le era infiel. La rabia, el dolor, la desesperación y la locura se apoderaron de ella. En un arranque, tomó a los pequeños, los llevó al río y los arrojó a las aguas. Los tres niños fallecieron.

Los pobladores, azorados e indignados por ese terrible acto, decidieron hacer justicia y, ni tardos ni perezosos, la condenaron a ser quemada viva. La mujer, con la mirada y el alma perdidas, aceptó la sentencia.

Antes de la ejecución, ella sacó de un armario su vestido de novia. Lo alisó con cariño mientras un par de lágrimas bajaban lentamente por su rostro, tal vez, por el dolor que le causaba recordar aquellos tiempos en los que fue feliz. Lentamente, se lo puso, acicaló sus cabellos y, con la dignidad que da enfrentarse a lo inevitable, fue llevada al sitio de la ejecución. Las llamas piadosas limpiaron su pecado.

Al día siguiente, la sorpresa de los lugareños fue mayúscula al descubrir que el cadáver había desaparecido. Por más que se investigó no fue posible dar solución al misterio. Las lenguas se desataron, se aventuraron hipótesis: que si el marido sintiéndose culpable había robado el cuerpo para darle sepultura; que si Dios, ofendido por el horrible crimen, había decidido que no gozara del descanso eterno y había desperdigado por remotos lugares sus cenizas, e incluso se afirmó que hasta el mismísimo Diablo se había llevado a la mujer. A partir de ese fatídico día, todas las noches aparece el fantasma de la mujer vestida de novia que gime de espantosa manera sembrando el temor en los corazones de los pueblerinos.

Mujer de blanco de la carretera México-Tulyehualco. El kilómetro 13 de la carretera México-Tulyehualco no es precisamente un lugar de los preferidos de los taxistas y más de uno prefiere pasar a toda velocidad por el sitio para evitar llevarse un buen susto.

Dicen que ahí se aparece una joven vestida de blanco, les pide que se detengan, sube al vehículo e indica por señas que va un poco más adelante. El chofer, que como muchos de sus colegas no desperdician la oportunidad de una buena charla, de inmediato empieza a sacarle plática. La joven no contesta y mira fijamente hacia el frente. El taxista insiste y, desanimado por la pobre respuesta, opta por guardar silencio. De repente, fija su vista en el retrovisor para ver a la pasajera y su sorpresa resulta mayúscula al darse cuenta de que está totalmente solo.

Cuentan que esta dama de blanco es el fantasma de una muchacha que años atrás solía ir a ese lugar a esperar a su novio. Cierto día, a poco de llegar al sitio, el joven fue atropellado por un camión y murió en el acto. El dolor y la desesperación de la chica fueron tales que poco tiempo después falleció de pena. Desde entonces se manifiesta en el lugar a la espera de que la Muerte le devuelva a aquel que le arrebató.

Mujer de blanco de San Ignacio. En San Ignacio (Sonora), que antiguamente estaba más habitado por fantasmas que por gente, sigue apareciéndose la Mujer de Blanco. Ataviada con un níveo vestido recorre flotando las calles para perderse entre los árboles ante los estupefactos ojos de los transeúntes.

Mujer de blanco del Callejón del Infierno. El Callejón del Infierno se ha convertido en uno de los más célebres atractivos turísticos de la ciudad de Guanajuato y, contrariamente a lo que pudiera creerse, no es precisamente por sus construcciones coloniales. Se dice que ahí se deja ver la Mujer de Blanco. La etérea aparición recorre la calle una y otra vez. En ocasiones, si uno está atento, parece que entonara suavemente una antigua canción y en otras emite unos lamentos tristísimos que evocan una vieja pena. Y frecuentemente opta por acompañar (sin dejarse ver) a quienes pasan por el lugar, les habla con suave voz, los invita a seguirla y, cuando uno se vuelve, se da cuenta de que está solo.

Mujer de blanco del Municipio de Linares. En el municipio de Linares (Nuevo León) la Mujer de Blanco es una de las apariciones más comunes. Se dice que desde hace ya muchos años se presenta a la gente que temprano se dirige al molino a llevar su maíz y los acompaña durante el trayecto sin emitir un solo sonido.

Otras veces, cuando uno transita por el camino cercano a las vías del tren, de pronto se aparece a la orilla del camino y pide aventón. Aquí las versiones difieren ya que algunos aseguran que se trata de una joven bonita, y mientras que otros afirman que es una mujer ya entrada en años, aunque es probable que las diferencias de aspecto obedezcan a su poder de transfiguración. Si uno accede a la petición, el espectro sube al vehículo y, por más que uno le hable, permanece muda y al poco rato se esfuma. Si uno opta por pasar de largo, el resultado es exactamente el mismo, ya que la verá sentada cómodamente en el auto para desaparecer tiempo más tarde.

Sin duda, uno de los sitios favoritos de la Mujer de Blanco es la Casa Blanca, una antigua hacienda hoy en ruinas ubicada junto a la presa de Cerro Prieto y en cuyo derruido casco suele pasearse frecuentemente el espectro. También, es visitante asidua de la huerta de La Joya donde, dicen, sale de la vieja casa, se pasea por los mezquites, continúa su camino hacia la noria y después desaparece sin dejar rastro.

Mujer de las Moras. El pueblo de San Ignacio (Sonora) está ubicado cerca del camino a Navojoa. Una de sus particularidades es la gran profusión de moras que, por cierto, no se dan con facilidad en aquellos lares. Estos árboles constituyen la delicia de los niños, que adoran sus frutos, y de los transeúntes que se refugian del calor bajo sus tupidas frondas. Sin embargo, en las noches lo que de día parece acogedor se transforma en algo sombrío, tenebroso. Si alguien osa pasar por ahí, de la sombra emerge un espectro femenino y se dedica a seguir al noctámbulo; vaya a pie, a caballo o en auto, el fantasma lo persigue. Y aunque han sido numerosos los testigos de este hecho, cosa rara, no existe una sola descripción detallada de esta aparición; lo único en que coinciden los testigos es que su sola presencia eriza la piel.

Mujer de negro a caballo. Aparición fantasmagórica característica del estado de Puebla. Suele manifestarse montando un brioso corcel tan oscuro como la noche. La dama porta un vestido de encaje negro que permite entrever sus bien delineadas formas. Su rostro está cubierto por un velo de encaje. Este espectro, al igual que muchos otros de su especie, encuentra un macabro deleite en convertir a los humanos en sus presas. Su estrategia de cacería es sencilla: se aparece en el camino de algún noctámbulo y con voz suave lo invita a subir a la cabalgadura. Por lo general, el elegido no se hace rogar y más cuando aprecia el sensual cuerpo de la doncella. Encantado de la vida monta en el caballo. La mujer levanta el velo que cubre su cara y el terror se apodera del desafortunado al percatarse de que lo que él anticipaba era un hermoso rostro, no es más que una horrorosa calavera. Los intentos de escapar resultan infructuosos: tal parece que estuviera pegado a la silla. El animal emprende un frenético galope… Tiempo después, aparece el cuerpo sin vida del incauto, con las cuencas de los ojos vacías y el cuerpo aplastado como si algo grande y terrible le hubiera pasado encima innumerables veces.

Mujer de negro de Paracho. En el tramo de carretera Uruapan-Paracho (Michoacán) es común la escena siguiente: Una mujer pide aventón en la mitad de la noche y no falta el buen samaritano que amablemente se presta a ayudarla. La joven sube al auto. El conductor inquiere por su destino y ella contesta que va a Paracho para tomar el autobús a México.

Su aspecto es desconcertante ya que lleva el cabello sucio y enmarañado, las manos están cubiertas de tierra y su negro vestido lleno de polvo de la carretera. Si lo anterior resulta extraño, lo es aún más el hecho de que despide olor fétido, como de algo que llevara mucho tiempo descompuesto.

El viajero la deja en Paracho y cuando voltea se da cuenta de que la mujer ha desaparecido. Si pregunta a alguien del lugar, lo más seguro es que su desconcierto se convierta en sorpresa mayúscula, al saber que la dama a quien tan gentilmente ayudó no es más que el fantasma de una infortunada que murió, años ha, precisamente en esa carretera.

Mujer del Cerro. Uno de los mayores peligros que enfrentan los leñadores de la Chinantla (Oaxaca) no es lastimarse con sus afilados instrumentos ni ser aplastados por algún árbol, sino encontrarse con la Mujer del Cerro. Esta dama tiene una forma muy particular de acabar con ellos: adopta el aspecto y voz de la madre de su víctima, quien sin mayor sospecha acude al llamado, la sigue y desaparece. Tiempo después, aparece por ahí un montón de huesos humanos que dan fin a la esperanza de encontrar vivo al desaparecido.

Mujer del Chal. El barrio de la Petaca, en el municipio de Linares (Nuevo León), es famoso no sólo por la gran profusión de brujos que ahí viven (y, según dicen, de los mejores en su especialidad), sino también por la aparición de la Mujer del Chal. Este espectro femenino (que desde hace generaciones se manifiesta en el lugar), contrariamente a muchos de su especie, no causa el menor daño a quien lo ve. Su aspecto es el de una mujer que porta un chal negro que le cubre la cabeza. Por más que uno se acerque nunca le verá la cara; en consecuencia, no se sabe si se trata de una joven o de una anciana o si es bella u horrorosa.

Mujer del Río, La. Cerca del centro de la ciudad de Lagos de Moreno (Jalisco) había una casa de paredes rojas de la cual, todas las noches, salía el fantasma de una mujer vestida de negro. Con lentitud caminaba por las calles empedradas y al llegar a la orilla del río desaparecía. La obsesiva rutina sembraba el miedo entre los pobladores que aventuraban toda clase de hipótesis respecto de esta espectral aparición.

Cuentan que hace ya mucho tiempo esas tierras estaban habitadas por indios chichimecas. Cierto día, un grupo de ellos recorría la zona para cazar alguna pieza. Al pasar junto al río vieron una enorme serpiente cuya piel parecía contener todos los colores del arco iris. De inmediato lanzaron sus flechas. Grande fue su sorpresa al percatarse de que la víbora no había sufrido ni un rasguño. Lo intentaron de nuevo y el resultado fue el mismo. Desconcertados, se retiraron del lugar para volver al día siguiente. Pasó un día y otro y otro y los cazadores, por más que se esforzaban, fueron incapaces de herir al reptil.

En aquel entonces vivía también en el sitio un cura de nombre José María Canalizo, quien era párroco de la iglesia. Una mañana paseaba por la ribera del río cuando se encontró con la misma serpiente. Don José María, que era un amante de la naturaleza, de inmediato se puso a conversar con ella. Y en esas estaba cuando sintió que una flecha le atravesaba el pecho. Los indios, que habían disparado en un afán de protegerlo de la serpiente, corrieron en su auxilio. Al acercarse al cuerpo, la culebra giró rápidamente la cabeza, los observó y con una velocidad inimaginable los atacó. De su enorme boca surgió como torrente un chorro de veneno que, al salpicar el pecho del párroco, curó sus heridas. Los indios, que no atinaban a decir esta boca es mía, observaron pasmados cómo el monstruo se retiraba siseando de ahí. Se aproximaron al sacerdote, le pidieron perdón y le juraron que nunca más atentarían contra la vida de los animales del bosque. Desde entonces cada noche aparece el fantasma de la Mujer del Río que no es otra cosa más que uno de los aspectos de aquella serpiente, que se presenta como un recordatorio de que la vida animal es sagrada y debe respetarse.

Mujer engañadora. *Véase* Xtabay.

Mujer fantasma de Cuernavaca. Fantasma femenino que al filo de la medianoche recorre las calles de Cuernavaca (Morelos). Su presencia no puede dejar de llamar la atención ya que va ricamente ataviada con un vestido de talle estrecho, escote generoso y amplia falda de elegante seda. El cabello, peinado a la moda virreinal. Su esbelto cuello es adornado por finísimas joyas que brillan bajo la luz de la luna. Y su piel exhala un perfume que haría palidecer de envidia a las flores.

Aparece cerca del Jardín Borda y recorre el sitio. A estas alturas no falta algún don Juan que, impresionado por la belleza y sensualidad de la mujer, decide seguirla. La dama camina presurosa y se dirige a las veredas que conducen al poblado de San Antón. El galán apresura el paso. De pronto, se percata de que la ha perdido de vista. Una risa cantarina cruza el aire e indica que la mujer ahora se encuentra en la falda de la montaña. El fantasma con dulce sonrisa invita al incauto a seguirla. Obviamente, él no desdeña la invitación y corre a su encuentro. Una vez que la ha alcanzado e intenta abrazarla, la sorpresa es mayúscula: lo que era una bellísima mujer se transforma en un esqueleto sin ropas que, con fuerza inaudita, lo aprisiona con sus huesudos brazos y le arrebata el alma para siempre.

Mujer que enreda. *Véase* Matlacíhuatl.

Mujeres fantasmas que piden aventón. Es común que en las carreteras de nuestro país, por la noche, aparezca una mujer que pide aventón a los conductores. A veces, si el coche no se detiene, de pronto el viajero se percata de que la mujer va con él a su lado o en el asiento trasero. Posteriormente, se esfuma.

En otras ocasiones, el o los automovilistas se detienen a prestar auxilio a la dama en cuestión y, siguiendo las indicaciones dadas por ella, la llevan a su casa, donde suele invitarlos a pasar un rato y al despedirse los invita a regresar. Ha pasado, muchas veces, que ellos vuelven al lugar y al tocar a la casa, los habitantes les dicen (después de dar la descripción de la joven) que esa persona falleció hace tiempo. Otras veces, al retornar al sitio, se encuentran con que lo que ellos recordaban como una casa en perfectas condiciones se halla derruida y deshabitada desde hace años y algún vecino les aclara que la persona a quien buscan murió. La sorpresa es enorme cuando, al entrar, reconocen el lugar sólo que ahora está lleno de polvo de muchos años.

Mujeres Macti. En Veracruz, en la zona donde se encuentran las selvas más espesas del istmo, viven las Mujeres Macti. Estas damas, a diferencia del resto de los habitantes de la región, ostentan una larga y rubia cabellera que suelen lavar en las aguas de los ríos. Su cuerpo es fuerte debido a que son ellas quienes se encargan de todas las actividades (productivas o no) ya que no tienen hombres que vivan con ellas.

Su relación con los varones no es lo que se puede llamar cordial, y mucho menos con aquellos que tienen queridas, a quienes desprecian y no dudan en hacerles evidente su burla o espantarlos cuando andan de caza o pesca y llevan los productos de su trabajo a sus amantes. Esta mala relación se remonta a muchos años atrás.

Se cuenta que en cierta ocasión un campesino padre de familia, cuando iba al campo tuvo la oportunidad de ver a una Mujer Macti bañándose en el río. Obviamente, una aparición tan bella llamó de inmediato su atención y se acercó. Plática de por medio, se hicieron amigos. La Mujer Macti procedió a bañarlo con un jabón de extraño color negro y le raspó la piel con una piedra a manera de estropajo. Después suavemente le limpió la piel con su lengua, porque para ellas los hombres tienen un fuerte sabor salado. Con el paso de las horas y haciendo gala de un enorme poder de seducción, convenció al campesino de que la acompañara a su casa. Al llegar, el resto de las Mujeres Macti de inmediato empezaron a discutir y más de una llegó a los golpes, porque todas querían tener al hombre para sí. Poco a poco fueron estableciendo una cómoda cotidianidad. Empero él empezó a aburrirse porque no tenía gran cosa que hacer y, además, sabía perfectamente que su familia sufría por su ausencia. Después de meditar por largo rato tomó una decisión, se acercó a la Mujer Macti que se lo había llevado y le pidió permiso para ir a visitar su casa. La Mujer Macti aceptó, pero con la condición de que, por ningún motivo cualquier mano humana lo tocara. El hombre encantado de la vida regresó a su hogar empero, al llegar su esposa acudió emocionada a abrazarlo y, antes de que él pudiera responder a la caricia, cayó muerto. En ese instante, la finca construida por la Mujer Macti quedó destruida, las milpas se transmutaron en bosques y todo el sitio fue asolado por las avispas. Desde entonces, las Mujeres Macti, en venganza por tal afrenta, se dedican a burlarse o causar terror a todo aquel hombre que guarde relaciones fuera del matrimonio.

Mujeres portentosas. *Véase* Tzitzimime.

Mulato, El. Entidad totonaca asociada a la tierra y considerada por algunos como el hermano mayor del Diablo. El Mulato es patrón de los animales salvajes, el encargado de cuidarlos y velar por su seguridad evitando la caza indiscriminada y la destrucción de su hábitat. Al igual que otros patronos, el Mulato asume el aspecto de las fieras que se encuentran bajo su protección, para así cumplir de forma más efectiva sus funciones ecológicas. Asimismo, al Mulato se le considera patrono de las danzas por lo cual, cuando se llevan a cabo, es necesario invocar su favor para que consigan el efecto mágico y ritual deseado.

Müm Deje (Lagartija Abuelita). Lagartija blanca que abunda en el Istmo de Tehuantepec (Oaxaca). Los huaves consideran estrictamente prohibido matarla ya que, de lo contrario, las consecuencias serán funestas. La Lagartija Abuelita, una vez que resucita, se dedica a seguir a su homicida. No importa que sea día o noche, no importa cuán lejos vaya, la Müm Deje lo perseguirá sin descanso. Y una vez que se haya cansado de este acoso, llevará a su asesino-víctima al mar para arrojarlo a sus aguas donde, generalmente, encuentra la muerte.

Mumuc-Chi. Avispa grande que vive en Quintana Roo. Los mayas de la zona le tienen un merecido respeto y no precisamente por lo doloroso de su picadura, sino porque su presencia en los hogares es un augurio de que la enfermedad pronto estará ahí. Si la avispa empieza a hacer hoyitos en el suelo, el corazón de los habitantes de la casa se estremece, porque saben que representa al enterrador y los agujeros la fosa en que alguien reposará dentro de poco tiempo.

Murciélago de la Muerte. *Véase* Camalotz.

Murciélago embrujado. *Véase* Uay Zodtz.

Murciélagos. En las tierras mayas, están asociados invariablemente a una atmósfera de misterio. Se les considera criaturas de mal agüero y su presencia remite a la noche, la muerte y las tinieblas. Mediz Bolio, en su hermoso libro *La tierra del faisán y del venado*, nos habla de un murciélago, único en su especie, que posee la extraordinaria capacidad de hablar y que tuvo un papel determinante en la leyenda del enano que habría de convertirse en rey de la ciudad de Uxmal. Cuentan las antiguas crónicas que una de las pruebas a las que se vio sometido este personaje para probar que era el legítimo heredero al trono, fue la de decir con exactitud el número de frutos que colgaban de las ramas de una ceiba...

Y dijo el rey: –Si eres quien está anunciado para sucederme en mi lugar, has de tener más sabiduría que yo mismo. Dime, pues, sin equivocarte en uno solo, cuántos frutos hay en las ramas de esta ceiba que nos tiene a su sombra. Y el Enano miró las ramas del árbol grande, lleno todo de frutos menudos, y respondió: –Yo digo que son diez veces cien mil y dos veces sesenta, y tres veces tres, y si no me crees, sube tu mismo al árbol y cuéntalos uno por uno. El viejo rey estaba confuso, y salió entonces de la ceiba un gran murciélago y voló y le dijo al oído: –El Enano ha dicho la verdad (pág. 77).

Nagual. *Véase* Nahual.

Nahual (Labil, Nagual, Naualli, Uaay). El nahualismo es la capacidad que tienen ciertos hombres y mujeres para metamorfosearse en animales mediante el uso de sortilegios, hechizos y actos mágicos. Este poder pertenece sólo a unos cuantos y va ligado a la oscuridad, por ello es generalmente durante la noche cuando esta transformación es más frecuente. Sin embargo, los naguales más poderosos y experimentados son capaces de hacerlo incluso en el día.

Este don, por obvias razones, trae consigo un sinnúmero de beneficios y provechos para su poseedor ya que le permite, al adquirir la forma animal, hacerse de las cualidades de éste sin por ello perder las habilidades que le corresponden como ser humano. Así, el nahual puede recorrer enormes distancias que en su condición humana le resultaría difícil hacerlo. Por ejemplo, si se transmuta en ave (lo cual sólo pueden hacerlo los nahuales más hábiles) puede vigilar enormes superficies de terreno desde la privilegiada posición que le da el aire y localizar con facilidad y precisión a sus adversarios. Si opta por manifestarse como ave de corral o pieza de ganado, sin duda pasará inadvertido para todos aquellos a los que desee ocasionar algún perjuicio o daño. En síntesis, esta cualidad le permitirá realizar acciones que como ser humano representarían serias dificultades como el robo, ocasionar enfermedades, secuestro de mujeres y vaya usted a saber qué otras terroríficas actividades.

Sin embargo, pese a todas estas facultades los naguales no son indestructibles porque, debido a la naturaleza de sus actividades, están sujetos a gran número de peligros y todo aquello que pase a su manifestación animal repercutirá en la persona ligada a él. Si el nagual es herido pero una porción de su cuerpo logra regresar a casa, el humano sobrevivirá; de lo contrario, la muerte será inevitable. Hay ciertos procedimientos a través de los cuales las personas pueden vencer a un nagual. El más efectivo de ellos consiste en rezar Las Doce Verdades al derecho y al revés mientras se hacen 12 nudos en un mecate de fibra virgen. El efecto es inmediato y el nahual se intrincará o perderá toda su ferocidad dando oportunidad al individuo de escapar o matarlo.

Asimismo, para evitar que los naguales entren en los hogares, se recomienda regar en los alrededores semillas de cualquier clase o hacer cruces de ceniza. Otro sistema muy efectivo es hacerse de un perro. Es bien sabido que los canes son la mejor defensa contra los naguales ya que sólo les permiten el paso una vez que hayan terminado de contar los pelos que se les caen cuando se sacude. Es por ello que cada vez que un perro se sacude, puede estar uno seguro de que un nagual anda por ahí.

Se dice que para matar a un nagual es menester que las armas estén "curadas" o "preparadas", es decir, hay que sahumarlas con una palma bendita y rociarlas con "Cera del Jueves Santo" o "Aceite de la lámpara del Santísimo". Si se ha podido dar caza al nahual, su cuerpo debe abrirse en canal, llenarse con petróleo y prenderle fuego. Mientras arde, es recomendable hacer sobre su cuerpo una cruz con agua bendita.

En el estado de Hidalgo existe la creencia de que cuando el nagual se transforma en animal, su aspecto no es perfecto ya que le faltará algún rasgo característico de la bestia cuya forma ha asumido. Esta situación permitirá a los lugareños percatarse de que están frente un nagual y no un animal cualquiera. Los naguales, para llevar a cabo su metamorfosis, deben hacerlo en los ceniceros (lugares destinados a tirar la ceniza de las cocinas). Ahí se revuelcan y se transforman. Ignoramos qué efecto mágico pueda tener la ceniza pero funciona.

En la Chinantla (Oaxaca) la capacidad de transformación en animal es un arte al que sólo pueden acceder los ancianos, los curanderos y los homosexuales. La metamorfosis no es ilimitada, ya que sólo pueden asumir el aspecto de un máximo de siete animales a los que denominan *dobles*. Este poder aparece desde el momento del nacimiento. De hecho, tres meses antes del parto el nahual vive en una jícara verde que recorre los cerros y los caminos y que, en ocasiones, se introduce en el hogar de la madre del futuro curandero o especialista en brujería.

Los otomíes consideran que la transfiguración en animal no es exclusiva de los curanderos y que existen personas no necesariamente versadas en la magia que son capaces de llevarla a cabo. Desde que son niños (a partir de los cinco años más o menos), los padres de alguien que en el futuro poseerá este poder atan sus cabellos, los hacen girar sobre sí y los tiran al suelo. Cerca de la casa colocan un tronco dedicado exclusivamente a que el pequeño suba y baje por él. Aunque no queda claro de qué manera este procedimiento agudiza las capacidades nagualísticas, el caso es que sigue siendo muy utilizado. En San Pablito afirman que es posible distinguir a los brujos que poseen la aptitud del nagualismo: basta observar sus piernas, que son particularmente delgadas. Se dice que, durante la noche, desprenden sus piernas y las colocan cerca del fogón, saltan encima de ellas tres veces y, acto seguido, se convierten en zopilote para ir a chupar la sangre de los recién nacidos. Una vez hecho esto, regresan a su casa, se vuelven a poner las extremidades, hierven la sangre robada y la saborean.

Los totonacas afirman que desde el momento mismo de nacer se puede saber si un bebé llegará a ser un nagual. Los elegidos son velludos y presentan manchas similares a las del jaguar. Aunque esos signos desaparecen rápidamente, la madre ya sabe el futuro que aguardará a su vástago. Ahí, a diferencia de otros sitios, los naguales no se dedican exclusivamente a causar daño al prójimo; por el contrario, tiene la importante misión de vigilar el pueblo del ataque de otros naguales. Por lo general, hay cuatro de ellos que cuidan el lugar desde los puntos cardinales.

Los pames de San Luis Potosí creen que hay personas que nacen con este don y otras que lo adquieren cuando ya son viejas. Por lo común, un individuo que ha caído en una cueva o arroyo y después de este accidente presenta episodios constantes de ataques durante un año, puede convertirse en nahual en sueños. Hay padres, y sus razones tendrán, que desean que sus hijos posean este talento. Por ello, cuando nacen enredan el cordón umbilical con pelos de algún animal con la esperanza de que esta liga, en un futuro, desemboque en poderes nagualísticos.

Nanahualtin. Hechiceros nahuas con especialización en el arte y práctica del nagualismo. Alcanzar este grado de especialización no era cosa sencilla: se requería el conocimiento profundo de las fórmulas mágicas así como de los procesos necesarios para llevarlos a cabo, lo cual sólo los iniciados estaban en condiciones de adquirir tras años de estudios, preparación y entrenamiento constante. De esta forma, los nanahualtin podían asumir el aspecto de gallo, gallina, serpiente, perro, búho, águila o cuanto animal deseasen, con la enorme ventaja de adquirir por ello las cualidades y ventajas del animal en cuestión y, en consecuencia, realizar una serie de hazañas o actividades que, en su forma humana, les resultaría sumamente complejo si no es que imposible.

Nataiskian (Tigre de San Marcos, Tigre del Padre). Ser sobrenatural que aparece por las noches cerca de los poblados zoques. Los informantes no aportan mayores datos sobre su aspecto o costumbres; sin embargo, su presencia puede resultar dañina en función de los malos aires que va dejando a su paso y que son capaces de ocasionar enfermedades o "espanto" en quienes pasen por el sitio.

Naualli. *Véase* Nahual.

Nawirí. Los rarámuris dan a las enfermedades el nombre de Nawirí. Las describen como una especie de aire o neblina. En ocasiones, las Nawirí ingresan en los sueños de los habitantes de la zona bajo la apariencia de hermosas mujeres o atractivos muchachos. La perfección de sus rasgos, la sensualidad que emanan, así como su natural disposición a los placeres hacen casi imposible que el durmiente se resista a compartir con ellos alimento, bebida y gozos carnales. Después de una noche de tórridos sueños, despierta con todos los síntomas de sarampión, escarlatina o un resfriado de antología.

Ndic Quian Pöh. *Véase* Tortuga Arco Iris.

Negro, El. Conocido espíritu de piel oscura que habita cerca de los ranchos y haciendas del país. Aunque se desconocen sus hábitos alimentarios, es probable que coma los frutos, granos y animales de la zona. El enano, ignoramos si es por alguna razón importante o por puro placer, se encarga de extraviar el ganado alejándolo todo lo posible del sitio donde habitualmente pasta. Lo anterior ha causado más de un quebradero de cabeza a los vaqueros que pasan las de Caín para recuperarlo, aunque en ocasiones sus esfuerzos resultan insatisfactorios ya que, por más que busquen, inevitablemente faltarán algunos animales de los cuales no vuelve a saberse nada.

Aunque algunos truhanes utilicen al Negro como coartada, sus robos se diferencian de los del Negro debido a que este último no deja huella alguna.

Neombasïik. Seres humanos que desde su nacimiento están llamados por Dios a realizar los más altos objetivos. Para el eficiente cumplimiento de esas tareas están asociados a algún elemento atmosférico (especialmente poderoso) que les otorgará facultades especiales como la de poder volar. Sus funciones son indispensables para la supervivencia de los pueblos. Son ellos quienes los protegen contra todo tipo de desastres naturales y contra la acción de otros naguales, se encargan del cuidado de los objetos sagrados, preservan las milpas, controlan las precipitaciones pluviales, cuidan las cosechas y se encargan, con puntilloso cuidado, de organizar las conductas de los naguales de menor categoría.

Nextecuilin. Gusano abundante en la zona centro del país. Normalmente se crían bajo tierra y son largos y gruesos como un dedo adulto. En la temporada en que las lluvias son escasas pueden resultar dañinos ya que, a falta de otros alimentos, se dedican a roer las raíces del maíz haciendo que se seque y, en ocasiones, echando a perder buena parte de las cosechas. Lo que hace singulares a estas criaturas es el hecho de que, aun teniendo patas, prefieren desplazarse arrastrándose sobre la espalda. De ahí que a las personas que hacen las cosas al revés se les llame nextecuilin.

Ngitsé. *Véase* Espanto.

Ni'co ne. *Véase* Tona.

Ni'ko ne. *Véase* Tona.

Nimech. Los huaves del Istmo de Tehuantepec (Oaxaca) temen, casi tanto como al Diablo, al Nimech. Esta criatura (que no es gente ni animal, dicen) alcanza una estatura tan prodigiosa que difícilmente puede uno abarcar su cuerpo completo con la vista. Habita en las montañas y los cerros del lugar, de donde sale (suponemos que asumiendo una estatura menor) para engañar a los hombres. Su sola presencia siembra el espanto en animales y humanos; hay quien dice que es como un monstruo pero más feo y verlo equivale a enfermar, enloquecer o morir.

Niña, La. *Véase* Muerte, La.

Niña de la carretera de Villa Hidalgo. Por la carretera de Aguascalientes, a la altura de Villa Hidalgo, suele aparecer una niña a la mitad del camino. Lleva un vestidito azul y zapatos blancos. Su cabello es suave y castaño. Quienes se han topado con ella refieren que la ven de espaldas y, al acercarse, la pequeña se vuelve y sus ojos se iluminan de extraña forma, llenando de espanto al curioso que se le ha aproximado.

Niña del Arroyo Hondo. A mediados del siglo xx, en el rancho de El Zacatón (a tres kilómetros de la población minera El Triunfo, Baja California Sur) nació Irenea. El hecho no tendría la mayor trascendencia si no hubiera sido porque sus padres ya eran de avanzada edad. Empero, el matrimonio se alegró con la llegada de la pequeña, mas no así los vecinos, que empezaron a murmurar debido a que la niña era blanca como la leche, de ojos verdes y de cabellos rubios rojizos, mientras que los hermanos eran de piel cetrina y pelo azabache.

Un 12 de diciembre en que el pueblo entero se encontraba en misa, Irenea comenzó a gritar que el techo de la iglesia iba a derrumbarse. Doña Paula, de inmediato, sacó a la pequeña del lugar para que no interrumpiera la liturgia con su llanto. De pronto, el cielorraso se vino abajo; 12 muertos y varios heridos fueron el saldo de la tragedia. La gente culpó a la pequeña y, ni tardos ni perezosos, intentaron lincharla junto a toda su familia. El padre, aterrado por el enorme riesgo que habían corrido y del que se habían salvado de milagro, optó por llevarse a su familia del lugar. Sin embargo, de poco valieron sus precauciones. Días después, la turba incendió la casa donde pereció la familia entera. No contentos con ello, buscaron entre las cenizas hasta dar con el cuerpo de Irenea. Lo amarraron con una reata y, sin el más mínimo atisbo de compasión, lo arrastraron por el arroyo hasta un árbol de guamúchil.

Desde entonces, en las noches en que la luna llena baña con sus rayos el lugar, se ve el fantasma de la pequeña de rubios cabellos con un vestidito blanco que, con su triste mirada, observa a los automovilistas. Si pasas por el lugar y tienes la oportunidad de verla, eleva una plegaria por el descanso de su alma.

Niño(a) encantado(a) de Guanajuato. El Guanajuato que conocemos es sólo una porción del Guanajuato total. El Guanajuato real está encantado y oculto desde hace mucho tiempo en las montañas que custodian la ciudad. Dicen los viejos que para desencantarlo, el día de San Ignacio (31 de julio) a la medianoche hay que esperar que salga un niño o niña de la cueva.

El pequeño o pequeña, según sea el caso, pide al elegido que lo lleve a la Catedral montado en su espalda, pero que nunca y por ningún motivo debe volverse, ya que correría el peligro de que algo malo le suceda. El señalado sube al infante a su espalda y empieza a caminar. De pronto, se oyen voces que lo llaman por su nombre, extraños ruidos y un arrastrar de cadenas que eriza la piel. El pequeño a cada paso se va haciendo más pesado. El escogido ve cómo la gente se horroriza y corre aterrorizada mientras grita que va cargando un monstruo. Es una regla, hasta el momento, que quien carga al niño o niña, a unos cuantos pasos de la Catedral, vuelve la cabeza y nota que trae una entidad horrible de siete cabezas y terribles y aguzadas pezuñas. Por obvias razones, lo avienta al suelo y huye despavorido. Es por ello que hoy el Guanajuato real sigue encantado en espera de que algún valiente cumpla exitosamente la misión y lo libere del hechizo.

Niños acompañantes de la Virgen de la Cruz. Los nahuas de San Nicolás Citlala (Guerrero) creen que los niños que mueren (por causas naturales o no) se convierten en los compañeros de la Virgen de la Cruz. Los pequeños, que "ya han alimentado la tierra", forman un alegre y bullanguero cortejo que ayuda a la celestial dama a traer las lluvias que calman la sed de la tierra. Por ello, cada vez que llueve los nahuas se alegran porque saben que es como si aquellos pequeños vinieran a recordarles que aún los siguen amando.

Niños del manantial El Campanario. En Temoaya hay un manantial llamado El Campanario que a simple vista no se distingue de forma especial de otros torrentes de agua. Empero, a la hora del crepúsculo en que la luna tímida se despereza para iluminar el firmamento, aparecen dos pequeños fantasmas. Semejan niños y su hermoso rostro no puede dejar de cautivar a quien los ve. Con una ausencia total de pudor, retozan desnudos entre las aguas, salpican a quien se deje y sus carcajadas inundan el ambiente. Después, desaparecen dejando una grata sensación a los testigos.

Niños del Tepejilote. Las milpas de San Juan y Chuparrosa (cerros de la Chinantla, Oaxaca) constituyen la vivienda preferida de unos seres pequeñitos llamados los Niños del Tepejilote. Estas criaturas son como chamaquitos y andan por todos lados completamente desnudos. No hay nada que disfruten más que subirse a la punta de los tepejilotes (maíz tierno) y recostarse sobre sus hojas para descansar, dormir o mecerse en ellas como si fueran hamacas. Su alimento básico lo constituyen estos granos. Sin embargo, pese a su inofensiva apariencia los Niños del Tepejilote llegan a ser temibles si se les agrede. Se cuentan casos en que algún incauto ha querido llevárselos, se ha puesto a alguno en la espalda y, al poco tiempo, siente como si tuviera carbones encendidos. Al pedir a alguien que lo revise, se lleva tremendo susto porque la inocente criaturita le ha comido la piel y, en casos graves, hasta los huesos mismos.

Noche Comedora. *Véase* Estrella de la Canícula.

Ntahi. *Véase* Aire.

Nuipashikuri. *Véase* Kauymáli.

N'yeti. *Véase* Tona.

Nyutilus. La Mixteca Alta cuenta, entre sus habitantes más célebres y conocidos, a los Nyutilus. Estos espíritus tienen a su cargo la protección y el cuidado de las parcelas, son ellos quienes vigilan de forma constante que los sembradíos no se conviertan en el alimento de los animales y de que los fenómenos naturales no los dañen de forma definitiva. No obstante, hay que decir que estas entidades, que conocen claramente el valor de su trabajo, no están dispuestas a realizarlo sin obtener algo a cambio. Por ello, el campesino debe agradecer sus valiosos servicios dándoles una serie de ofrendas y llevando a cabo ceremonias propiciatorias. En caso de no hacerlo, su cosecha, si es que llega a lograrse, será raquítica y no alcanzará para cubrir sus mínimas necesidades.

Ñek. *Véase* Tentación.

Oactli. *Véase* Huactli.

Oacton. *Véase* Huactli.

Ocol-Pixan. *Véase* Ladrones de Almas.

Ocotochtli. "Hay otro animal que se llama ocotochtli, que también habita entre las peñas y los montes; es del tamaño de un podenco, bajo y corpulento; tiene el pelo pardo por el lomo y por la barriga blanquecino, con unas manchas negras ralas y pequeñas; tiene el pelo blando; tiene la cabeza redonda y las orejas pequeñas, como de gato; tiene la cara redonda, el hocico corto, la lengua áspera, o espinosa, tiene el aullido delgado como tiple, es muy ligero y salta mucho, como que vuela. Este animal tiene una singular propiedad, que caza para dar de comer a otras bestias fieras; caza hombres, o ciervos u otros animales; caza de esta manera, que viendo que viene lo que quiere cazar, se esconde tras de un árbol, y en llegando la caza cabe él, arremete y pásale la lengua por los ojos, y es tan ponzoñosa que luego mata en tocando; como cae el animal, o (el) hombre que mató cúbrele con heno, y súbese sobre un árbol y comienza a aullar, cuyo aullido se oye muy lejos, y luego las otras bestias fieras, como tigres, leones, etc., que oyen aquel aullido, luego entienden que son llamados para comer, y van luego donde está el ocotochtli, y ven la presa, y luego lo primero beben la sangre, y después despedázanle y cómenle, y en todo esto el ocotochtli está mirando aparte cómo comen los otros; y después que ellos han comido, él come lo que sobra, y dicen que hace esto porque tiene la lengua tan ponzoñosa, que si comiese emponzoñaría la carne y morirían las otras bestias comiendo de ella" (Fray Benardino de Sahagún, *Historia general de las cosas de Nueva España*, págs. 624-625).

Ojeo. *Véase* Mal de ojo.

Ojo. *Véase* Mal de ojo.

Ojo-hombre. *Véase* Mal de ojo.

Ojo-mac. *Véase* Mal de ojo.

Omixuchitl. Esta flor es muy parecida al jazmín en forma y color; empero, pese a su hermoso aspecto más vale no acercarse mucho a ella, ya que con sólo olerla o tocarla produce una enfermedad muy similar a las almorranas. Y aunque se ha investigado al respecto, a la fecha no existe una explicación satisfactoria de los mecanismos a través de los cuales se desata esta sintomatología.

Opresión. *Véase* Patan.

Otomitl. *Véase* Atemoc.

Oxkokoltzec (Ox K'ok'ol Tsek). Quizá el Oxkokoltzec sea el gigante maya de quien menos referencias y datos existen, situación que no resulta tranquilizadora. Lo único que se conoce de él es que guarda cierto parecido con su pariente, el Ua Ua Pach, quien disfruta enormemente de romper los huesos a los trasnochadores.

Oxomoco y Cipactonal (Uxumuco y Cipactonal).

Una vez que el mundo fue creado, los dioses consideraron oportuno y necesario poblarlo. El primer paso que dieron para ello fue dar vida a un hombre de nombre Oxomoco y a una mujer llamada Cipactonal. Ambos habrían de convertirse en padre y madre de todos los macehuales. Obviamente, la división del trabajo se hacía necesaria y así a ella le correspondió la tarea de hilar y tejer, y a su pareja labrar la tierra para obtener alimento y empezar a sembrar los árboles que, en poco tiempo, darían sus frutos. Los dioses decidieron dar un regalo especial a Cipactonal y le hicieron llegar unos granos de maíz que le servirían para curar diversas enfermedades, así como para su uso en la adivinación del futuro y otras hechicerías.

Padre Balam. *Véase* Balam.

Padre Nocturno (Padrehul ahk'abal). Si hay algo a que los tzeltales le tienen verdaderamente pavor es al Padre Nocturno. Esta aparición tiene el aspecto de un sacerdote de no más de un metro de alto que, presuroso, anda con su sotanita de aquí para allá con cara de buena persona. Sin embargo, no debemos dejarnos engañar por su inocente fachada ya que este espantajo es realmente malévolo. Su cerebro trabaja incesantemente para diseñar las más atroces desgracias y tormentos que hará sufrir a los humanos, se muere de risa sólo de pensar en el sufrimiento que es capaz de generar y su ego se infla cada vez que autosupera sus límites de crueldad. Si lo ves, más te vale salir huyendo como alma que lleva el diablo, no vaya a ser que te conviertas en su próxima víctima y descubras las infinitas variedades del terror.

Padre sin cabeza. Atroz aparición que siembra el terror en el municipio de Yuriria (Guanajuato). Verlo equivale a enloquecer o sufrir las consecuencias del "espanto". Su aspecto es el de un sacerdote pero, lo que lo hace verdaderamente horrible, es que sobre sus hombros se ciñe la nada y de su mano diestra cuelga, agarrada por los pelos, su cabeza que gesticula y muestra un dolor sin límites. Cuentan los ancianos que este espectro en vida fue un cura a quien sus feligreses cortaron la cabeza por haber renegado de su vocación y

Dios, como castigo, lo obliga a penar de esta forma hasta el fin de los tiempos.

Padrehul Ahk'abal. *Véase* Padre Nocturno.

Pahuas. *Véase* Ahogados.

Pájaro Carpintero Mayor (Capataz del Demonio, Capataz del Diablo, Colonte, U Mayocol Cizín). El Colonte es un poco más grande que el pájaro carpintero común. Sus plumas son de color grisáceo salpicadas con puntos negros; adorna su cuello una franja blanca y su cabeza un crespón rojo; su cola es corta y el pico tan duro que le permite hacer agujeros en los árboles para anidar ahí. Los yucatecos saben que esta ave esconde bajo su ala derecha un poderoso talismán que traerá la felicidad eterna a quien se apodere de él. No obstante, es importante aclarar que si alguien pretende conseguirlo cazando al animal, su esfuerzo será en vano ya que el amuleto se esfumará.

Para obtenerlo se recomienda cumplir el siguiente procedimiento: se ubicará algún árbol donde el Pájaro Carpintero Mayor tenga su nido y a lo largo de nueve días y nueve noches se montará guardia en el lugar. Cada vez que el ave salga a conseguir alimento, de inmediato se tapará la entrada. A su regreso, el Colonte preocupado por sus polluelos volverá a abrirla. Y así se hará una y otra vez hasta que el U Mayocol Cizín, exhausto por el constante esfuerzo, deje caer la virtud al piso y el afortunado la recoja velozmente. El Colonte posee un canto raro que en ocasiones presagia desgracia; por ello también se le llama el Capataz del Diablo.

Pájaro de paja. *Véase* Pájaro Fantasma.

Pájaro del Diablo. En la antigüedad los hombres y mujeres prestaban suma atención a todo lo que les rodeaba ya que sabían que, de interpretar adecuadamente los signos que se presentaban a sus ojos, podían conocer el futuro o algún acontecimiento que habría de sucederles. Por ejemplo, si una liebre entraba en la casa era señal de que próximamente habrían de ser víctimas de algún robo o alguna circunstancia inesperada haría que alguno de la familia tuviera que emprender un viaje. Si en el momento de echar la tortilla al comal ésta se doblaba, era signo inequívoco de que pronto llegarían visitas y había que prepararse para recibirlas.

Los oaxaqueños eran especialmente sensibles a este tipo de presagios, por ello, en la Chinantla los pobladores siempre estaban ojo avizor para detectar la presencia del Pájaro del Diablo. Esta ave cuyo plumaje es de color similar al de la tierra suele emitir un canto que suena, más o menos, ndrindri. Cuando lo hace, la persona que lo escucha suele caer en un estado de preocupación porque sabe que una desgracia está por venir en poco tiempo. Por el contrario, a veces este avechucho dice: "estoy sentadito sobre mi patita" y, cuando ello sucede, no hay de qué angustiarse porque todo seguirá en paz y tranquilidad.

Pájaro del Mal. *Véase* Pájaro Dtundtuncan.

Pájaro del Monte. *Véase* Moctecuhzoma y el Pájaro del Monte.

Pájaro Dtundtuncan (El que va por el cielo, Kakazchuch, El que se sumerge en los Cielos, Pájaro del Mal). La muerte y la maldad en el Mayab suelen adquirir las más diversas formas y aspectos: a veces se manifiesta con una apariencia hermosa y, otras, francamente horrorosa. Por las tardes, casi cuando la noche ha dejado caer su oscuro manto sobre esas tierras, los cielos mayas se ven surcados por un pajarraco malvado llamado Dtundtuncan. Esta ave sobrevuela las poblaciones en busca de víctimas. Cuando ya ha localizado alguna que le resulta especialmente atractiva, se aproxima silenciosamente, acerca su pico a la boca del infortunado y le insufla un hálito gélido y venenoso que acabará en un santiamén con su vida. Su aspecto es lo que podría llamarse horrible. Tiene sólo una pata y en el lugar en que deberían estar los ojos, un par de cuencas vacías

que trasmiten un mal antiguo y profundo. Son pocas las ocasiones en que este pájaro emite sonidos pero, cuando lo hace, resultan similares a los graznidos de los cuervos. Su nombre quiere decir "el que va por los cielos".

Pájaro entrometido. *Véase* Tatacmo.

Pájaro espejo. *Véase* Cabeza de espejo.

Pájaro fantasma (Pájaro de paja, Sohol-Chich, Xohol Ch'ich, Zohol Ch'ich). Entre los seres maravillosos que habitan la zona maya, por fortuna no todos son lo que podría llamarse malévolos. Hay algunos que simplemente se contentan con jugar bromas a los lugareños y entre ellos destaca el Pájaro Fantasma que es, sin duda, uno de los personajes principales de las anécdotas de por ahí. Cuentan los cazadores que, con cierta frecuencia, al recorrer lo más profundo del monte ven una bella ave parada en alguna rama. De inmediato, el cazador se prepara, apunta, dispara y falla. Sorprendido, vuelve a intentarlo con idéntico resultado. Por tercera vez lo hace y parece que por fin ha logrado su objetivo. El pájaro cae y cuando el hombre se acerca, se percata de que sólo es una pluma, con lo cual comprende que el Zohol Ch'ich le ha jugado una broma. Se dice que este pájaro no es como los otros, ya que sólo es de viento.

Pájaro hechicero. *Véase* Uay Cot.

Pájaro Huinaxcatl. *Véase* Huinaxcatl.

Pájaro Pujuy. "Cuando el camino comienza a ser oscuro, y el Sol ya no ve la Tierra, baja volando el gran pájaro que dicen Pujuy, que es el pájaro que viene de lo hondo y de lo pálido de la tarde. Sólo aparece a la hora que no es de día ni de noche, y es del color de la ceniza en que se ha consumido el Sol.

Todos los que van caminando en la última hora del atardecer, ven este pájaro. Atraviesa volando con sus alas anchas y cae de pronto en medio del camino, enfrente del que va por él. Y da un grito que no es semejante a otro ninguno, y espera que el caminante llegue cerca.

Entonces sacude sus alas anchas, grita y vuela y aparece de nuevo más allá. El caminante mira al pájaro de la tarde siempre delante de él, gritando y volando, hasta que cierra la noche. Luego no vuelve a verlo ni oírlo.

El que está acostumbrado a andar por los caminos y es viejo en la soledad, sabe lo que busca este pájaro extraño, que no tiene su nido en ninguna parte y que baja a buscar a los caminantes y grita delante de ellos.

A quien no lo ha visto nunca le da miedo. Porque es muy raro lo que hace, y su grito es frío y tembloroso como el de un niño que se muere. Y, además, nunca viene sino en la hora en que las cosas que se ven parecen otras.

En el silencio del camino, su grito llama al caminante y sus alas sacuden el viento y su sombra pasa como azotando los ojos.

En el punto en que es de noche, vuela y cae junto a los pies del viajero, y grita la última vez, como si tuviera dolor de que no le entendieran y perdiese la esperanza. Y después se va, con mucho y violento ruido de sus alas, para ya no volver" (Antonio Mediz Bolio, *La tierra del faisán y del venado*, págs. 107-108).

Panga de plata. Embarcación fantasma que aparece en las noches nubladas en las aguas de Boca Chica (Acapulco, Guerrero). En ella se perciben las siluetas de un esclavo negro y una blanca doncella que murieron en el intento de perpetuar su amor en contra de los prejuicios sociales. La visión de la lancha por los pescadores se considera afortunada, ya que quien la mira siempre sacará sus redes llenas y en su casa no se conocerá la miseria.

Papanín. Grupo de ancianos, dicen algunos que al servicio de Jesucristo y, otros, a las órdenes del Dueño del Agua. Su función básica consiste en producir los relámpagos y los truenos que anuncian el inicio de la temporada de lluvias y la acompañan. Desafortunadamente, los informantes no han podido aportar datos amplios ni fidedignos sobre los mecanismos utilizados para la creación de tales fenómenos meteorológicos. Sin embargo, suponemos que implican la posesión de facultades suprahumanas así como un natural sentido del paso del tiempo. Cuando las precipitaciones pluviales se retrasan o simplemente no aparecen (como en los periodos de sequía), es probable que tal situación obedezca (aunque los estudiosos del clima digan lo contrario) a algún designio superior que no necesariamente es claro para los humanos.

Pareja enlutada. En el siglo XVI llegaron a la Nueva España dos hermosas mujeres, madre e hija. El objetivo del viaje era reencontrarse con su marido y padre a quien hacía años no veían. Ambas fueron amablemente recibidas en el Palacio de Cortés (Cuernavaca, Morelos) y, al cabo de poco tiempo, su belleza y finísimos modales ocasionaron el asedio de innumerables varones que aspiraban a su amor. Sin embargo, dicen las malas lenguas que ambas escogieron como amante a don Hernán Cortés quien, sin hacerse rogar, aceptó gustoso la relación.

El esposo traicionado, sin poder contener más su vergüenza por el monstruoso triángulo amoroso, prefirió quitarse la vida, no sin antes maldecir a su esposa e hija. Al poco tiempo, una tarde en que las dos guapas damas, enlutadas y llenas de remordimiento, acudieron al camposanto a llevarle flores al difunto, fueron interceptadas por una turba que las arrastró a una barranca. Ahí, abusaron salvajemente de ellas y les dieron muerte con flechas, piedras y puñales. No contentos con ello, dejaron sus cuerpos desnudos para que se convirtieran en alimento de las fieras y jamás pudieran tener cristiana sepultura.

Desde entonces dicen que en el viejo barrio de Amatitlán, cada sábado por la noche puede observarse, en las bardas correspondientes a las antiguas caballerizas del Palacio de Cortés, cómo emergen dos sombras de mujer enlutadas. Aunque han sido numerosos los testimonios de tal aparición, hasta ahora nadie ha podido contemplar sus rostros, pero todos coinciden en que los espectros llevan cirios encendidos en las manos y lanzan ayes lastimeros. Empiezan a correr como si el mismo Diablo las persiguiera y se arrojan al fondo del barranco mientras profieren un grito que eriza los cabellos de quien lo escucha. En ocasiones, los fantasmas detienen su andar para acosar a los hombres y cuando éstos caen rendidos ante sus encantos, hacen que las sigan y caigan en un abismo cercano como venganza por lo que, años ha, sufrieron a manos de la furibunda multitud.

Patan (Fardo, Mecapal, Opresión). Uno de los 12 Señores del inframundo maya cuya misión, que realizaba a dúo con Xic, consistía en causar una muerte lenta y dolorosa a los caminantes. De pronto, aquel que para su mala suerte había sido elegido, empezaba a arrojar grandes cantidades de sangre por la boca, todo su cuerpo se estremecía ante la falta de aire y sentía que un gran peso le oprimía el pecho, y efectivamente así era, porque Xic y Patan, en ese momento, estaban alegremente estrujándole tórax y garganta a la espera de su fallecimiento.

Pato del río Lerma. En las afueras de Temoaya, cerca del río Lerma, existe un ojo de agua donde un pato se para sobre una roca y si alguien intenta atraparlo, de inmediato se esconde en el hoyo de donde brota el agua. Hasta aquí la historia no tiene nada de extraordinario, sin embargo, resulta que el pato no es más que el disfraz que utiliza un niño fantasma durante el día. Una vez que cae la noche, la criatura retoma su aspecto infantil y disfruta bañándose en las cristalinas aguas.

Patrón de los animales domésticos. *Véase* Mawakite.

Patrones. *Véase* Yumtzilob.

Patronos. *Véase* Dueños y Yumtzilob.

Pavo engañoso (Zoohol-Kutz, Pavo hueco, Pavo falso). Los animales, al igual que algunas plantas, están al cuidado de un espíritu protector que se dedica a vigilarlos y salvaguardar la especie contra numerosos peligros. Por lo general, este guardián posee la apariencia de los animales a su cargo. Así, los pavos o guajolotes están bajo la custodia de Zoohol-kutz. A pesar de que el Pavo falso goza de importantes poderes para poder cumplir con mayor eficiencia su función, desafortunadamente es posible matarlo. Para cometer este crimen se requiere un proyectil que se prepara con hojas de zohol y que se dispara ya sea con una escopeta o una pistola de grueso calibre.

Pavo falso. *Véase* Pavo engañoso.

Pavo hueco. *Véase* Pavo engañoso.

Paralís. *Véase* Mautiwaki.

Pedro el Negro. Cuentan que el 8 de marzo de cada año, una de las cuevas ubicadas en Santa Rosa y San Mateo, arriba de lo que actualmente es la delegación Álvaro Obregón (D. F.), en el área de Contreras, se abre dando la oportunidad, a quien se atreva, de penetrar en ella y obtener riquezas. El tesoro escondido en la gruta pertenece a Pedro el Negro y digo pertenece porque, pese a estar muerto desde hace muchos años, el tal Pedro sigue custodiando las riquezas que obtuvo en sus prolíficas actividades de ladrón por el Viejo Camino a Acapulco allá por 1864.

Cuando algún valiente entra en la caverna con la intención de volverse rico escucha, de pronto, una voz gutural y profunda que parece venir de todos lados y que le pregunta: "¿Todo o nada?" Generalmente el incauto sale huyendo despavorido al toparse con el dueño de la voz, ya que su aspecto es aterrador y sus negras ropas ayudan a acentuar su horrible fisonomía. Por supuesto, el vigilante del tesoro no es el único peligro del lugar. A éste hay que sumar la extraña situación de que quien penetra en la gruta pierde la noción del tiempo y cuando sale se percata de que ha sido dado por muerto o desaparecido debido a que hace más de un año que nadie ha vuelto a saber de él. Además, dicen que el lugar contiene una enorme cantidad de huesos que probablemente pertenezcan a las víctimas de los asaltos que eran asesinadas para evitar que cualquiera de ellas pudiera reconocer a sus asaltantes, o quizá sean los restos de aquellos que quisieron obtener el tesoro y murieron de terror.

El tesoro sigue ahí porque no ha existido nadie que tenga las agallas suficientes para contestar la pregunta de Pedro el Negro y así poder llevarse las riquezas. Además, tampoco existe certeza alguna que de responder adecuadamente a la interrogante el valiente efectivamente pueda acceder a la fortuna o si sólo sea una jugarreta más del malévolo espectro.

Peones. *Véase* Dueños.

Pequeño animal. *Véase* Lab.

Pequeño niño (Chan Pal). Entidad perversa de aspecto duendil que habita en lo más profundo de los montes. Su presencia invariablemente va acompañada de muerte, ya que es él quien causa las epidemias de viruela que arrasan los poblados mayas.

Pequeños Truenos (Hombres-Flores, Sänät-cisku). Pequeñas entidades totonacas de aspecto antropomorfo que llevan vestidos de mestizo de color verde. Llama la atención que tanto su cinturón como las agujetas de sus zapatos no son otra cosa que pequeñas serpientes que no les hacen el menor daño. En la cadera llevan una pequeña espada que, al ser desenvainada, da lugar a los relámpagos que anuncian la llegada de la lluvia. Cuando no están cumpliendo diligentemente sus actividades ligadas a las precipitaciones pluviales, se retiran a las cuevas y colinas donde se encuentran sus casas y cónyuges. No es del todo extraño verlos, si uno presta la suficiente atención, realizando las labores del hogar o tendiendo sus diminutas ropas. Aunque se afirma que sólo existen 25 criaturas de esta especie, es probable que el dato sea inexacto ya que les resultaría casi imposible llevar a cabo su trabajo a lo largo y ancho de toda la zona.

Perdedor, El. *Véase* Dueño del Monte.

Peregrinación fantasma. Manifestación fantasmagórica multitudinaria que aparece durante la Semana Santa en la carretera de Morelia a México (viniendo de Michoacán) e incluye aproximadamente unos 70 espectros de diversas edades y sexos. Los espíritus avanzan por el asfalto de forma lenta y con la cabeza inclinada. Sus ropas son blancas, grises o negras y a la usanza de la Revolución. Salvo el tremendo susto que puede desembocar en un accidente automovilístico, no causan daño alguno a los viajeros y, cosa curiosa, no todas las personas pueden verlos.

Perros. Se dice que el perro es el mejor amigo del hombre y, créame, es cierto. Su ayuda no se limita a actividades productivas y de salvamento. Su lealtad es tal que, aun después de muertos, son capaces de seguir ayudando a sus amos. Son ellos los encargados de abrir el camino del inframundo a las almas y ayudarlas a cruzar el Chicunauhapan, río que circunda la región más profunda del submundo. Aparte de esto y mucho más, poseen la facultad de ver los espíritus de los ya fallecidos e, incluso, a La Muerte misma. Se dice que cuando un perro ladra emitiendo una especie de sonido sofocado, durante toda la noche, es porque alguien morirá pronto. Existe la creencia en Guanajuato de que si uno se pone una legaña de perro en el ojo será capaz de ver a las ánimas en pena.

Los habitantes del istmo de Veracruz se santiguan cada vez que escuchan aullar a un perro porque saben que eso significa que se avecinan desgracias, peleas o muertes, que algún brujo anda cerca o que el mismísimo Diablo ha pasado por ahí. Antiguamente se creía que un cráneo de perro era un recurso sumamente efectivo para la protección de los hogares y las siembras, ya que tiene la facultad de mantener lejos a las almas de los difuntos que, debido al "aire" que dejan a su paso, secan las plantas y especialmente los árboles frutales. Para los istmeños el perro es el mejor compañero del hombre no sólo en esta vida, sino también en la otra; de hecho, es considerado el salvador del alma. Por ello, cuando moría alguien mataban a su perro y lo enterraban junto a él para garantizar que su espíritu pudiera pasar el río de sangre que lleva el alma al otro mundo. Actualmente esta costumbre ha caído en desuso, porque se cree que, incluso estando vivo, el perro cumplirá su cometido de ayudar a su amo.

Perros fantasmas. En nuestro país son comunes las apariciones de perros que, por lo general, son de color negro, superan la talla normal, poseen una marcada agresividad, en ocasiones muestran un par de brillantes ojos rojos y emiten unos gruñidos aterradores. Estas manifestaciones pueden clasificarse en tres tipos de acuerdo con la causa que las produce. El primero corresponde a los naguales, es decir, personas con la facultad de asumir aspecto animal. El segundo va ligado a una serie de espíritus o entidades negativas que asumen esta apariencia para aterrorizar a los vivos. Y el tercero se refiere a perros ya fallecidos que ignoran que han muerto y siguen atados en cierto modo a este mundo. Comúnmente, este fenómeno suele darse por las noches y sin previo aviso.

Personas-monos. *Véase* Monos.

Petatillos. Peligrosas serpientes que antiguamente bajaban del cielo a través de una columna

rocosa para devorar a los adultos y, especialmente, a los niños totonacas. Solían acompañar a Laqawatsas y a un número indefinido de hombres transformados en tigres. Por fortuna, estas terribles incursiones no eran comunes y de un tiempo a la fecha parece que son nulas, probablemente debido a la natural extinción de esta especie o porque han mudado su territorio de caza.

Petlacóatl. *Véase* Estera de Serpientes.

Pibíware. *Véase* Remolinos de viento.

Picawa. *Véase* Cojolite.

Pico de obsidiana (Pico de piedra de navaja, Tenitztli). Las aguas del Altiplano Central eran habitadas por una enorme variedad de aves no sólo locales, sino también una gama que migraba a la zona en determinados meses del año. Una de las más raras era, sin duda, el Tenitztli. Este pájaro tenía las patas, la cola y el tamaño similar al de las palomas. Su cabeza era pequeña y de color oscuro; su pecho de una tonalidad gris como la del humo y las espaldas de un negro intenso; el cuerpo robusto y las alas particularmente cortas. Empero, lo que la hacía tan peculiar era su pico, que no era uno sino tres colocados uno encima del otro, de tal modo que formaban dos bocas (perfectamente delimitadas) que iban a dar a una garganta única.

Esta ave de hábitos nocturnos era vista muy rara vez, lo cual constituía una verdadera suerte ya que su presencia se consideraba de muy pero muy mal agüero. Si algún hombre, ya sea por equivocación o con intención expresa de hacerlo, la atrapaba debía poner en orden todos sus asuntos porque no pasaría mucho tiempo antes de que él y toda su familia murieran.

Pico de piedra de obsidiana. *Véase* Pico de obsidiana.

Piedra embrujada de Usila. En los alrededores de Usila, en la zona de la Chinantla (Oaxaca), había una piedra de color verde azulado que, según dicen, fue puesta en el lugar por unos brujos que encontraban particular diversión y trabajo con los padecimientos ajenos. Quienes transitaban por la zona e ignoraban la existencia o ubicación precisa de la piedra, con frecuencia la pisaban. Al poco tiempo empezaban a sentir molestias en la ingle, comezón, dolor y una bola empezaba a crecerles en el sitio. La única manera de solucionar el padecimiento era recurrir a algún curandero para que la reventara.

A pesar de que fueron muchos los que tuvieron la mala fortuna de pisar la roca, nadie se atrevía ni a intentar moverla por miedo a las represalias que pudieran tomar los hechiceros en su contra. Sin embargo, alguien debió haber tenido el valor o conocimiento necesario para quitarla, ya que en la actualidad no existe.

Piedras. En la región pame de San Luis Potosí es muy común ver ofrendas junto a las rocas. A ojos extraños, esta costumbre podría resultar excéntrica; sin embargo, tiene una poderosa razón de ser. Las piedras son la residencia de espíritus malignos los cuales, al igual que cualquier otro ser viviente, deben alimentarse para garantizar su supervivencia. En caso de que los humanos no les aporten el sustento necesario, las rocas pueden enojarse y, en represalia, se apropian del cuerpo de aquellos que hayan omitido la realización de ofrendas y le ocasionan el llamado *mal de piedra* o *piquete de piedra*. Este padecimiento tiene una sintomatología clara y específica: el sujeto empieza a manifestar temblores, diarrea, mareos y escalofríos y, de no ser atendido de inmediato, la muerte no tardará en sobrevenir. Para evitar esto, los curanderos se encargan de cumplir oportuna y puntualmente con las dádivas, ya que nadie mejor que ellos conoce el momento justo y la proporción adecuada que agrada a las piedras. Asimismo, son ellos quienes saben (mediante sus poderes mágicos y de adivinación) los días en que las rocas deciden volverse peligrosas sin previo aviso.

Por su parte, los otomíes de la Sierra Madre guardan especial reverencia a las formaciones pétreas ya que saben que son el resultado de la metamorfosis sufrida por los Wema (gigantes ancestrales). A causa de su origen divino, constituyen naturales fuentes de energía y abundancia que benefician a quienes conocen sus secretos. Empero, las rocas también pueden resultar dañinas y esto obedece a que ejercen un particular poder de atracción sobre los gérmenes que ocasionan las epidemias.

Piedras Parlantes. En ciertas regiones de Nuevo León y Tamaulipas hay unas rocas talladas por civilizaciones antiguas. Las piedras han sido sometidas a análisis e investigaciones, pero aún no han podido descifrarse los signos que están grabados en su superficie. El misterio resulta aún insondable ya que además poseen la asombrosa particularidad de que hablan. Sin embargo, a la fecha no ha habido nadie que logre entender sus palabras, probablemente porque las musitan en una lengua vieja que se ha perdido con el paso del tiempo.

Pingo (Señor del Cerro de Santa Ana Hueytlapan). Entidad otomí que habita en las tierras altas de la Sierra Madre. Este ser de particulares

costumbres es, ni duda cabe, el consentido de los indígenas de la zona, ya que en lugar de comer alimentos normales prefiere ingerir grandes cantidades de oro que, una vez digeridos, excreta por todos lados. Obviamente, sus deposiciones son buscadas con entusiasmo por los lugareños. Además, no falta quien fisgone incansablemente sus pasos con el fin de descubrir su "despensa" y hacerse rico con el áureo metal.

Piowacwe (Vieja que se quema). Mítico ser de vagina dentada y poderes de magnitudes inigualables que guarda estrecha relación con las serpientes, los peces y la Tierra. Piowacwe vive en el volcán del Chichonal (Chiapas), aunque a veces prefiere pasar largas temporadas en su residencia ubicada en el cráter del Tacaná (Guatemala). Es ella la causante de la violenta erupción del Chichonal en 1982 como represalia contra las exploraciones petroleras que se realizaron en la zona a partir de la década de los sesenta y que rompieron abruptamente el equilibrio del ecosistema.

Pipibiri. *Véase* Remolinos de viento.

Piquete de piedra. Padecimiento cuya causa específica radica en tocar las piedras en días peligrosos. Los síntomas que acompañan esta enfermedad son vértigo, vómito, diarrea y temblorina que, si no son rápida y adecuadamente tratados por un curandero, pueden resultar letales en corto tiempo.

Pirata fantasma del Cerro Atravesado. El Cerro Atravesado (Baja California Sur) es uno de los sitios preferidos de los buscadores de tesoros. Cargados de singulares aparatos y la herramienta adecuada para desenterrar las riquezas escondidas en el lugar por el pirata Taffall Lamartine, llegan por bandadas al lugar. Sin embargo, hasta el momento las numerosas expediciones han sido infructuosas a pesar de que una luz oscilante aparece por las noches e indica la ubicación exacta del entierro. Es probable que los fracasos obedezcan a que el espectro de Taffall Lamartine acostumbra aparecerse de improviso entre la arboleda y su sola presencia llena de espanto a los aventureros, que prefieren salir corriendo a enfrentarse con el espíritu.

Pitón. Víbora que suele pasearse por las milpas. Los totonacas nunca le hacen daño ya que la consideran de gran utilidad debido a que se come los roedores que, en otras circunstancias, acabarían con los sembradíos. Este ofidio es madre de todas las serpientes, patrón de los animales domésticos y posee la facultad de producir oro en cantidades significativas. Aunque normalmente no causa daño a los seres humanos, en su papel de protectora si ella considera que se ha abusado de las criaturas de su jurisdicción, puede tomar severas represalias contra los infractores.

Planchada, La. Existe una anécdota común a los hospitales de todo el país. Los enfermos refieren que en la mitad de la noche aparece una enfermera muy bonita que los atiende con cariño, les da los medicamentos correspondientes, verifica sus signos vitales o los tranquiliza. Algo que llama la atención es que la joven viste un uniforme perfectamente limpio y planchado, pero de aspecto antiguo. Más tarde o por la mañana aparece otra enfermera a cumplir las mismas funciones y el paciente le refiere lo sucedido. La enfermera, extrañada, contesta al convaleciente que no hay nadie con tales características y que, de seguro, se trataba de la Planchada.

Hay dos versiones respecto al origen de este famoso fantasma casi tan conocido como La Llorona. Se dice que la Planchada es el espíritu de una enfermera muerta hace tiempo. Esta dama solía tener una apariencia impecable y trataba eficiente y cariñosamente a las personas a su cargo. Y ahora, después de años de su fallecimiento, sigue frecuentando los hospitales para realizar la labor que tanto disfrutó en vida, ayudando a sus compañeras y trayendo todo el bienestar posible a los internos.

La otra versión es la de una enfermera que, tras ser engañada por un médico que se casó y la abandonó, cayó en una profunda depresión. A consecuencia de ello se volvió déspota con los pacientes, a quienes maltrataba, y descuidaba continuamente sus deberes, al punto que según se dice varias de las personas internadas murieron a causa de su negligencia. En castigo por los malos tratos infligidos a los enfermos hoy, muchos años después de muerta, se aparece en los hospitales tratando de reparar lo que hizo mal en vida.

Poc'lom. *Véase* Monstruo de los Bosques.

Poderoso Monicato. *Véase* Monicato.

Pol. *Véase* Cabeza errante.

Po'ob Tzoca. *Véase* Rayo.

Postomes. Manifestación ígnea de forma esférica y origen humano producto de la posesión y práctica de conocimientos hechiceriles oscuros llevada a cabo por los Chuleles con el objetivo de realizar todo tipo de tropelías y actos malvados. Este tipo de metamorfosis requiere para su ejecución estudios profundos, combinados con entrenamiento constante e intenso que sólo es alcanzado por los Chuleles de mayor jerarquía y experiencia.

Ppuz (Pusitos). Dueños de los aluxes, es decir, quienes los protegen de todo tipo de amenazas, les asignan tareas y los orientan dándoles las soluciones adecuadas para resolver cualquier problema por difícil que sea. Aunque normalmente son benevolentes con sus pupilos, si consideran que han cometido alguna infracción grave, no dudarán en imponer la sanción adecuada.

Contrariamente a sus protegidos, estas entidades mayas son adultos de gran altura y cuyas espaldas ostentan una nada discreta joroba. Aunque normalmente son un tanto reacios a aparecer en público, en ocasiones lo hacen para asistir a algún evento que llame particularmente su atención. Por obvias y voluminosas razones, su presencia se detecta casi de inmediato. Sin embargo, lo más aconsejable es guardar prudente discreción y por ningún motivo hacer referencia a su identidad, no vaya a ser que molestos por la carencia de modales, decidan tomar represalias.

Primeros Hombres. *Véase* Hombres de Maíz.

Principal Muerto. *Véase* Vucub-Camé.

Procesión de difuntos en Topilejo. Topilejo es un pueblito del Distrito Federal, cuyo aspecto no difiere significativamente de otras poblaciones del lugar; sin embargo, tiene una particularidad que lo hace muy, muy especial. Se dice que la noche del 26 de octubre, ya casi para amanecer 27, se escuchan pasos y voces que descienden por el cerro de Topilejo, se perciben murmullos y el rozar de pies contra la tierra. Si uno se acerca, la sorpresa (si no se está acostumbrado a ello) suele ser mayúscula porque quienes descienden por la ladera son los difuntos que vienen, por el Día de Muertos, a visitar a sus familiares. Es necesario tomar precauciones ya que, si uno los ve directamente, le sucederá alguna desgracia o, dentro de poco, será uno más de ellos. Una vez que los difuntos han cumplido con la visita a sus seres queridos y degustado los platillos que cariñosamente se han colocado en las ofrendas, regresan (con su itacate bajo el brazo) a su morada en el más allá.

Prodigios que anunciaron la caída de Tenochtitlán. Antes de la llegada de los españoles al territorio que actualmente conforma nuestro país, se presentaron una serie de sucesos anormales que presagiaban que algo terrible estaba por suceder. Pero dejemos que sean los informantes de Sahagún quienes nos hablen al respecto: "Diez años antes que viniesen los españoles a esta tierra pareció en el cielo una cosa maravillosa y espantosa, y es, que pareció una llama de fuego muy grande, y muy resplandeciente: parecía que estaba tendida en el mismo cielo, era ancha de la parte de abajo, y de la parte de arriba aguda, como cuando el fuego arde; parecía que la punta de ella llegaba hasta el medio del cielo, levantábase por la parte del oriente luego después de la media noche, y salía con tanto resplandor que parecía de día; llegaba hasta la mañana, entonces se perdía de vista; cuando salía el sol estaba la llama en el lugar que está el sol a medio día, esto duró por espacio de un año cada noche: comenzaba en las doce casas, y cuando aparecía a la media noche toda la gente gritaba y se espantaba: todos sospechaban que era señal de algún gran mal. La segunda señal que aconteció fue, que el chapitel de un cu de Vitzilopuchtli, que se llamaba Totleco, se encendió milagrosamente y se quemó: parecía que las llamas de fuego salían de dentro de los maderos de las columnas, y muy de presto se hizo ceniza: cuando ardía comenzaron los sátrapas a dar voces diciendo: ¡Oh mexicanos!, venid presto a apagar el fuego con cántaros de agua, y venida el agua echábanla sobre el fuego y no se apagaba, sino antes más se encendía, y así se hizo todo brasa. La tercera señal fue que cayó un rayo sobre el cu de Xiuhtecutli, dios del fuego, el cual estaba techado con paja, llamábase Tzumulco: espantáronse de esto porque no llovió sino agua menuda, que no suelen caer rayos cuando así llueve, ni hubo tronido, sino que no saben cómo se encendió. La cuarta señal, o pronóstico, fue que de día haciendo sol cayó una cometa, parecían tres estrellas juntas que corrían a la par muy encendidas y llevaban muy grandes colas: partieron de hacia el occidente, y corrieron hacia el oriente, iban echando centellas de sí: de que la gente las vio comenzaron a dar grita, y sonó grandísimo ruido en toda la comarca. La quinta señal fue que se levantó la mar, o laguna de México con grandes olas: parecía que hervía, sin hacer aire ninguno, la cual se suele levantar sin gran viento: llegaron las olas muy lejos y entraron entre las casas, sacudían en los cimientos de las casas, algunas de éstas cayeron: fue grande espanto de todos por ver que sin aire se había embravecido de tal manera el agua. La sesta señal, o pronóstico, fue que se oyó de noche en el aire una voz de mujer que decía: ¡Oh hijos míos, ya nos perdimos!; algunas veces decía: ¡Oh hijos míos, a dónde os llevaré! La séptima señal fue que los cazadores de las aves del agua cazaron una ave parda del tamaño de un grulla, y luego la fueron a mostrar a Mocthecuzoma, que estaba en una sala que llamaban Tlitlancalmécatl, era después de medio día; tenía esta ave en medio de la cabeza un espejo redondo, donde se parecía el cielo, y las estrellas, y especialmente los mastelejos que andan cerca de las cabrillas: como la vio Mocthecuzoma espantóse, y la segunda vez que miró en el espejo que tenía el ave: de ahí un poco vio una muchedumbre de gente junta que venían todos armados encima de caballos, y luego Mocthecuzoma mandó llamar a los agoreros y adivinos y preguntólos, ¿no sabéis qué es esto que he visto?, que viene mucha gente junta, y antes que respondiesen los adivinos desapareció el ave y no respondieron nada. La octava señal, o pronóstico, fue, que aparecieron muchas veces monstruos en cuerpos monstruosos, llevábanlos a Mocthecuzoma, y en viéndolos luego desaparecía" (*Historia general de las cosas de Nueva España*, págs. 723-724).

Puerco de la Hacienda de Comalco. En la Hacienda de Comalco (Temoaya), de vez en vez, aparece un puerco enorme que arrastra una cadena de vistosos colores. La gente, en cuanto lo ve, de inmediato empieza a seguirlo ya que es bien sabido que su presencia indica el sitio en el que se encuentra un tesoro enterrado. Aunque muchas personas se han dedicado a escarbar ansiosas de hallar las riquezas, el caso es que no han conseguido encontrarlas y el famoso chancho sigue apareciéndose tan campante por la zona.

Pukuj. Véase Diablo, El.

Pukujes. El embarazo, en cualquier cultura, suele estar acompañado de una serie de cuidados, prácticas y omisiones que buscan garantizar que la criatura llegue a buen término. Y los chamulas no son la excepción. Las gestantes tienen especial cuidado y precaución de no toparse con los Pukujes (manifestación en forma animal del espíritu de una persona), porque es de sobra conocido que estas entidades malévolas pueden robarse a los bebés estando incluso dentro del vientre materno y, de no tomar las precauciones adecuadas, puede suceder que la madre, de pronto, ya no tenga al niño dentro de sí, que su vientre se halla convertido en una cáscara vacía.

Pukujil. Véase Diablo, El.

Pumas. Hará unos 100 o 150 años, los caminos que iban desde la Chamula a los cafetales podían resultar altamente riesgosos debido a que los jaguares los habían convertido en coto de caza. Los chamulas, que forzosamente debían recorrerlos, estaban preocupados y, no es para menos, ya que muchos de sus amigos y familiares habían muerto en ellos. De hecho, el peligro era tan fuerte que los lugareños tenían miedo hasta de asar carne porque esas bestias podían olerla y acercarse. Para contrarrestar esta amenaza, los indígenas acostumbraban regar sal en el suelo ya que es bien sabido que a los pumas le encanta su sabor y, como muestra de agradecimiento, defendían a los hombres manteniendo alejados a los jaguares.

Pusitos. *Véase* Ppuz.

PUX'JWAI. Los vampiros son criaturas con gran capacidad de adaptación que les ha permitido hacer del mundo entero su residencia y, sobre todo, porque su fuente de alimento puede encontrarse en cualquier latitud. La familia vampírica, como cualquier otra, posee dentro de sí un sinnúmero de especímenes cuyas características físicas y poderes varían significativamente.

En el caso de México, en la zona otomí existe una particular criatura que representa una fusión de nagualismo y vampirismo: el Pux'Jwai. Tal combinación resulta peligrosa y los habitantes de estos lares lo saben perfectamente; por ello, nada más de oír su nombre lo más probable es que se echen a temblar.

El Pux'Jwai es un hombre que (por medios desconocidos para los humanos, pero seguramente de naturaleza mágica) se convierte en bestia. Bajo su nuevo y terrorífico aspecto vaga en las horas en que las tinieblas son más densas a la búsqueda de víctimas. Su sed de sangre es insaciable y la obtiene chupando a sus presas. El ataque continuado de esta criatura ocasiona que su "fuente de alimento" se vaya consumiendo lenta e inevitablemente. Los infantes son sus abastecedores más frecuentes. No existen hasta el momento métodos infalibles para protegerse de la acción de esta entidad razón por la cual ser "elegido" por él generalmente equivale a una sentencia de muerte.

Qotiti. *Véase* Diablo, El.

Quapetlanqui. *Véase* Cabeza desnuda.

Quapetláuac. *Véase* Cabeza desnuda.

Quatézcatl. *Véase* Cabeza de espejo.

Que trae consigo fuego. *Véase* Tleua.

**Quetzalcóatl (Serpiente con plumas de quet-
zal).** Las tierras calientes allá por el rumbo de Totonacapan son el hogar de la Quetzalcóatl. Este
ofidio, a diferencia de cualquier otra sierpe, no
posee el cuerpo totalmente cubierto por escamas;
en lugar de ellas, su piel está adornada por completo por bellas plumas muy parecidas a las de
los quetzales. Este plumaje adquiere distintas tonalidades; así, el cuello es verde, la cola en variedades de azul y el pecho muestra toda una gama
de tonos desde el púrpura hasta el escarlata.

En términos generales, es más lo que se ignora que
lo que se sabe de esta culebra; empero, lo que se
conoce no es precisamente causa de tranquilidad.
Aparece en raras ocasiones y, cuando lo hace, es
para matar. Si se percata de que alguien la está
viendo, de inmediato vuela contra él y lo pica. El
veneno es fatal y posee un efecto instantáneo para
el que no existe remedio alguno. Dicen que una vez
que ataca, muere ella también porque echa de
una sola vez toda su ponzoña y con ella la vida.

Quiamperos. Especialistas en magia que tienen
el honor de hablar con el volcán Popocatépetl y
fungir como mensajeros entre él y sus pueblos.

Cabe decir que no cualquiera puede ser un Quiam-
pero: es necesario ser elegido. La señal de que
una persona ha sido escogida por el volcán es
que sea tocada por el rayo y sobreviva. Una vez
que esto ha sucedido, los Quiamperos más viejos
se encargan de prepararlo y darle todos los conocimientos necesarios para el adecuado cumplimiento de su labor; además, obtiene el privilegio
de poder charlar con don Gregorio (el Popocatépetl) y doña Manuela (el Iztaccíhuatl).

El trabajo más importante de los Quiamperos consiste en dirigir la peregrinación a una cueva ubicada en la ladera del volcán, que se lleva a cabo
cada 3 de mayo y que incluye a los pueblos de
Nealtican, San Mateo Ozolco, San Nicolás de los
Ranchos y Santiago Xalitzintla. Una vez que llegan
al sitio, los Quiamperos centran la atención en des-
cifrar las ondulaciones del agua de la cascada
que ahí se encuentra y que pronostican (con marcada exactitud) el tipo y la cantidad de precipitación pluvial con que contará ese año cada comunidad. Mientras tanto, el resto de los peregrinos
colocan ofrendas de pollo en mole y tamales y re-
zan en silencio. Los Quiamperos se dedican a conversar con don Gregorio y le solicitan de la manera más atenta que las cosechas sean abundantes. Hay que decir que estos ruegos no siempre
concluyen con éxito, pero, no es porque el volcán
se niegue a concederlos o porque los magos no

cumplan con los procedimientos necesarios, sino porque el Diablo nunca descansa y siempre está dispuesto a complicar los asuntos humanos.

Otra función de marcada importancia que cumplen los Quiamperos consiste en enfrentar al granizo-Diablo. Cuando las campanas de las iglesias anuncian su llegada, de inmediato los Quiamperos se visten de manta, colocan un paliacate rojo en su frente y se arrojan, espada en mano, hacia el volcán a mantener una encarnizada lucha contra la entidad nefasta. Por supuesto, tales combates no resultan sencillos y los Quiamperos necesitan la colaboración de los lugareños quienes, rápidamente, suben a las torres de los templos y lanzan cohetes contra el granizo.

Por regla general los Quiamperos son varones, sin embargo, existió en Santiago Xalitzintla una joven rubia de 15 años que, tras ser tocada por el rayo, se convirtió en Quiampera. Probablemente por el ejercicio de sus funciones o por causas que no comprendemos, la muchacha perdió el cabello y su piel se oscureció.

Este oficio se ha ido perdiendo poco a poco: actualmente el número de expertos ha decrecido de forma significativa y tal parece que tiende a la desaparición. Don Gregorio, dicen, está triste porque ya no tiene con quién hablar.

Quiqxic. *Véase* Xic.

Rabis-bob (Babis-bob). En las tierras de la zona maya suele presentarse un fenómeno extraño. De pronto, comienza a escucharse un ruido que se percibe simultáneamente en varios lugares y antes que el caminante pueda identificar su fuente, cae muerto sin que haya una razón aparente. Los que saben de las cosas secretas del Mayab aseguran, sin temor a equivocarse, que el causante ha sido el Rabis-bob. Esta entidad es invisible a ojos humanos, pero su paso se identifica con claridad porque va ocasionando el fallecimiento de toda criatura viva al emponzoñar el aire. Se desconocen los mecanismos por los cuales este ser puede causar el envenenamiento ambiental, pero probablemente sea algún tipo de proceso físico-químico a través del cual el oxígeno que respira se transforma en una sustancia altamente tóxica. Las contadas ocasiones en que se manifiesta de manera tangible lo hace bajo el aspecto de un tejón común y corriente.

Ratones. La costumbre de dejar los dientes al ratón, contrariamente a lo que se cree, no es de origen extranjero. De hecho, desde tiempos prehispánicos los padres solían depositar los dientes que mudaban sus hijos en algún agujero de estos roedores ya que, de no hacerlo, se corría el riesgo de que los nuevos dientes no brotaran y el muchacho quedara chimuelo.

Rayo (Chahwk, Hombres Rayo, Po'ob Tzo-ca, Totáhuan, Señores, Yuc Tzoca). Particular ejemplo de nagualismo. Hay hombres que por razones especiales son elegidos para dotarlos del poder de transformarse en rayos. Sin embargo, esta facultad no sólo significa la posesión de talentos que van más allá de lo humano, sino que también implica responsabilidades cuyo incumplimiento pondría en serio peligro la supervivencia de los tzeltales.

Los rayos son los encargados de controlar las lluvias, regular las acciones de los naguales de mejor jerarquía, proteger los poblados contra los ataques de naguales malévolos pertenecientes a otras comunidades y cuidar los objetos sagrados.

El Rayo posee una naturaleza benévola debido a que no causa daño a la gente. De hecho, los pescadores lo tienen en muy alta estima porque en ocasiones les presta invaluables servicios al caer sobre los ríos ya que, de esa forma, ellos sólo tienen que recoger los peces muertos. Sin embargo, es importante no perder de vista que estas entidades son particularmente sensibles y si algo los ofende sobremanera es que su labor no sea reconocida por los hombres. Por ello, es indispensable propiciarlos de manera adecuada. Los campesinos, antes de empezar a preparar las parcelas, realizan una serie de ritos especiales mediante los cuales solicitan respetuosamente su favor. Al concluir la cosecha, separan el maíz en cuatro montones que son colocados dentro de los márgenes de la milpa. Se cava un agujero y en él se deposita la estatuilla de algún santo (si es San Miguel, mucho mejor) y se colocan a su alrededor cuatro velitas que constituyen una ofrenda de agradecimiento para el Rayo.

En la zona del Istmo de Veracruz los rayos también cumplen importantes funciones en pro del bienestar de los campesinos de la zona. Según los nahuas y popolucas, son ellos quienes se encargan de evitar que los huracanes acaben con las siembras trayendo el hambre a la región. Asimismo, cumplen con la importante labor de alejar los aires destructores que podrían causar estropicios en las cosechas.

Obviamente, convertirse en un Rayo no es cosa fácil ya que requiere un amplio y prolongado entrenamiento que se extiende hasta por 12 años. Tanto hombres como mujeres deben guardar largos periodos de abstinencia sexual, realizar rezos especiales los jueves y viernes, así como aprender las fórmulas y procesos adecuados para la realización de las actividades mágicas que requieren para el desempeño de sus funciones. Una vez que se ha cumplido este lapso de preparación, el Rayo debe enfrentar un peligroso rito iniciático que consiste en domar al Siete Cuernos, monstruo que habita en las profundidades de la Tierra, bajo los cerros, y que emerge durante los temporales. Ya para este momento los rayos son capaces de formar nubosidades, contener tempestades, dar muerte a personas, prestar servicios de vigilancia a su comunidad y evitar la devastación de los sembradíos.

Ser un Rayo no es sencillo debido a que debe enfrentarse con brujos malévolos dispuestos a causar daños a los humanos. De hecho, cuando se desata una gran tormenta es signo inequívoco de que se está desarrollando una fuerte contienda entre hombres rayos y entidades negativas.

Los nahuas y popolucas creen que existen dos especies de rayos: una la constituyen los rayos negros, también conocidos como Yuc tzoca y otra formada por los rayos blancos, llamados Po'ob tzoca. Ambas especies guardan estrecha relación con sitios como el Mono Negro y el Mono Blanco, lugares célebres por su íntima vinculación con la magia y hechicería.

Rayo Viejo. Poderosa entidad que hace sentir su influencia en el istmo veracruzano. Es el jefe de los rayos de los cuatro puntos cardinales, también conocidos como las cuatro centellas. Asimismo, es considerado el patrón de aquellos brujos que son capaces de transformarse en rayos para proteger el adecuado crecimiento de las siembras.

Pese a su naturaleza antropófaga, los labradores lo tienen en alta estima y lo consideran su protector porque es él quien trae las lluvias indispensables para los cultivos y evita, gracias a sus poderes sobrenaturales, que los vendavales destruyan la zona.

Un antiguo mito asevera la existencia de una fuerte batalla entre el Rayo Viejo y el Maíz, a causa de la cual el primero perdió parte de una pierna. Desde entonces se le relaciona con los defectos físicos o cualquier tipo de deformidad.

Regadores, Los. *Véase* Chaacoob.

Relampagueante Chac Celestial. *Véase* Chaacoob.

Remeros sin cabeza. Durante las noches de plenilunio, en un pantano ubicado en tierras yucatecas emerge una barca que lleva siglos sumergida. Aunque este hecho resulta en sí mismo extraño, lo es aún más que sus cuatro tripulantes carezcan de cabeza, circunstancia que, por cierto, no les impide maniobrar hábilmente la embarcación.

Remolinos de agua (Chiji). Los manantiales son importantísimos en la vida cotidiana de los chinantecos (Oaxaca) al punto que la mayoría de ellos tienen parte de su espíritu habitando en una de estas fuentes de agua. Esta estrecha relación entre agua y esencia vital se inicia desde muy temprana edad, cuando el niño cae víctima de alguna enfermedad y el curandero (para librarlo del mal) acude al venero a solicitar a las entidades acuáticas la pronta recuperación del enfermo y se lleva un poco del líquido para bañarlo. Este proceso necesariamente trae como consecuencia que una parte del espíritu del afectado permanezca en el sitio. Ahí quedará bajo la protección del Dueño del Manantial y los Remolinos (que viven ahí) se encargarán de cuidarlo. Al poco tiempo, el chiquillo debe empezar a mostrar signos de recuperación, lo cual significa que la petición del curandero ha sido escuchada y que la porción del espíritu es bienvenida en el lugar. En caso de que no haya mejoría alguna o que su estado empeore, es menester que el sanador acuda a otro manantial donde el espíritu sí sea aceptado.

Cabe decir que en el interior de las aguas la vida transcurre, la mayor parte del tiempo, de forma tranquila. Empero, como todo lugar en el que convivan varios seres, siempre existe la posibilidad de peleas. Cuando esto sucede no falta que alguno de los espíritus destierre a otro del lugar, lo que trae como consecuencia que la persona ligada a él enferme de repente. Si este es el caso, el especialista en magia acude al sitio e introduce a su "doble" en las aguas. Poniendo en juego toda su capacidad diplomática trata de convencer al espíritu que no fue sacado de que acepte nuevamente al expulsado. No siempre el proceso de convencimiento es sencillo. Argumentos van y vienen, se esgrimen todo tipo de razones y, si hay suerte, el espíritu exiliado puede regresar.

Los Remolinos normalmente son considerados entes benévolos. Sin embargo, cuando el viento sopla de forma particularmente fuerte, un extraño cambio se produce. Los Remolinos sufren una radical transformación de su carácter y adquieren conductas malévolas que no pueden ser controladas ni por el mismo Dueño del Manantial. Abandonan las aguas y recorren la tierra arremetiendo con singular fiereza contra las milpas que rápidamente quedan destruidas. Esta situación se torna más amenazante en el tiempo de roza, ya que los Chiji se ponen a jugar con el fuego y en ocasiones hacen que se salga de control ocasionando graves incendios forestales. Por fortuna, esto no siempre sucede y sus travesuras se concretan a levantar torbellinos de ceniza. Cuando esto ocurre lo mejor es no meterse, ya que si alguien se atreve a intentar golpear a esta entidad, lo más seguro es que, furiosa, se vuelva contra él y arroje toda la ceniza contra el imprudente.

Remolinos de viento (Pibíware, Pipibiri). Los huaves del Istmo de Tehuantepec (Oaxaca) sienten particular temor a los remolinos de viento y, créalo, tienen muy buenas razones para ello. Están convencidos de que aquellos que no expiran tranquilos, que no cumplieron su tiempo, que fallecen de forma violenta o de mal destino no van al cielo: su cuerpo se desintegra, pero su espíritu queda errante y se manifiesta precisamente como remolino. Estas entidades vagan por los caminos y si uno los cruza o es atacado por alguno, irremediablemente enfermará. La sintomatología más común consiste en la aparición de una protuberancia de crecimiento rápido y continuo que se aloja en el vientre o el cuello y que, cuando ha alcanzado dimensiones significativas, aflora con aspecto tumefacto por encima de la piel. El único remedio conocido para este mal consiste en que un especialista en artes mágicas y herbolaria la muerda. El rasgamiento dental de la superficie de la tumoración posibilita la expulsión de secreciones féti-

das y purulentas. Una vez hecho esto, la piel puede empezar el proceso de cicatrización normal. En la zona de la Chinantla, en el paraje conocido como Cerro Rabón, hay un remolino (no sabemos si pertenezca al tipo arriba mencionado) que suele aparecer en la laguna del lugar. Por razones que escapan a nuestro entendimiento, el remolino acostumbra arrojar a la gente dentro del agua. Existen numerosos casos de ahogamiento debidos a esta entidad.

Por su parte, los habitantes de la región de los Tuxtlas (Veracruz) también prefieren guardar una respetable distancia de los remolinos ya que saben que es una de las manifestaciones del Señor de los Avernos y, en consecuencia, difícilmente tendrá buenas intenciones.

Los rarámuris, por su lado, distinguen dos tipos de esta manifestación. Los Pibiware son almas de personas que han muerto, o bien, que han abandonado su cuerpo durante el sueño, andan vagando por la zona y resultan inofensivos para aquellos que los ven. Sin embargo, la otra variedad entraña peligro ya que es enviada por el mismísimo Diablo con el objetivo de causar daño a la gente. Estos últimos se distinguen porque emergen de agujeros en el piso que, probablemente, constituyen algunas de las diversas entradas al infierno.

En el sur de Nuevo León y en las zonas de planicies de Tamaulipas es frecuente la presencia de remolinos en la época que precede a la temporada de lluvias. Los habitantes de la zona cuando ven uno prefieren alejarse lo más pronto posible del lugar, ya que la experiencia les ha enseñado que dentro de cada remolino habita un espíritu diabólico cuyo principal objetivo consiste en dañar a los humanos. Si uno tiene la mala fortuna de que una de estas entidades le pase por encima, más le vale encomendarse a todos los santos posibles, porque quedará marcado con el ojo del Diablo y, antes que transcurra mucho tiempo, enfermará. En caso de no ser atendido de forma rápida y efectiva o poseer una constitución naturalmente débil, lo más seguro es que muera pronto.

Repartidor Celeste de Lluvias (Ah-Thoxon-Caan-Chac). Una de las entidades encargadas de manejar las nubes y repartir la lluvia en el territorio maya. A pesar de que los Chaacoob son innumerables, la característica de éstos es que se encargan de llevar la lluvia fina y persistente adonde se requiera para refrescar los campos y permitir el crecimiento de las milpas.

Cuando los Ah-thoxon-caan-chac no están cumpliendo su labor suelen pasear por los montes y les gusta guarecerse en las cuevas y cenotes. Obviamente, estas entidades no actúan por cuenta propia. Acostumbran realizar reuniones, donde reciben órdenes e instrucciones para cumplir de manera más eficiente su tarea.

Como cualquiera, les gusta recibir ofrendas que pongan de manifiesto el agradecimiento de los hombres. Y más vale cumplir con ellas, ya que su extrema sensibilidad puede llevarlos a enojarse con el campesino, el cual verá secarse su campo.

Reúne sangre. *Véase* Cuchumaquic.

Revuelve casas (Bokolhaoch, Bokol-h-otoch, Bokol H'otoch, Bokol Och, Bokol-otoch). Espíritu maya que, por razones desconocidas, tiene la particular afición (suponemos que porque le resulta muy divertido o porque simplemente no puede evitarlo) de causar todo tipo de estragos en los hogares y revolver las pertenencias de los moradores. Su presencia se detecta porque produce un sonido muy parecido al de un batidor de chocolate. Aunque no causa daño a los humanos, éstos prefieren guardarle cierto respeto, no vaya a ser lo de malas. Asume, por lo regular, la apariencia de un zorro para hacer sus travesuras. Hay quien dice que el Bokol-h-otoch no es más que uno de los múltiples disfraces del Diablo.

Rey de la Tierra. *Véase* Chaneque, El.

Rey de las Culebras. Ofidio de ingentes proporciones que regula las actividades del resto de las sierpes oaxaqueñas. El Rey de las Serpientes es poseedor de una antigua sabiduría depositada en un libro con lomos de oro, en cuyas páginas se encuentra uno de los secretos mejor guardados y más solicitados por los huaves: cómo obtener riqueza en grandes cantidades y de manera rápida. Está por demás decir que no·está dispuesto a compartir este misterio de a gratis y con cualquiera. Y aunque no tenemos registro del pago que pide a cambio, podemos inferir que no se trata de algo bueno.

Rey de las Jaibas. Jaiba gigante, de tamaño similar al de una canoa, que aparece en el Istmo de Tehuantepec (Oaxaca) en Viernes Santo, el 2 de febrero o el día del Santo Patrón. Normalmente no causa daño a los pescadores, salvo el susto de verla emerger de las aguas. Sin embargo, si éstos no respetan la época de veda o se dedican a pescar más jaibas de las que requieren, lo más probable es que esta regia aparición les dé un escarmiento difícil de olvidar.

Rey de los Camarones. Camarón gigante que habita en los litorales oaxaqueños. Este crustáceo, con alma de Torquemada, se dedica a comerse a los pescadores que se hacen a la mar en fechas delicadas como la Semana Santa, la fiesta de San Mateo y la festividad de la Virgen de la Candelaria. De estos días los más peligrosos son, sin duda, los que comprenden la Semana Mayor ya que, como Dios está muriendo, no puede proteger a sus hijos de la manera que él quisiera.

Rey de los Ciervos. La monarquía tal parece que no es una institución del todo extraña para algunas especies animales. Por lo general, el rey presenta variaciones en su fisonomía que lo distinguen de sus vasallos, así como una diversidad de poderes que le permiten la protección y el cuidado de éstos. En el caso de los ciervos, su soberano posee la piel blanca. Al igual que toda figura importante, sus apariciones son escasas y, cuando lo hace, el resto de los ciervos se juntan y lo siguen, mostrando especial reverencia.

Rey de los Venados. *Véase* Zip.

Rikúhuri (Uchurí). Planta que comúnmente mantiene una actitud indiferente hacia los rarámuris. Empero, si ellos la cortan, pisan, ofenden o le arrojan algún objeto que la dañe, el vegetal enfurecerá y se tornará vengativo. La variedad de las represalias es amplia, pero las más comunes son ocasionar fuertes y continuos dolores de cabeza o alterar de tal manera el metabolismo que un solo vaso de licor desemboque en embriaguez que lleve al individuo a la realización de actividades peligrosas. Otras veces la persona, en estado de sonambulismo, se dirigirá a la punta de los acantilados y, de no ser despertada a tiempo, caerá desde las alturas. En cuanto a los niños, el castigo suele ser más leve: la Rikúhuri sabe que la inmadurez fue el motivo de la infracción y por ello se limita a generarles una gran cantidad de verrugas en la piel.

Roca-búho. Enorme piedra que custodia una de las montañas sagradas de Chiapas, así como a toda la fauna que habita en ella. La roca posee la facultad de hablar, aunque sólo la utiliza cuando es estrictamente necesario. En cuanto al resto de sus poderes, podemos decir que no son del dominio público; sin embargo, la prueba fehaciente de su existencia la constituyen las misteriosas muertes de aquellos que osan atentar contra la pétrea formación o la montaña.

Roca movible. En Veracruz, en las afueras del pueblo de Yanga, hay una enorme roca de unos 4 m de diámetro y de forma esférica. Tal hecho no tendría nada de extraordinario a no ser por las extrañas propiedades de la piedra. Cuentan que uno o varios hombres pueden intentar, con todas sus ganas, moverla sin que ésta se desplace ni un centímetro. Sin embargo, si una persona aplica fuerza con un solo dedo la mole se mueve sin problemas. Pero las singularidades no terminan ahí: los que han sido testigos de ello refieren que en Semana Santa el pequeño agujero que tiene la roca (de unos 3 cm) se ensancha de forma que un adulto puede penetrar a su interior, con la pequeña salvedad de que no vuelve a salir y, si lo hace, será al año siguiente completamente loco porque dentro de ella está el Diablo.

En cierta ocasión, un hombre decidió dinamitar la roca para saber qué tenía dentro. Cabe añadir que la explosión ni inmutó a la piedra y lo que sucedió es que una astilla salió volando con la detonación y se incrustó de forma violenta en la espalda del hombre y lo mató en el acto.

Roqi. *Véase* Tona.

Ruidoso, El. *Véase* X'bolon thoroch.

Sabio. Ave cuyo hábitat se encuentra en las tierras que conforman el Istmo de Veracruz. Los pobladores de la zona le guardan gran respeto y tiemblan de sólo verla, ya que saben que su presencia augura desgracias y es un signo inequívoco de que algún familiar cercano sufrirá un accidente grave o mortal.

Sacerdote decapitado. *Véase* Padre sin cabeza.

Sacerdote sin cuello (Culcalkin). Uno de los fantasmas mayas más célebres y temidos. Aparece entre los muros de los conventos en ruinas. Su presencia causa espanto inmediato, ya que al carecer de cabeza (elemento que por sí solo resulta espantoso) lleva los ojos en el pecho. Esta particularidad hace que su andar sea bamboleante y deba extender los brazos para guardar equilibrio. Algunos que han sobrevivido al terrorífico encuentro aseveran que el espantajo porta hábitos religiosos que tienen un agujero en el frente que sirve de mirilla a sus desagradables ojos.

El Salvaje. *Véase* Mechudo, El.

Sänät-cisku. *Véase* Pequeños Truenos.

Sangre junta. *Véase* Cuchumaquic.

Santa Muerte, La. *Véase* Muerte, La.

Santos dueños de los animales. *Véase* Dueños de los animales.

Satajnú. *Véase* Diablo, El.

Satanás. *Véase* Diablo, El.

Sayam-uinicob. *Véase* Jorobados.

Schanul. *Véase* Lab.

Sch'Uhlel. *Véase* Lab.

Señor de la Cueva. *Véase* Yajwal Ajaw.

Señor de las Fiebres. En El Tecomate (muy cerca de San Sebastián) hay una piedra de apariencia antropomorfa y aproximadamente un metro de alto. Los otomíes acuden constantemente al sitio con el propósito de verificar su posición, ya que cuando su rostro se dirige hacia el este, inevitablemente llegarán a los pueblos las denominadas *fiebres calientes* y, si lo hace hacia el oeste, podrán esperar la llegada de las *fiebres frías* o paludismo. Los indígenas llaman a esta roca El Señor de las Fiebres.

Señor de los Venados. *Véase* Huay-Tul.

Señor del Cerro. *Véase* Dueños de los cerros.

Señor del Cerro de Santa Ana Hueytlapan. *Véase* Pingo.

Señor del Monte. *Véase* Dueños de los cerros.

Señor Escolopendra. *Véase* Ek Chapat.

Señor Gusano. Desgraciadamente la desaparición de niños pequeños en las comunidades otomíes no es algo anormal. Lo curioso es que, a diferencia de otras zonas, los infantes no se esfuman a consecuencia de las particularidades del terreno, la fauna del lugar o porque escapan de sus hogares. El responsable es el Señor Gusano. Esta entidad durante el día vive bajo el aspecto de un gusano cualquiera, pero por las noches se transforma en un hombre que se hace acompañar de un enorme can. Las investigaciones no han logrado establecer la forma en que este malévolo ser ejecuta los secuestros ni el paradero o destino de los infelices. Sin embargo, lo más seguro es que tengan un trágico fin.

Señora, La. *Véase* Muerte, La.

Señores. *Véanse* Dueños y Rayo.

Señores de la Tierra. *Véase* Dueños del cerro.

Señores de los Animales. *Véase* Dueños de los animales.

Señores de Xibalbá. El inframundo maya, también conocido como la región subterránea de Xibalbá, es la residencia oficial de una pléyade de seres demoníacos que dedican gran parte de su tiempo a causar el mal, en sus distintas variedades, a los seres humanos. Son 12 y se les conoce con el nombre de los Señores de Xibalbá. Esta corte es presidida por Vucub-Camé y Hun-Camé quienes, en razón de ocupar los más altos cargos dirigentes, asignan sus funciones al resto.

"Unos se llaman Xiquiripat y Cuchumaquic… Se ocupaban de enfermar la sangre de los pobladores de aquellos sitios y contornos. Lo hacían con saña y valiéndose de medios ocultos.

Otros eran Ahalpú y Ahalganá. Estos seres vivían sojuzgados por el instinto de la destrucción. Como cosa natural se ocupaban de provocar las hinchazones que sufrían los miembros de las gentes (*sic*). Llagaban los pies y las piernas de los caminantes. A los madrugadores les ponían amarilla la cara, les doblaban la espina y, tullidos, los sacaban al monte y los dejaban en cualquier barranco. Si las gentes (*sic*) se enfermaban de otros males, se acercaban a ellas, las tomaban de los pies y las arrastraban hasta los solares abandonados, donde morían sin ser vistos por nadie.

Chimiabac y Chimiaholom también tenían mala entraña. Eran maceros. Se dedicaban a quebrar los huesos de las gentes (*sic*). Hacían sus hazañas con garrotes nudosos, que blandían con furia cimbrándolos en el aire. Dejaban enteros los huesos de la cabeza, para que las víctimas sufrieran más y durante más tiempo. Después que éstas yacían magulladas, tomaban sus cuerpos y los llevaban hacia lugares ocultos en los cuales no era dable que recibieran ninguna ayuda. De la misma ralea fueron Ahalmez y Ahaltoyob, los cuales tenían fuerza para provocar desgracias y ruinas entre las gentes (*sic*) del lugar. Hacían más. Violentaban el fin de los ahorcados picándoles en los hombros y vaciándoles los ojos. Amorataban e hinchaban a los que se ahogaban con hipo. De

manera cruel hacían todo esto. Por la noche tomaban a la víctima y la conducían hasta los sitios que ellos sabían eran convenientes para su muerte. Allá los dejaban desnudos y boca arriba, a la vista del cielo. Las aves carniceras les rajaban las entrañas y las esparcían sobre la tierra. De peor calaña eran Xic y Patan, los cuales se ocupaban de acorralar a los que morían en los caminos y en las veredas de los montes; a los que fallecían repentinamente; a los que terminaban sus días arrojando sangre por la boca, y a los que, de manera violenta, dejaban de existir. A todos les apretaban la garganta y se hincaban sobre sus pechos para hundir sus costillas en sus pulmones" (Ermilo Abreu Gómez, *Leyendas y consejas del Antiguo Yucatán*, págs. 177-178).

Serena. *Véase* Sirenas.

Sereno. *Véase* Sirenas.

Serpiente acuática. *Véase* Serpiente del agua.

Serpiente con cabeza de perro. La zona maya es el paraíso de cualquier zoólogo. En ella puede encontrarse una singular fauna que desafía la más exacerbada imaginación. Tanto en restos como en animales vivos, esta tierra es pródiga y maravillosa. Ahí coexisten las más bellas criaturas y los más atroces monstruos. La multiplicidad de sus aspectos así como la riqueza de sus poderes nos recuerdan, una y otra vez, que las posibilidades de la creación natural (¿o divina?) son infinitas. Y es ahí precisamente donde habita una bestia única en su tipo y, créalo usted, muy difícil de encontrar: la Serpiente con cabeza de perro. Como su nombre lo indica, este híbrido posee el cuerpo de una víbora y la cabeza de un can. Su piel escamosa y fría le permite mantener la temperatura adecuada para sobrevivir en estas latitudes, además de servir como excelente protección contra las distintas superficies que recorre en su sinuoso desplazamiento. Su cabeza ostenta un par de hipnóticos ojos de fuego, singularidad que le resulta de invaluable utilidad a la hora de conseguir su alimento. El hocico posee desarrollados caninos que le facilitan el desgarramiento de la carne de sus presas. Su finísimo olfato aunado a un poderoso oído la convierten en un depredador de alta peligrosidad.

Serpiente con plumas de quetzal. *Véase* Quetzalcóatl.

Serpiente cornuda. Víbora gigantesca con dos enormes cuernos que coronan su testa y que vive bajo la tierra mixe. Su tamaño es tan grande, tan enorme que, cuando se despierta y empieza a moverse, el suelo cimbra, las casas se derrumban, los árboles temerosos oscilan de un lado a otro, los ríos escapan de su cauce inundándolo todo y los hombres caen de rodillas suplicando clemencia.

Serpiente de Aire (Ehecacóatl). El centro del Imperio azteca era visitado frecuentemente por un sinnúmero de viajeros y pochtecas (mercaderes) para la realización de tareas mercantiles, administrativas, militares y económicas. Las ciudades no dejaban de causar asombro en sus visitantes, pero más que las construcciones lo que los sorprendía era que de pronto veían surcar en el aire frente a ellos una especie de flecha de tres o cuatro brazas de largo con los más bellos y vivos colores. Pasmados, inquirían a quien estuviera cerca sobre este prodigio y como respuesta escuchaban: Ehecacóatl.

Esta sierpe, cuyo nombre significa "serpiente de aire" tiene una hermosa piel escamosa con rayas multicolores que abarcan tonos amarillos, carmesíes, verdes y blancos. En cuanto a sus hábitos alimentarios es carnívora y su táctica de cacería es simple pero efectiva: aprieta con fuerza sin igual a sus víctimas hasta causarles la muerte ya que, por fortuna, no es venenosa. A diferencia de la gran parte de sus congéneres, no se arrastra por la tierra sino que, si el terreno es plano, se levanta sobre su cola y avanza apoyándose en ella. Por el contrario, si la zona está llena de arbustos o zacatales que dificulten la anterior manera de desplazamiento, opta por volar encima de ellos. La velocidad que alcanza es tal que a su paso va dejando un aire muy fino.

Serpiente de estera (Coapétlatl). Una de las serpientes más excepcionales que viven en las tierras del centro del país es la Coapétlatl. Como su nombre lo dice, es sumamente ancha y su apariencia es similar a la de una estera o un pliego de papel; en una de las esquinas tiene colocada la cabeza y en el vértice opuesto la cola. Debido a estas particularidades morfológicas, su andar es particularmente curioso ya que no se desplaza al igual que el resto de los ofidios, sino que avanza de un modo parecido al de los cangrejos y produce un particular ruido que recuerda el de un petate al ser arrastrado.

Serpiente de la Colina de Nohme. Terrible ofidio que vive en las entrañas de la Colina de Nohme. Su apariencia es similar a la de otras serpientes, con la salvedad de que es enorme y ostenta una cruz en medio de la frente. Su alimentación se basa fundamentalmente en animales acuáticos, pero cuando éstos escasean no desdeña comer alguna pieza de ganado menor. Pero, dicen los yaquis que en ocasiones la Serpiente de la Colina de Nohme amanece con un hambre distinta y prefiere incluir en su menú algún ser humano.

Su táctica de cacería es *sui generis* y verdaderamente impresionante. Abre su enorme boca y de ella sale un furioso viento. El aire empieza a hacer movimientos rotatorios (como los de un remolino) y, debido al vacío que se produce en el centro, se genera un efecto de succión, tan fuerte que la presa (por más esfuerzos que haga) es incapaz de escapar a él. Una vez dentro, el monstruo cierra sus fauces y se dirige, tan campante, a su guarida a digerir el alimento que con el sudor de su frente se ha ganado.

Serpiente de la jícara (Jicalcoate, Xicalcóatl). Dicen que la naturaleza es sabia y ama a sus criaturas; por ello las dota de particulares características que les permiten asegurar su supervivencia en un medio ambiente en el que los depredadores son abundantes, hábiles y efectivos en la caza. La Xicalcóatl es, sin duda, un ejemplo representativo de esta situación.

Esta sierpe prefiere por lugar de residencia los lagos, ríos y lagunas del Altiplano central que, debido a su temperatura y cercanía con asentamientos humanos, le resultan perfectos. Su piel es de un negro tan intenso como el de la obsidiana y contrasta con la jícara de bellísimos colores que tiene en el lomo, aditamento que le resulta particularmente útil como señuelo para sus víctimas. Cuando decide emprender la cacería, se acerca a la orilla y se sumerge lo suficiente para que su cuerpo no sea visible y sólo la jícara quede por encima del nivel del agua. Por lo regular, no falta un transeúnte que, atraído por su policromada hermosura, se acerque para intentar apoderarse de ella. Conforme la distancia se hace cada vez menor, la Serpiente de la Jícara se aleja un poco más y así sucesivamente. El hombre, sin percatarse de la trampa, se interna en lo profundo de las aguas hasta que repentinamente, en un barullo de espuma y olas, desaparece para nunca más volver. Del destino de estos infortunados no vuelve a saberse nada.

Serpiente de la Laguna de Yatée. La Laguna de Yatée, ubicada en las cercanías de la población zapoteca de Yalalag, pertenece a una serpiente. El célebre ofidio, normalmente de carácter apacible, puede transformarse en una bestia iracunda si los lugareños no respetan las aguas y si se atreven, en una insensata muestra de arrogancia, a romper el equilibrio de la fauna pescando más de lo que necesitan para cubrir sus necesidades básicas.

Serpiente de los Vientos. *Véase* Juki-Luwa.

Serpiente del agua (Acóatl, Serpiente acuática, Serpiente negra, Tlilcóatl). "Hay una culebra en esta tierra que se llama acóatl; o tlilcóatl, que anda en el agua y en el cieno; es tan gruesa cuanto un hombre pueda abrazar, y muy larga; tiene grande cabeza, tiene barbas tras de la cabeza, como barbas de barbo grande; es muy negra, reluce de negra, tiene los ojos como brasas; tiene horcajada la cola; mora en las cuevas o manantiales que hay debajo del agua, come peces y atrae con el anhélito desde lejos hacia sí, y ahoga en el agua lo que atrae, ora sea persona o animal. Para cazar personas tiene esta culebra una astucia notable, hace un hoyo cerca del agua, y de tamaño de un lebrillo grande, y toma peces grandes de las cuevas, como barbos u otros de otra manera, y tráelos en la boca y échalos en el hoyo que tiene hecho, y antes que los eche levanta el cuello en alto y mira a todas partes, y luego echa los peces en la lagunilla, y vuelve otra vez por los otros; y algunos indios atrevidos, entretanto sale otra vez, tómanle los peces de la lagunilla y echan a huir con ellos. De que sale otra vez la culebra luego ve que le han tomado los peces, y luego se levanta en alto sobre la cola, y mira a todas partes, y aunque vaya algo lejos el que lleva los peces, vele, y si no le ve por el olor le va rastreando, y echa tras él tan recio como una saeta, que parece que vuela por encima de los zacates y las matas, y como llega al que le lleva los peces, enróscasele al cuello, y apriétale reciamente, y la cola, como la tiene hendida, métesela por las narices cada punta por cada ventana, o se las mete por el sieso; hecho esto apriétase reciamente al cuerpo de aquel que le hurtó los peces, y mátale. Mas si aquel es avisado, antes que acometa a tomar los peces hace una concavidad en algún árbol que esté por allí cerca, y cuando huye vase a acoger al árbol, a la concavidad que hizo, y la culebra enróscase al árbol, y apriétase con él reciamente pensando que está enroscada en el hombre, y tan reciamense te aprieta que allí muere enroscada al árbol, y el que lleva los peces escápase. De otra manera mata esta culebra a los que pasan por donde ella mora; sale a la orilla del agua y arroja como escupiendo la ponzoña a aquel que pasa, y luego cae tendido como borracho, y luego le atrae a sí con el anhélito por fuerza, y va perneando el que así es llevado, y méteselo en la boca y ahógale en el agua, y allí le come" (Fray Bernardino de Sahagún, *Historia general de las cosas de Nueva España*, págs. 649-650).

Serpiente del Augurio (Serpiente horrorosa, Tetzauhcóatl). Las posibilidades de causar la muerte en el México antiguo eran diversas y variadas. Sin embargo, matar de miedo era algo que pocos tenían la capacidad de hacer y entre ellos destacan los homicidios cometidos por la Tetzauhcóatl. Este ofidio era de dimensiones medianas, ni muy grueso ni muy grande, su piel tenía el color del azogue y el cuello era carmesí. Sus apariciones eran sumamente escasas, pero cuando se presentaba ante alguna persona le producía tal terror que, invariablemente, enfermaba al poco tiempo o fallecía a causa de la impresión. De ahí su nombre de Serpiente del Augurio.

Serpiente dragón (Canhel). Los mayas conciben a Canhel como la serpiente emplumada mítica que guarda estrecha relación con el agua primigenia y las lluvias.

Serpiente horrorosa. *Véase* Serpiente del Augurio.

Serpiente negra. *Véase* Serpiente del agua.

Serpiente portentosa. *Véase* Maquizcóatl.

Serpiente pulsera. *Véase* Maquizcóatl.

Serpiente tragadora. *Véase* Hapai-can.

Serpiente-venado. *Véase* Juki-Luwa.

Serpiente verde de dos cabezas. En *El libro de Chilam Balam de Chumayel* se menciona la existencia de una ofidio verde de dos cabezas que es poseedor del secreto de la juventud eterna. Sin embargo, acceder a la legendaria víbora no es fácil ya que hay que superar un particular obstáculo: el Tigre Negro que habita en una oscura caverna. Baste decir que el guardián es de una ferocidad temible y que, para acabar de complicar el asunto, está obsesionado por el cumplimiento de su deber. Quizá sea por ello que, a la fecha, no existe (y si lo hay no hemos tenido noticia) nadie que haya conseguido arrebatar a la serpiente tan ansiado secreto.

Serpientes de siete cabezas. Los varones yaquis, por lo general, evitan casarse con alguna pariente ya que, en caso de hacerlo, les aguarda un triste destino: transformarse en serpientes con siete cabezas. Al poco tiempo de casados sucede que, de pronto, se ven convertidos en gusanos. Obedeciendo a un misterioso llamado se dirigen de inmediato hacia las colinas. Ahí vivirán y, por cada año que pase, les crecerá una cabeza. Una vez completado el ciclo podrán manifestarse a ojos humanos una vez cada siete años. La transmutación es irreversible y va acompañada del poder de generar vientos huracanados e inundaciones.

Serpientes peludas. En la región maya del estado de Quintana Roo, en lo más profundo de la selva, habita una de las más extrañas creaciones de la naturaleza: la Serpiente peluda. Como su nombre lo dice, este híbrido conjuga características de dos especies. Al cuerpo largo y cilíndrico se suma una piel peluda que cubre toda la superficie del reptil salvo, por supuesto, ojos y boca. Se desconocen las razones por las que este ofidio ha sufrido semejante mutación, empero, suponemos que le aporta algún tipo de ventaja en términos de adaptación. La Serpiente peluda, probablemente por su extraño aspecto que la convierte en un valioso trofeo para los coleccionistas, se encuentra en vías de extinción.

Servidores de la Casa del Agua. *Véase* Chaacoob.

Servidores del Diablo. Cuentan que en algunos de los pueblos de Michoacán, cuando un caminante anda por las veredas ya bien entrada la noche, se encuentra con un hombre que lleva una gabardina larga y negra. El extraño entabla plática con el transeúnte y se ofrece a acompañarlo, sugiriendo algún atajo que él conoce a la perfección. Conforme avanzan, por mucho que el noctámbulo acelere el paso, el hombre de negro siempre va por delante de él. El tiempo pasa, sin que el infortunado se dé cabal cuenta de ello y tampoco se percata de que su guía, en vez de caminar, flota.

Un testigo que pudo salvar la vida refiere que el mentado señor lo agarró con su cola. En el forcejeo, se le cayó el sombrero y pudo ver dos grandes cuernos como de carnero coronando su frente. Afortunadamente, las primeras luces del alba empezaban a asomar por el horizonte y el espectro demoniaco comenzó a esfumarse. Nuestro informante refiere que se desmayó y, al recuperar la conciencia, se dio cuenta de que estaba a escasos dos metros de un barranco.

El declarante, aturdido, llegó a casa de sus familiares y les contó lo sucedido con lujo de detalles. Su familia le dijo que, hace tiempo, habitaba por esos lares un hombre que había vendido su alma al Diablo y que estaba pagando su condena llevándole almas al Demonio. Y que en ese sitio ya habían fallecido por lo menos 20 personas en extrañas circunstancias.

Shúnu'ti. Una de las dos mascotas antropófagas del Chaneque. Su función consiste en sancionar a todas aquellas mujeres nahuas y popolucas que infringen los votos matrimoniales. Se presenta en el hogar de la adúltera bajo el aspecto de un tierno gatito, se acerca a la elegida y le hace un sinfín de monerías y arrumacos. Cuando la dama está a punto de tomarlo en sus brazos, Shúnu'ti empieza a crecer, más y más, hasta convertirse en un feroz tigre que ataca y devora sin piedad a la víctima.

Siete Cuernos, El. Monstruo subterráneo que vive debajo de los cerros veracruzanos y suele emerger durante las tempestades. Sin embargo, sólo los brujos son capaces de percibir su presencia, probablemente porque su cuerpo está constituido por algún tipo de materia sutil o translúcida que lo hace indetectable a la mayoría de los ojos humanos.

De su aspecto es poco lo que se puede decir. El único dato que ha trascendido es que posee siete cuernos de oro en forma de serpiente. Se dice por ahí que si a esta criatura se le hace una ofrenda que incluya un baúl, dos velas grandes y siete servilletas, hay muchas probabilidades de que en agradecimiento otorgue uno de sus siete cuernos.

Siete muerto. *Véase* Vucub-Camé.

Siete tomadores. *Véase* Vucub-Camé.

Sinalil Há. *Véase* Xinanil Há.

Sirena, La. *Véase* Juanita.

Sirena de Campeche (Tía Ventura), La. El barrio de San Román (Campeche) cuenta entre sus insignes habitantes con una sirena. La Tía Ventura, como también se le llama, normalmente vive bajo el aspecto de mujer. Su espalda, encorvada por el paso del tiempo, forma casi una línea paralela con el suelo. Su cabello hace ya mucho tiempo que desapareció. Los ojos, carentes de cejas y pestañas, brillan de manera siniestra. Sus labios son tan finos que la boca parece sólo una línea. La nariz, de tan ganchuda, parece a punto de tocar su barbilla. Su horrible apariencia causa terror entre los lugareños y nadie pensaría que algo bello puede haber dentro de ese decrépito cuerpo. Sin embargo, por las noches la Tía Ventura, con su dulce canto, estremece el corazón de aquellos que se atreven a acercarse a su casa. De su boca emerge una tonada tan cautivante, tan hermosa, que hasta el viento y el mar guardan silencio para escuchar lo que parece música de ángeles.

Empero, el día de San Juan algo mágico sucede. La anciana se transmuta en la más hermosa doncella. Ojos humanos difícilmente han podido ver tal perfección de facciones y formas; parece como si la belleza misma decidiera encarnar en un solo ser. Así, bajo este sublime aspecto, busca seducir a algún varón que con su amor sea capaz de liberarla del embrujo que pesa sobre ella desde hace más de cinco siglos. Empero, sus intentos, hasta el momento, han resultado vanos. Cada vez que algún joven está dispuesto a entregarle su corazón en esa noche, un rayo cae del cielo y mata al enamorado. La Sirena, desolada, se sumerge en el mar. Sus piernas se transmutan en una cola de pescado de escamas de oro. Y su voz se eleva entonando el más doloroso canto de amor. Sin embargo, la esperanza no muere y aguardará hasta el año siguiente para, quizá entonces, ser liberada del antiguo castigo.

Sirena Dueña del Agua. *Véase* Sirenas.

Sirenas (Cuidadores del agua, Muchacha del Agua, Serena, Sereno, Sirena Dueña del Agua, Swateyomeh). Al igual que numerosas culturas, los pueblos de México incluyen también en su haber la presencia de Sirenas. Estas criaturas que combinan características humanas y acuáticas habitan no sólo en el mar, sino también tierra adentro en lagunas y pozos de agua.

Los totonacas no conciben la existencia de varias Sirenas, sino sólo de una que se encuentra a las órdenes de Aktsini, nombre indígena con el que se conoce a San Juan Bautista o Juanito, como cariñosamente se le llama. La Sirena es una entidad de importancia limitada y se le recuerda más bien por sus torpezas, como cuando abandona el mar y se refugia en los pozos con la intención de hacerlos grandes e inundar el mundo. Pese a que su relevancia no es excesiva, algunos totonacos aún así optan por rendirle cierto culto por medio de ofrendas y oraciones para tenerla contenta.

Otra Sirena famosa es Acihuatl quien, junto con Acapachtli (la Tortuga) y Atlicipactli (la Ballena), se encargan de cumplir los mandatos de Tezcatlipoca.

Por su parte, los tepehuas de Pisaflores (Veracruz) rinden pleitesía a Sirena y Sireno. Serena, como también se le conoce, a diferencia de sus otras congéneres, posee cuerpo de mujer que cubre bajo verdes ropas y un par de extremidades como de pato que le permiten posarse en la superficie del agua. Su compañero Sireno (también denominado Sereno), a su vez, viste de color verde y, aunque no se indica con precisión, es posible que también tenga patas como las de su compañera. A ambos se les cree Cuidadores del Agua, razón por la cual, en una tierra en la que las lluvias producen por igual sequías que inundaciones, los lugareños le guardan especial reverencia considerándolos, incluso, como sus padres ya que cuidan que sus hijos tengan alimento y agua suficientes.

Sireno es el encargado de producir los truenos y su consorte, de proteger el vital líquido; ambos tienen el deber de cuidar al Señor del Agua y sus creaciones. Al igual que cualquier entidad de la que depende el equilibrio del ecosistema, son particularmente sensibles en lo tocante al reconocimiento de su trabajo ya que, en caso de no recibirlo, se tornan irritables y proceden a hacer un recordatorio severo y eficaz a los hombres. Sereno, cuando se enoja, es temible. De inmediato empieza a producir truenos y rayos que arroja, con singular precisión, contra los hogares de los tepehuas. El espectáculo es impresionante. Las chozas vuelan en mil pedazos, los lugareños corren de aquí para allá, los niños lloran y el fuego que en ocasiones se propaga incendia en un santiamén árboles y sembradíos. Por lo general, basta sólo una prueba de su poder para que los pobladores empiecen a preparar el ritual necesario de agradecimiento que consiste en inhumar aves en cuatro cerros localizados en las afueras de Huehuetla.

Los habitantes de Temoaya tienen también una sirena. Dicen que por las noches en el viejo puente del río Lerma aparece una joven bellísima que se baña en las aguas y peina su largo cabello. Adorna su cuello con collares de coral y la cola de pez brilla bajo la luz de la luna. Hasta la fecha nadie ha podido verla de cerca, ya que basta que alguien se aproxime siquiera un poco para que ella desaparezca en el acto.

La Presa del Encino que se encuentra detrás del Cerro Trozado y camino a Marfil es considerado uno de los lugares más peligrosos del estado de Guanajuato. Sus aguas albergan un número indefinido de hermosas sirenas de cabellos rubios, ojos verdes y una piel tan blanca como la porcelana. Sin embargo, su frágil aspecto contrasta con la dureza de sus corazones, si es que los tienen. Se dice que durante la noche entonan cánticos de belleza sin igual que atraen a los jóvenes que, al verlas, caen rendidos ante sus encantos. La sirena, entonces, les propone ir a vivir al fondo de las aguas en un palacio en el que habita con sus hermanas, si el joven acepta, nada vuelve a saberse de él. En caso de que logre resistir los poderes de seducción de la malévola criatura y se niegue a acompañarla, su destino será horroroso. Una fuerza invisible lo arrojará a la presa, su cuerpo quedará paralizado y no importa cuán buen nadador sea, le será imposible salir de ahí. Unas garras terribles se aferrarán a él y lo arrastrarán al fondo. Al día siguiente, su cadáver emergerá con la piel llena de cardenales, el rostro hinchado, los labios casi desprendidos como si unos filosos dientes hubieran querido arrancarlos y, alrededor de la cintura, una marca morada como huella de un malvado abrazo.

En Zacapoaxtla (Puebla), antiguamente las Sirenas recibían el nombre de Swateyomeh y era muy común verlas lavando en el río. Eran mujeres blancas de la cabeza a los pies, con el cabello tan largo que les llegaba a los tobillos, y sus manos, frías y huecas, parecían especialmente diseñadas para atrapar a los hombres. Estas criaturas eran amigas del viento, quien les permitía viajar montadas en él y surcar grandes distancias. Aunque al principio las Swateyomeh eran mujeres reales, por razones misteriosas su corazón se tornó amargo, la maldad anidó en su alma y, como muestra de crueldad, ahogaron a sus hijos en el agua. En castigo a esa terrible acción se transformaron en sirenas que de día se dedican a la captura de varones y por las noches lloran lamentando su amarga suerte.

Sirenita. *Véase* Xinanil Há.

Skanis-Luwa. *Véase* Juki-Luwa.

Sohol-Chich. *Véase* Pájaro fantasma.

Soldado de dientes de oro. Espectro nocturno de aspecto similar al de los soldados de la Revolución que suele aparecer, por las noches, en los caminos del estado de Nuevo León. Viste pantalón y camisa de faena, sombrero de palma, su pecho es atravesado por un par de carrilleras y trae colgada al hombro una carabina. Se limita a pararse frente a algún noctámbulo, sin hacer nada, sólo sonreír. Sin embargo, su sola presencia trae consigo "aire" que causa "espanto" en quienes lo ven.

Soldados. *Véase* Dueños.

Solitarias de las carreteras, Las. Muchachas solas que a horas avanzadas de la noche piden aventón en las curvas y los tramos peligrosos de las cintas de asfalto. Silenciosas, guapas y tristes en el menor descuido se evaporan de los vehículos que las han acogido. En unos casos, las admiradas "olvidan" prendas que, posteriormente, serán las pistas de impresionantes descubrimientos: accidentes, asesinatos o peores tragedias. Se vinculan, a su vez, con las descripciones de sucesos urbanos, en los que los taxistas o los conductores compadecidos llevan a un espíritu errante a las proximidades o a la puerta de los panteones.

Sombras. Desde que el hombre es hombre su sombra ha sido su compañera eterna, aunque para ser más precisos deberíamos decir "sus" sombras porque, dicen los viejos mayas, en realidad poseemos dos. Una de ellas es hija del Sol y, como digna descendiente de él, es caliente. La otra es vástago de la Luna y, por ende, es de naturaleza fría. Nuestro ciclo vital se mantiene mientras ambas caminen a la par de nuestro cuerpo. En caso de que alguna de ellas se desprendiera, alguien la pisara o comenzara a adelgazarse y palidecer, no nos quedaría más que esperar la muerte. Dicen que es posible platicar con la hija de la Luna; empero, sólo ciertos hechiceros pueden hacerlo. Charlar con la sombra caliente es inútil porque es muda.

En algunas zonas de Nuevo León se considera que, aunque la Sombra es una extensión de uno mismo, posee conciencia propia y puede actuar de forma independiente. Durante el día, cuerpo y sombra andan juntos; sin embargo, al caer la noche la Sombra recupera su libre albedrío y se dedica a vagar por donde le plazca.

En Cuijla, uno de los poblados de la Sierra Madre del Sur (estado de Guerrero, casi en los límites con Oaxaca), se cree que la persona está constituida por cuatro partes: el cuerpo, el alma, el tono y la sombra. Esta última es la más importante, ya que da su esencia y elemento distintivo al individuo, sin embargo, aunque se nace con ella ésta sólo obtendrá relevancia al llegar la madurez, momento en que la persona se convierte en un miembro (en el amplio sentido de la palabra) de la comunidad.

La Sombra se concibe como una sustancia inmaterial de forma igual a la del ser humano. Hay que aclarar que cuando los cuileños hablan de la Sombra, no se refieren a la que normalmente vemos, sino a otra que es invisible y cuya presencia no se percibe por medio de la vista. La Sombra es capaz de desprenderse del ser humano por periodos limitados sin que ello acarree la muerte; de hecho, durante el sueño se dedica a vagar libremente y, como no se encuentra atada al cuerpo material, puede romper tranquilamente las barreras del espacio y el tiempo. Sin embargo, precisamente en estos momentos, es más vulnerable a los ataques de sus enemigos que pueden, incluso, evitarle el regreso a su cuerpo.

Son variadas las circunstancias que pueden ocasionar la pérdida de la Sombra. Por ejemplo, si alguien es despertado bruscamente o sufre una fuerte impresión, la Sombra, al no poder retornar de inmediato, se pierde. Cuando esto sucede, la persona enferma de un padecimiento conocido como espanto de sueño (en el primer caso) o extravío de sombra (en el segundo) que, de no atenderse de forma inmediata, pueden ocasionar la muerte. Para ello se recurre a un especialista en magia, quien con voz autoritaria le reclama su cobardía y le inyecta la confianza suficiente. Cuando la Sombra se ha aproximado, el curandero rápidamente la atrapa y la mete dentro del cristiano.

Otra situación común es cuando un cuileño cae dentro de una corriente y está a punto de ahogarse. Tras el suceso empieza a presentar somnolencia, pesadez, malestar indeterminado, fiebre, vómito, diarrea y una marcada indiferencia hacia lo que le rodea, síntomas que evidencia el "espanto de río". Asimismo, el extravío puede tener lugar cuando alguien se muda rápidamente de un lugar a otro, sin tomar la precaución de avisar a su Sombra del cambio.

Aunque la Sombra, por lo común, es un tanto tímida existen sujetos cuya sombra es fuerte y temeraria. Estos individuos son muy temidos ya que poseen la facultad de causar una especie de adormecimiento (tanto en animales como en hombres) que les permite dominar su voluntad. De hecho, su potencia es tan marcada que incluso ni la Muerte acaba con ella y anda vagando por los lugares que en vida recorrió. El problema es que estos fantasmas son capaces de generar en los vivos el llamado espanto de muerto, es decir, ocasionan enfermedades de diversa sintomatología que sólo pueden ser curadas por un hechicero. Para esta nefasta circunstancia, es menester realizar una ceremonia denominada levantamiento de Sombra que se lleva a cabo a los nueve días del fallecimiento.

Sombras diabólicas. En la región de los Tuxtlas (Veracruz), una circunstancia no del todo extraña es el llamado embarazo de viento. La mujer presenta todos los síntomas de un embarazo: suspensión de la menstruación, senos hinchados, mareos, vómitos, antojos y crecimiento del vientre, sin embargo, cuando es revisada por algún especialista (llámese médico, comadrona o curandero) resulta que no hay tal niño, que su matriz no contiene más que aire. La causa de este particular estado son las Sombras Diabólicas, entidades perversas que, al amparo de la noche y algún tipo de influjo malévolo que hace el sueño sumamente profundo, mantienen relaciones sexuales con las mujeres sin que éstas se percaten y mucho menos puedan hacer algo para impedirlo.

Sombrerón. Espectro chiapaneco cuya presencia va precedida, en mitad de la noche, por una especie de relámpago. Una vez cesado el resplandor, se escucha una armónica que emite una dulce melodía y el Sombrerón aparece montado en un níveo corcel. El fantasma viste un tradicional traje de charro blanco con botonadura de plata y espuelas del mismo material que refulgen bajo la luz de la luna. Su rostro apenas se adivina bajo las alas del galoneado sombrero.

Al Sombrerón, por razones que resultan desconocidas para nosotros pero válidas para él, le gusta ayudar a los vaqueros en su labor. Su nostálgica música produce un extraño efecto en el ganado, que mansamente lo sigue por las veredas y caminos hasta que son introducidos en los corrales. Una vez finalizada la faena, se aleja del lugar trotando y, a veces, haciendo lucidoras cabriolas. Al día siguiente, los peones sorprendidos encuentran a los animales guardados, una fogata apagada, restos de un puro hecho con hojas de guarumo, pisadas de botines y huellas de herraduras que anuncian que el Sombrerón estuvo ahí.

Como hombre de trabajo que es, el Sombrerón no soporta la pereza y mucho menos a aquellos que por la borrachera no cumplen sus obligaciones. A ésos, dicen, los castiga y aunque los afectados nunca hablan de ello, la sanción debe ser sumamente efectiva porque jamás vuelven a beber.

Sïku. *Véase* Dueños.

Sïku Tiyät. *Véase* Dueño de la Tierra.

Sïku wa Kakiwi. *Véase* Dueño del Monte.

Subida del muerto. Quienes han pasado por esta experiencia refieren que estando a punto de dormirse, de pronto sienten un peso enorme sobre su cuerpo que no les permite moverse, ni hablar y apenas les deja respirar, como si tuvieran una persona encima. Esta sensación puede durar algunos segundos o hasta varios minutos, aunque es probable que al ser una vivencia traumática la percepción del tiempo se altere de forma significativa. Y aunque los médicos (en su afán de explicar todo) nos digan que es un fenómeno debido a la secreción de ciertas sustancias químicas, a problemas digestivos o cuanta razón fisiológica pueda ocurrírseles, la verdad es que esta experiencia se debe a entidades o espíritus negativos que encuentran un macabro placer en hacer sufrir a los humanos. Para liberarse de la "subida del muerto" se recomienda rezar, aunque cabe aclarar que, por extrañas razones, las oraciones difícilmente acuden a la mente y las plegarias que, en condiciones normales, la víctima enuncia con facilidad, en este momento apenas puede recordarlas en fragmentos. En caso de que la oración no funcione se sugiere decir cuanta grosería se conozca; no sabemos por qué, pero los insultos actúan como una especie de repelente para estas entidades.

También se afirma que en ocasiones "el muerto" acaricia de forma erótica. Sin embargo, esto no es exacto ya que el tipo de espíritus que producen esta sensación no tienen inclinaciones libidinosas. Lo más probable es que se trate de algún súcubo o íncubo.

SUPREMO MUERTO. *Véase* Hun-Camé.

SUREM. Antiguo pueblo que habitaba en el norte de la República antes de la llegada de los españoles. Los Surem, pese a su corta estatura, eran poderosos y su alma indomable no iba a permitir nunca el sojuzgamiento; por ello, una vez prevenidos (por una vara que llegaba hasta el cielo y emitía un zumbido parecido al de las abejas) de los nefastos efectos que los conquistadores traerían consigo, decidieron abandonar sus tierras y establecerse en el interior de las colinas o en el mar, donde aún viven bajo el amparo de sus costumbres paganas.

En ocasiones, cuando algún yaqui se extravía en el monte, aparecen unos hombres pequeños que le dan comida y fuego y después se alejan. Dicen que son los Surem quienes, además de prestar su ayuda como rescatistas, son muy ricos y tienen grandes manadas de ganado bajo los montes. Aquellos que se fueron al mar habitan en islas invisibles a ojos humanos y poseen un aspecto similar al de las sirenas y los tritones, aunque, según testimonios confiables, algunos han asumido la forma de ballenas y suelen aproximarse a las embarcaciones en peligro para prestar su ayuda.

SUSTO. *Véase* Espanto.

S'UT'ABI. *Véase* Jueces de los Caminos.

SUTI. *Véase* Tona.

SWATEYOMEH. *Véase* Sirenas.

SWAYOHEL. Tercer alma que da a su poseedor la facultad de curar. La Swayohel puede estar presente en el individuo aun antes de nacer o ser adquirida posteriormente mediante una serie de rituales de naturaleza secreta. De acuerdo con el tipo de Swayohel que se tenga, los curanderos son considerados potencialmente benéficos o peligrosos. Así, los buenos tendrán Swayoheles de animales herbívoros como caballos, ovejas, toros, etc. Y los amenazadores poseerán almas de animales carnívoros como coyotes, gatos monteses, aves de rapiña, perros, entre otros. Aunque teóricamente no se deben usar estos poderes con fines malévolos, hay curanderos que infringen esta norma y los utilizan sin importarles causar daño al prójimo. Existe un tercer tipo de curandero que es el más poderoso y, por ende, de quien hay que tener más cuidado, y es precisamente aquel que ha obtenido su Swayohel atrapando el espíritu de un muerto antes de que se cumplan 20 días de su fallecimiento.

Antiguamente, los Swayohel de los curanderos eran los encargados de vigilar las calles de los pueblos con el fin de evitar la entrada de entidades que trajeran "calor". Desgraciadamente, como consecuencia del debilitamiento del sistema educativo curanderil, el número de Swayoheles ha decrecido significativamente y, en consecuencia, los pueblos se encuentran como nunca expuestos al daño y la inseguridad.

Tabakuyu (Tabayucu). Entre las entidades espirituales, al igual que entre los seres humanos, suelen establecerse una serie de jerarquías en función del tipo de poderes que ostenten, así como de la naturaleza bondadosa o malévola que los caracterice. Para los mixtecos, uno de los espíritus más importantes es sin duda el Tabakuyu, ya que es dueño del agua y los animales poseyendo la invaluable función de prestarles su protección contra los excesos humanos.

El Tabayucu, que vive normalmente en el hueco de un árbol al pie del Monte Viejo, no suele aparecer bajo aspecto antropomorfo y prefiere adoptar apariencia animal. Pero es posible distinguirlo porque, de pronto, empieza a girar y de lince se transforma en puma, vuelve a dar vueltas y ya es un coyote, rota de nuevo y tenemos ante nuestros ojos un lobo; se le ve amarillo, luego gris y después quizá negro.

Los mixtecos, para protegerse de él, acostumbran llevar un diente de ajo ya sea en el bolsillo o colgado al cuello. Y aunque el Tabayucu, a menos que tenga poderosas razones, no causa daño a los hombres de forma intencional, su sola presencia puede ocasionar "espanto".

Existe una rivalidad ancestral entre el Tabakuyu y El Chaneque. Este último al ser más poderoso representa un verdadero riesgo para el primero ya que, si lo atrapa, no dudará en matarlo y comérselo. Esta circunstancia no deja de generar ciertas dudas ya que, o bien el Tabakuyu tiene la capacidad de resucitar o no estamos hablando de una entidad sino de una especie completa.

Tabay. *Véase* Xtabay.

Tabayucu. *Véase* Tabakuyu.

Tapada, La. Fantasma similar a La Llorona que, durante la década de los cuarenta sembró el horror entre los habitantes de San Miguel Allende (Guanajuato). Al igual que su pariente, vestía ropajes blancos, usaba el cabello largo, flotaba y producía unos lamentos tan desgarradores que, de sólo oírlos, erizaban la piel y causaban una larga serie de terroríficas pesadillas. Por razones desconocidas, las apariciones sólo se limitaron a esa década y cesaron de la noche a la mañana, dejando tras de sí sólo el amargo recuerdo.

Tatac-mo. *Véase* Tatacmo.

Tatacmo (Tatac-mo, Tatacmó, Pájaro entrometido, Xtatacmo). La zoología moderna, en vista de que ha tenido poco contacto con la diversidad animal de estas tierras, tiende a pensar (erróneamente, por supuesto) que las aves nacen exclusivamente de huevo. Y el Tatacmó es un ejemplo representativo de que esa teoría es falsa ya que esta ave ha nacido de la espuma del mar.

Su cuerpo está cubierto con plumas que oscilan del amarillo intenso al anaranjado, por supuesto, pasando por la gama intermedia de tonos. El pico es largo, ancho y de color verdoso; su cola es breve y el cuello particularmente largo. Para descansar, suele pararse en una sola pata al igual que las garzas o las cigüeñas, con las que guarda cierto parentesco. El Tatacmó suele ubicar su residencia en lo más profundo del monte y quizá por ello resulta particularmente difícil darle caza.

En la zona maya, a este plumífero se le considera de mal agüero. Cuando ha caído la noche, sale de su guarida y surca el cielo con elegante vuelo. Verlo sería un espectáculo magnífico si no fuera por el pequeño detalle de que al volar va dejando un aire ponzoñoso que provoca enfermedad y muerte a los niños. Para protegerlos del daño, las madres mayas hacen dormir a sus hijos boca abajo y pintan en sus pechos cruces de añil.

Tcamóko (Ardilla). El origen de la demencia entre los huicholes son unas pequeñas ardillitas de espalda rayada y con pequeñas orejas muy pegadas a la cabeza. A estas criaturas se les considera muy perjudiciales ya que además, por mecanismos que escapan a nuestro conocimiento, son la principal causa de la violencia intrafamiliar al obligar a los hombres a insultar y golpear a sus esposas e hijos.

Hay una vieja leyenda que narra cómo nacieron estos perversos animalillos. Tukákame, el vampiro, haciendo uso y gala de sus más refinadas artimañas, hizo presa del engaño a los hermanos menores del Muchacho-huérfano. Fingiendo una amabilidad que su naturaleza no le permite sentir, los invitó a sentarse en unos taburetes mágicos. Y aunque el Muchacho-huérfano hizo todo lo posible por salvarlos, fue inútil ya que sus parientes habían sido contaminados por Tukákame y habrían de convertirse en hombres-ardilla. Estos animales tienen el lomo surcado por una franja producto de las severas quemaduras que les produjo el respaldo de los asientos mágicos. Al lograr desprenderse de ellos, sus cuerpos cayeron en los hoyos de las rocas, de los cuales salieron convertidos en un fuerte remolino de viento llamado Teauka. Sus corazones se convirtieron en Tcamóko y, desde entonces, causan la locura a este pueblo.

Te Witsetik. *Véase* Cerros.

Teciuhpeuhque. *Véase* Teciuhtlazque.

Teciuhtlazque (Teciuhpeuhque). Hechiceros que, tras una sólida preparación en diversas ramas del saber y artes mágicas, estaban capacitados para controlar el granizo. Mediante una serie de ademanes específicos y sortilegios misteriosos, establecen contacto con los vientos y las nubes para que éstos le obedezcan y traigan o retiren el granizo según su conveniencia.

En la actualidad, los Teciuhtlazque casi han desaparecido, ya sea porque han sido sustituidos por otros especialistas, o bien porque su preparación es tan compleja y ardua que pocos pueden concluirla.

Tecolote. *Véase* Búho.

Tecolotl. *Véase* Búho.

Tehuana, La. Hermosa mujer que viste a la usanza del Istmo de Tehuantepec: blusa de manga corta, cuello redondo y una falda que llega hasta los tobillos, ambas prendas primorosamente bordadas en alegres colores. Suele aparecer en los hogares donde hay bebés. Se para junto a la cuna y los observa fijamente mientras sus labios dibujan una sonrisa que, de no ser tan cruel, podría resultar bella. Los mira, los acaricia, los toma en sus brazos y se los lleva para siempre en un necio afán de recuperar al hijo que perdió ya mucho tiempo.

Las abuelas, conscientes del peligro que implica su presencia, recomiendan a las madres colocar unas tijeras abiertas en forma de cruz e imágenes religiosas en la cabecera de la cama de los pequeños, no vaya a ser que la Tehuana venga y el chiquillo desaparezca para nunca volver.

De los bebés robados por la Tehuana se desconoce su destino. Sin embargo, es muy probable que acaben muertos porque ella regresa una y otra vez.

Temamacpalitotique. *Véase* Temacpalitotique.

Temacpalitotique (Los que hacen danzar a la gente en la palma de la mano, Temamacpalitotique, Tepupuxaquauique). Aquellos que nacían bajo el decimoctavo signo llamado ce ehécatl, tenían por destino convertirse en hechiceros y, cumpliendo el entrenamiento necesario, adquirir el poder de transformarse en animales, denominado nagualismo. Fray Bernardino de Sahagún en su *Historia general de las cosas de la Nueva España* nos dice al respecto: "Los que eran de este oficio siempre andaban tristes y pobres, ni tenían qué comer ni casa en que morar, solamente se mantenían de lo que les daban los cuales (aquellos que) mandaban hacer algún maleficio; y cuando ya habían acabado de hacer sus maleficios y era tiempo que acabasen su mala vida, alguno los prendía y le cortaba los cabellos de la corona de la cabeza, por donde perdía el poder que tenía de hacer hechicerías y maleficios; con esto acababa su mala vida muriendo. Aquellos hechiceros que se llamaban temacpalitotique, o por otro nombre tepupuxaquauique, cuando querían robar alguna casa hacían la imagen de ce ehécatl, o de Quetzalcóatl, y ellos eran hasta quince o veinte los que entendían en esto e iban todos bailando a donde iban a robar, e íbalos guiando uno que llevaba la imagen de Quetzalcóatl, y otro que llevaba un brazo desde el codo hasta la mano de alguna mujer que hubiese muerto del primer parto; las cortaban a hurto el brazo izquierdo, y estos ladrones llevaban un brazo de éstos delante sí, para hacer su hecho; uno de los que iban guiando lo llevaba en el hombro. Y en llegando a la casa donde habían de robar, antes que entrasen dentro de la casa, estando en el patio de la misma casa daban dos golpes en el suelo con el brazo de la muerta; y en llegando a la puerta de la casa daban otros golpes en el umbral de la misma casa, con el mismo brazo, y hecho esto dicen que todos los de la casa se adormecían y veían lo que se hacía; otros estaban dormidos roncando, y los ladrones encendían candelas y buscaban por la casa lo que había que comer y comían todos, muy de reposo; nadie de los de la casa los impedía ni hablaba, todos estaban atónitos y fuera de sí. En habiendo muy bien comido y consolándose, entraban en los silleros y bodegas y arrebañaban cuanto hallaban, mantas y otras cosas, y lo sacaban todo fuera, oro y plata, y piedras y plumas ricas, y luego hacían de todo cargas, y se las echaban a cuestas y se iban con ellas; y antes de esto dicen que hacían muchas suciedades y deshonestidades en las mujeres de aquella casa; y cuando ya se iban, luego se iban corriendo para sus casas, con lo que llevaban hurtado: y dicen, que si alguno de ellos se asentaba en el camino para descansar, no se podía más levantar y quedábase allí hasta la mañana, y tomábanle con el hurto y él descubría a los demás" (págs. 248-249).

Tenexuchitl. *Véase* Tenochtli.

Tenitztli. *Véase* Pico de obsidiana.

Tennexóchitl. *Véase* Tenochtli.

Tenochtli (Tenexuchitl, Tennexóchitl). Una vez concluido el Atonatiuh o Diluvio, los cielos habían perdido su posición original quedando depositados sobre la tierra. Los dioses, plenamente conscientes del problema que ello significaba, decidieron crear cuatro hombres para que, uniendo fuerzas, los auxiliaran en la tarea de levantar el firmamento y dejarlo tal como ahora lo conocemos. Uno de estos varones fue Tenexuchitl.

Tentación (Ijk'al, Ñek). Criatura antropomorfa que habita el área chol del estado de Chiapas. Quienes lo han visto dicen que es pequeño y que no supera el metro de altura. Posee ojos oscuros y brillantes. Su piel es negra y tan resistente que las balas rebotan en ella y los machetes no le producen daño alguno. Empero, como muchas otras criaturas también posee su talón de Aquiles aunque, en ese caso, la zona vulnerable la constituyen los hombros y sólo si es herido en este lugar existirá la posibilidad de matarlo. Sin embargo, esto resulta muy difícil ya que el Ñek es de una ferocidad impresionante lo cual, aunado a fuerza sobrehumana, lo convierte en un adversario sumamente temible.

Si hay algo que el Ijk'al disfruta sobremanera, aparte de una buena pelea, es pasear por el monte acompañado de su cuervo. De hecho, no es raro escuchar sus silbidos; a veces se acerca a los hombres y les solicita fuego para cocinar sus alimentos, los cuales consisten en senos de mujer y unas tortillas negras de las que es mejor no averiguar sus ingredientes.

El Ñek es particularmente sensible al temor ajeno y, al igual que los animales, parece capaz de detectarlo por más que se disimule. Cuando lo percibe, en su interior se produce un incontrolable proceso, que le obliga a causar daño a quien lo padece.

Por su parte, los huaves del Istmo de Tehuantepec (Oaxaca) difieren de la versión anterior. Para ellos, la Tentación es una mala mujer que asume el aspecto de alguien conocido e invita a seguirla: quienes lo hacen se hacen acreedores a un trágico destino.

Tentador, El. *Véase* Diablo, El.

Tepas. Por los caminos y las veredas de la Huasteca suelen aparecer unas viejas brujas que, dadas sus actividades depredadoras, llenan de inquietud y miedo a los lugareños. Su nombre: Tepas. Se manifiestan asumiendo el aspecto de hermosas jóvenes y aquel que decida seguirlas, instigado por su belleza, suele tener un trágico fin. Al día siguiente de su fútil intento de aventura amorosa, por lo general se le halla desbarrancado o, de plano, no vuelve a saberse de él nunca más. Son pocos los que han logrado sobrevivir a las lesiones y contar su experiencia; empero, poco les dura el gusto porque inevitablemente fallecen antes de que transcurran muchos días.

A las Tepas no hay nada que les cause tanto placer y diversión como malaconsejar a las mujeres ocasionándoles severos problemas familiares. Por ello, es muy frecuente oír que alguien "se fue con la Tepa" o "lo perdió una Tepa".

Tepupuxaquauique. *Véase* Temacpalitotique.

Tesoro de Pedro Ascencio Alquisiras. Antes de unirse a las filas del general Vicente Guerrero,

Pedro Ascencio Alquisiras fue un bien conocido ladrón. Haciendo gala de una valentía que rozaba en la temeridad asaltaba los cargamentos de dinero y metales preciosos que iban de los centros mineros guerrerenses a la capital del virreinato. Este truhán con alma de Robin Hood solía repartir el producto de sus robos con la gente que más lo necesitaba. Sin embargo, como siempre andaba a salto de mata evadiendo a las autoridades, no todas las riquezas pudieron ser distribuidas entre los pobres y se quedaron en escondites secretos en las grutas de los cerros, que Pedro nunca reveló. El legendario salteador murió atormentado por los remordimientos ya que no pudo, como había prometido, devolver de rodillas al Santísimo que se había robado en la ciudad de Iguala. Y dicen que quien desee hacerse del tesoro, debe pagar la manda que la muerte le impidió cumplir a Pedro Ascensio. Sin embargo, hasta la fecha nadie ha podido hacerlo ya que un pequeño detalle se los impide: no se sabe dónde quedó la imagen divina.

Tesoro del indio Pedro José. Refiere un lugareño de Peña Colorada, enclavada en la entrada del río Hualahuises, en el estado de Nuevo León: "Este Pedro José, el último indio de todos, pos es que los españoles se los habían acabado, se dedicaba a robarnos aquí en el pueblo. Un día desapareció, creemos que murió o se fue de aquí pero no faltan los que dicen que escondió todo el dinero en una cueva allá arriba, y juran por Dios santito que ellos han encontrado la cueva, pero que hay como una voz que les dice que si quieren llevarse todo, se lo carguen, si no 'ay' se mueren. N'ombre, dicen que son montones así de monedas…"

Tesoro del Obispado Viejo. El edificio del Obispado Viejo de la antigua ciudad de Valladolid, hoy Morelia, guarda la leyenda siguiente: "El Obispado Viejo del cual apenas quedan las señales, era un verdadero palacio colonial cuya ruina comenzó hace medio siglo […] Un día se presentó un alfarero que las arrendó (las ruinas del Obispado), para establecer allí una fábrica de loza vidriada y azulejo de colores […] Este maestro alfarero era más bien un buscador de tesoros que hacía tiempo que sabía que allí, en el Obispado Viejo había enterrado desde la guerra de Independencia, un tesoro que superaba toda ponderación y que él quiso buscar so pretexto de poner allí una alfarería. Había oído que en la noche del jueves santo pasaban en aquellas ruinas cosas maravillosas que sin duda se relacionaban con su intento y a todo trance quiso presenciarlas llegado

el caso. Mas antes, no dejó de hacer sus pesquisas que siempre resultaron infructuosas […]

Cuando por fin llegó la noche del jueves santo, el alfarero aguardaba impaciente la hora precisa en que comenzaba el prodigio. Sonó lentamente el reloj de la catedral, una, dos, tres, cuatro agudas campanadas y después, la una de la mañana; y ¡oh prodigio inenarrable! Comenzaron a afirmarse los cimientos del palacio, a colocarse las basas, las columnas, los capiteles y los arcos en sus lugares; se rehicieron muros y techos, se iluminaron los salones, se colgaron los paños de tapiz, aparecieron los blasonados sitiales como en los tiempos de fiestas y recepciones episcopales. Del salón del trono salió un obispo a quien seguían unos pajes cargados de cofres forrados de cuero prendido con tachuelas de cobre dorado y de mármol y se dirigieron por los anchos corredores del piso hacia un cuarto que coincidía con el esquinar del palacio y en el cual el alfarero había puesto su estancia […]

Los pajes, dejando en el suelo los cofres, despejaron el cuarto de los muebles que tenía y que eran un dosel de terciopelo rojo con franjas de oro, un sillón blasonado y una mesa torneada, sobre la cual había un crucifijo de marfil amarillento. En el lugar donde se ostentaba el dosel cavaron un poco y después de haber removido una enorme losa armada de dos argollas de hierro de cada uno de los extremos, bajaron por una escalinata a un subterráneo obscuro y profundo […] Sobre el pavimento pusieron los cofres para revisar los objetos en ellos encerrados […]

Después de haber tomado nota de tanta riqueza, fue de nuevo guardada en los cofres y cerrados éstos con llaves de hierro cincelado. Salieron uno tras otro el obispo y sus pajes, dejando caer sobre la entrada del subterráneo la pesada losa […]

En aquellos instantes volvieron a desplomarse con gran estrépito los techos artesonados, los muros, los arcos y las columnas; nació y creció por encanto la colosal y exuberante vegetación que antes había esmaltado las ruinas […]

En una semana desapareció de las ruinas del obispado viejo el alfarero, sin saberse nada más de él […] La gente extrañando que de nuevo quedasen desiertas las ruinas exclamaba con frecuencia: ¡Qué va… el alfarero sacó el tesoro y se fue con él a disfrutarlo!" (Francisco de Paula León, *Leyendas de la muy noble y leal ciudad de Valladolid hoy Morelia*, págs. 93-98).

Tetzauhcóatl. *Véase* Serpiente del Augurio.

Tezauhcihuah. *Véase* Tzitzimime.

Tía Ventura. *Véase* Sirena de Campeche, La.

Tigre. "El tigre anda y bulle en las sierras, y entre las peñas y riscos, y también en el agua, y dicen es príncipe y señor de los otros animales; y es avisado y recatado y regálase como el gato, y no siente trabajo ninguno, y tiene asco de beber cosas sucias y hediondas, y tiénese en mucho; es bajo y corpulento y tiene la cola larga, las manos son gruesas y anchas, y tiene el pescuezo grueso; tiene la cabeza grande, las orejas son pequeñas, el hocico grueso y carnoso y corto, y de color prieto, y la nariz tiene grasienta, y tiene la cara ancha y los ojos relucientes como brasa; los colmillos son grandes y gruesos, los dientes menudos, chicos y agudos, las muelas anchas de arriba y la boca muy ancha, y tiene uñas largas y agudas, tiene pesuños en los brazos y en las piernas, y tiene el pecho blanco, tiene el pelo lezne y como crece se va manchando, y crécenle las uñas, y agarra, crécenle los dientes y las muelas y colmillos y regaña y muerde, y arranca con los dientes y corta, y gruñe, y brama, sonando como trompeta. El tigre blanco dicen que es el capitán de los otros tigres, y es muy blanco; hay otros que son blanquecinos, manchados de prieto; hay otro tigre de pelo bermejo y manchado de negro. La propiedad del tigre es que come animales como son ciervos, conejos y otros semejantes; es regalado y no es para trabajo, tiene mucho cuidado de sí, báñase, y de noche ve los animales que ha de cazar, tiene muy larga vista, aunque haga muy oscuro y aunque haga niebla ve las cosas muy pequeñas; cuando ve al cazador con su arco y saetas no huye sino siéntase, mirando hacia él, sin ponerse detrás de alguna casa, ni arrimarse a nada, luego comienza a hipar y aquel aire enderézale hacia el cazador, a propósito de ponerle temor y miedo y desmayarle el corazón con el hipo, y el cazador comienza luego a tirarle, y la primera saeta que es de caña tómala el tigre con la mano y hácela pedazos con los dientes, y comienza a regañar y gruñir, y echándole otra saeta, hace lo mismo. Los cazadores tenían cuenta, con que no habían de tirar al tigre más de cuatro saetas; ésta era su costumbre o devoción, y como no le matasen con las cuatro saetas, luego el cazador se daba por vencido, y el tigre luego comienza a esperezarse y sacudirse y a relamerse; hecho esto recógese, da un salto, como volando y arrójase sobre el cazador aunque esté lejos diez o quince brazas, no da más de un salto; va todo erizado como el gato contra el perro; luego mata al cazador y se lo come. Los cazadores diestros, en echando la primera saeta, si el tigre la hizo pedazos toma una hoja de un árbol de roble o de otro árbol semejante, e híncala en la saeta y tiran con ella al tigre; y la hoja así puesta hace ruido así como cuando vuela una langosta, y cáese en el suelo al medio del camino o cerca del tigre, y con esto se divierte el tigre (a) allegar la hoja que cae, y llega la saeta y pásale, o hiérele; y luego el tigre da un salto hacia arriba y, tornando a caer en tierra, tórnase a sentar como estaba de antes y allí muere sentado sin cerrar los ojos, y aunque está muerto parece vivo. Cuando el tigre caza primero hipa, y con aquel aire desmaya a lo que ha de cazar. La carne del tigre tiene mal sabor, requema" (Fray Benardino de Sahagún, *Historia general de las cosas de Nueva España*, págs. 621-622).

Tigre de San Marcos. *Véase* Nataiskian.

Tigre del Padre. *Véase* Nataiskian.

Tisigua, La. Las pozas de agua chiapanecas son el lugar preferido de la Tisigua. Esta dama es de una belleza apabullante, su piel es blanca y su cabello dorado, los ojos son azules y la nariz de una perfección absoluta. La boca, de labios rojos, parece pedir ser besada y su cuerpo es el sueño de cualquier escultor. Por las noches, acostumbra bañarse en las cristalinas aguas y nunca falta un varón que, pasmado por la visión, se acerque a ella y trate de abrazarla. La Tisigua, fingiendo pudor, se aleja corriendo, eso sí, no demasiado rápido y siempre a la vista del don Juan que, convencido de que ésa será la gran noche de su vida, la sigue sin dudar. El destino de estos infortunados siempre resulta trágico, no por no haber gozado de sus encantos, sino porque pierden la razón o van a dar al interior de los peroles de miel hirviente de las moliendas.

Tlacahueyac (Hombre Grande, Gigante). La gigantología, rama de la criptozoología dedicada al estudio de las criaturas con ciertos rasgos antropomorfos y de dimensiones colosales comúnmente conocidos como gigantes, proporciona un mínimo de datos sobre el Tlacahueyac. Las fuentes consultadas sólo hacen referencia a su naturaleza fantasmagórica y a su impresionante altura.

Los criptozoólogos ignoran si el nombre Tlacahueyac hace referencia a un solo individuo o a una especie con determinadas características. La falta de testimonios confiables ha llevado a estos estudiosos a aventurar la hipótesis de que el Hombre Grande ha desaparecido ya de la faz de la Tierra o que ha mudado su residencia hacia zonas inaccesibles que dificultan sobremanera las posibilidades de verlo. Sin embargo, algunos estudiosos más radicales plantean como posibilidad que el Tlacahueyac sea un depredador sumamente eficiente y que por ello no existen testigos que aporten mayor información al respecto.

Tlacanexquimilli (Envoltorio humano de cenizas, Tlacanezquimilli). "Cuando de noche veía alguno unas fantasmas que no tienen pies ni cabeza, las cuales andan rodando por el suelo y dando gemidos como enfermo, las cuales sabían que eran ilusiones de Tezcatlipoca, no obstante esto cuando las veían, y los que las veían tomaban mal agüero, concebían en su pecho opinión o certidumbre que habían de morir en la guerra, o en breve de su enfermedad, o que algún infortunio les había de venir en breve; y cuando estas fantasmas se aparecían a alguna gente baja y medrosa, arrancaban a huir y perdían el espíritu de tal manera de aquel miedo que morían en breve o les acontecía algún desastre; y si estas fantasmas aparecían a algún hombre valiente y osado, como son (los) soldados viejos, luego se apercibía y disponía, porque siempre andaban con sobresalto de noche, entendiendo que habían de topar alguna cosa y aún las andaban a buscar por todos los caminos y calles, deseando ver alguna cosa, para alcanzar de ella alguna ventura o alguna buena fortuna, o algunas espinas de maguey, que son señal de esto; y si acaso les aparecía alguna de estas fantasmas que andaban a buscar, luego arremetían y se asían con ella fuertemente, y decíanla: '¿quién eres tú?, háblame, mira que no dejes de hablar que ya te tengo asida, y no te tengo de dejar'. Esto repetía muchas veces andando el uno con el otro a la sacapella, y después de haber mucho peleado, ya cerca de la mañana, hablaba la fantasma y decía: 'Déjame que me fatigas, dime lo que quieres, y dártelo he'. Luego respondía el soldado y decía: '¿qué me has de dar?' Respondía la fantasma: 'cata aquí una espina'. Respondía el soldado: 'no la quiero; ¿para qué es una espina sola?, no vale nada'. Y aunque le daba, dos, tres o cuatro espinas no la quería soltar, hasta que le diese tantas cuantas él quería; y cuando ya le daba las que él quería, hablaba la fantasma diciendo: 'Doyte toda la riqueza que deseas, para que seas próspero en el mundo'. Entonces el soldado dejaba a la fantasma, porque ya había alcanzado lo que buscaba y deseaba" (Fray Bernardino de Sahagún, *Historia general de las cosas de Nueva España,* pág. 276).

Tlacanezquimilli. *Véase* Tlacanexquimilli.

Tlacantzolli. *Véase* Hombres de dos cabezas.

Tlahuelpochine. *Véase* Tlahuepoche.

Tlahuepoche (Chupadores, Tlahuelpochine). "Se dice que los tlahuepoches son las más mortíferas y peligrosas aves nocturnas. Se dedican al vampirismo y viven de la sangre que en la noche extraen a los niños o a los adultos. El tlahuepoche es un individuo que tiene el don de convertirse en ave nocturna chupadora de sangre. Para hacer esto tiene que dejar las piernas junto al tlecuile, así como saltar siete veces sobre el fuego, después de lo cual queda convertido en tal ave. Su descripción corresponde a la de un guajolote muy grande equipado de una lanceta enorme que es la que utiliza para succionar la sangre...

Tiene preferencia por la sangre de los recién nacidos, y por eso la madre del pequeño lo vigila constantemente e incluso se previene de la presencia del ave colocando cerca del cúnetl (niño) su ropa volteada al revés, así como un sombrero invertido y un instrumento cortante (cuchillo, machete, tijeras, aguja), gracias a los cuales el tlahuepoche no se acercará. Otra forma de evitarlo es colocando en el techo unas ramas de naranjo, ya que éstas con sus espinas los ahuyentan.

Los tlahuepoches se reconocen en la noche por la lumbre que llevan y por la luz que emiten; se posan en las ramas de los árboles cercanos al lugar en donde atacarán, o en el caballete de la casa, desde donde dirigen su lanceta al cuello de la víctima. Suelen reunirse en conciliábulos nocturnos en un lugar llamado Teopanzolco ('lugar de la iglesia antigua') existente entre Atla y Xolotla; como ese lugar está en una loma se pueden distinguir en las noches de los martes y los viernes, a lo lejos, ocho o diez luces.

La forma de matar esos peligrosos seres consiste en quitarse rápidamente la ropa en presencia de alguno de ellos y en colocarla enseguida al revés, con lo cual caerán fulminados... las personas con el don de convertirse en aves nocturnas en el vecino pueblo de Xolotla y en San Pablito se reconocen fácilmente en el día, pues siempre tienen una pierna muy delgada y en ocasiones cojean" (José de Jesús Montoya Briones, *Atla: etnografía de un pueblo náhuatl,* págs. 173-174).

Tlahuipuchme. El Imperio azteca, al igual que cualquier otra cultura, contaba en su haber con profesionales en cuestiones mágicas y hechicería. Obviamente, el ser poseedores de conocimientos oscuros y facultades sobrehumanas los convertía en personajes altamente temidos para la gente común y corriente. Entre ellos ocupaban un lugar preponderante los Tlahuipuchme. Estos habitantes y servidores de las tinieblas arrojaban llamaradas de fuego por la boca y podían, con sólo desearlo, hacer perder la cordura y hasta la vida a los hombres. Los Tlahuipuchme acostumbraban vagar por las noches y recorrían las montañas con una brillante antorcha entre sus manos sembrando el terror en la zona.

Tlaloquetotontli. *Véase* Tlaloques.

Tlaloques (Ministrillos de Tláloc, Tlaloquetotontli). Tláloc, dios de la lluvia, para llevar a cabo de manera más eficiente su tarea creó un sinnúmero de pequeñas criaturas llamadas Tlaloques para ayudarlo. Estos pequeños seres tienen la importante misión de llevar el vital líquido a donde se les indique.

Tláloc y su consorte viven en una casa de cuatro cuartos, en medio de los cuales hay cuatro enormes barreños donde se almacena el agua. Cada estanque posee un tipo distinto de lluvia: una es muy buena y resulta perfecta para la preparación de panes y alimentos; la segunda es mala, ya que cuando cae la comida almacenada se llena de telarañas y hace que las plantas se sequen; la tercera acompaña las heladas y la cuarta trae como consecuencia que los árboles y las plantas no produzcan frutos y se mueran.

Cuando hay que transportar la lluvia a algún lugar, los Tlaloques toman sus alcancías llenas a rebosar del agua de los barreños, acuden al sitio indicado y dejan caer el líquido en forma de aguacero. Para producir los truenos, utilizan unos palos que llevan para tal efecto: con ellos rompen las alcancías y los relámpagos escapan de ellas.

Los campesinos, conscientes de que sin la acción de estos ministros morirían de sed y hambre, suelen hacerles ofrendas de cera y copal, al tiempo que les ruegan liberar sus sembradíos de la acción dañina de tejones, ardillas y ratas.

Tlazcatépetl (Cerro del Flojo). En el sur de Atla, uno de los asentamientos importantes del pueblo nahua, se encuentra un espinazo montañoso, donde se ubica un peñasco llamado Tlazcatépetl, en el que se percibe algo parecido a un hombre colgado, efecto al que se le atribuye origen mágico.

Hace mucho tiempo, explican los viejos, cerca de este cerro vivía un individuo al que no le gustaba trabajar. En una ocasión, por descuido y desidia, perdió hasta la última milpa, empujando a su esposa a echarlo de su casa. El hombre, muy ofendido, corrió al cerro y ahí se ahorcó con su propio ceñidor. Al día siguiente, los lugareños se sorprendieron al darse cuenta de que el varón que pendía de las peñas de la colina estaba petrificado.

Una variante del relato asegura que realmente se trata de un leñador que al quedarse dormido no pudo hacer su leña, y al despertar, desesperado se colgó de un árbol y se transformó en roca.

Tletleton. *Véase* Ehecachichinqui.

Tleua (Que trae consigo fuego). Esta culebra, habitante del Altiplano Central, posee un cuerpo largo y grueso. Su piel es parda en el lomo y adquiere una tonalidad bermeja en el pecho y la cola. Se desliza con facilidad en todo tipo de terreno, pero cuando ha localizado alguna víctima a la que piensa atacar, se levanta sobre su cola y vuela como el viento por encima de matorrales y hierbas. Su picadura causa un efecto inmediato y doloroso. Quienes lo han sentido antes de morir, lo describen como una sensación de tener lumbre dentro, como si el cuerpo entero se estuviera quemando, de ahí que la serpiente sea llamada Tleua, que quiere decir "que trae consigo fuego".

Tlilcóatl. *Véase* Serpiente del agua.

Tlohtli. *Véase* Tlotli.

Tlotli (Aculmaitl, Cabeza, Gavilán, Tlohtli, Tzontecomatl). Narran las antiguas crónicas que hace muchísimo tiempo, tanto que la cuenta se ha perdido, el Sol lanzó una flecha hacia el suelo e instantáneamente se abrió un enorme hoyo. Al poco tiempo, del agujero empezaron a salir sonidos, como de algo que rasca, que se arrastra. Así, lentamente, empezó a emerger primero una cabeza, una mano y después un par de hombros fuertes con sus respectivos brazos. Sin embargo, para cualquiera que hubiera tenido la oportunidad de ser testigo del hecho, la sorpresa habría sido mayúscula ya que el resto del cuerpo no apareció y no porque el primer hombre no pudiera salir del agujero, sino porque el resto del cuerpo no existía. Aculmaitl era sólo cabeza y hombros. Empero, el Sol en ningún momento pensaba condenar a la soledad a Aculmaitl, de modo que tras él surgió una mujer que habría de ser su compañera. Ante su imposibilidad para caminar, andaban a saltos como lo hacen las aves. Para reproducirse, Tlotli (el varón) metía su lengua en la boca de su esposa Tzompachtli.

Y como bien dicen, la necesidad aguza el ingenio. Gavilán, espoleado por el hambre y siendo el encargado del sustento propio y del de su cónyuge, construyó un arco y flechas con las que disparaba a las aves y, en caso de no atinarles, siempre quedaba la esperanza y posibilidad de que a su caída le diera a alguna otra pieza. En vista de que no conocían el fuego, no tenían otra opción que comerse la carne cruda.

El mito añade que esta primigenia pareja procreó seis niños y una niña. Tlotli y su mujer, que fueron por cierto longevos, nunca se preocuparon por el transcurrir del tiempo y, en consecuencia, no idearon forma alguna de medirlo.

Mendieta (citado por Robelo en su *Diccionario de Mitología Náhuatl*) nos da su particular visión del hecho:

> …el primer hombre de quien ellos (los acolhuas) procedían había nacido en la tierra de Acolma, que está en término de Tezcuco, dos leguas, y de México, cinco, poco más de esta manera. Dicen que estando el sol á la hora de las nueve, echó una flecha en el dicho término y hizo un hoyo del cual salió un hombre, que fue el primero, no teniendo más cuerpo que de los sobacos hacia arriba y después salió de allí una mujer entera… que aquel hombre se decía Aculmaitl, y que de aquí tomó nombre el pueblo que se dice Aculma (Acolman), porque aculli quiere decir hombre, y maitl, mano ó brazo, como cosa que no tenía más que hombros y brazos, ó que casi todo era hombros y brazos, porque aquel primero no tenía más que de los sobacos para arriba, según esta ficción ó mentira.

Tokwe. Especie de naguales que, por motivos que sólo ellos comprenden, cambian de sexo cada mes.

Tolhuactli. *Véase* Huactli.

Tona (Ni'co ne, Ni'ko ne, N'yeti, Rogi, Suti, Tono). Las Tonas son las almas gemelas de un ser humano y un animal que se protegen mutuamente. El hombre y su Tona comparten un mismo sino. De tal forma, si la Tona sufre cualquier daño las consecuencias se manifiestan en la persona. Si la Tona muere, las horas del individuo están contadas.

Está estrictamente prohibido comerse a la Tona. El único caso en que este tabú puede romperse es cuando ésta ha muerto. En tal situación, el individuo debe alimentarse de la carne cruda de este animal para, así, lograr que el vínculo existente entre ambos pase a una de las crías.

Los otomíes de la Sierra están convencidos de que cada persona tiene uno o más espíritus animales compañeros que viven en los bosques cercanos a su hogar, y es común verlos rondar por ahí. Sin embargo, las personas no saben con claridad cuál es su Rogi; de hecho, sólo lo descubren en el momento de morir. Únicamente los hechiceros muy preparados son capaces de distinguir sus *alter ego* y darle órdenes; generalmente cuentan con dos: una bestia que habita en la tierra y un ave.

Los indígenas de Guerrero y Oaxaca comparten la misma creencia. Cuando una mujer está a punto de parir, el padre y sus amigos más cercanos se reúnen en la choza y dibujan en el suelo figuras de animales que enseguida borran. Y en el preciso instante en que nacía el bebé la figura que en ese momento estaba trazada, era la que ellos llamaban su Tona. Cuando el pequeño se convierte en adulto tiene el deber de buscar a su Tona, se reúne con ella y la respetará como si de un objeto mágico se tratara. La Tona puede actuar como un agente defensor de aquel a quien está ligado, y en ocasiones se usa para causar daños a los enemigos de su contraparte humana, eso sí, siempre que ambos posean animales compañeros de la misma especie.

Otro método para descubrir al Ni'ko ne usado por los chatinos, se lleva a cabo cuando el niño tiene apenas unos días de haber nacido. Los padres invitan a un especialista ritual a que vaya y construya una especie de horno pequeño para alimentar al dios del fuego. Al tiempo que se enuncian una serie de oraciones especiales que son parte medular del rito llamado *Santo de Lumbre*, se colocan dentro tortillas, pan, carne de iguana o gallina, chocolate y atole. Después, se esparcen las cenizas del horno alrededor del hogar. Al siguiente día se observan cuidadosamente las huellas que aparecen puesto que pertenecen a la Tona del pequeño. Sólo los padres conocen cuál es y se cuidan mucho de no decirlo a nadie más, ya que se corre el riesgo de que algún brujo pueda causarle daño. Ocho o nueve años después, el niño suele ser llevado a las montañas por una persona "instruida en el arte" (comúnmente un hombre ya entrado en años) para que conozca a su Tona. El animal aparece y lo lame; desde ese momento y hasta su muerte se convierte en una parte integral de su organismo sin que ninguno de ellos posea autoridad sobre el otro. Aunque por lo general la Tona es un animal, hay casos excepcionales en que los rayos, las centellas o el mismo viento pueden fungir como tales; cuando esto sucede, nos encontramos frente a individuos poseedores de facultades especiales que los harán particularmente aptos para desarrollarse como hechiceros o chamanes.

Los chatinos (Oaxaca) coinciden en que cada ser humano posee siete Ni'co ne. Por supuesto, no todos ellos tienen igual importancia y sólo uno es considerado el jefe, precisamente aquel que dejó sus huellas en las cenizas del hogar del recién nacido. En vista de que en la Tona radica una parte considerable de la energía o debilidad de un individuo, si ésta es fuerte o ágil la persona lo será también; si la Tona es frágil y asustadiza, el humano poseerá las mismas características.

En la Costa Chica de Guerrero existe la creencia de que el hombre está constituido por cuatro elementos fundamentales: cuerpo, alma, sombra y tono. El Tono, a diferencia de los otros tres componentes, debe adquirirse, para lo cual se realiza un rito especial. Una vez que ha nacido el niño, durante la noche, llegan a la casa los parientes del padre y se dedican a charlar largamente con él. Mientras esto sucede, uno de ellos se "roba" al bebé y lo lleva a un cruce de caminos. Ahí, coloca al recién nacido sobre un montón de cenizas y se esconde cerca del sitio para aguardar. Al poco rato, aparecen todo tipo de animales como tigres, toros, lagartos, coyotes o lobos, cada uno de los cuales pasa por encima del pequeño sin causarle el menor daño, hasta que uno de ellos cariñosamente lo acaricia y le asesta lengüetazos. La fiera que ha hecho eso no es otra que su Tona a quien, desde ese instante, quedará ligado en una relación de dependencia. La Tona se encargará de proteger a su *alter ego* de todo tipo de peligros, particularmente los del bosque. Es de importancia vital que esta ceremonia se lleve a cabo antes de que el chiquillo sea bautizado; de lo contrario, se corre el riesgo de que los animales no aparezcan o, si lo hacen, se lo coman.

La Tona aparentemente es igual a cualquier otro animal de su especie; sin embargo, si uno se fija bien es posible detectar una serie de pequeños detalles que la diferencian de sus congéneres, por ejemplo, tendrá seis dedos en una pata o un ojo de otro color.

Tono. *Véase* Tona.

Toro negro del panteón. En el camposanto del rancho de Nogalitos (municipio de Linares, Nuevo León) suele aparecer un enorme toro negro de muy mal carácter que se dedica a hostigar a los noctámbulos que se atrevan a entrar en lo que él considera sus dominios. Por fortuna, las persecuciones no siempre acaban de mala manera ya que el semental se esfuma en cuanto atraviesa los límites del cementerio.

Tortuga Arco Iris (Ndic quiah pöh). Los huaves del Istmo de Tehuantepec (Oaxaca) guardan especial cariño a la Tortuga Arco Iris. Este quelonio de lomo rayado posee la facultad de dominar la lluvia. Cuando quiere que aparezca, le basta agitar la mano izquierda a manera de saludo, para que ésta se precipite sobre la tierra. Por el contrario, cuando desea que se aleje, abre su boca y de ella surge el arco iris. La lluvia al recibir esta señal se aleja de inmediato del sitio.

Tortuga Vieja. Existió en Chacahua (pueblo de la costa de Oaxaca) una caguama muy bella que se enamoró perdidamente de un lagarto apuesto y de andar garboso. Obviamente, la familia se opuso a una relación de esta naturaleza pero la tortuga, completamente dominada por el "mal de amores", hizo oídos sordos y acudió a una bruja para que la transformara en lagartija y, así, poder contraer matrimonio con el arrogante reptil. Sin embargo, las cosas no salieron como se esperaba. El lagarto, que en realidad era un príncipe encantado, se desposó con la princesa de un lugar vecino. La tortuga (ahora lagartija) al enterarse cayó presa de una profunda tristeza. Desolada, recuperó su forma antigua y se sumergió en el mar de donde salía sólo para respirar.

La leyenda añade que cuando alguna tortuguita se encuentra en peligro, del fondo de las aguas emerge una vieja caguama que la ayuda y se retira antes de que le den las gracias.

Toscano, El. Por las calles de La Luz (Michoacán) suele apreciarse un espectáculo impresionante. De repente, el aire empieza a soplar con fuerza inaudita y se oyen acercarse unas pisadas; a cada paso se cimbra la tierra. Si uno observa hacia el lugar de donde proviene el estruendo se ve un animal acercarse y conforme la distancia se acorta, la bestia toma proporciones cada vez mayores hasta llegar al tamaño de una casa.

Quienes para ese momento no han salido corriendo despavoridos, alzan la vista y ven que el monstruo, que en ese instante ya cubre por completo la calle, tiene un cuerpo y cara horripilantes, terribles y relucientes ojos rojos y parece un demonio escapado desde las más recónditas profundidades del averno.

Los lugareños cuentan que el Toscano, como lo llaman, es un hombre que sufre un extraño maleficio, desde hace ya muchos años, que lo ha dotado de ese horroroso aspecto.

Totáhuan. *Véase* Rayo.

Totilme'iletic. Seres que habitan en las montañas sagradas de la zona maya-tzotzil. Estos padres y madres, como también se les llama, guardan una estrecha relación con la producción alimentaria de la región, y son los encargados de su distribución. Además, son los responsables del cuidado de las tonas, a las cuales encierran en grandes corrales ubicados en el interior de las montañas para evitar que puedan sufrir daño a manos de los humanos o los depredadores. Aunque son de naturaleza generosa, si consideran que alguien ha cometido faltas graves, no dudarán en castigarlo. La sanción más común consiste en dejar salir a su Tona del corral, con el riesgo de que sea atacada o devorada por alguna fiera. Si esto sucede, de inmediato el humano asociado a este animal sufrirá en carne propia lo que le haya acontecido a su *alter ego*.

Totomichin (Ave-pez). Híbrido marino que conjuga características de pez y ave. De los pájaros posee la cabeza y el pico y, de los peces, el cuerpo, las aletas y la cola. El Totomichin es un prodigio de la naturaleza, ya que al ser poseedor de nariz y branquias puede respirar tanto en el agua como fuera de ella. El pico, en función del material córneo con que está compuesto, se convierte en un instrumento sumamente útil que le permite consumir una amplia variedad de alimentos, incluidos aquellos particularmente duros. La cabeza constituye un importante elemento que disuade (por su rareza) a algunos depredadores de enfrentarse con él; además, en el caso de que se trabe en una lucha contra otro animal marino su fuerte pico puede fungir como arma.

Desafortunadamente, en la actualidad es muy raro ver al Totomichin. Tal vez ha pasado a engrosar las filas de los animales en vías de extinción o ha mudado su hábitat a otras regiones.

Tren fantasma. En el municipio de Linares (Nuevo León) todas las noches se escucha el silbido del ferrocarril y se le ve avanzar rápidamente por las vías hasta perderse de vista. Lo anterior no tiene nada de particular, salvo dos pequeños detalles: la máquina es como las que se usaban en las primeras décadas del siglo XIX y el mentado tren hace casi 100 años que fue descarrilado por los revolucionarios quedando tan inservible que nunca pudo volver a ser utilizado.

Trolls. Si bien los Trolls son de origen europeo, tal parece que se han adaptado a nuestro país. Recientemente salieron al mercado unas figuras de resina y madera que representan a estas criaturas sobrenaturales. Quienes los han comprado refieren que en su casa empiezan a oírse ruidos extraños, las puertas se atrancan, las ventanas se azotan, las cosas desaparecen y la comida que se les pone a los Trolls se esfuma sin que exista una explicación para ello. Algunos más cuentan que a partir de que llevaron estas estatuillas a sus hogares, se les "sube el muerto" o padecen terribles pesadillas, la mala suerte se instala en sus viviendas, los objetos se mueven de lugar y se sienten presencias raras.

Aunque el folklore europeo en ningún momento dice que los Trolls sean figurillas, es probable que estas entidades asuman una total inmovilidad temporal que les permita atravesar el Atlántico sin problemas y una vez aquí recuperan su comportamiento natural, o bien, que sus espíritus (por algún tipo de encantamiento desconocido en estas latitudes) se introduzca en las estatuillas para probar fortuna en nuevas tierras.

Truenos (Koni). En el diccionario se dice que los truenos son el estruendo producido en las nubes a consecuencia de una descarga eléctrica. Sin embargo, omite incluir otro tipo de causas para este fenómeno: los Koni y los niños.

Los Koni son las almas de quienes murieron por ahogamiento o que cometieron crímenes terribles en el transcurso de su existencia terrestre. Este tipo de fallecimiento determina que deben pasar al servicio de los Khwei (rayos), que son los espíritus de las mujeres fallecidas en el parto. Ambos, trabajando en conjunto, realizan una importante labor ligada a las precipitaciones pluviales: los Koni son los encargados de anunciar la llegada de la lluvia produciendo, con sus fusiles y machetes, fuertes ruidos que previenen a los campesinos otomíes de la inminencia de los aguaceros.

Los pames de San Luis Potosí difieren de la explicación anterior. Para ellos los truenos son niños y ocasionalmente mujeres que habitan en el cielo. Ahí, están a las órdenes del Jefe de los Truenos, quien les dicta las actividades que van a cumplir.

Cuando está por llevarse a cabo alguna obra comunitaria como, por ejemplo, un centro de salud, la casa del cura o la oficina del gobernador, los pobladores tienen el deber de realizar una festividad en la que se harán abundantes ofrendas de comida tradicional de la región. Los especialistas en el arte de curar son quienes dirigen el festejo y realizan el mitote, baile acompañado por la melodía de una flauta de carrizo. Estas actividades constituyen un ritual propiciatorio que tiene por objetivo agradar a los Truenos porque es bien sabido que si se enojan desquitan su coraje arrojando rayos, haciendo que el viento sople con inusitada intensidad y mandando todo tipo de desgracias destinadas a entorpecer la construcción.

Aunque no se ha comprobado científicamente, los indicios apuntan con claridad a que los Truenos tienen la facultad de generar todo tipo de enfermedades a la gente.

Tsisni-stáku. *Véase* Estrella de la Canícula.

Tucla. Demonio que habita en la zona purépecha y que mantiene a los lugareños en constante estado de miedo. La mayoría de las descripciones sobre la apariencia de este ser son, sin duda, imaginarias porque si algo es seguro es que si alguien llega a verlo muere del terror o quizá, le suceda algo mucho más terrible, de lo que jamás tendrá la oportunidad de hablar.

Tucumbalam (Tucurbalam). No existe mitología alguna en que no esté citada alguna venganza divina, cuyos alcances por lo general marcan un hito en la historia y son profundamente impactantes. Y los Hombres de Madera sintieron en carne propia lo que es ser objeto de la represalia celestial. Cuando esta antigua raza omitió agradecer los dones recibidos y ensalzar al Corazón del Cielo, nunca esperó que éste lo tomaría como una afrenta grave y personal. Así, ofendido por lo que consideró una ingratitud sin límites, el Corazón del Cielo llamó a su presencia a las más terribles bestias y, con una voz profunda que cimbraba todo a su alrededor, les ordenó cumplir su mandato. Uno de los monstruos convocados fue Tucumbalam, quien con obsesiva y dedicada precisión se encargó de quebrar, magullar, estrujar y hacer trocitos los nervios y huesos de los irreverentes hasta que quedaron convertidos en una sutil harina.

Tucurbalam. *Véase* Tucumbalam.

Tukákame. Tukákame es considerado incluso entre las deidades como una entidad temible, y con más razón entre los hombres, que constituyen sus víctimas favoritas. Al caer la noche, esta criatura malévola sale a recorrer sus dominios, que no son más que un coto de cacería. Sigiloso y letal, se oculta entre las rocas y los árboles a la espera de algún trasnochador que habrá de constituirse en su cena, ya que su dieta se conforma exclusivamente de carne humana. En su aspecto externo es similar a los huicholes, con la particularidad de ser negro y tremendamente sucio porque jamás se baña. De hecho, es tal su repulsión al agua que ni siquiera la bebe. Además, suele estar siempre todo sucio de sangre de la que es mejor no indagar la procedencia.

Justo al caer el sol inicia sus rondas y resulta fácil detectar su presencia porque invariablemente va precedida de un muy particular sonido, como de maracas. Si pudiéramos ver la fuente del ruido lo más seguro es que quedaríamos aterrorizados porque lo que lo ocasiona son los huesos que Tukákame cuelga por todo su cuerpo a manera de adorno.

Su casa es perfectamente adecuada a su personalidad. Se constituye por una ranchería formada por una especie de anfiteatro natural. Empero, lo que la hace especial y única en su género son los animales que, contraviniendo todas las leyes biológicas, son únicamente esqueletos. Asimismo, entre el mobiliario cuenta con unos banquillos mágicos que destina a los extraños para que descansen, por supuesto, con ninguna buena intención. Quien se siente en ellos inevitablemente quedará pegado a la superficie hasta que muera de hambre y sed. Tukákame, junto con unas ardillas llamadas Tcamóko, son los causantes directos de la demencia entre los pueblos huicholes, razón más que suficiente para que estos hombres le huyan como a la peste y hagan todo lo posible por nunca encontrárselo.

Tumbas del monte. En Nuevo León no es del todo extraño ver en los montes tumbas que no se parecen a las de los cementerios: son más bien amontonamientos de tierra sin cruces o indicación alguna. Se dice que por las noches de ellas emergen ánimas que se dedican a penar. En cuanto al origen de estas sepulturas, existe la probabilidad de que se trate efectivamente de entierros que fueron realizados en terreno *non santo*, o bien, que algunas ánimas, obsesionadas por contar con un lugar de descanso, las construyan para refugiarse en ellas durante el día.

Ti ni ló. *Véase* Cabra blanca.

Tyi'i. *Véase* Alma.

Tzitz-Moo-Tancaz. *Véase* Tzitz-Tancaz.

Tzitz-Tancaz (Tzitz-moo-tancaz). Aun en la actualidad no es del todo extraño que los niños mayas amanezcan muertos sin razón aparente. Los que viven en la zona desde hace generaciones saben que el causante fue el Tzitz-Tancaz. Esta ave terrible surca el cielo por las noches vomitando un fluido sumamente venenoso que entra en la boca de los niños dormidos produciéndoles una muerte instantánea e inevitable. No existe antídoto alguno contra los efectos y además la toxicidad es tan alta que difícilmente daría tiempo de aplicar algún remedio capaz de detener su letal efecto. Por tal razón, las madres están siempre atentas a que sus hijos jamás duerman cara arriba y mucho menos con la boca abierta.

Este pajarraco es de color azul oscuro o morado y suele emitir un llanto similar al de los bebés.

Tzitzime. *Véase* Tzitzimime.

Tzitzimime (Mujeres portentosas, Tezauhcihuah, Tzitzime, Tzitzimitl). Hay diversas versiones sobre qué y cómo son las Tzitzimime. Para algunos, son mujeres descarnadas, de puros huesos, que cuando acabe el ciclo de 52 años y la Tierra sea destrozada por terribles terremotos, bajarán del firmamento y devorarán a los hombres, mujeres, niños y ancianos. Para cumplir de manera más efectiva con su misión se transformarán en feroces tigres. Preguntando a los viejos sobre cuándo sucedería ese terrible acontecimiento, ellos sólo contestaron que llegaría cuando las deidades se acabaran y Tezcatlipoca hurtara el Sol.

Hay quien asevera que son monstruos horribles, demonios de aire o criaturas horrorosas de forma cónica o piramidal, pero todos coinciden en que su presencia es sinónimo de muerte y destrucción.

Tzitzimitl. *Véase* Tzitzimime.

Tzompachtli. *Véase* Tlotli.

Tzoníztac. *Véase* Cabeza Blanca.

Tzontecomatl. *Véase* Tlotli.

Tzontémoc. *Véase* Atemoc.

U Mayocol Cizín. *Véase* Pájaro Carpintero Mayor.

Ua Ua Pach (Gigante Arrebatador, Uay Pach).
Entre los gigantes más temidos por los habitantes de la región maya y sus alrededores se encuentra el Ua Ua Pach. Esta enorme criatura prefiere las noches para realizar sus actividades, de las cuales sabemos poco y lo que se conoce no es precisamente tranquilizador. Suele entrar por las noches en los poblados y, contrariamente a lo que podría suponerse por su gigantesca talla, lo hace de manera silenciosa. Escoge una calle, coloca una pierna en cada lado y espera pacientemente y aguantándose la risa a que cualquier transeúnte que no se haya percatado de las presencia pase entre sus extremidades. En ese instante, con una carcajada triunfal, cierra violentamente sus piernas ahogando al desafortunado y rompiendo en múltiples trozos sus huesos.

Cabe añadir que en ciertas ocasiones (raras, es cierto) el Gigante Arrebatador está de talante piadoso y se contenta sólo con quebrar con los dientes las piernas de sus víctimas u ocasionarles un tremendo susto.

En *El alma misteriosa del Mayab*, Luis Rosado Vega hace una maravillosa descripción de este ser al que llama Uay Pach: "Uay Pach se llama ese Ser Maligno, y es peligroso hasta decir su nombre… Si lo has dicho repítelo hasta siete veces para alejarlo… Mira, aunque el espanto haga salir toda tu sangre… Mira, ahí va por los caminos de los cielos en las noches frías… Fue amasado su cuerpo, año tras año, hasta contar muchos, por todos los seres infernales, dejándolo largo y delgado para que pueda escurrirse hasta por la rendija más pequeña… la mirada de sus ojos que son verdes como la piel de la Chaycán, se diluye en el alma como un veneno… Tres largos collares de riñón endurecido de jabalí indio lleva al cuello… El uno es para ahorcar al niño que caiga en su poder, y el otro, el mayor, para ahorcarse a sí mismo cuando suene en el Sol la hora en que todos los Genios malos desaparezcan… Tres lenguas lleva dentro de su boca inflamada. Tres lenguas que son como tres estiletes finos. La una es para picar el corazón de las doncellas, la otra para picar el vientre de los niños, y la otra para hundírsela él mismo en el pecho cuando llegue aquella hora.

Ahí va por los caminos de los cielos… míralo… Va cabalgando sobre el Uay Cot, que es otro engendro monstruoso, gavilán de alas enrojecidas como si estuvieran incendiadas, y que son más ligeras que el viento…

Que tengan cuidado las doncellas… que no salgan cuando sientan en el espacio el vuelo de ese monstruo… Que las madres cuiden a sus hijos… De infantes y doncellas gusta este horrible monstruo… De infantes y doncellas a quienes rapta cuando puede. Y nunca más vuelve a saberse de las víctimas… Se dice que las lleva muy lejos, hasta las otras partes del mundo, pues su paso por los espacios es rápido como el viento…" (págs. 124-125).

Uaay. *Véase* Nahual.

Uactli. *Véase* Huactli.

Uay Cax. *Véase* Gallina Fantasma.

Uay Cen. El vampirismo es un fenómeno de enormes alcances. Durante toda la historia del hombre y a lo largo y ancho del planeta han existido (con particulares variaciones y características) criaturas que poseen un elemento unificador: la sed de sangre. Y nuestro país no es una excepción.

El Uay Cen es un brujo con profundos conocimientos de nagualismo que le permiten cambiar su aspecto físico por el de un animal para llevar a cabo sus malignas actividades. Así, este hechicero se transforma en un felino pequeño y aprovechando su nueva apariencia se mete en las casas por las noches. Elige entre los durmientes a aquel que considere la víctima más adecuada, se acerca silenciosamente y empieza a extraerle el vital líquido a lengüetadas. Este mecanismo puede parecernos un tanto extraño y es probable que para funcionar implique que la lengua del Uay Cen tenga algún tipo de pequeñas protuberancias que funcionen a manera de ventosas, o bien, que mediante algún proceso desconocido realice una especie de ósmosis, a través de la cual la sangre de la persona atraviesa la piel y el tejido de la lengua para ser ingerida por este vampiro. Un hecho que llama particularmente la atención es que el suministrante de sangre no se percata en ningún momento de la extracción, lo cual nos lleva a pensar que el Uay Cen posee algún tipo de sedante en su saliva que pone al individuo en un estado que le impide darse cuenta del procedimiento al que está sujeto.

Uay Cot (Pájaro Hechicero, Way-cot). Uno de los plumíferos más traviesos del Mayab; de hecho, más de un niño maya ha pagado por sus acciones. De las cosas que más divierten a este pájaro está el arrojar piedras a los transeúntes los cuales, al no poder ver al responsable (que tras haber arrojado el proyectil se esconde de inmediato en la pared más cercana) acaban por culpar a quien se encuentre más cerca del lugar y que, por lo regular, es un niño.

Uay Chup. En los estados de Quintana Roo, Chiapas y Yucatán habita el Uay Chup, entidad duendil que se caracteriza por ser bastante libidi-noso y que para dar rienda suelta a sus necesidades eróticas se introduce en las casas por la noche para mantener relaciones sexuales con alguna persona. El Uay Chup no es exigente en sus gustos: hombres y mujeres le parecen igualmente atractivos, eso sí, preferentemente jóvenes.

Hasta el momento no se tiene una descripción fiel y exacta de esta entidad; sin embargo, se le vincula con cualquier animal que se acerque durante la noche a las viviendas o que merodee por el sitio. Para protegerse de las acciones de este íncubo-súcubo, los lugareños acostumbran ponerse la ropa al revés para dormir y colocar sus zapatos a la cabecera. No se sabe por qué, esta estratagema funciona adecuadamente.

Uay Há. *Véase* Brujo Marino.

Uay Mis. *Véase* Uay Miz.

Uay Miz (Brujo-Gato, Uay Mis). Los brujos mayas poseen el poder de transformarse en gatos que se caracterizan porque sus ojos emiten siniestros fulgores verdes. Esta capacidad les permite obtener una serie de ventajas, aunque a veces la utilizan sólo para divertirse a costa de los lugareños. Sin embargo, existen brujos malévolos que no se contentan con jugar bromas a los demás, sino que utilizando sus poderes mágicos logran establecer relaciones sexuales con los jóvenes del lugar.

Uay Pach. *Véase* Ua Ua Pach.

Uay Pek (Brujo-Perro, Huay-Pek'). Las noches mayas no son tan tranquilas como pudiéramos imaginar. De hecho, numerosas criaturas de toda especie prefieren la oscuridad para llevar a cabo sus actividades y una de ellas es el Uay Pek. El Brujo-Perro, como también se le conoce, es un can negro y peludo, o al menos, eso se cuenta ya que no se puede confiar ciegamente en la veracidad de los testimonios porque en cuanto se prende alguna luz, esta criatura se esfuma. Por las noches, se introduce en las casas y se dedica con singular entusiasmo a rascarse, recorre muy orondo las habitaciones, tira los objetos a su paso, se lame, se asoma a las cazuelas, revisa la cocina, agita las orejas, hace bailar las hamacas; en fin, se convierte en una pesadilla para los durmientes. Cuando logra despertarlos y encienden alguna luz, los ruidos se detienen abruptamente. Pero basta que la persona apague la luz y se vuelva a acostar para que el alboroto comience nuevamente. Llama la atención el hecho de que, por mucho que se cierren puertas y ventanas, el Uay Pek entra con facilidad. Dicen que lo que sucede es que se mete por las rendijas, aunque también es probable que pueda atravesar las paredes. Hay dos recetas para evitar su engorrosa presencia: colocar cruces benditas detrás de las puertas o dibujar sobre el piso de la entrada del hogar cruces hechas de sal y hojas de ruda molidas.

Uay Poop. Ave de color negro simplemente monstruosa. Sus enormes alas están cubiertas por afiladas navajas de pedernal que hunde en el cuerpo de los desgraciados que se convierten en sus víctimas. Una vez bien afianzada la presa con sus garras, emprende el vuelo. De los desafortunados nunca vuelve a saberse nada; sin embargo, lo más seguro es que su destino sea terrible ya que, muchas veces, se han visto caer pedazos de carne cuando el Uay Poop va volando con su sangriento botín.

Hay otra versión más ligera de esta bestia sanguinaria, que la presenta como un gigante cubierto de enormes petates que sacude y golpea con terrible fuerza, al grado, que el horrible sonido se escucha a muchos kilómetros a la redonda haciendo trizas la tranquilidad nocturna de los campos y montes.

Uay-Tamán (Carnero embrujado). Carnero de origen desconocido, probablemente mágico, que por las noches se encarga de causar estropicios en la zona de Yucatán. Aunque sus travesuras nunca resultan graves, pueden resultar desagradables para quienes las sufren.

Uay Uacax (Brujo toro, Uay Vacax). Caminar por el Mayab, aunque es una experiencia hermosa, también puede resultar llena de peligros porque se corre el riesgo de toparse con el Uay Vacax. Este ser es un toro embrujado, de aspecto terrorífico. Es enorme, de color negro y con un genio de los mil diablos. A quien encuentra a su paso no duda en arrollarlo con su pesado cuerpo mientras emite bramidos cargados de furia. Hay quien afirma que no es un toro verdadero, sino un brujo que ha asumido esta forma para algún misterioso propósito o por el simple placer de divertirse a costa del miedo ajeno.

Uay-Vacax. *Véase* Uay Uacax.

Uay-Zodtz (Murciélago embrujado). Variedad de murciélagos que, al caer la noche, recorren las tierras yucatecas sembrando el terror. Su aspecto no difiere del resto de su especie: al igual que ellos, son negros, peludos, con un par de alas nervudas, ojos ciegos y finísimo oído. Sin embargo, lo que los convierte en criaturas temibles son sus hábitos alimentarios, ya que ingieren exclusivamente sangre humana. Sus víctimas preferidas son los niños y muchos de ellos han muerto a consecuencia de sus ataques.

Los Uay Zodtz son de tendencia gregaria y prefieren atacar en grupo para así garantizar sus posibilidades de éxito; empero, sus embates solitarios no son raros.

En la actualidad, las bandadas de estos animalejos han sufrido significativos decrementos. Los estudiosos aventuran varias hipótesis al respecto. Una de ellas adjudica este decrecimiento a los cambios climáticos, producto de la contaminación que afectan las condiciones normales de su hábitat. Otra posible respuesta está relacionada con la nueva variedad e incremento de enfermedades trasmisibles por sangre, como algunos tipos de hepatitis y el SIDA, para las que los Uay Zodtz no cuentan con defensas. Un tercera especulación alude a que en función del crecimiento de las zonas urbanas en detrimento de las rurales y las boscosas o selváticas, el equilibrio existente entre las especies animales de la región se ha roto, de tal forma que han sido forzadas a emigrar, desaparecer o alterar sus costumbres para convertirse en depredadores de especies que tradicionalmente no incluían en su dieta.

Uchurí. *Véase* Rikúhuri.

Un Tomador. *Véase* Hun-Camé.

Uni. *Véase* Aire.

Uno Muerte. *Véase* Hun-Camé.

Usurero del Baratillo. *Véase* Aparición del Baratillo.

Uuk Chapat. La variedad de serpientes en estas tierras es amplísima. Empero, pese a esa rica diversidad, la información que se tiene acerca de cada una de ellas varía considerablemente en cantidad y calidad. Y así, mientras algunas son conocidas en todo el mundo, otras constituyen un auténtico misterio. La Uuk Chapat es, sin duda, el ofidio que mejor encarna este último caso. De hecho, lo único que se sabe de ella es que cuenta con siete cabezas perfectamente configuradas. Es posible que esta ausencia de información responda a que verla es una circunstancia excepcional.

Uxumuco y Cipactonal. *Véase* Oxomoco y Cipactonal.

U Yum Cap. *Véase* Ah Xuce.

Vac. *Véase* Voc.

Vaquero. *Véase* Wac nu.

Vaquero fantasma. "Éste, que jinete en un alazán entero; aquél que en melado cenceño, y, esotro, que en retinto bragado de cabos blancos; nadie estaba de acuerdo en los pelos y señales de la cabalgadura, pero, todos a una, juraban por sus respectivas ánimas, que a plena luz del día habían visto pasar entre los matorrales al vaquero fantasma a carrera tendida, con el sombrero echado a las espaldas, sujeto por el barboquejo, sin que le estorbaran el paso ni troncos, ni malezas.

Algunos aseguraban que se habían topado con él, ya en noches de lluvia y ventarrón desecho, ya en otras serenas y de calma, en las veredas cabrunas de las lomas, o en la pradera misma, entre los pajonales apretados.

Por su parte, las vecinas de las estancias contaban, persignándose, que, a deshora sobre todo, se oía la voz del fantasma imitando el grito peculiar de los vaqueros cuando conducen el ganado, y aquel 'jo-jo-jooo' lúgubre y plañidero despertaba los ecos del bosque y sus contornos como si respondieran desde muy lejos voces de ultratumba…

Organizábanse batidas que recorrían los sitios más apartados, y los vecinos no se daban reposo en sus búsquedas, sin hallar huella ni de los ganados desaparecidos ni del fantástico abigeo, que se desvanecía como el humo ante sus perseguidores, burlándolos con una habilidad inexplicable, habiéndose dado el caso de que muchos de aquéllos recibieran de improviso, sin saber de dónde venía, un lazo en el cuello que los estrangulaba en pocos momentos, siendo sus cadáveres arrastrados largo trecho y abandonados luego en el sendero, completamente destrozados…

A pesar de todo, no hubo hacienda o estancia de ganado en Tabasco cuyos moradores no oyeran de vez en vez el grito peculiar del vaquero de la leyenda a altas horas de la noche, o lo vieran pasar arreando largas partidas de toros negros a la tenue luz de las estrellas, notando al siguiente día la falta de algún buey cebado o alguna vaca de las más lucidas…

El origen de la leyenda en Tabasco data del mismo siglo de la conquista, probablemente, pues las correrías nocturnas del vaquero fantasma se atribuyen al ánima atormentada de un famoso abigeo que existió a fines de aquella centuria.

Era el tal un macareno andaluz desalmado y cruel, venido a la Provincia como capataz de negros en un barco que condujo gran cargamento de esclavos para las estancias de cierto encomendero a cuyo servicio no bastaban los indios de su encomienda, que, confiando en la práctica que el macareno había adquirido en el manejo de cuadrillas de esclavos en Cuba y La Española, lo nombró caporal de sus estancias, dándole poderes y manos libres para manejar su hacienda.

Lo hizo tan bien el caporal, que en pocos años llegó a ser dueño de millares de cabezas de ganado obtenidas a hurto de su amo y patrón, al principio, concluyendo, al fin, por suplantarlo y adueñarse de sus hatos, con todo descaro.

Un hijo del arruinado estanciero, cuando éste era ya anciano inválido, mató de una lanzada un día de rodeo al ladrón de los ganados de su padre y, según la conseja, desde la noche siguiente al trágico suceso, comenzó a recorrer las sabanas y los caminos solitarios el alma del muerto, tomando l. apariencia de un jinete misterioso al que nunca pudo darse alcance cuando pasaba como un condenado aguijando las partidas de reses que se llevaba de las estancias tabasqueñas, reses que luego se esparcían por las selvas convirtiéndose en ganado montaraz o alzado" (Justo Cecilio Santa-Ana, *Tradiciones y leyendas tabasqueñas*, págs. 67-69).

Vara de Calavera. *Véase* Chamiaholom.

Vara de Hueso. *Véase* Chamiabac.

Varilla de cráneo. *Véase* Chamiaholom.

Varilla de Huesos. *Véase* Chamiabac.

El velo de Marina. Cuentan que una vez al año, en las aguas marinas cercanas a la capital de Campeche, aparece un suave remolino. En él flota un velo festoneado de blanca espuma que perteneció a Marina, una joven que prefirió morir entre las olas a seguir separada del hombre que amaba. Ese día, las muchachas enamoradas se cuidan muy bien de acercarse al sitio, sobre todo en el lapso comprendido entre el ocaso y la aparición de la Estrella de los Mares, no vaya a ser que la dulce voz que las invita a entrar en las aguas las convenza de unirse al mar en un trágico abrazo.

Venado de dos cabezas. Corría el cuarto año del cuarto trece después de que el diluvio había azotado estas tierras. Un terrible estrépito convulsionó al cielo e hizo que todo ser vivo volviera sus ojos al firmamento. Ante las miradas estupefactas, algo se aproximó a gran velocidad a la Tierra. Una vez ahí, los testigos pudieron ver que se trataba de un venado de dos cabezas. Camaxtle, tal como su naturaleza de líder se lo mandaba, se acercó, lo tomó entre sus brazos y con voz profunda dijo a aquellos que vivían en Cuitláhuac que, a partir de ese momento, habrían de ensalzar a la criatura y adorarla como si de un dios se tratara. La orden de Camaxtle fue cumplida a pie juntillas. A lo largo de cuatro años cuidaron, atendieron, mimaron y alimenta-

ron al venado con culebras, conejos y mariposas. Camaxtle, a cada batalla que acudía, lo hacía llevando a cuestas al venado porque éste le garantizaba la victoria indiscutible. Empero, las cosas habrían de cambiar. Camaxtle, envanecido por haberse convertido en un guerrero invencible, osó ofender a Tezcatlipoca. El dios, enfurecido por esta muestra de soberbia, lo despojó para siempre del mágico venado y Camaxtle nunca más volvió a probar el sabor del triunfo.

Venado enano. En el municipio de San Carlos (Tamaulipas), una anécdota muy común entre los cazadores hace referencia a la aparición de un venado de pequeña alzada y enorme cornamenta. El venado se aparece cerca del sitio donde se esconden los cazadores y se pasea muy orondo por ahí. Aquellos que no saben quién es, de inmediato preparan sus armas y disparan. Pero, ¡oh, sorpresa!, el venado sigue tan campante. El cazador, desconcertado, prepara su rifle de nuevo y vuelve a tirar sólo para darse cuenta de que la supuesta presa sigue ahí y, además, se ríe a carcajadas. Ver reír a uno de estos animales no es precisamente algo a lo que estos hombres estén acostumbrados, así que lo más común es que se retiren rápidamente de ahí.

Venados con cuernos y pezuñas de oro. Cuando Sac-Nicté (Blanca Flor) y el príncipe Ulil se desposaron, recibieron un sinfín de regalos a cual más bellos. Sin embargo, hubo uno que dejó boquiabiertos a todos y que fue enviado de Chanohuothlán por el rey de Tula para agasajarlos. El presente era, ni más ni menos, que un grupo de nueve hermosos venados blancos con cuernos y pezuñas de oro puro que refulgían al roce del sol.

Víbora come-esqueletos. Sierpe característica de ciertas áreas del estado de Nuevo León. Quienes la han visto aseguran que es particularmente larga y muy fea. Su cabeza es enorme y destacan en ella un par de ojos verdes de hipnótica mirada malévola. Esta víbora suele acudir a los cementerios en busca de su alimento, pues no hay nada que le guste más que los huesos humanos, eso sí, de preferencia los que pertenecen a difuntos recientes. En caso de que nadie haya muerto en un lapso considerable, la culebra, resignada, engullirá los restos óseos antiguos.

Víbora luminosa de Almoloya. Sierpe cuya piel emite una particular luminosidad. Aparece en el cementerio de Almoloya y se hace visible ante individuos que van solos. Si el paseante, a pesar del miedo, decide seguirla verá cómo se dirige al lugar en el que antiguamente se encontraba una iglesia. Ahí, sube a un viejo sabino, se sostiene de su dura corteza y forma con su cuerpo una especie de "s", señal inequívoca de que ahí hay dinero enterrado. Es común que el afortunado, de inmediato, emprenda la carrera para buscar las herramientas adecuadas y la ayuda de un par de amigos. Sin embargo, cuando todos regresan preparados para hacerse ricos, resulta que el ofidio ha desaparecido. Dicen que esto sucede porque la víbora no quiere que nadie más que el elegido sea quien goce de las riquezas. El caso es que, aún hoy, no se ha sabido de nadie que haya logrado hacerse del "entierro".

Víboras de Dinero (Culebras de Dinero). En el municipio de Yuriria (Guanajuato) es bien conocido por todos que las fajas, es decir, los cinturones de piel que se rellenaban con monedas, al paso del tiempo cobran vida y se transforman en Culebras de Dinero. Estos reptantes seres encuentran particular placer en tomar el sol, así que salen de sus escondites para asolearse a gusto, después regresan a sus ocultas guaridas y recobran su aspecto previo.

Un rasgo que nos permite saber el contenido de la faja es el color de los ojos de la víbora. Si ambos son amarillos podemos estar seguros de que las monedas son de oro; si un ojo es blanco y otro amarillento, se trata de piezas de oro y plata; en cambio, si ambos ojos son blanquecinos, el tesoro será de áureo metal.

Si alguien tiene la enorme suerte de toparse con una Víbora de Dinero, de inmediato debe arrojarle el sombrero, el sarape o cualquier prenda de vestir encima y ordenarle sin titubear: ¡Dámelo, dámelo ya! Si consigue hacer esto antes de que la culebra desaparezca, podrá convertirse en un hombre muy rico.

Vieja que se quema. *Véase* Piowacwe.

Viejita Tzitzime. Los nahuas y popolucas de Veracruz refieren la presencia por estos lares de la Viejita Tzitzime. Esta anciana dama, no sabemos si por placer o con un fin educativo, acostumbra comerse los sesos de los niños desobedientes o de aquellos pequeños cuyos padres los dejan abandonados por periodos prolongados. No existen mayores datos sobre las características físicas de esta mujer ni de sus costumbres o forma de vida lo cual, en lugar de resultar tranquilizador, llena de inquietud a los que saben de su existencia.

Viejito del Camino. Rumbo a La Morita (municipio de Linares, Nuevo León) se aparece un anciano de larga barba blanca que le cubre casi todo el rostro arrugado. Sus ojos están velados por las cataratas y su aspecto en general es débil. Sin embargo, cuando ríe parece que la juventud regresara de golpe a su cuerpo, su cara se ilumina y una extraña vitalidad fluye de todo su ser. El Viejito del Camino nunca anda solo: lo acompañan un perro negro y otro que parece pastor alemán. Quienes le han visto dicen que siempre trae puestos dos pantalones y usa bastón. Si alguien se acerca a platicar con él, se lo pasa de lo más bien ya que el anciano, además de ser un buen conversador, es muy amable y nunca deja de ofrecer a su interlocutor algunas naranjas para refrescarse. Si la persona rechaza el regalo, lo más seguro es que nunca vuelva a verlo; en caso contrario, tendrá la fortuna de reencontrarse con él y disfrutar de una agradable charla.

Dicen los viejos que este señor en vida trabajaba de vigilante en las huertas y hoy, a muchos años de su muerte, sigue cumpliendo con su labor y manteniéndose en contacto con los descendientes de sus antiguos vecinos.

Viejo de la Catedral de Querétaro. Durante los primeros años del siglo xx, era cosa de todos los días en la Catedral de Querétaro ver entrar a un anciano de calzón de manta blanco, bastón, morral y un viejo sombrero de palma. Se arrodillaba frente al altar y sus fervorosas oraciones se entretejían con gritos lastimeros pidiendo perdón. Cuando el sacristán se acercaba con el propósito de pedirle que saliera, ya que la iglesia cerraba por algunas horas al mediodía, invariablemente el hombre había desaparecido.

El suceso se repetía un día sí y otro también. Hasta que cierta tarde, un sacerdote que había estado alejado algún tiempo de la ciudad, se percató de que el anciano no era otro que un ladrón que años atrás había sustraído algunos objetos sagrados de la iglesia y, había muerto a balazos durante un asalto. Comprendiendo que se trataba de un alma en pena, el buen cura decidió oficiar varias misas por el descanso de esa alma atormentada. A partir de ese momento, las apariciones cesaron para siempre, más el recuerdo de aquel penitente persistió.

Viento de la espalda (Campach-Ik). Los mayas de Quintana Roo dan nombres individuales a los Vientos Malignos según la enfermedad que son capaces de ocasionar o el lugar del cuerpo humano en el que se alojan. Así, el Campach-Ik es el Viento que causa los dolores de espalda, los envaramientos o las contracturas de vértebras.

Viento del asma (Coc-ik). Según los mayas de Quintana Roo, el Coc-ik es el Viento Maligno causante de asma entre los habitantes de la zona.

Viento del jabalí (Citam-ik). Viento maligno que los jabalíes dejan a su paso y que provocan enfermedades en las personas que se exponen a ellos. Su aspecto es similar al de estos animales, con la particularidad de que están hechos de una materia sutil y translúcida similar a la de los fantasmas.

Vientos. *Véase* Aire.

Vientos de la Tos ferina. *Véase* Yumil-X-Tujub.

Vigilantes de la Raya (Caballeros de la Raya, Dzá ya fi, Gente de la Raya). Encargados de cuidar las fronteras existentes entre los diversos pueblos de la Chinantla. Para cumplir su trabajo suelen recorrer montes y valles montados en níveos caballos; sin embargo, cuando se hacen presentes a los seres humanos se manifiestan bajo el aspecto de perros o caballos blancos que establecen comunicación mediante silbidos o como gente común y corriente.

Los Caballeros de la Raya no son de naturaleza malvada; por el contrario, su labor es sumamente importante para mantener la paz entre los pobladores de la zona, aunque en ocasiones para cumplirla deban recurrir a métodos poco ortodoxos. Son los encargados de evitar que la enfermedad entre en los poblados matando a los naguales o dobles que pretenden introducirla. Aunque si bien el adversario puede sobrevivir al ataque de los Caballeros un par de días, su muerte será inevitable. Ser Vigilante de la Raya no es una elección: es un destino insoslayable y predeterminado aun antes de nacer. El futuro caballero presentará al venir al mundo un signo distintivo que sólo puede ser interpretado por la comadrona y éste es que el cordón umbilical lo tendrá atravesado sobre el pecho. Por precaución, los padres de la criatura ocultarán a todos este suceso ya que, de hacerse público, el pequeño podría morir a manos de los brujos y hechiceros que pretenderán sacarlo de su camino porque saben que dentro de algún tiempo se convertirá en un espíritu de fuerza extraordinaria que los combatirá sin tregua.

Viruela. *Véase* Yumil-kaax.

Voc (Vac). Pájaro fabuloso, según cuentan las crónicas del *Popol Vuh*, que servía de mensajero al dios Huracán. Su aspecto era similar al de los gavilanes y no había nadie como él para cumplir la tarea de heraldo, ya que era capaz de alcanzar velocidades prodigiosas que le hacían posible, en un abrir y cerrar de ojos, cruzar la distancia que separa a la Tierra del cielo.

Vucub-Camé (Principal Muerto, Siete Muerto, Siete Tomadores). Junto con Hun-Camé fungía como Juez Supremo y Máxima Autoridad del inframundo maya. Su ocupación central, que por cierto cumplía con eficiencia y exactitud envidiables, era asignar las ocupaciones y misiones de los restantes Señores de Xibalbá. Su jerarquía, así como su conocimiento, le garantizaban un profundo respeto por parte de todos aquellos que se encontraban a sus órdenes.

Wac nu (Vaquero). En el istmo veracruzano hay un ave de nombre Wac nu que haría palidecer de envidia a los integrantes del sistema meteorológico por la eficacia de sus predicciones. El Vaquero, como también se le conoce, anuncia la presencia de vientos del norte o del sur así como el buen tiempo. Obviamente, es necesario conocer un poco de su sistema de señales para poder interpretarlo. Así, si se para en las ramas de los árboles verdes podemos estar seguros de que la temporada de lluvias será abundante. Por el contrario, si se posa en los árboles secos, más vale prevenirse porque la sequía se hará presente.

Way cot. *Véase* Uay Cot.

Wayjel. *Véase* Lab.

Wendes. *Véase* Aire.

Wüy. Los huaves del Istmo de Tehuantepec (Oaxaca) evitan comer un pescado llamado Wüy, y no lo hacen porque tenga mal sabor o por algún tabú, sino porque al que se lo come se le caen las enaguas o los pantalones así nomás.

Xaman-ik. *Véase* Aire.

X'bolon thoroch (La que amplifica el sonido de la rueca, El Ruidoso, Xbolonthoroch Xbolon-Toloch, Xobolonthoroch). En algunos hogares mayas, por la noche suceden cosas de lo más raras. Dicen que se oye como si alguien estuviera realizando las labores hogareñas: los trastos de cocina son movidos, se escucha como si molieran maíz en el metate o si hicieran salsa en el molcajete, se percibe la escoba limpiando el piso y hay veces que hasta parecería que hay voces. Empero, si alguno de los moradores sorprendidos por esta inusual actividad se asoma no ve nada, sabe entonces que el Xbolonthoroch está de visita. Este espíritu chocarrero, según dicen del sexo femenino, se comporta como una especie de eco que repite los sonidos producidos en el hogar a lo largo del día.

Xbulel. Recién formada la tierra del Mayab por Noh-Kú, éste ordenó a Yum Chaac que se hiciera cargo del agua, tanto la del cielo como la de la Tierra. A la sazón, Yum Chaac tenía dos hijos: un muchacho llamado Noh Zayab (Gran Corriente de Agua) y una joven de nombre Xbulel (Inundación). Ambos, a diferencia de su padre, no eran muy dados a trabajar y les encantaba andar jugando.

El príncipe Yaax Kin, hijo del Gran Sol, se enamoró perdidamente de Xbulel, quien de inmediato le correspondió. Al poco tiempo contrajeron nupcias y tuvieron una hijita a la que llamaron Xhoné Há (Agua Interior).

Cierto día, Noh Kú ordenó a Yum Chaac trasladarse a la tierra para cumplir mejor sus labores como distribuidor de las aguas. Y así se hizo. Obviamente, ni Yaax Kin ni Xbulel estaban contentos con la decisión, pero tuvieron que acatarla.

Mientras Yum Chaac se encargaba de que los cenotes y las sartenejas tuvieran siempre suficiente agua y de vigilar los niveles de ríos y lagunas, Noh Zayab y Xbulel se la pasaban divirtiéndose sin preocuparse de ayudar a su padre.

Un día el cielo amaneció encapotado. Nubes enormes tapaban el sol y el viento soplaba furibundo derribando los árboles a su paso. Los relámpagos iluminaban de forma siniestra el firmamento y los truenos parecían querer acallar todo sonido con su estruendo. Una lluvia, tan terrible como nunca, empezó a caer y a inundar todo trayendo muerte y destrucción a los hombres. Para cuando Noh Zayab y Xbulel se percataron de la gravedad de las cosas, ya era demasiado tarde. Xbulel corrió desesperada a buscar a su hijita, a quien había dejado dormida bajo un árbol. Sin embargo, todo fue inútil porque las voraces aguas habían acabado con todo.

Cuando Yum Chaac, Noh Kú y Yaax Kin se enteraron de lo acontecido, su furia no conoció límites.

El Gran Sol, pese a su natural benevolencia, decidió tomar cartas en el asunto y ordenó al padre de los irresponsables castigarlos. La sentencia fue cumplida. Desde entonces, Noh Zayab fue condenado a vivir por siempre bajo la tierra en forma de corriente de agua, la cual sigue llorando amargamente la imprudencia cometida. Por su parte, la pena de Xbulel consistió en convertirse en las inundaciones para que nunca olvidara lo que su descuido ocasionó, así como en buscar por toda la eternidad el árbol bajo cuya sombra dejó a la pequeña Xhoné Há.

Y dicen que cuando los árboles lloran es porque Xbulel (invisible a los ojos humanos) está en el árbol y sus lágrimas son las que corren por las ramas y las hojas en señal de hondo arrepentimiento.

Xcalatún. Más de un fuereño, al ver la tranquilidad de los pescadores mayas asume que es producto de su estrecha relación con el mar o la naturaleza con que esta tierra bendita ha dotado a sus pobladores. Craso error. Tal serenidad es sólo aparente, ya que los hombres del mar están sumamente atentos a su entorno y pendientes de todos los sonidos. No vaya a ser que por distraerse no escuchen la voz del Xcalatún. Este pez con alma de meteorólogo y espíritu de guardia costera es capaz de detectar antes que nadie las señales que indican la presencia de tormentas. De inmediato, lanza un grito de gran potencia susceptible de ser escuchado a varios kilómetros a la redonda, que avisa a aquellos que se encuentran en las aguas la inminencia del peligro. Son numerosos los testimonios de gente que asegura haber salvado la vida gracias a este aviso.

Xchail-Can. *Véase* Chayilcán.

Xcocluum. Gusano de color grisáceo que vive en el estado de Yucatán. Suele localizársele en lugares húmedos, preferentemente debajo de las piedras. Suponemos que debe tener buen sabor, si se es una gallina, ya que estos plumíferos se los comen con singular placer. El Xcocluum, si alguien lo toca, simula estar muerto (probablemente como una estrategia para no ser aplastado).

Este gusano posee la extraña facultad de causar asma (entre los mayas llamada coc) con sólo pasar por debajo de la hamaca o el lecho en el que un niño duerma. La forma en que el pequeño contrae la enfermedad es un misterio. Es posible que sea ocasionada por los "aires" que deja tras de sí o por algún tipo de emanación mental o espiritual del bicho. Si la enfermedad se detecta en una fase temprana es posible atacarla de forma exitosa. El curandero realizará un menjurje especial cuya preparación va acompañada de las fórmulas mágicas pertinentes. Un ingrediente básico e insustituible de este remedio es un trozo de ese anélido.

Xecotcovach. La soberbia es uno de los pecados más graves a los ojos de los dioses. Y los Hombres de Madera incurrieron en él sin saber lo cara que iban a pagar su osadía. Cuando se olvidaron de agradecer y rendir pleitesía a Huracán por el don de la vida recibido, su sentencia de muerte quedó sellada. La deidad llamó a Xecotcovach y le dio instrucciones precisas. El verdugo partió de inmediato a cumplir la misión. Llegó adonde estaban los Hombres de Madera y, con precisión quirúrgica, les arrancó los ojos, vacías les dejó las cuencas. Así, inermes e imposibilitados para defenderse, fueron pasto de las otras bestias que les cortaron la cabeza, rompieron sus huesos y terminaron por convertirlos en finísima harina como castigo a su irreverencia.

X-Ekuneil. *Véase* Cola negra.

Xhumpedzkin. La fauna yucateca quizá sea una de las más variadas del territorio nacional, ya que incluye diversas especies capaces de asombrar hasta al más conocedor. Entre estos animales destaca la Xhumpedzkin, una lagartija que mide de 6 a 12 cm de largo con rayas horizontales negras y rojizas en el lomo y el vientre de una tonalidad apenas rosácea. Su cola es peculiar puesto que en el extremo tiene un nudo y puede ser capaz de causar daño. Este animalillo vive en los solares abandonados y rara vez entra en las casas. Cuando esto sucede, los lugareños procuran ahuyentarla de inmediato (eso sí, sin causarle daño no vaya a ser que se vengue de uno), ya que es bien sabido lo peligrosa que puede ser. Este minirreptil tiene la fea costumbre de morder la sombra de la cabeza de algunas personas que inmediatamente empezarán a padecer fuertes migrañas que, de no ser atendidas pronto, pueden ocasionar la muerte por su intensidad. Por fortuna, hay un eficaz remedio casero para este padecimiento: se toma una hoja de la planta Xhumpedzkin (es similar a la sábila), se asa en el comal y se abre por la mitad con sumo cuidado para que las partes no se desprendan. En el interior se coloca una mezcla de tabaco y sal humedecida con alcohol u orina y se cierra. A continuación, se pone sobre la frente del enfermo las veces que sea necesario hasta que desaparezca el mal.

Xic (Quiqxic, Gavilán de Sangre). Cuando en los caminos y les veredas mayas fallecía alguien vomitando sangre y ahogándose, la gente ni siquiera intentaba ayudarle porque el esfuerzo sería vano, ya que todos sabían que era una víctima más de los Señores Xic y Patan quienes, en pleno ejercicio de su deber, le oprimían con fuerza sin igual tórax y garganta hasta causarles una dolorosa muerte.

Xicalcóatl. *Véase* Serpiente de la jícara.

Xicóatl (Estrellas Errantes). Dicen los viejos que habitaban el Valle del Anáhuac que cuando uno levanta la vista al cielo nocturno y ve caer una estrella, debe agradecer en su interior a las Xicóatl ya que son ellas quienes cruzan el firmamento noche a noche para alejar a los malos espíritus que quieren acabar con la Luna a dentelladas.

Las Estrellas Errantes son el alma de aquellas mujeres especialmente puras y serenas casi perfectas que, al morir, en lugar de seguir el destino que les correspondía viven ahora convertidas en astros refulgentes.

Xinanil Há (Dueña del Agua, Sirenita). Xinanil Há y su consorte Sinalil Há son entidades que habitan en ríos, lagos y lagunas de los estados de Chiapas y Veracruz. Los lugareños aseguran que tienen la apariencia de ladinos, es decir, mestizos. Tanto su piel como su ropa son de un blanco inmaculado y suelen ir siempre acompañadas por lo menos de un par de nutrias que se mueven alegres a su alrededor. Contrariamente a otras criaturas, su presencia llena de regocijo a los lugareños porque saben que es signo inequívoco de que la pesca será abundante y que sus redes saldrán llenas de peces, caracoles, cangrejos y otros animales igualmente sabrosos. Es recomendable, aseguran los viejos, solicitar su favor si se quiere que la pesca sea copiosa y agradecerles debidamente la merced concedida con copal o velas.

La Sirenita, a veces mientras Sinalil Há se baña, emerge de las aguas para lavar su larga cabellera y, según los tojolabales, la espuma de las corrientes y las olas no es más que el jabón que usa esta dama.

Xiquiripat (Angarilla voladora, Extiende Tullidos). Uno de los Señores de Xibalbá. Junto con Cuchumaquic tenían la misión de causar derrames a los seres humanos y hacerles víctimas de espantosas enfermedades de la sangre que, tarde o temprano, los llevaban a la tumba.

Xitstzin. Almas de aquellas personas que se encuentran en agonía y, en un intento de sobrevivir, asumen el aspecto de estrellas fugaces para escaparse hacia el mar donde esperan hallar refugio y protección de los brujos que las persiguen para comérselas. Los nahuas y popolucas suelen ignorar su presencia, ya que si las señalan con la mano

el perseguidor (ya sea hechicero o el mismo Chaneco) las encontraría con suma facilidad y el incauto que hizo evidente su paso por el sitio, en castigo, verá llenarse su brazo con repugnantes granos que nunca se quitarán.

Xiwel. *Véase* Espanto.

X-Juan-Thul. *Véase* Juan Thul.

X-kokoltzec (La Mugrienta castigadora). Bellísima mujer maya, de larga cabellera azabache, piel color canela y brillantes ojos negros como capulines. Por las noches desprende su cabeza del resto del cuerpo y se dedica (la cabeza sola) a andar por los montes, caminos y pueblos espantando a quien se deje. La escasa información que se tiene acerca de esta criatura no indica cómo puede realizar esta separación sin morir por ello. Lo más seguro es que la lleve a cabo tras la puesta en práctica de determinados conjuros o pertenezca a una extraña especie que sea capaz de acumular la suficiente fuerza vital en la cabeza (a manera de batería) que le permita subsistir independientemente por un periodo limitado.

Xobolonthoroch. *Véase* X'Bolon Thoroch.

Xohol Ch'ich. *Véase* Pájaro fantasma.

Xtabai. *Véase* Xtabay.

Xtabay (La Engañadora, Ixtabai, Mujer Engañadora, Tabay, Xtabai, X-tabai, X'tabai, X'tabay). Una de las leyendas yucatecas más famosas es la de la Xtabay. Dicen que hace mucho mucho tiempo vivían dos mujeres en un pequeño pueblo, una llamada Xkeban y la otra Utz Colel. Xkeban era coqueta y digamos que un tanto compartida con su cuerpo, ya que le gustaba entregarse a los varones. Por su parte, Utz Colel era recatada y discreta. Sin embargo, pese a estas características Xkeban era de corazón bueno y generoso y Utz Colel era malvada, cruel. Con el pasar de los años Xkeban murió y su cuerpo quedó intacto, puro y en la tumba donde reposaba nació una bella flor conocida como Xtabentún. Cuando falleció Utz Colel, para sorpresa de todos se convirtió en una flor áspera y de olor repugnante llamada Tzacám. Su espíritu, que no esperaba semejante destino, sufrió un tremendo revés: enfurecido, tomó cuerpo de mujer y se transformó en la Xtabay.

La Engañadora, como también se le conoce, suele aparecer a los hombres bajo el aspecto de una hermosísima mujer que peina sus largos y lustrosos cabellos a la sombra de una ceiba. Con sutil coquetería aguarda a que algún joven se percate de sus encantos y se acerque con el fin de conquistarla. Cuando eso sucede, la Xtabay se aleja pero lo hace de tal forma que invita a ser seguida. El mancebo, por lo general, cae en el juego y empieza a perseguirla. Cuando le da alcance y se dispone a estrecharla entre sus brazos, algo extraño sucede. La guapa joven se transforma en un santiamén en un espino que tiene enormes garras como las aves de rapiña, con las cuales atrapa a su víctima, la envuelve y destroza sin piedad. Casi siempre el desafortunado muere de inmediato. Sin embargo, se han dado casos de hombres que han sobrevivido a las heridas y llegan a su hogar con hemorragias graves, el vientre abierto y su mente atrapada en el delirio. Al poco tiempo fallecen a causa de las lesiones y una fiebre que no cede, pese a los remedios que se apliquen. Los casos extraordinarios de aquellos que logran sobrevivir culminan con la locura porque la Tabay les ha robado el alma y no está dispuesta a regresárselas.

Mediz Bolio en *La tierra del faisán y del venado* nos habla del destino de las víctimas de esta maligna mujer: "En el fondo de la tierra, en donde las ceibas encantadas prenden sus raíces, están cautivos los cientos de miles de mozos que la Xtabay se llevó. Si ellos recordasen que el mundo existe, tal vez volvieran a contarnos lo que nadie sabe, y nadie sabrá porque ellos no vuelven nunca" (págs. 112-113).

Se cuenta también que esta dama acostumbraba presentarse a los jóvenes enamorados, preferentemente en sitios solitarios y oscuros, bajo el aspecto de la muchacha de sus sueños. Vistiendo de blanco y con la cabellera flotando al viento, llamaba la atención del mancebo con señas y él, obviamente, la seguía. Pero una vez a su lado, lo que se mostraba ante sus ojos era una cara terrorífica de enormes y filosos colmillos y ojos que brillaban como ascuas. En otras ocasiones se llevaba al novio al monte y, por mecanismos inexplicables a los humanos, lo dejaba perdido o lo guiaba hacia su guarida, donde ponía fin a sus días en un asfixiante y mortal abrazo.

Otra variante de su *modus operandi* consiste en que cuando era alcanzada por el supuesto don Juan, se convertía en una serpiente cuya cola terminaba en punta y lo estrujaba mientras contemplaba encantada sus últimos estertores.

Por fortuna, hay una forma de librarse del terrible destino que augura la presencia de esta mujer. Basta que, al ser estrechado por ella, se arranque uno de sus cabellos haciendo la señal de la cruz e, *ipso facto*, la Xtabai lanzará un alarido de impotencia y huirá hacia las entrañas de la tierra a desquitar su furia.

Xtatacmo. *Véase* Tatacmo.

X'thoh chaltun (Señorita picapiedra, X-t'och Chaltun). Ave que, mediante facultades misteriosas, es capaz de transformarse en mujer. Bajo su nuevo aspecto que, por cierto, llama la atención por su enorme belleza, se acerca a los poblados llevando una vasija de barro. Cuando localiza a algún joven que resulta especialmente agradable para convertirlo en su víctima, llama su atención golpeando el jarro con una piedra. El varón, sorprendido en un primer momento, se acerca para percatarse de la hermosura de la chica y su sorpresa se convierte en agrado cuando ella empieza a coquetearle. Cuando él se ha acercado lo suficiente, ella se aleja gradualmente hasta que, sin que él se percate de ello, ya se encuentra a considerable distancia del pueblo y dispuesto a enfrentar un trágico destino que es similar al de los que se topan con la Xtabay.

Xulab. Variedad de hormigas negras que forman grandes colonias y son muy comunes en Quintana Roo. Esta especie es muy temida por los lugareños no sólo porque su picadura duele mucho, sino porque causa severos daños a los árboles frutales o a los sembradíos. En época de lluvias, no es extraño que para guarecerse acudan en tropel al interior de las casas con el consabido susto de sus habitantes que, a veces, ante la imposibilidad de sacarlas son ellos quienes deben abandonar la vivienda.

Además, las Xulab son las causantes de los eclipses. Hay dos versiones que explican este fenómeno. Unos aseguran que el Sol o la Luna se oscurecen cuando una colonia de estos insectos se extiende sobre su superficie, lo cual debe significar que también tienen la capacidad de volar y recorrer enormes distancias para llegar hasta estos astros. Otros afirman que en realidad lo que sucede es que la "reina" de las Xulab ataca al Sol o la Luna soltándole tremendas dentelladas.

Yajwal Ajaw (Señor de la Cueva). Es considerado por los tzeltales como el amo de la vida silvestre y de los animales. Su labor, determinante en el equilibrio ecológico de esta región chiapaneca, consiste en velar por la fauna y la flora y cuidarla de los excesos de los hombres. El Yajwal Ajaw es un celoso guardián de su deber y su carácter no es precisamente lo que pudiera llamarse afable, por ello los tzeltales en sus oraciones piden a Dios que los cuide del Señor de la Cueva, sobre todo porque es capaz de causar daño sin razón aparente. De su aspecto (cuando no ha adoptado forma animal) poco podemos decir, pero los que se han topado con él aseguran que su sola presencia llena de terror hasta al más bragado y le causa tal grado de "espanto" que fallece al poco tiempo.

Yalám Bequet (Baja Carne). Chiapas es el lugar de residencia de las Yalám Bequet, misteriosas mujeres dueñas de poderes mágicos que les permiten despojarse de su carne para cumplir con sus particulares fines. Al llegar la noche, estas damas celebran un ritual cuya parte fundamental consiste en la enunciación de las palabras Yalám Bequet, que significan "Baja Carne". Al instante, piel, músculos y tendones se separan de su cuerpo y caen al piso. Una vez convertidas en esqueletos, salen volando y recorren la zona sembrando el terror no sólo por su impresionante aspecto, sino porque es bien sabido que su presencia nunca augura nada bueno.

Casi al alba, regresan a sus hogares. Se paran sobre los despojos que dejaron antes de partir y pronuncian Muyán Bequet, Muyán Bequet (que se traduce como "Sube Carne, Sube Carne"). De inmediato, las carnes empiezan a cubrir su esqueleto y ella reasume su aspecto humano.

Existe una forma conocida por su amplia efectividad para acabar con la Yalám Bequet. Una vez que se ha localizado a una de ellas, es necesario esperar a que anochezca y que la dama se haya despojado de su envoltura carnal, que deberá ser rociada con una mezcla de vinagre y sal que causará un daño irreversible y hará imposible que la Yalám Bequet pueda utilizarla de nuevo. Es muy importante ser sumamente precavido cuando se va a llevar a cabo tal labor de destrucción, ya que en caso de ser descubierto la furia de la Yalám Bequet no conocerá límites y el destino del infortunado será horroroso.

Yancopec. *Véase* Yankopek.

Yankopech. *Véase* Yankopek.

Yankopek (Yancopec, Yanchopech). Es muy importante recordar que cuando vayamos a utilizar alguna vasija de barro, la tengamos en nuestras manos o simplemente hagamos referencia a ella, hay que tener especial cuidado, no vaya a ser que ofendamos al Yankopek. Este espíritu, que suele habitar dentro de ellas, es especialmente sensible y si se molesta puede romper el recipiente o conseguir que el agua se agote casi de inmediato.

Yautequiua. *Véase* Búho.

Yegalcíhuatl. Espíritu chiapaneco con un especializado poder de transmutación que le permite asumir el aspecto humano que desee. Por lo general, prefiere tomar la apariencia de alguna mujer que vaya a ver a su amado, para así presentarse ante él y engañarlo. No contamos con mayores datos de lo que sucede a continuación; sin embargo, es probable que no sea nada bueno ya que del Romeo no vuelve a saberse nada. No existe la certeza de que la Yegalcíhuatl sea la causante de la desaparición, ya que la Xtabay suele utilizar la misma triquiñuela para hacerse de víctimas.

Yollotótotl. En la zona que antiguamente ocupaba la provincia de Teotlixco hay una pequeña ave de nombre Yollotótotl. Su tamaño es similar al de una codorniz; su cabeza, pecho y espalda son de un color entre amarillo y pardo; la cola es negra y las plumas de las alas son ametaladas con puntas blancas. Su canto es de una dulzura y suavidad tal que inevitablemente cautiva a quien lo escucha. Y dicen que estos pájaros no nacen de huevo porque realmente son las almas de los difuntos que se transforman para alegrar con su melodía a aquellos que amaron y se niegan a abandonar.

Youaltepuztli. *Véase* Hacha Nocturna.

Yuc Tzoca. *Véase* Rayo.

Yum Balam. *Véase* Balam.

Yumil-kaax. Los Yumil-kaax son tres duendecillos que habitan en Yucatán. Parecen niños negritos y no hay nada que les cause mayor entretenimiento que andar metiéndose por todas partes para hacer mil y un diabluras. Sin embargo, es importante no dejarse engañar por su inofensivo aspecto y lo mejor es alejarse de ellos lo más rápidamente posible, tirar el agua que han tocado y quemar todas las yerbas sobre las cuales han caminado. Asimismo, resulta muy recomendable no encararlos o tomar algún tipo de represalia por sus travesuras ya que, en caso de hacerlo, estas criaturas cobrarán venganza y arrojarán la viruela sobre uno.

Aunque no está del todo comprobado, a los Yumil-kaax se les considera también los causantes de la tos ferina y el sarampión, por lo cual, se recomienda dejarles dulces en las albarradas o los pozos para que no nos hagan daño.

Yumil Kaaxob. *Véase* Dueños de los cerros.

Yumil-X-Tujub (Vientos de la tos ferina). La zona maya sería un quebradero de cabeza para cualquier epidemiólogo porque ahí las enfermedades no funcionan como en otros lugares. Ahí las afecciones no son ocasionadas siempre por virus, bacterias, problemas congénitos o ingestión de sustancias, sino por la acción de entes sobrenaturales que, voluntaria o involuntariamente, afectan la salud de los pobladores. Y los Yumil-X-Tujub son un ejemplo representativo de ello.

Estas entidades no son más que Vientos Malignos que asumen el aspecto de tres niños pequeños para, por motivos que resultan desconocidos para nosotros, causar la tos ferina en la región. Sus víctimas favoritas son los infantes, no queda claro si es por su fragilidad física o porque al jugar con ellos les trasmiten el mal; por eso las madres enseñan a sus hijos desde pequeños a no jugar con nadie extraño, no vaya a ser que sean los Yumil-X-Tujub y lo que empieza con un rato de diversión concluya en el hospital o el cementerio.

Yumtzilob (Dignos Señores, Dueños, Patrones, Patronos, Señores del Monte, Yuntsilob, Yuntzilob, Yuntziloob). Después de los mayas, difícilmente hay alguien que sepa tanto de los Yumtzilob como Alfonso Villa Rojas, así que dejemos que sea él quien nos hable ampliamente al respecto: "Como es de suponerse, los dioses y espíritus paganos que más interesan a estos indios y a los que guardan mayor devoción, son aquellos que tienen relación con la agricultura. Se les designa con el término de Yumtzilob, que es como decir Señores o patrones. Según sus atributos y funciones particulares, se dividen en tres grupos: los balamob (singular balam) que tienen a su cargo la protección de milpas, hombres y pueblos; los kuilob kaxob (singular Kuil-kax) que vigilan y protegen los montes; y los chacob (singular chac) que manejan las nubes y reparten las lluvias. En lo general, se tiene la creencia de que estas deidades ambulan por los bosques y que su modo de vida e indumentaria son bastante similares a las de los humanos…

Los balamob se encargan de cuidar los pueblos, reciben el nombre de balam-cahob y, también, de canan cahob (guardianes-pueblos); para cumplir esta misión se estacionan durante la noche en cada una de las cuatro entradas del pueblo de modo que puedan impedir el paso de las fieras del monte y, principalmente, de los espíritus y aires malignos que vagan en busca de víctimas. En ocasiones se escuchan a horas avanzadas de la noche silbidos y ruidos raros que indican que los balamob están luchando con algún enemigo; por lo regular, los silbidos indican que los balamob están pidiendo auxilio. En caso necesario los balamob hacen uso de ciertos proyectiles que ellos mismos fabrican con fragmentos de obsidiana o pedernal que se encuentran en montículos arqueológicos; el disparo lo hacen de un modo peculiar llamado piliz-dzoncab, que consiste en apoyar el proyectil en el dedo índice de la mano izquierda e impulsarlo mediante presión del índice de la otra mano. Estas piedrecitas, encontradas de vez en cuando en el monte, son muy apreciadas por los curanderos como objetos mágicos propios para hacer sangrías. Por otro lado, es de indicarse que, aunque los pueblos tienen un número indeterminado de entradas, los nativos creen, de modo vago, que deben ser cuatro, distribuidas de acuerdo con los puntos cardinales.

El balam-col es el que cuida la milpa; también se le llama canan-gracia o canan-era, describiendo así su función de cuidar el maíz (gracia) o la sementera (era). Se supone que, en cada milpa, hay cuatro de estos guardianes repartidos en las cuatro esquinas. Para cumplir su misión, hacen ruido, si se trata de animales, o apelan a otros medios más efectivos si se trata de ladrones. Con el fin de contar con la cooperación de estos guardianes, el milpero ha de ofrecerles con frecuencia la bebida refrescante llamada zacá y dedicarle otras ofrendas al concluir la cosecha; de otro modo, podrían abandonar la milpa y, ahí, castigar al milpero.

Otra misión de los balamob antes mencionados es poner en buen camino a las personas extraviadas; generalmente se cree que si esta experiencia ocurre a un niño, el contacto con estos seres puede dejarlo desequilibrado o, al menos, de conducta un tanto excéntrica…

Los kuilob-kaaxob (kuil: divinidad y kaax: monte) son los seres que cuidan los montes, evitando que sean destruidos o talados indebidamente. Es por ello que el agricultor nunca debe apoderarse de terrenos mayores de los que puede utilizar en la milpa. Los kuilob-kaaxob residen en las cuevas o junto a los cenotes de los montes que tienen bajo su cuidado. Antes de iniciar la tala de su parcela, el milpero ha de invocar, mediante gritos especiales, la presencia de tales deidades, con objeto de informarles la cantidad que espera sembrar y pedirles permiso para ello. Todo esto se hace con formalidad religiosa, con una cruz como testigo y ofreciendo algunas jícaras de zacá. A cambio de esta muestra de devoción, los kuilob-kaaxob y, también, la cruz, protegen al milpero, alejando del lugar a culebras, alimañas y otros peligros.

Estas deidades son mencionadas en las oraciones paganas con nombres descriptivos, tales como canan-kaax, canan-peten y canan-montaña, que significan, respectivamente, guardianes del monte, de la comarca y de la montaña.

Los chacob, conocidos también con el nombre de ah-hoyaob (los regadores), son los dioses paganos que ocupan mayor atención en la religiosidad de los nativos. Como ya sabemos, son los encargados de manejar las nubes y repartir las lluvias cuando lo desea el Cichcelem Yum. Para cumplir su cometido, los chacob recorren el cielo montados en caballos muy flacos; el agua la llevan en un calabazo especial llamado zayab-chú (calabazo fuente) del cual nunca se agota su contenido. Se dice que el día que ocurra tal cosa, dará origen al diluvio universal. En ocasiones acompaña a estos dioses la Virgen María (Cichpan-Colel), la cual va montada en un caballo gordo y de color negro. No lleva calabazo; el agua brota a torrentes del cuerpo del caballo. Con esta agua no hay peligro de inundaciones, dado que, al caer, se recoge enseguida en canales subterráneos que la conducen a dos cenotes desconocidos que jamás se pueden llenar.

Los chacob son numerosos y están ordenados en jerarquía. En primer lugar están los cuatro nucuch-chacob (nucuch: grande o principal) que se encuentran distribuidos en las esquinas del cielo ubicadas en los puntos intermedios del compás. Según otros informantes las esquinas citadas corresponden a los puntos cardinales, tal como se cree entre los mayas de Chan Kom, Yucatán. De acuerdo con el lugar que corresponde a cada uno reciben los nombres que siguen: chac-babatun-chac al del oriente; algunos le llaman, también, cangel y es considerado como el más poderoso de todos. Kan-babatun-chac el del norte; Ekba-batun-chac el del poniente y Zac-babatun-chac el del sur. La primera sílaba de estos nombres indican, respectivamente, los colores rojo, amarillo, negro y blanco…

Después de estos chacob o chaques vienen todos los otros que forman legión en número indefinido; cada uno de ellos tiene a su cargo la producción de alguna de las múltiples variedades de lluvia y de los diversos fenómenos meteorológicos que las acompañan; así, ah-thoxon-caan-chac (repartidor-celeste de lluvias) es el que produce la lluvia fina y persistente; bulen-caan-chac (el chac-anegador-celestial) es el que trae los aguaceros copiosos; hohop-caan-chac (el relampagueante-chac-celestial) el que ocasiona el relampagueo; mizen-caan-chac (el chac-barredor-del-cielo) el que pasa limpiando el cielo después de los aguaceros.

Cuando no están en servicio, los chaques de menor categoría deambulan por los montes, guareciéndose en las cuevas y cenotes. Sobre este punto un informante de Tusik nos explicó que, a su entender, los yumtzilob vivían en los montes, pero en pueblos invisibles, semejantes en todo a los que habitan los hombres. En cuanto a los otros de más importancia, es posible que tengan su residencia en algún lugar del cielo situado hacia el oriente; los aerolitos que suelen verse por ese rumbo son considerados como los cabos de cigarro que arrojan los chaques. En general, todos los chacob deben reunirse en tal lugar para recibir órdenes y tomar acuerdos, antes de salir a regar el mundo. El aviso para tal reunión son los truenos que se escuchan en el oriente en las primeras semanas de abril" (*Los elegidos de Dios*, págs. 288-294).

Yuntsilob. *Véase* Yumtzilob.

Yuntzilob. *Véase* Yumtzilob.

Yuntziloob. *Véase* Yumtzilob.

Yuyumilceh. *Véase* Huay-Tul.

Zac-Babatun-Chac. *Véase* Chaacoob.

Zaki. *Véase* Alma.

Zanate (El que come el maíz). Pájaro chiapaneco de oscuro plumaje que tiene la misión de llevar en su pico el cuerpo de Dios hacia todos los sitios que la deidad requiera.

Zancadilla, El. Entidad malévola de forma indeterminada que gusta de causar muertes accidentales a los otomíes que vagan por el campo. Sus métodos preferidos consisten en ahogarlos o, de plano, ocasionarles una caída mortal.

Zap-chev. El Istmo de Tehuantepec, durante la temporada de lluvias, puede convertirse en un lugar verdaderamente peligroso. Al caer la noche y cuando el calor empieza a irradiar de la arena, la orilla del mar ve nacer a los Zap-chev. Estos seres tienen un aspecto multiforme y pueden aparecer como enanitos, como descabezados, con cuerpos de color verde o, en algunos casos, asumir el aspecto de alguna persona conocida. Si uno se topa con un Zap-chev más vale emprender la huida a toda velocidad puesto que su cercanía nos robará la razón o hasta la vida.

Es costumbre en esta zona que algunos pescadores duerman en la playa y como precaución suelen colocar sus tarrayas en un palo para cuidarse de estas entidades. El poder protector de las redes reside en que están hechas de puras cruces y los Zap-chev no resisten su contacto.

En caso de que algún pescador olvide tomar estas medidas de seguridad, durante la noche se le aparecerá una hermosa mujer de frondosas formas que tratará de compartir su lecho. Si es una joven la que duerme en la arena, el Zap-chev se le presentará con el aspecto del más atractivo varón y haciendo gala de artes seductoras la convencerá de pasar la noche juntos. Sin embargo, esta aventura amorosa irremediablemente acabará mal, porque el Zap-chev enfermará a quien tenga cerca y, de no recurrirse de inmediato a una cura mágica, el "espanto" puede acarrear funestas consecuencias.

Afortunadamente, hay una serie de modos para defenderse de los ataques de estos seres. Uno, citado arriba, es rodearse por la tarraya; otro, mucho más efectivo, consiste en trenzar a la red un cordel hecho con pelo de cola de caballo. De igual modo, el fuego es susceptible de ser utilizado ya que los Zap-chev prefieren mantenerse lejos de él. Empero, a veces estas precauciones no son suficientes, ya que los Zap-chev juegan con la percepción de la gente. Así, nos parecerá que se hallan muy lejos cuando en realidad casi están al alcance de nuestras manos y, por el contrario, cuando creemos que nos han dado alcance, realmente están alejados de nosotros. Afortunadamente, la presencia de estas entidades dura poco: una vez que empieza el frío, desaparecen en el mar.

Zas-ik. *Véase* Aire.

Zastun-Caan-Chac. *Véase* Chaacoob.

Zip (Rey de los Venados). La mayoría de los animales cuentan con un protector y los venados no son la excepción, ya que se encuentran bajo el cuidado y vigilancia de Zip. Este guardián es de talla pequeña, casi del tamaño de un perrito, y lo que lo hace particularmente distinto del resto de la especie es que lleva entre sus cuernos un nido de avispas. Zip, contrariamente a los demás venados, está hecho de puro aire, situación que aprovecha para despistar a los cazadores cuando pretenden capturar a alguno de sus protegidos. Así los hombres, pensando que han visto a algún venado, empiezan a seguirlo por el monte y cuando están a punto de darle alcance, la supuesta presa se transforma en una iguana. Empero, es posible evitar esta trampa. Para ello es necesario hacerse de un amuleto llamado yut, que es una piedra de tamaño regular que, en ocasiones, se encuentra en el estómago de los venados.

Aquel que posee el yut contará con gran suerte y difícilmente fallará cuando dispare. Pero es importante no abusar del talismán porque entonces el Rey de los Venados podría enojarse y castigarlo haciéndole víctima de alguna terrible enfermedad o de un fatal accidente. Una vez que ha transcurrido un año, el hombre debe devolver el amuleto a sus dueños, arrojándolo a un abrevadero o cenote. Si por alguna causa no lo hace, a partir del día siguiente de cumplido el plazo la mala fortuna se instalará para siempre junto a él.

Además, resulta conveniente que tras matar algún venado el cazador deje una ofrenda en una rama para Zip, ya sea la cabeza, el hígado o el estómago de la presa. Son pocos los cazadores que conocen el secreto para matar a Zip. Para conseguirlo hay que preparar una bala especial cuya pólvora se mezcle con la sustancia algodonosa que se halla en los escondrijos de ciertos animales; asimismo, la bala debe marcarse con una cruz y en el cañón del rifle hay que introducir fragmentos de hojas secas. Cabe advertir que este secreto jamás se usa por temor a ser enfermado por los "aires" que deja el Zip a su paso o porque de darle muerte, el tirador fallecería a su vez inmediatamente.

Zipacná. Entre los gigantes mayas más célebres destaca Zipacná. Este ciclópeo ser poseía el poder de crear montes y montañas. Sin embargo, nunca imaginó que su terrible fuerza habría de convertirse en su ruina.

Se cuenta que cierta vez estaba Zipacná muy a gusto bañándose en un río. Volvió la vista y vio venir a 400 muchachos que dificultosamente cargaban un tronco de árbol para sostener su casa. Zipacná, al ver cómo se esforzaban, de inmediato se ofreció a ayudarlos. Empero los jóvenes, en vez de agradecer el favor recibido, vieron en su benefactor un peligro y decidieron matarlo porque no era adecuado que ninguno tuviera una fuerza de tal magnitud. Planearon el ataque, asignaron funciones y lo llevaron a la práctica. Sin embargo, el éxito no los acompañó y terminaron siendo asesinados por el gigante.

Rápidamente el suceso corrió de boca en boca llegando hasta oídos de Hunahpú e Ixabalanqué. Los jóvenes, enfurecidos por esta venganza sin precedentes, decidieron acabar lo que los muchachos no habían logrado. Prepararon un cangrejo que habría de servir como señuelo. Haciendo gala de mentiras y engaños, llevaron al gigante a una cueva previamente arreglada. Zipacná vio el cangrejo y su estómago comenzó a gruñir de hambre. Se introdujo en la caverna y cuando estaba a punto de conseguir el ansiado alimento, paredes y techo se derrumbaron estrepitosamente aplastándolo. Su cadáver se convirtió en piedra y aún hoy puede distinguírsele entre el resto de las formaciones pétreas.

Zohol-Bach. La zona maya cuenta con una amplia diversidad de aves, entre ellas una especialmente chillona cuya carne se utiliza para la preparación de guisos exquisitos y que se llama chachalaca. Al igual que muchos otros animales, estos plumíferos se encuentran bajo la protección de un guardián denominado Zohol-Bach que se encarga de protegerlas de los excesos de los depredadores y los hombres. A simple vista, la Zohol-Bach no puede distinguirse del resto de la especie, pero no debemos dejarnos engañar por ello ya que es bien sabido que posee una serie de facultades que le permiten el adecuado cumplimiento de su deber.

Zohol-Cojolito. Espíritu guardián de los faisanes cuya tarea consiste en vigilarlos y protegerlos de los cazadores. Para cumplir con mayor eficacia su función adquiere el aspecto de un faisán; de este modo, se camufla al interior de la bandada y desde este lugar privilegiado percibe cualquier peligro (por mínimo que sea) para la especie que le ha sido encomendada cuidar.

Zohol Ch'ich. *Véase* Pájaro fantasma.

Zohol-cox (Zoohol-cox). Entre las aves domésticas de nuestro país, una de las más preciadas es el cox también conocido como guaco. Tanto su plumaje como su carne son especialmente estimados por los pobladores de la región maya quienes, sin embargo, en ningún momento abusan de su caza ya que saben que estas aves se encuentran bajo el cuidado de un protector de nombre Zoohol-cox quien, si detecta que aquellos que se encuentran bajo su vigilancia son exterminados sin razón suficiente, no duda en tomar represalias.

Zoohol-cox. *Véase* Zohol-cox.

Zohol-cotz. *Véase* Zoohol-Kutz.

Zolcóatl (Culebra enemiga de las codornices). "Hay otra culebra que se llama zolcóatl, quiere decir, la culebra enemiga de las codornices, porque las engaña con su canto y las come. Es mediana, ni es muy gruesa ni muy larga; es pintada como las codornices, tiene el pecho blanco y la boca amarilla. Es muy ponzoñosa, a quien pica no tiene remedio; es fraudulenta, engaña con su canto a las codornices y a las personas; canta como codorniz, y las codornices que la oyen piensan que es codorniz y vanse a ella, y entonces arrebátalas y cómelas; y algunos indios bobos, como oyen su canto, piensan que es codorniz, y van hacia donde está ella y pícalos, y mátalos. Los que son avisados, cuando oyen que canta esta culebra escuchan si la responde otra codorniz, y si no la responde otra, ella torna a silbar o cantar en el mismo lugar que antes; entiende que esta culebra zolcóatl, y guardánse de ella; dicen que vuela esta culebra" (Fray Bernardino de Sahagún, *Historia general de las cosas de Nueva España*, pág. 652).

Zoohol-Kutz. *Véase* Pavo engañoso.

Zopilote. Si hay alguien a quien los huicholes guardan especial cariño es al Zopilote, ya que él, al alimentarse de carroña y desperdicios, conserva limpia la región. El Zopilote es de carácter amable, servicial y bueno y acostumbra colocarse en medio del cielo para ver cuanto pasa en la Tierra. De hecho, cuando Kauymáli quedó colgado de un acantilado en castigo por haber roto sus votos de castidad, nuestro querido amigo lo sacó del aprieto y lo depositó suavemente en la Tierra.

Otra anécdota muy difundida que habla de su carácter: conmovido por las penas que la niña Eáwali le cuenta, decide ayudarla a escapar del Hombre-Oso y llevarla al mundo de los muertos en busca de su familia. Por supuesto, un favor de ese tamaño no suele hacerse gratuitamente, y el Zopilote pide a la niña que se le entregue por tres veces consecutivas. Ella lo hace y, contrariamente a lo que pudo haber supuesto, se da cuenta de que el Zopilote es más considerado y mejor amante que su antiguo consorte y decide casarse con él. Ambos fueron quienes salvaron al pueblo huichol de morir de sed haciendo correr agua desde el risco donde viven.

También es nuestro Zopilote quien, conociendo perfectamente la naturaleza y malas mañas de Tukákame, aconseja al Muchacho-Huérfano hacer su casa a una distancia considerable de la ranchería del malvado porque, en caso contrario, sus tierras jamás producirían nada por más que se esforzara.

Bibliografía

Abreu Gómez, Ermilo, *Leyendas y consejas del antiguo Yucatán*, Biblioteca Joven, FCE/CREA, México, 1985.

Adame, Homero, *Mitos, cuentos y leyendas regionales. Tradición oral de Nuevo León*, Castillo, Nuevo León, México, 1998.

Aguirre Beltrán, Gonzalo, *Cuijla. Esbozo etnográfico de un pueblo negro*, FCE, México, 1958.

Álvarez, José Rogelio, *Leyendas mexicanas*, Everest, Madrid, 1998.

Antúnez López, Erasto, *Cuentos del Balsas*, Instituto Politécnico Nacional, México, 1996.

Appendini, Guadalupe, *Leyendas de Provincia*, 2a. ed., Porrúa, México, 1999.

Ayala, Roberto, *Chupacabras*, 2a. ed., Libra, México, 1996.

Báez-Jorge, Félix, *Entre los naguales y los santos*, Universidad Veracruzana, Jalapa, México, 1998.

_____, *Las voces del agua. El simbolismo de las sirenas y las mitologías americanas*, Universidad Veracruzana, Jalapa, México, 1992.

_____, *Los oficios de las diosas*, Universidad Veracruzana, Jalapa, México, 1988.

Baqueiro López, Oswaldo, *La maya y el problema de la cultura indígena*, Mérida, México, 1937.

_____, *Magia, mitos y supersticiones entre los mayas*, col. Voces de Yucatán, Maldonado Editores, Mérida, México, 1983.

Barajas, Carlos, *Leyendas y paisajes guanajuatenses*, 2a. ed., Librería de la Viuda de Ch. Bournet, México, 1974.

Bartolomé, Miguel y Alicia M. Barabas, *La presa Cerro de Oro y El Ingeniero El Gran Dios*, t. I, INI/CNCA, México, 1990.

_____, *Tierra de la palabra: historia y etnografía de los chatinos de Oaxaca*, 2a. ed., serie Dishá, col. Etnografía, Instituto Oaxaqueño de las Culturas, INAH y Fondo Estatal para la Cultura y las Artes, México, 1996.

Basauri, Carlos, *La población indígena de México*, vol. 2, SEP, México, 1940.

Basich Leija, Zita, *Guía para el uso del Códice Florentino*, INAH, México.

Benítez, Fernando, *Dioses y demonios*, col. Testimonio, Offset, México, 1982.

Brinton, Daniel, *El Folklore de Yucatán*, Impresora Oriente, Yucatán, México, 1937.

Bibliografía

Caballero, María del Socorro, *Temoaya y su folklore*, 2a. ed., Cuadernos del Estado de México, 1985.

Cabrera, Luis, *Diccionario de aztequismos*, 2a. ed., Oasis, México, 1975.

Caso, Alfonso, *El pueblo del Sol*, Lecturas Mexicanas, núm. 10, FCE/SEP, México, 1983.

Ceballos, Salvador E., *Cuentos y leyendas de Colima*, México, 1965.

Chemin Bässler, Heidi, *Los pames septentrionales de San Luis Potosí*, serie de Investigaciones Sociales, núm.13, INI, México, 1984.

Colombres, Adolfo (comp.), *Relatos del mundo indígena: antología*, col. Sepsetentas, SEP/Diana, México, 1982.

Dehouve, Danièle, *Entre el caimán y el jaguar. Los pueblos indios de Guerrero*, Instituto Nacional Indigenista, México, 1994.

Diccionario maya Cordemex, Cordemex, Yucatán, México, 1980.

¿Dónde estarán los fantasmas? Relatos de tesoros, aparecidos y espantos, CONACULTA/El Colegio de Sonora/Universidad de Sonora, Sonora, México, 1999.

Dow, James, *Santos y supervivencias: funciones de la religión en una comunidad otomí*, Serie de Antropología Social, núm. 33, INI/SEP, México, 1974.

Duendes, gnomos, hadas, trolls y otros seres mágicos, Grupo Editorial Tomo, México, 1999.

Echánove Trujillo, Carlos, *Enciclopedia yucatanense*, vol. 6, Gobierno de Yucatán, Yucatán, México.

El alma encantada, Anales del Museo Nacional de México, Instituto Nacional Indigenista/FCE, México, 1987.

Fantasmas, leyendas y realidades, Grupo Editorial Tomo, México, 1999.

Fernández, Adela, *Dioses prehispánicos de México*, Panorama, México, 1999.

Fernández del Castillo, Francisco, *Apuntes para la historia de San Ángel y sus alrededores*, 2a. ed., Porrúa, México, 1987.

_____, *Tacubaya. Historia, leyendas y personajes*, Porrúa, México, 1991.

Flanet, Veronique, *Viviré, si Dios quiere*, serie de Antropología Social, núm. 55, INI, México, 1977.

Flores Villagrana, Rubén (comp.), *Recuerdos de mi barranca. Leyendas de Zacatecas*, México, 1990.

Franco Sodja, Carlos, *Leyendas mexicanas de antes y después de la Conquista*, Edamex, México, 1999.

Frías, Valentín F., *Leyendas y Tradiciones Queretanas*, Primera Serie, Universidad Autónoma de Querétaro, México, 1990.

Fuente, Julio de la, *Yalalag. Una villa zapoteca serrana*, Clásicos de la Antropología Mexicana, núm. 2, INI, México, 1977.

Galinier, Jacques, *Pueblos de la Sierra Madre*, Etnografía de la comunidad otomí, núm. 17, INI/CEMCA, México, 1987.

García Salinas, David, *La mansión del delito (Huéspedes de Lecumberri)*, 2a. ed., Populibros "La Prensa", México, 1992.

Garibay, Ángel María, *Teogonía e Historia de los mexicanos. Tres opúsculos del siglo XVI*, col. Sepan Cuantos, núm. 37, Porrúa, México, 1985.

González Leal, Mariano, *Jirones de tiempo. Crónicas, sucedidos y anécdotas del ayer*, Ediciones Guadalajara, México, 1969.

González Obregón, Luis, *Las calles de México*, col. Sepan Cuantos, núm. 568, Porrúa, México, 1988.

_____, *México viejo*, 2a. ed., Alianza, México, 1992.

González Rodríguez, Luis, *Crónicas de la Sierra Tarahumara*, SEP, México, 1987.

González Torres, Yólotl, *Diccionario de Mitología y Religión de Mesoamérica*, Larousse, México, 1999.

_____, *El culto a los astros entre los mexicas*, SepSetentas-Diana, México, 1979.

Gossen H., Gary, *Los chamulas en el mundo del Sol*, Presencias, núm. 17, INI/CNCA, México, 1990.

Granguillhome, Alfredo, *El libro de los cuentos indígenas*, 3a. ed., Costa-Amic, México, 1980.

Greenberg, James, *Religión y economía de los chatinos*, Serie de Antropología Social, núm. 77, INI, México, 1987.

Grupos étnicos de México, Instituto Nacional Indigenista, México, 1982.

Guddini, Alfredo, *Indiscreciones de la TV*, 2a. ed., Posada, México, 1992.

Gutiérrez López, Gregorio, *El mundo de los huicholes*, 3a. ed., Costa Amic, México, 1980.

Historia de México, Salvat Mexicana de Ediciones, México, 1986.

Historia y leyendas de las calles de México, El Libro de Español, México, 1963.

Ichon, Alain, *La religión de los totonacas de la sierra*, col. Presencias, núm. 24, INI/CNCA, México, 1990.

Iturriaga, José N., *El Popocatépetl ayer y hoy*, Diana, México, 1997.

Jacklein, Klaus, *Un pueblo popoluca*, serie de Antropología Social, núm. 25, México, SEP/INI, 1974.

Krickeberg, Walter, *Mitos y leyendas de los aztecas, incas, mayas y muiscas*, 2a. ed., FCE, México, 1985.

La nota roja en México (1934-1985), CEHIPO, México, 1999.

Landa, Diego de, *Relación de las cosas de Yucatán*, 2a. ed., Historia 16, col. Crónicas de América, núm. 7, Madrid, 1985.

Leal, Manuel G., *Leyendas de Guanajuato*, Ediciones Casa Valadés, México, s/f.

León-Portilla, Miguel, *Literaturas de Mesoamérica*, SEP Cultura, México, 1984.

_____, *Los antiguos mexicanos a través de sus crónicas y cantares*, Lecturas Mexicanas, núm. 3, FCE/SEP, México, 1983.

_____, *Visión de los vencidos*, 9a. ed., versión de textos nahuas de Ángel María Garibay, UNAM, Biblioteca del Estudiante Universitario, México, 1982.

Leyendas de Campeche, Ediciones de La Muralla, México, 1979.

Leyendas y sucedidos del México Colonial, El Libro de Español, México, 1963.

Los mayas antiguos, El Colegio de México, México, 1941.

Los zoques de Chiapas, SEP/INI, México, 1975.

López Moreno, Roberto, *El arca de Caralampio (El extraño mundo zoológico de Chiapas)*, Katún, México, 1983.

López Victoria, José Manuel, *Leyendas de Acapulco*, Botas, México, 1944.

Lozoya Cigarroa, Manuel, *Leyendas y Relatos del Durango Antiguo*, 2a. ed., México, 1987.

Martínez Jiménez, José Luis, *Leyendas de fantasmas y casas embrujadas*, Gómez Gómez Hermanos Editores, México, s/f.

Maurer, Eugenio, *Los Tzeltales*, Centro de Estudios Educativos, A. C., México, 1984.

Mediz Bolio, Antonio, *La tierra del faisán y del venado*, 6a. ed., Costa Amic Editores, México, 1983.

Megged, Nahum, *El universo del Popol Vuh. Análisis histórico, psicológico y filosófico del mito quiché*, Diana/UNIVA, México, 1991.

Bibliografía

Mejía Madrid, Fabrizio, *Pequeños actos de desobediencia civil*, Cal y Arena, México, 1996.

Mendieta, Fray Jerónimo de, *Historia Eclesiástica Indiana*, Serie Cien de México, CNCA, México, 1997.

Merril, William L., *Almas rarámuris*, col. Presencias, INI/CNCA, México, 1992.

Mitos de la meseta tarasca, UNAM, México, 1982.

Mitos y leyendas mexicanas, El Libro de Español, SEP, México, s/f.

Montejano y Aguiñaga, Rafael, *Tesoros ocultos del Viejo San Luis*, Universidad Autónoma de San Luis Potosí, S. L. P., México, 1995.

Montiel, Gustavo, *Historia, cuentos y leyendas de la costa oaxaqueña*, Fundación Cultural Elenes Castillo, México, 1995.

Montoya Briones, José de Jesús, *Atla: etnografía de un pueblo náhuatl*, INAH, México, 1964.

Morley, Sylvanus G., *La civilización maya*, 5a. ed., FCE, México, 1965.

Münche, Guido, *Etnología del Istmo Veracruzano*, UNAM/Instituto de Investigaciones Antropológicas, México, 1983.

Nash, June, *Bajo la mirada de los antepasados*, col. Presencias núm. 51, INI, México, 1993.

Olavaria, María Eugenia, *Análisis Estructural de la Mitología Yaqui*, Serie de Antropología social, INAH/UNAM, México, 1990.

Olavarrieta, Marcela, *Magia en los tuxtlas, Veracruz*, col. Presencias, INI/CNCA, México, 1990.

Pacheco Cruz, Santiago, *Diccionario de la Fauna Yucateca*, Yucatán, México, 1958.

_____ , *Usos, costumbres, religión y supersticiones de los mayas*, 2a. ed., Yucatán, México, 1960.

Parodi, Enriqueta de, *Cuentos y leyendas*, 4a. ed., Gobierno del Estado de Sonora, Sonora, México, 1985.

Paula León, Francisco de, *Leyendas de la muy noble y leal ciudad de Valladolid hoy Morelia*, Instituto Michoacano de Cultura, México, 1995.

Peniche Barrera, Roldán, *Bestiario Mexicano*, Panorama, México, 1987.

_____ , *Fantasmas mayas*, Presencia Latinoamericana, México, 1982.

_____ , *El libro de los fantasmas mayas*, Maldonado Editores, Biblioteca Básica del Mayab, Yucatán, México, 1992.

Pérez Chacón, José L., *Los choles de Tila y su mundo*, 2a. ed., Gobierno del Estado de Chiapas, México, 1993.

Pérez, Jesús C., *Cuentos del Viejo San Luis*, Asociación de escritores, artistas y periodistas, S. L. P., México, 1959.

Ramírez Castañeda, Elisa, *El fin de los montiocs*, INAH, col. Divulgación, México, 1987.

Recinos, Adrián, *El Popol Vuh (Las antiguas historias del Quiché)*, 9a. ed., Universitaria Centro Americana, Costa Rica, 1978.

Relatos verdaderos de fantasmas y narraciones extraordinarias, Grupo Editorial Tomo, México, 2000.

Robelo A., Cecilio, *Diccionario de mitología náhuatl*, 2a. ed., Ediciones Fuente Cultural, México, 1951.

Rodríguez Martínez, Juan Francisco (comp.), *Leyendas de Zacatecas. Cuentos y Relatos*, Gobierno del Estado de Zacatecas, México, 1991.

Rosado Vega, Luis, *El alma misteriosa del Mayab*, Biblioteca Básica del Mayab, Maldonado Editores, Yucatán, México, 1992.

Ruiz de Alarcón, Hernando, *Tratado de las supersticiones y costumbres gentílicas que hoy viven entre los indios naturales de esta Nueva España*, SEP, México, 1988.

Ruz Lhuillier, Alberto, *Planeación e instalación del Museo Nacional de Antropología*, INAH, México, 1961.

Sahagún, Fray Bernardino de, *Historia general de las cosas de Nueva España*, 7a. ed., rev. por Ángel María Garibay, col. Sepan Cuantos, núm. 300, Porrúa, México, 1989.

Sánchez Benítez, Hugo, *Entre la leyenda y el barro. Almoloya, Hidalgo*, PACMYC/Consejo Estatal para la Cultura y las Artes de Hidalgo, México, 2000.

Santa-Ana, Justo Cecilio, *Tradiciones y leyendas tabasqueñas*, 2a. ed., Consejo Editorial del Gobierno del Estado de Tabasco, México, 1979.

Saravia, Albertina, *Popol Vuh (antiguas historias de los indios quichés de Guatemala)*, 14a. ed., col. Sepan Cuantos, núm. 36, Porrúa, México, 1981.

Scheffler, Lilian, *Cuentos y leyendas de México*, Panorama, México, 1999.

_____, *La literatura oral tradicional de los indígenas de México*, Premiá, México, 1983.

Sendel, Virginia, *México Mágico*, Diana, México, 1991.

Tirlau, Andrés, *Dos mil años después. Cuentos y leyendas del Morelos Antiguo*, México, 1972.

Torquemada, Fray Juan de, *Monarquía Indiana*, selección de Miguel León Portilla, UNAM, Biblioteca del estudiante universitario, México, 1978.

Tranfo, Luigi, *Vida y magia en un pueblo otomí del Mezquital*, col. Presencias, INI/CNCA, México, 1990.

Trejo, Carlos, *Encuentros con fantasmas*, Selector, México, 1999.

Una tradición de mi pueblo. Relatos guanajuatenses, SECYR/Gobierno del Estado de Guanajuato/El Nacional de Guanajuato, México, 1991.

Valdiosera, Ramón, *El A.B.C.D. de la brujería*, Universo, México, 1980.

Valotta, Mario A. (selección), *Mitos y leyendas toltecas y aztecas*, col. Las Culturas "Mitos y leyendas", Grupo Cultural Zero, Madrid, 1985.

Valle-Arizpe, Artemio de, *Historia, tradiciones y leyendas de calles de México*, 2a. ed., Diana, México, 1978.

Villa Rojas, Alfonso, *Los elegidos de Dios. Etnografía de los mayas de Quintana Roo*, núm. 56, Serie de Antropología Social, INI, México, 1987.

_____, *Estudios Etnológicos. Los mayas*, Instituto de Investigaciones Antropológicas, Serie Antropológica, núm. 38, UNAM, México, 1985.

Warson Beals, Ralph, *Cherán: un pueblo de la Sierra Tarasca*, El Colegio de Michoacán/Instituto Michoacano de Cultura, México, 1992.

Weitlaner, Roberto (comp.), *Relatos, mitos y leyendas de la Chinantla*, Serie de Antropología Social, Instituto Nacional Indigenista, México, 1977.

Weitlaner, Roberto y Carlo Antonio Castro, *Papeles de la Chinantla*, Serie Científica, INAH, México, 1973.

Zamarrón Arroyo, Rafael, *Narraciones y leyendas de Celaya y de El Bajío*, México, 1959.

Zingg, Robert, *Los Huicholes*, núm. 12, Instituto Nacional Indigenista, México, 1982.

La publicación de esta obra la realizó
Editorial Trillas, S. A. de C. V.

División Administrativa, Av. Río Churubusco 385,
Col. Pedro María Anaya, C.P. 03340, México, D. F.
Tel. 56 88 42 33, FAX 56 04 13 64

División Comercial, Calz. de la Viga 1132, C.P. 09439
México, D. F., Tel. 56 33 09 95, FAX 56 33 08 70

Se terminó de imprimir el 6 de enero del 2009,
en los talleres de Diseños & Impresión AF, S. A. de C. V.
Se encuadernó en Encuadernaciones y Acabados Gráficos.

KROB 90 TW